Beiträge zur historischen Theologie

Herausgegeben von

Johannes Wallmann

110

Christoph Bultmann

Die biblische Urgeschichte in der Aufklärung

Johann Gottfried Herders
Interpretation der Genesis
als Antwort auf die Religionskritik
David Humes

Mohr Siebeck

CHRISTOPH BULTMANN, geboren 1961, Studium der Theologie in Bethel, Göttingen und Zürich, 1990 Promotion in Göttingen, 1989–91 Vikariat in Bochum, 1991/92 und 1994 Stipendiat der DFG in Edinburgh bzw. Oxford, 1992–98 Assistent in Göttingen, 1997 Habilitation, 1999 Visiting Fellow am Fitzwilliam College, Cambridge.

Als Habilitationsschrift auf Empfehlung der Theologischen Fakultät der Georg-August-Universität Göttingen gedruckt mit Unterstützung der Deutschen Forschungsgemeinschaft

Die Deutsche Bibliothek – CIP-Einheitsaufnahme

Bultmann, Christoph:
Die biblische Urgeschichte in der Aufklärung: Johann Gottfried Herders
Interpretation der Genesis als Antwort auf die Religionskritik
David Humes / Christoph Bultmann. – Tübingen: Mohr Siebeck, 1999
   (Beiträge zur historischen Theologie; 110)
   ISBN 3-16-147164-4

© 1999 J. C. B. Mohr (Paul Siebeck) Tübingen.

Das Buch wurde von Gulde-Druck in Tübingen aus der Bembo-Antiqua gesetzt, auf alterungsbeständiges Werkdruckpapier der Papierfabrik Weissenstein in Pforzheim gedruckt und von der Großbuchbinderei Heinr. Koch in Tübingen gebunden.

Vorwort

Die vorliegende Untersuchung zur Bibelwissenschaft und Apologetik in der Aufklärung wurde im Wintersemester 1996/97 von der Theologischen Fakultät der Georg-August-Universität Göttingen als Habilitationsschrift angenommen. Für den Druck wurde sie durchgesehen und an einigen Stellen gekürzt.

J.G. Herders Genesisinterpretation von 1774/76 ist ein wenig bekannter Gegenstand forschungsgeschichtlicher Beschäftigung mit der Exegese des Alten Testaments, und die Arbeit wäre nicht geschrieben worden, hätte ich nicht als Assistent von Prof. Dr. Rudolf Smend in großzügigster Weise Freiheit und Förderung erfahren. Ihm sei an dieser Stelle von Herzen für die Göttinger Jahre von 1992 bis 1998 gedankt. Ein wichtiger Anstoß für die Arbeit ging von einem von Prof. Dr. Hans Dietrich Irmscher im September 1988 organisierten Symposium aus, den „Bückeburger Gesprächen" über Herders *Älteste Urkunde des Menschengeschlechts*, bei dem mir Prof. Dr. Sven-Aage Jørgensen und Prof. Dr. Hugh Barr Nisbet zeigten, daß der Einfluß Hamanns auf Herder nicht überschätzt und die Bedeutung der humanistischen Tradition für Herder nicht unterschätzt werden sollten. Ich danke Herrn Professor Irmscher herzlich für die damalige Einführung in die Herderforschung und für sein späteres Gutachten zur vorliegenden Arbeit. Neben den Genannten gilt mein Dank Prof. Dr. Reinhard Gregor Kratz und Prof. Dr. Joachim Ringleben für ihre bereitwillige Übernahme von Gutachten im Habilitationsverfahren.

Der Deutschen Forschungsgemeinschaft sowie Prof. Dr. A. Graeme Auld und Prof. Dr. Peter Jones in Edinburgh und Prof. Dr. John Barton, Dr. John Ashton und dem Governing Body des Wolfson College in Oxford danke ich sehr für die Ermöglichung von zwei Forschungsaufenthalten im Wintersemester 1991/92 bzw. im Sommersemester 1994. In Göttingen, Edinburgh und Oxford hat meine Frau die Entstehung der vorliegenden Studie beständig unterstützt; wir teilen die glückliche Erinnerung an diese Zeit.

Herrn Prof. Dr. Johannes Wallmann und dem Verleger Herrn Georg Siebeck danke ich herzlich für die Aufnahme der Untersuchung in die *Beiträge zur historischen Theologie*, Herrn Rudolf Pflug im Verlag Mohr Siebeck für guten Rat bei der Drucklegung und der Deutschen Forschungsgemeinschaft für einen Druckkostenzuschuß.

Göttingen, im Dezember 1998   Christoph Bultmann

Inhaltsverzeichnis

Einleitung
Herder in der Geschichte der alttestamentlichen Wissenschaft

I. Kapitel
Voraussetzungen für Herders Exegese der Genesis (I): Die Frage nach einer Orientalischen Poesie im poetologischen Frühwerk – S. 17

II. Kapitel
Voraussetzungen für Herders Exegese der Genesis (II): Die exegetische Bearbeitung der biblischen Tradition nach der frühen Hebraistik – S. 49

Zusammenfassung
„Urgeschichte in biblischer Poesie" als exegetische Konzeption
in der Aufklärung – S. 185

Einleitung

Herder in der Geschichte der alttestamentlichen Wissenschaft

1. Alttestamentliche Wissenschaft und Ideengeschichte

Der Ideengeschichte wird gern die Unbestimmtheit ihres Gegenstandes und die Unklarheit ihrer Methode vorgeworfen. Ihre doppelte Definition als „something at once more specific and less restricted than the history of philosophy" scheint ihren Gegenstandsbereich einerseits im Interesse diachroner Untersuchungen zu stark einzuengen, andererseits im Interesse synchroner Untersuchungen zu stark auszuweiten.[1] Ideengeschichte ist jedoch eine vielversprechende methodische Konzeption, sofern sie den jeweiligen zeitgenössischen Kontext wichtiger Leistungen in einzelnen Wissenschaften zu rekonstruieren erlaubt. Dort, wo die Auseinandersetzung mit den aus vielerlei Quellen gespeisten, eine Zeit prägenden Ideen ein Werk charakterisiert, kann auf ideengeschichtlichem Wege eine solche Beziehung kritisch beurteilt werden. Ideengeschichte reicht weiter als Philosophiegeschichte, indem sie berücksichtigt, wie philosophische Ideen zu breiterer Wirkung gekommen sind.

Im vorliegenden Beitrag zur Geschichte der Exegese des Alten Testaments geht es um die Ausbildung und Krise der Bibelwissenschaft in der Aufklärung. Die Interpretation der Genesis ist dafür ein herausragender Bezugspunkt, weil in der Kritik der mosaischen Überlieferung autoritative Tradition und aufgeklärte Rationalität am unvermitteltsten aufeinandertrafen. Ideengeschichte spielt in diesem Zusammenhang insofern eine Rolle, als die Neuorientierung der Exegese im Gegenüber zur Religionskritik der Zeit erfolgte.[2] Gegenstand der Untersuchung im engeren

---

[1] Eine Beschreibung der Aufgaben und des interdisziplinären Sinnes von Ideengeschichte gibt A. O. Lovejoy im ersten Kapitel seines Buches The Great Chain of Being (1936): „The Study of the History of Ideas" (nachgedruckt in: The History of Ideas. An Introduction to Method, hg. v. P. King, 1983, S. 179–197, das Zitat dort S. 179). Für die Diskussion von Lovejoys Konzeption vgl. M. Mandelbaum, „On Lovejoy's Historiography" (1965), ebd. S. 198–210, sowie die Artikel im entsprechenden Themenheft des Journal of the History of Ideas 48, 1987, S. 187–263; vgl. auch die Einleitung von R. Hausheer zu I. Berlin, Against the Current. Essays in the History of Ideas, bes. S. XXII–XXV. Im Englischen ist der Begriff „history of ideas" inzwischen weitgehend durch den Begriff „intellectual history" abgelöst worden.

[2] Auf eine Darstellung des Deismus kann im Zusammenhang der vorliegenden Arbeit verzichtet werden, weil zu diesem Thema die umfassende Monographie von H. Graf Reventlow, Bibelautorität und Geist der Moderne. Die Bedeutung des Bibelverständnisses für die geistesgeschichtliche und politische Entwicklung in England von der Reformation bis zur Aufklärung (1980), vorliegt.

Sinne ist ein Buch über die biblische Urgeschichte, in dem Exegese und Religionsphilosophie eine seltene Verbindung eingegangen sind: Johann Gottfried Herders
Älteste Urkunde des Menschengeschlechts von 1774/76.[3] Dieses Werk ist, wie sich zeigen wird, ebensosehr eine Leistung der Aufklärung wie eine Kritik der Aufklärung,
ebensosehr eine Leistung exegetischer Theologie wie eine Kritik des traditionellen
Schriftverständnisses.

Der Autoritätsverlust der biblischen Tradition in der Aufklärung hatte die Theologie bekanntlich an einen Punkt geführt, an dem sich entscheiden mußte, ob die
biblische Exegese dem in der Inspirationslehre formulierten, philosophisch unausweisbaren Offenbarungsbegriff einer dogmatischen Tradition folgen oder ob die
exegetische Wissenschaft im Horizont der Aufklärung selbst eine Neubegründung
des Verhältnisses von Philosophie und Theologie suchen sollte. Da Theologie –
nicht nur in der reformatorischen Tradition – ihren Grund in der Exegese der kanonischen Schriften hat, stellte die Frage nach der Methode einer Exegese, die in
und nach der Aufklärung einen theologischen Wahrheitsanspruch in einem spannungsvollen Verhältnis zur Philosophie erheben konnte, die interessantere Herausforderung dar. In ideengeschichtlicher Perspektive erscheint die Ausbildung der
Bibelwissenschaft in der Aufklärung in erster Linie als ein Ereignis, das in der Theologie im Gegenüber zur Religionskritik ein neues Verständnis von Offenbarung
bewirkt hat. Sowohl die biblische Hermeneutik als auch die theologische Anthropologie stehen heute zumeist in dieser Tradition.[4]

Es erübrigt sich, im Blick auf die Interpretation der Genesis an dieser Stelle auf
das Problem des Fundamentalismus als Auflösung des Verhältnisses zwischen Theologie und Philosophie einzugehen. Die aufgeklärte Bibelwissenschaft hat eine Tradition der Schriftauslegung überwunden, deren vermeintliche Rückgewinnung
nur in dieselbe Konfrontation mit der philosophischen Religionskritik führen
könnte, die durch die Neuorientierung der Exegese bereits überwunden wurde.
Auf der anderen Seite ist jedoch zu fragen, ob nicht die Bibelwissenschaft seit der
Aufklärung eine Verengung und Erstarrung erfahren hat, aufgrund derer es unmöglich scheint, durch die Exegese der biblischen Tradition das Fundament einer
Theologie zu gewinnen, die sich in spannungsvoller Nachbarschaft zur Philosophie
bewegt. Hat sich die Bibelwissenschaft als historische Forschung dem Ziel der Exegese gegenüber verselbständigt, und rechtfertigt sie ihre theologische Bedeutung
nur mehr durch eine neue Anlehnung an die Dogmatik? Wenn in der Geschichte
der Exegese für die Aufklärung die Ausbildung der Bibelwissenschaft als ein Prozeß
im Gegenüber zur Religionskritik sichtbar wird, kann die Ideengeschichte den
Blick für ein solches Spannungsverhältnis neu schärfen.

---

[3] Herders Schriften werden im folgenden mit dem Kürzel FA nach der kommentierten Neuausgabe Frankfurt/Main 1985 ff. zitiert. Die ‚Älteste Urkunde des Menschengeschlechts‘ findet sich
dort in Band 5, hg. v. R. SMEND. Nicht in dieser Ausgabe enthaltene Schriften werden mit dem
Kürzel SWS nach der Ausgabe der Sämtlichen Werke durch B. SUPHAN, Berlin 1877 ff., zitiert.
[4] Für einen historischen Überblick vgl. A.H.J. GUNNEWEG, Vom Verstehen des Alten Testaments (1977), für die neuere Diskussion bes. J. BARR, The Bible in the Modern World (1973);
ders., Fundamentalism (1977); ders., Holy Scripture. Canon, Authority, Criticism (1983).

Herders *Älteste Urkunde des Menschengeschlechts* ist eine bemerkenswerte Interpretation der biblischen Urgeschichte, obgleich kein Werk der engeren alttestamentlichen Fachwissenschaft. Gerade wegen seiner Komplexität eignet sich eine Analyse dieses Buches jedoch als methodischer Weg zur Charakterisierung der Exegese des Alten Testaments in der Aufklärung. Einerseits führt es hinreichend nahe an die Anfänge der aufgeklärten Bibelkritik, andererseits dokumentiert es eine frühe Krise eben dieser Wissenschaft. In Herder hatte die alttestamentliche Wissenschaft der Aufklärung einen Vertreter, der die Kritik beherrschte und verstand, zugleich aber bemerkte, daß sie die theologische Exegese in eine Aporie zu führen drohte. Bibelwissenschaft als reine historische Forschung wird darin aporetisch, daß sie für ihren Gegenstand keinen systematischen Ort innerhalb der Theologie mehr findet. Denn der Geltungsanspruch ihres Gegenstandes, mit der theologischen Tradition das „Wort Gottes" genannt, ist weder durch die historische Kritik einer bestimmten Gestalt des dogmatischen Schriftverständnisses aufzuheben (J.S. Semler), noch durch die historische Darstellung der Entstehungsbedingungen der Überlieferung einzulösen (J.D. Michaelis).

Herder suchte die von ihm erkannte Aporie der Exegese mit in mancher Hinsicht unzureichenden Mitteln zu überwinden. Seiner Genesisinterpretation ist deshalb nie der Rang zuerkannt worden, den sie in ideengeschichtlicher Perspektive hat. Das Hauptmerkmal seiner *Ältesten Urkunde des Menschengeschlechts* wird man darin sehen, daß und wie er in diesem Buch exegetisch die religionsgeschichtliche Ursprungsfrage in die Interpretation der Genesis hineinzieht. Religion in ihrem geschichtlichen Ursprung und in ihrer geschichtlichen Entwicklung aber ist im 18. Jahrhundert ein gemeinsames Thema der Exegese der biblischen Urgeschichte und der Religionsphilosophie, soweit sie historisch argumentiert. Ideengeschichtlich gesehen, hängt die Besonderheit von Herders Exegese deshalb mit der Zuordnung der biblischen Tradition zur universalen Religionsgeschichte der Menschheit zusammen. Die Verschränkung von biblischer Exegese und universalgeschichtlicher Orientierung im Horizont der Aufklärung lenkt in ihrer Konsequenz Herders hermeneutisches Interesse auf die Anthropologie. Dabei ist die Ursprungsfrage für ihn keine theologisch immer schon beantwortete Frage, sondern ein philosophisches, noch offenes Problem, dessen Lösung er durch die Interpretation von Gen. 1 als urzeitlicher Poesie sucht. Die Konstitution des poetischen Bildes von Gen. 1 im ganzen und die Präsentation des Menschen als Ebenbild Gottes nach Gen. 1,26f. im besonderen werden in Herders Interpretation zum Fundament einer theologischen Anthropologie, die dann für seine Exegese des Alten Testaments überhaupt leitend wird.

Für das Verständnis der Ausbildung der alttestamentlichen Exegese in der Aufklärung ist der unverzichtbare Beitrag der Ideengeschichte also eine Darstellung der Position der Religionskritik, der gegenüber die Exegese der kanonischen Tradition sich behaupten muß. Denn erst in der Auseinandersetzung mit der aufgeklärten Religionsphilosophie und Geschichtsphilosophie, die scheinbar keinen Wahrheitsanspruch der Auslegung von Texten einer Offenbarungstradition mehr erlauben, gewinnt die Exegese ihre neue Gestalt. Das auf die Universalgeschichte ausgreifende historische Denken wird der gemeinsame Grund sowohl für eine Religionskritik, die auf die Befreiung von der Autorität – und Attraktivität – der religiösen Tradition zielt, als auch für eine Exegese, die in der Tradition etwas Verbindliches erkennen will, ohne sich von einem ungerechtfertigten Autoritätsanspruch abhängig zu wissen. Herders Genesisinterpretation bietet ihrerseits einer ideengeschichtlichen Untersuchung einen geeigneten Ansatzpunkt, weil Herder zu denjenigen Autoren der zweiten Hälfte des 18. Jahrhunderts gehörte, denen die Bedeutung der Philosophie David Humes bewußt war.[5] Die Religionskritik Humes, soweit die Zeitgenossen sie vor der postumen Veröffentlichung der *Dialogues concerning Natural Religion* (1779) durch seine *Essays and Treatises* (1753/54) und seine *Natural History of Religion* (1757) kannten, war die philosophische Position par excellence, auf die die biblische Exegese in der Aufklärung antworten mußte, wollte sie einen theologischen Wahrheitsanspruch erheben. Wird doch bei Hume, so Herder, „Gott ein Metaphysisches Etwas! ein hoher Wer, von dem ers erhaben fühlt, nichts sagen und denken zu können" – eine nicht nur für den Exegeten mißliche Lage (FA 5, S. 205). Wenn die Bibelwissenschaft der Aufklärung bei Herder durch eine Krise hindurchgeht, ist die Religionskritik Humes dafür der entscheidende Faktor. Sie will deshalb in ihrer Bedeutung für die Anthropologie und in ihrer historischen Plausibilität, auch in ihrer brillanten Rhetorik, entsprechend gewürdigt werden.

Die vorliegende Untersuchung nimmt damit bewußt eine gewisse Einseitigkeit in Kauf. Denn Herders Aufmerksamkeit richtete sich auf einen weiten Kreis philosophischer Zeitgenossen, und selbst wenn etwa für seine Auseinandersetzung mit Rousseau seine *Abhandlung über den Ursprung der Sprache* (1772) und für die mit Voltaire sein Traktat *Auch eine Philosophie der Geschichte zur Bildung der Menschheit* (1774) wichtiger sind,[6] zielen seine Polemiken in der *Ältesten Urkunde des Menschengeschlechts* auch auf diese und zahlreiche weitere Autoren.[7] Das durch Humes *Natural History of Religion* gestellte Problem erweist sich dennoch in besonderer Weise als historisch relevant und systematisch interessant. Das Zentrum der Arbeit liegt deshalb in einer Gegenüberstellung von Herders Genesisinterpretation und Humes Religionskritik. Den einschlägigen Schriften beider Autoren sind jeweils ausführliche Darstellungen gewidmet, da sie außerhalb des üblichen Umkreises alttestamentlicher Forschungsgeschichte liegen. Damit der exegetische und religionsphilosophische Rang von Herders Genesisinterpretation erkennbar werden kann, müssen ihre Voraussetzungen geprüft werden, die erstens in den poetologischen Untersuchungen seiner Frühschriften liegen (Kap. I), zweitens in der exegetischen Wissenschaft, die er beerbt (Kap. II), und drittens eben in der aufgeklärten Religionsphilosophie, gegen die er polemisiert (Kap. III). Nach der Vorbereitung durch diese drei Kapitel ist die Analyse der *Ältesten Urkunde des Menschengeschlechts* ein Ver-

---

[5] Vgl. zur zeitgenössischen Humerezeption insgesamt G. GAWLICK/L. KREIMENDAHL, Hume in der deutschen Aufklärung (1987).

[6] Die Texte finden sich in FA Band 1 bzw. 4.

[7] Vgl. eine Bemerkung wie FA 5, S. 234f. Anm. 42. – Eine Untersuchung zahlreicher Aspekte des breiteren Hintergrundes der Ältesten Urkunde des Menschengeschlechts bietet R. HÄFNER, Johann Gottfried Herders Kulturentstehungslehre (1995).

such, diese stilistisch höchst eigenwillige Schrift aus der Zeit des Sturm und Drang in ihren wichtigsten Aspekten zu erfassen, um Herders Antwort auf die theologische Aporie der kritischen Bibelwissenschaft nachzuvollziehen (Kap. IV). Kap. V skizziert den Fortgang der bibelwissenschaftlichen Diskussion über die biblische Urgeschichte bis zu W.M.L. de Wette, um von Herder zur Linie der historischen Forschung zurückzuleiten, deren weitere Entwicklung im 19. Jahrhundert nicht mehr Gegenstand der vorliegenden Arbeit ist. Inwiefern Herders Genesisinterpretation innerhalb der alttestamentlichen Wissenschaft auf längere Sicht wirksam geworden oder wirkungslos geblieben ist, zeigen die Abschnitte 2 und 3 der Einleitung. Dabei ist das verbreitete rezeptionsgeschichtliche Mißverständnis zu korrigieren, Herder sei bloß ein ästhetischer Kritiker der Bibel, etwa im Sinne von Humes Grundsatz, „nothing is so improving to the temper as the study of the beauties, either of poetry, eloquence, music, or painting" (Essays S. 6f.).

Für die Herderforschung dürfte der Schwerpunkt der Untersuchung in den Kapiteln I und IV liegen, die der *Ältesten Urkunde des Menschengeschlechts* eine neue Stellung im Werkzusammenhang der Schriften Herders vor seiner Weimarer Zeit anweisen; ihre hier vorgeschlagene Einschätzung ist erst durch die Publikation des Rigaer Manuskripts „Über die Ersten Urkunden des Menschlichen Geschlechts. Einige Anmerkungen" (1769) möglich geworden.[8] Auch von dieser neuen Quellenlage her rechtfertigt sich eine Konzentration auf Hume als Herders Gegenüber in der *Ältesten Urkunde des Menschengeschlechts*, denn der Verlust des Kontextes für die in den Druckausgaben seit 1806 enthaltene Einleitung dieses Manuskripts hat in der Forschung zu einer erheblichen Fehleinschätzung des Verhältnisses Herders zu Hume und damit seiner religionsgeschichtlichen Auffassungen in den Rigaer Jahren geführt.[9] Für die theologiegeschichtliche Beurteilung Herders als eines Theologen der Aufklärung sollte deutlich werden, daß Herder eine exegetisch entwickelte schöpfungstheologische Antwort auf das Problem der Begründung einer Religion suchte, die nicht durch ihre traditionelle Autorität oder soziale Funktion, sondern durch ihre anthropologische Wahrheit definiert wäre. Dabei bleiben sein Verhältnis zur lutherischen Tradition und seine in dem Pamphlet *An Prediger. Funfzehn Provinzialblätter* (1774) formulierte Kritik an der Berliner Aufklärungstheologie weiter zu untersuchen.[10]

2. Herder als Alttestamentler im Urteil der Theologie

Johann Gottfried Herders Rang in der Geschichte der Exegese des Alten Testaments ist unbestritten, obwohl die Theologiegeschichtsschreibung zögert, ihn als

---

[8] FA 5, S. 9–178; mit Einleitung und Kommentar des Herausgebers R. SMEND ebd. S. 1328ff.; vgl. zum Manuskriptfund G. ARNOLD, „Das Schaffhauser Urmanuskript der ‚Aeltesten Urkunde des Menschengeschlechts' und sein Verhältnis zur Druckfassung", S. 50–63.

[9] Grundlegend dafür ist R. HAYM, Herder, Band 1 (1880, ND 1954), S. 310f.

[10] FA 9/1, S. 67–138. Vgl. dazu die Einleitung des Herausgebers TH. ZIPPERT S. 916–930, sowie ders., Bildung durch Offenbarung (1994), S. 216–229.

einen ernsthaften Theologen anzuerkennen. Sein Eintreten dafür, die Selbständigkeit der alttestamentlichen Überlieferungen in historischem Denken anzuerkennen, behält eine wichtige kritische Funktion für jede biblische Hermeneutik. In seiner Zeit repräsentierte Herder neben zahlreichen Orientalisten, Theologen oder klassischen Philologen an den Universitäten die Verselbständigung der biblischen Exegese gegenüber traditioneller Dogmatik, aber auch gegenüber aufgeklärter Moralphilosophie, klassizistischer Ästhetik oder kulturtheoretischen Fortschrittsideologien. Mit seinen Schriften zur Exegese und Theologie war er eine führende Gestalt des Umbruchs in der Bibelwissenschaft der zweiten Hälfte des 18. Jahrhunderts, durch den die Bibel von einem Buch der Offenbarung zu einem Buch der Antike wurde. Daß sie dabei dennoch ein Buch der Offenbarung blieb, bedeutete für Hermeneutik und Religionsgeschichte methodische Probleme, die von kaum einem Zeitgenossen so deutlich erfaßt wurden wie von Herder.

Herder selbst hat weder an einer philosophischen noch an einer theologischen Fakultät gelehrt,[11] vielmehr wirkte er auf die von Orientalisten und Theologen betriebene Exegese des Alten Testaments als Generalsuperintendent des Herzogtums Sachsen-Weimar (1776–1803) durch seine Schriften, besonders die *Briefe, das Studium der Theologie betreffend* von 1780/81 und das Werk *Vom Geist der Ebräischen Poesie* von 1782/83. Gegenstand der vorliegenden Arbeit sind jedoch nicht diese Schriften, sondern ihre Grundlegung in der *Ältesten Urkunde des Menschengeschlechts* (1774/76), die in den späteren Büchern, auch den *Ideen zur Philosophie der Geschichte der Menschheit* (1784–91), zur Entfaltung kommt. Damit rückt, wie in den neueren Monographien von Th. Zippert und R. Häfner, Herder als „Theologe unter den Aufklärern" in den Mittelpunkt des Interesses, nicht als „Theologe unter den Klassikern".[12]

Herders Einfluß auf die eigentliche Fachwissenschaft war in erster Linie durch Johann Gottfried Eichhorn vermittelt, den Autor einer für drei Jahrzehnte maßgeblichen kritischen *Einleitung ins Alte Testament* (1780–83),[13] mit deren Erscheinen schon im Urteil der Zeitgenossen „in der Geschichte des Studiums und der Behandlungsart des Alten Testaments eine neue Epoche an(ging)".[14] Obwohl Herder bereits in diese „neue Epoche" gehörte, tritt er in Darstellungen der Geschichte des Faches oft hinter den mit ihm befreundeten Eichhorn[15] zurück.

---

[11] Vgl. zu wiederholten Berufungsverhandlungen R. Smend, „Herder und Göttingen", S. 1–28.

[12] R. Häfner, Johann Gottfried Herders Kulturentstehungslehre (1995); Th. Zippert, Bildung durch Offenbarung (1994); das Epitheton des „Theologen unter den Klassikern" zitiert z.B. K. Barth, Die protestantische Theologie im 19. Jahrhundert (1947, ND 1981), S. 281.

[13] In drei Bänden 1780–83, 2. Aufl. 1787, 3. Aufl. 1803, 4. Aufl. (in vier Bänden) 1823–24. Der erste Teil gilt Kanon, Text und Übersetzungen des A.T. (§ 1–404); die ‚spezielle Einleitung', d.h. die Einleitung in die einzelnen Bücher des A.T. (§ 405–663), umfaßt die zweite Hälfte des zweiten Bandes (1781) und den dritten Band (1783).

[14] E.F.K. Rosenmüller, Handbuch für die Literatur der biblischen Kritik und Exegese, Bd. 1, Göttingen 1797, S. 141.

[15] Vgl. die Korrespondenz in DA bzw. Von und an Herder Bd. 2.

So fragte etwa T.K. Cheyne in seinem Buch über die Begründer der alttestamentlichen Wissenschaft: „What indeed would Herder have effected without such a helper as Eichhorn? He could but give general ideas, and stir up an enthusiastic admiration for the ‚spirit of Hebrew poetry'.“[16] Während Eichhorns Arbeit jedoch nur ein Durchgangsstadium in der Entwicklung der Disziplin darstellt und J.W. Rogerson mit größerem Recht statt Eichhorn den eine neue Generation vertretenden W.M.L. de Wette als „founder of modern biblical criticism" bezeichnet hat,[17] bleibt Herders Werk im Hintergrund der neueren Bibelwissenschaft bis heute präsent.

Die universitäre alttestamentliche Wissenschaft, die Eichhorn vorfand und weiterführte, war durch Johann David Michaelis und Johann Salomo Semler, zwei Schüler Siegmund Jacob Baumgartens in Halle, geprägt.[18] Zwar stand Semler in diesem Bereich mit seinen gelehrten, methodologisch-grundsätzlichen Arbeiten zur Hermeneutik und historischen Kritik des Kanons etwas am Rande,[19] aber Michaelis war seit den 1750er Jahren eine für die Bibelwissenschaft zentrale Gestalt und vertrat – zusammen mit dem klassischen Philologen Christian Gottlob Heyne – die akademische Tradition, in die Eichhorn sich als Student dieser beiden Göttinger Professoren ausdrücklich einordnete.[20] Auch Herder hatte seine Arbeit zum Alten Testament mit größter Bewunderung für den Orientalisten Michaelis begonnen, ihn dann aber zum Ziel scharfer Polemik gemacht;[21] mit Heyne verband ihn eine dauerhaftere Freundschaft.[22] Soweit von Herder beeinflußt, führte Eichhorn dessen Kritik der exegetischen Schwächen von Michaelis weiter. Forschungsgeschichtlich mag es zwar möglich scheinen, eine Entwicklungslinie von Semler und Michaelis zu Eichhorn und Gabler zu ziehen und Herder ganz in deren Schatten zurücktreten zu lassen; der durchaus selbständigen Bedeutung Herders für die Exegese des Alten Testaments würde man damit aber nicht gerecht.

---

[16] Founders of Old Testament Criticism (1893), S. 18. A. WESTPHAL sah dagegen das Verhältnis zwischen beiden als ein enges Schülerverhältnis Eichhorns zu Herder: „... sa critique est sortie toute entière de l'impulsion donnée à la science biblique par le prédicateur-poète de Weimar" (Les Sources du Pentateuque. Étude de Critique et d'Histoire, Bd. 1, 1888, S. 120).

[17] J.W. ROGERSON, W.M.L. de Wette. Founder of modern biblical criticism (1992). Die Bedeutung Herders für de Wette sucht TH. WILLI abzuschätzen: „Die Metamorphose der Bibelwissenschaft in Herders Umgang mit dem Alten Testament", S. 253–256; vgl. auch R. SMEND, Wilhelm Martin Leberecht de Wettes Arbeit am Alten und am Neuen Testament (1958), S. 11–14, 26–32.

[18] Eichhorn hat auf beide Gelehrte Nachrufe geschrieben: ABBL III, S. 827–906 bzw. ABBL V, S. 1–202. Zu Baumgarten vgl. M. SCHLOEMANN, Siegmund Jacob Baumgarten (1974), bes. S. 171–201.

[19] Zu Semler vgl. neben G. HORNIG, Die Anfänge der historisch-kritischen Theologie (1961) und ders., Johann Salomo Semler (1996) die Darstellung von A. LÜDER, Historie und Dogmatik (1995). LÜDER geht allerdings auf Herders Kritik an Semler im Namen des „*guten, gesunden Verstand(es)*" seiner Leser ..., dem es nicht in 2 Alphabeten bewiesen zu werden braucht: *daß man den Kanon untersuchen müsse? und könne? und dörfe?*" (SWS 5, S. 444), nicht ein.

[20] S. die Vorrede zur zweiten Auflage der Einleitung 1787 (unpag.). Vgl. R. SMEND, Deutsche Alttestamentler, S. 13–14, 25–37; Epochen der Bibelkritik, S. 63–73. Als ein weiterer akademischer Lehrer Eichhorns kann L.A. Schlözer gelten, vgl. Eichhorns Vorlesung „Über den Umfang und die Methode Akademischer Vorlesungen über die Universalgeschichte" (1777). Zu Schlözer vgl. P.H. REILL, The German Enlightenment and the Rise of Historicism (1975), bes. S. 75–99.

[21] Dazu s.u. S. 81 f., 133f.

[22] Vgl. die Korrespondenz in DA bzw. Von und an Herder Bd. 2. Zu Heyne vgl. C. HARTLICH/ W. SACHS, Der Ursprung des Mythosbegriffes in der modernen Bibelwissenschaft (1952).

Eine charakteristische Einschätzung von Herders Leistungen für die alttestamentliche Wissenschaft formulierte im 19. Jahrhundert Friedrich Bleek in seiner *Einleitung in das Alte Testament*.[23] Im einleitenden forschungsgeschichtlichen Überblick beschreibt er Semlers Rolle damit, daß dieser „für die Erweckung der historisch-kritischen Forschung, wie über die Bibel überhaupt, so auch namentlich über das A.T., sehr anregend gewirkt" habe. Jedoch, „(d)ie mehr destructive *Semler*'sche Richtung war ... nicht geeignet, die schon vorher sehr geschwächte Liebe für die alttestamentliche Litteratur wieder zu beleben." Mit schwankendem Urteil, wie es in Äußerungen über Herder immer wieder begegnet, fährt Bleek dann fort:

„Hierfür wirkte aber gleichzeitig oder bald darauf besonders *J. G. Herder*, ... welcher, indem er mit dem Geiste des Orients vertraut und mit reicher Phantasie so wie mit der Gabe einer anziehenden Darstellung und einem überhaupt empfänglich begeisterten religiösen Gemüthe begabt war, auch nicht ohne kritischen Takt, verschiedene Parthieen der alttestamentlichen Litteratur auf geistreiche Art zu behandeln wusste. ... Er suchte durch eine geschmackvollere Behandlung des A.T. den Sinn für die Schönheiten desselben zu wecken, was ihm auch in einem nicht unbedeutenden Grade gelang, wobei indessen der eigenthümlich theokratische Geist, der sich durch das Ganze hindurchzieht, nicht überall gehörig hervorgehoben ward." In den Gang der Wissenschaft sei Herders Werk durch Eichhorn eingemündet, der „besonders in seinem Geiste arbeitete" und „der Erste (war), welcher nach der *Semler*'schen Anregung die *Einleitung ins A.T.* in einem besonderen Werke bearbeitet hat".[24]

Herder also ist der Typus des „geistreichen", „geschmackvollen" Autors, in historischer Hinsicht „mit dem Geiste des Orients" vertraut, in ästhetischer Hinsicht mit einem Sinn für die „Schönheiten" des Alten Testaments versehen, in theologischer Hinsicht schließlich zwar mit einem „empfänglich begeisterten religiösen Gemüt" begabt, aber ohne Verständnis für den „eigentümlichen theokratischen Geist" des Alten Testaments. Dasselbe Herderbild findet sich in weiterem theologiegeschichtlichem Rahmen wenig später auch bei Isaak August Dorner. Nach dessen Urteil ist Herder, obwohl er „die Religion ... nur als gehobene Lebensstimmung" gekannt habe, „ein großes theologisches Verdienst nicht abzusprechen", „zumal in Beziehung auf das Alte Testament, dessen allgemein menschliche Seiten und Schönheiten er mit seltenem Adel der Sprache und mit Wahrheit der Empfindung zur Anerkennung brachte".[25] Als genuine Leistung Herders gilt danach so etwas wie eine Hermeneutik des ästhetischen Sinnes und der religiösen Stimmung, die aber theologisch grundlos sei, weil sie gerade mit dem Empfinden für poetische

---

[23] Das 1860 zuerst postum veröffentlichte Manuskript war für Vorlesungen BLEEKS in den Jahren 1821–58 entstanden (S. IX, vgl. S. 3). In der 4. Auflage hat J. WELLHAUSEN 1878 BLEEKS forschungsgeschichtlichen Überblick durch eine eigene, erheblich knappere Skizze ersetzt (S. 644–656, dort S. 655 zu Herders Einfluß auf die Wissenschaft).

[24] S. 16f. Von Herders Schriften führt BLEEK die Briefe, das Studium der Theologie betreffend, Vom Geist der Ebräischen Poesie, und Lieder der Liebe. Die ältesten und schönsten aus Morgenlande (d. h. Herders Kommentar zum Hohenlied) an.

[25] Geschichte der protestantischen Theologie (1867), S. 739 bzw. 741. Über Herder als Alttestamentler findet sich 1871 in der Zeitschrift für wissenschaftliche Theologie ein enthusiastischer Artikel von A. WERNER.

Schönheit und religiöse Ausdruckskraft über die biblische Offenbarung hinwegge-
he. Daß dies theologiegeschichtlich bis heute das dominante Herderbild ist, zeigen
beispielsweise die knappen Bemerkungen, mit denen A.H.J. Gunneweg in seiner
Hermeneutik Herder streift. Gelten hier „eine vermeintliche Kongenialität des Verstehens und das liebevolle Eingehen auf die individuellen Besonderheiten der Historie" als „Schlüssel des Verstehens", würden zugleich „romantisches Gedanken-
und Erlebnisgut als hermeneutische Voraussetzungen" eingeführt. „So droht das
Hören auf die Schrift durch den ästhetisch genossenen Wohllaut ihrer Begleitmusik
übertönt zu werden. Die Hervorhebung des Geschichtlichen, Menschlichen, Poetischen, Urwüchsigen im Alten Testament mildert die Eigenständigkeit und die
Fremdartigkeit der alttestamentlichen *Botschaft* und drängt sie zurück, statt zu einer
echten Begegnung mit ihr anzuleiten."[26]

Die Engführung der Deutung Herders auf die Begründung einer ästhetischen
Betrachtung des Alten Testaments hatte indessen schon Karl Barth kritisiert, als er
in seiner Vorlesung über die Ideen- und Theologiegeschichte des 18. und 19. Jahrhunderts bemerkte:

„Man kann nicht ohne Weiteres sagen, Herder habe es … entscheidend auf eine ästhetische
Würdigung der Bibel abgesehen, sofern wenigstens … ‚ästhetisch' nach dem üblichen
Sprachgebrauch dasselbe wie ‚künstlerisch' bedeuten sollte. Wenn er die Bibel zweifellos
auch unter diesem Gesichtspunkt gelesen hat und gelesen wissen wollte, so war ihm das doch
nur Mittel zum Zweck."[27]

Barths Thema ist jedoch nicht der Exeget Herder, sondern Herders Theologie
als gescheiterter Ansatz zu jener „prinzipiellen Überwindung der Aufklärung", die
Barth programmatisch für notwendig erklärte.[28] Seine Darstellung sieht daher von
Herders exegetischen Schriften zum Alten Testament ab.[29] In der Konsequenz die-

---

[26] Vom Verstehen des Alten Testaments (1977), S. 68f. – Vgl. in anderem Horizont schon die
Kritik von H.A.C. HÄVERNICK am Werk von Herder und Eichhorn: „‚Geschmack!' war das Lo-
sungswort der neuen Richtung. … das christliche und ächt theologische Interesse war verdrängt
aus der Wissenschaft" (Handbuch der historisch-kritischen Einleitung in das A.T., Bd. I/1, 1836,
S. 14).

[27] Die protestantische Theologie im 19. Jahrhundert (1947), S. 298. Ob BARTH dabei HERMANN
GUNKEL im Blick hat? Vgl. GUNKEL, „Ziele und Methoden der Erklärung des Alten Testaments",
S. 11–29, bes. S. 22. Gerade GUNKEL erklärt aber, „… wir sind nicht Ästhetiker, sondern Theolo-
gen" (ebd. S. 24). BARTH hatte 1906/07 bei GUNKEL in Berlin studiert, vgl. sein Nachwort in H.
BOLLI, Schleiermacher-Auswahl, S. 290f. Vgl. zu GUNKEL auch W. KLATT, Hermann Gunkel,
S. 110f.

[28] Die protestantische Theologie, S. 297. Vgl. dazu kritisch P. PÉNISSON, Johann Gottfried Herder, S. 84: „Karl Barth a cru trouver en Herder de quoi dépasser l'*Aufklärung* et l'assignation kan-
tienne à placer *La Religion dans les limites de la simple raison*. Or, le problème affronté par Herder est
précisément qu'on ne peut faire fi de l'*Aufklärung*, que manifestement la fonction cléricale ne peut
plus être la même." PÉNISSON seinerseits bezweifelt jedoch, daß Herder sich überhaupt auf dem
Feld der Theologie bewegt habe; vgl. auch sein Nachwort in HWP 1, bes. S. 879f., 896.

[29] BARTHS Quellengrundlage sind offenbar Herders Briefe, das Studium der Theologie betreffend in der Ausgabe B. SUPHANS (Bd. 10 und 11) und der von H. STEPHAN in der „Philosophischen
Bibliothek" herausgegebene Band „Herders Philosophie. Ausgewählte Denkmäler aus der Werdezeit der neuen deutschen Bildung" (1906).

ser Beschränkung liegt es, daß Barth nach exegetischen Begründungsverhältnissen
in Herders theologischem Denken nicht nur nicht fragt, sondern ihr Vorhandensein sogar direkt bestreitet.

„Man muß sich abfinden damit, daß bei Herder und auf der ganzen von Herder ausgehenden
Linie die Wahrheitsfrage nun einmal das brennende Interesse nicht hat, wie man es bei einer
Begründung der Theologie, die sich ausgerechnet mit Kant auseinanderzusetzen hat-
te,[30]zunächst erwarten sollte. Ihr scheint die Wirklichkeit der Offenbarung im Erlebnis bzw.
in der Geschichte, im Gefühl bzw. in der Erfahrung so mächtig gegeben, daß sie sich von der
Rückfrage nach ihrer Legitimität dispensieren zu können glaubte."[31]

Das Gegenteil davon ist bei Herder der Fall. Durch seine Exegese der biblischen
Urgeschichte, besonders von Gen. 1, sucht er gerade ein Fundament der Theologie
zu gewinnen, wie Barth es bei ihm vermißt.[32] Daß Herder „Gott im Erlebnis, das
Erlebnis aber im Selbsterlebnis, das Selbsterlebnis aber eingebettet in das Gemein-
schaftserlebnis der Geschichte findet", läßt sich so nur konstruieren, wenn seine
Deutung der biblischen Vorstellung der Schöpfung und der Gottebenbildlichkeit
außer Betracht bleibt.[33] Der schon von I. A. Dorner verwendete kritische Topos einer Einziehung der Religion auf das Erlebnis müßte durch eine systematische Kritik der Genesisinterpretation Herders gerechtfertigt werden. Aber auch Barth
bleibt bloß einem traditionellen Herderbild verhaftet, wenn er von der „stürmi-
schen Ineinssetzung von Humanitätserlebnis, Religion und Offenbarung, von
Gottebenbildlichkeit und Gottheit bei Herder" spricht.[34]

---

[30] Sofern sich diese Bestimmung der theologischen Aufgabe auf Herder bezieht – und BARTH
bringt sie so auch in seiner Disposition (§ 7. Kant, § 8. Herder) zum Ausdruck – ist sie ungenau.
Erst in dem späten Zyklus Christliche Schriften (1794–98) reagiert Herder in einigen Passagen auf
Kants Religion in den Grenzen der bloßen Vernunft von 1793, und in einer „Zugabe" zur Meta-
kritik (1799) auf Kants Streit der Fakultäten von 1798. Für die Schriften bis zur Mitte der 1780er
Jahre ist allenfalls an den vorkritischen Kant zu denken. Vgl. auch Herders Brief an Hamann nach
dem Erscheinen von Kants Kritik der reinen Vernunft (DA IV, Nr. 194, Z. 32ff.; vom 31. 12.
1781). Eine Übersicht über die Beziehungen zwischen Herder und Kant geben z. B. G. ARNOLD,
„Herder und die Philosophen des deutschen Idealismus nach den biographischen Quellen",
S. 189–202, und H. D. IRMSCHER im Kommentarteil von FA 8, S. 1062ff.

[31] AaO. S. 295f.

[32] Weitere Texte in Herders „Kanon im Kanon" wären z. B. Sir. 43,27–29; Röm. 1,18–23;
Apg. 17,22–28.

[33] AaO. S. 292. Ob BARTH hier hundert Jahre Theologiegeschichte überspringt und eher gegen
Theologen wie A. VON HARNACK und W. HERRMANN polemisiert? Vgl. HARNACKS Das Wesen des
Christentums, S. 92f., 158f. und W. HERRMANN, Gesammelte Aufsätze, S. 30f. Auch zeitge-
schichtliche Bezüge mögen diese Darlegungen BARTHS von 1932/33 ebenso wie seine Verurtei-
lung der Aufklärung in KD II/1, S. 194–200 von 1940 prägen.

[34] AaO. S. 297. – Dennoch scheint BARTH eine gewisse positive Ambivalenz in Herders theologischem Denken wahrzunehmen, wenn er notiert, daß „das Problem eines Jenseits des *humanum*
… trotz einiger Ansätze in anderer Richtung immer wieder gänzlich im Diesseits des Menschen
unterzugehen droht" (S. 297). Daß BARTH kein eigentliches Verständnis für Herders theologisches
Thema gewinnt, braucht angesichts seiner Annäherung von Röm. 5 her (Römerbrief, 1922,
S. 142–166) und seiner eigentümlichen Verwendung des Begriffs „Urgeschichte" (Die Christliche
Dogmatik im Entwurf, 1927, Ausg. 1982, S. 309–321) nicht zu verwundern. Vgl. auch zu seiner
Darstellung Lessings die Kritik von W. TRILLHAAS, „Zur Wirkungsgeschichte Lessings in der evan-
gelischen Theologie", S. 61.

Unter den neueren Arbeiten zur Forschungsgeschichte des Alten Testaments[35] ist die Untersuchung von Th. Willi von 1971 hervorzuheben, der mit umfassender Kenntnis der einschlägigen Schriften „Herders Beitrag zum Verstehen des Alten Testaments" darstellt.[36] Dabei kommt er zu dem Schluß, Herders Beitrag sei „im wesentlichen zweifacher Natur" und betreffe einerseits den „literarischen" und andererseits den „historischen Charakter dieses Buches".[37] Indessen habe Herders Hermeneutik insgesamt für die Exegese verheerende Folgen: „Die kultur- und geistesgeschichtliche Rolle des AT's wird wichtiger, ja ersetzt seine theologische Bedeutung."[38] Dies zumal deshalb, weil Herder das Alte Testament nicht als Tradition Israels verstehe: „Statt Theologie – Poesie; das Individuell-Jüdische, das der Historiker Herder so betont, wird – allgemein Menschliches; der Weg dazu: schöpferische Nachbildung statt gehorsamer Auslegung."[39] Solche Entgegensetzungen legen sich nahe, wenn man mit Willi Herders Interpretation von Gen. 1 von der Exegese des übrigen Alten Testaments abtrennt. Dann wird Herders „phantastische Konstruktion der ‚Aeltesten Urkunde des Menschengeschlechts'" nur zu einem Beleg dafür, daß es „im Grunde … gar nicht mehr die Bibel (ist), deren Autorität bekräftigt wird, sondern die

---

[35] Das Herder-Kapitel in H.J. Kraus' Geschichte der historisch-kritischen Erforschung des Alten Testaments (1956, 4. Aufl. 1988), „Hebräischer Humanismus im Zeitalter der Romantik", bietet kaum mehr als die mit oberflächlicher Begrifflichkeit überhöhten Stereotypen des Herderbildes und beruht, soweit erkennbar, auf kaum einer breiteren Quellenbasis als den ersten 16 Briefen, das Studium der Theologie betreffend (der für eine „gesamtbiblische Theologie" einschlägige 18. Brief findet keine Erwähnung mehr, und auch der Abschnitt zu Herder in Die Biblische Theologie. Ihre Geschichte und Problematik, 1970, S. 203–207 ergänzt nur wenig) und den ersten beiden Gesprächen der Ebräischen Poesie. Es ist nur folgerichtig, wenn Kraus dann als „schmerzlich(en) Mangel in der gesamten Beschäftigung Herders mit dem Alten Testament" beklagt, daß Herder „keine einzige gründliche Auslegung und Erklärung alttestamentlicher Texte erarbeitet habe" (S. 127) – eine Behauptung, hinter die man zumindest im Blick auf Herders Erklärungen des Hohenliedes und der Urgeschichte ein Fragezeichen setzen möchte. Der impressionistische Vortrag über „Herders alttestamentliche Forschungen" (1971) führt nicht weiter, weil auch hier die Situierung Herders zwischen „Hamann", „Romantik" und „Humanismus" unklar bleibt und Einzelheiten nicht verifizierbar sind (z.B. S. 63 mit Verweis auf SWS 14, S. 442; S. 65 mit Verweis auf SWS 16, S. 10; die S. 72 postulierte Abhängigkeit Herders von Thomas Burnet).

[36] Herders Beitrag zum Verstehen des Alten Testaments (1971), vgl. auch die Aufsätze „Herders Auffassung von Kritik und Kanon in den Bückeburger Schriften. Überlegungen zur Frage der Critica sacra", S. 345–362, und „Die Metamorphose der Bibelwissenschaft in Herders Umgang mit dem Alten Testament", S. 239–256.

[37] AaO. S. 26. – In Hinsicht auf Herders „historischen Beitrag" macht Willi jedoch sogleich die Einschränkung, er sei „bestenfalls der Keim für kommende Erkenntnisse" (S. 57) und historisches Verstehen vollziehe sich bei Herder „weitgehend in ästhetischen Kategorien" (S. 85). Vgl. dazu auch K. Scholder, „Herder und die Anfänge der historischen Theologie", S. 425–440, und L. Perlitt, Vatke und Wellhausen (1965), S. 15–24.

[38] AaO. S. 131.

[39] AaO. S. 51. Vgl. Fr. Bleeks Kritik an der Vernachlässigung des „eigenthümlich theokratische(n) Geist(es)" (aaO. S. 17). Auch B. Rippner hatte es 1871 als die „wissenschaftliche Schwäche" Herders kritisiert, daß ihm „das alte Testament nur ein Stück Orient" gewesen sei. „… die Eigenart des jüdischen Geistes trat nicht in voller Klarheit heraus, und das ist ja kaum zu verwundern, da die Bibel ihm zumeist nur als dichterisches Produkt in Betracht kam" („Herders Bibelexegese", S. 24).

der positiven Uroffenbarung hinter dem Text von Gen. 1, der sich als erratischer Block, ohne selbst Geschichte zu haben, ins mosaische AT verirrt hat".[40]

In seinem programmatischen, theologisch und literaturwissenschaftlich orientierten Buch *The Eclipse of Biblical Narrative* widmet H.W. Frei 1974 ein Kapitel der kritischen Prüfung von Herders biblischer Hermeneutik.[41] Es geht dabei weniger um eine Interpretation Herders als um seine Beurteilung nach einem Maßstab, den Frei die „narrative option in biblical interpretation" nennt (z.B.S. 137). Auch Herder wird einer Interpretationslinie zugeordnet, in der der Charakter der biblischen Texte als „realistic narrative" nicht verstanden und das Problem der Hermeneutik falsch formuliert worden sei. „It is no exaggeration to say that all across the theological spectrum the great reversal had taken place; interpretation was a matter of fitting the biblical story into another world with another story rather than incorporating that world into the biblical story."[42] Ein solches hermeneutisches Problembewußtsein begrenzt Frei zufolge aber prinzipiell die Möglichkeit des Exegeten, ‚biblische Erzählung' zu verstehen. „… the interpreter knows himself to be partaking of a specific historical location, that of the present. Once the interpretive perspective has in this fashion become a condition for understanding explicative meaning, the realistic narrative stance has been destroyed …" (S. 192). Herder macht hier keine Ausnahme: „Herder … came close to a realistic interpretation of the explicative meaning of biblical narrative … But … he … did not finally come to grips with realistic reading as an interpretive procedure in its own right."[43] In Freis Darstellung fehlt eine Untersuchung von Herders Begriff der „poetischen Wirklichkeit" ebenso wie eine Analyse seiner sprachphilosophischen Deutung religiöser Sprache aus einer ursprünglichen Offenbarung. Die Schriften zum Alten Testament spielen in dieser Darstellung, die auf den *Briefen, das Studium der Theologie betreffend* und der späten Evangelienkritik beruht, keine Rolle. Freis Definition von poetischer Sprache[44] nimmt deshalb die theologische Spannung, die für Herder im Ursprung von Poesie als Ausdruck der Welterschließung im Gegenüber zur werdenden Schöpfung liegt, nicht auf. Wenn sich das Problem der Hermeneutik dank des Konzeptes eines hypostasierten Erzähltextes („realistic narrative") erübrigt, ist Herders Frage nach dem „Geist der hebräischen Poesie" in der Tat falsch gestellt.

Eine eigene Darstellung von Herders *Ältester Urkunde des Menschengeschlechts* hat zuletzt W. Schottroff gegeben,[45] der eigentümlicherweise jedoch darauf verzichtet,

---

[40] AaO.S. 136.

[41] The Eclipse of Biblical Narrative. A Study in Eighteenth and Nineteenth Century Hermeneutics, S. 183–201. Vgl. zu FREIS Buch J. BARTON, Reading the Old Testament, S. 160–167.

[42] AaO.S. 130, vgl. S. 199ff.

[43] AaO.S. 198f., vgl. S. 186, 217. Die Frage, was in FREIS Literaturtheorie „realistic reading" bedeuten soll, kann hier nicht weiter verfolgt werden. Solche Lektüre „had allowed the reader to be incorporated and thus located in the world made accessible by the narration" (S. 199).

[44] Vgl. aaO.S. 184: „Among the earliest, most primitive peoples in particular, language is the immediate, natural and naive … expression of their way of life, their sensibility, their natural and communal spirit." – „It seemed to Herder that understanding an ancient language in its poetic effulgence is a matter of entering imaginatively and emphatically the world of the imagination and culture that produced it." So richtig das ist, stehen die folgenden Erläuterungen zu Herders Relativismus in einem genauen Widerspruch zu dessen Deutung der Poesie von Gen. 1 und des daher inspirierten „Geistes" der hebräischen Poesie.

[45] „‚Offenbarung Gottes ist Morgenroth, Aufgang der Frühlingssonne fürs Menschengeschlecht'. Johann Gottfried Herder und die biblische Urgeschichte", S. 259–276. – Für eine interessante literaturwissenschaftliche Untersuchung der Ältesten Urkunde des Menschengeschlechts

nach der theologischen Dimension zu fragen, in die Herders „konsequent anthropologische Deutung" von Gen. 1 (S. 268) führt. Selbt wenn nach Herder ein „naiv und direkt auf Einfühlung und dichterisches Nacherleben gerichtete(r) Zugang" der Eigenart der Bibel am besten gerecht werden sollte (S. 265), ist ein solcher Zugang im Falle von Gen. 1, wo er auf eine von der poetischen Urtradition geleitete Antwort auf das göttliche Schöpfungswerk zielt, gerade nicht „naiv". Es kann kaum überzeugen, wenn Schottroff abschließend als das, was „(n)och immer anregend" in Herders exegetischer Arbeit sei, nur eine Reihe von Gesichtspunkten aufzählt (S. 276), die treffend das Werk des Orientalisten Johann David Michaelis charakterisieren könnten, den Herder in der *Ältesten Urkunde des Menschengeschlechts* erbittert bekämpft.

Wo man Herder nicht einfach auf die Unverbindlichkeit ästhetischer Betrachtung alttestamentlicher Dichtungen festlegt, verfällt er zumeist der theologischen Kritik. Seine Stellung in der Theologiegeschichte läßt sich aber nur auf der Grundlage seines exegetischen Werkes zum Alten Testament beurteilen. Auch wenn die Literaturgeschichte zu Recht Herder in eine Linie vom Sturm und Drang zur Romantik einzeichnet,[46] ist es in der Theologie ungerechtfertigt, seine exegetischen Schriften allein als ästhetisierende Würdigungen biblischer Texte zu deuten, statt sie als Schriften eines theologischen Denkers in der Aufklärung zu lesen. Trotz Herders einflußreichen Abhandlungen zur Literaturkritik, seiner Anthologie von Volksliedern und nicht zuletzt seiner Begeisterung für Shakespeare liegt in seinen Arbeiten zu Dichtungen des Alten Testament eine Differenz, die es verbietet, seine Hermeneutik als eine Hermeneutik der Empfindung, des Selbsterlebnisses oder auch nur des Geschmacks zu charakterisieren. Vom Entwurf einer exegetisch begründeten Schöpfungstheologie ausgehend schreibt Herder zwar nichts, was sich unter einen Titel „*loci theologici*" ordnen ließe, sucht aber sein theologisches Verständnis des Menschen in seiner Geschichtsphilosophie zu entfalten. Die Formel „statt Theologie – Poesie", die die theologische Kritik an Herder prägnant zusammenfassen könnte, verrät ein Mißverständnis, das wiederum der Kritik des geschichtsphilosophischen Projekts nicht dienen kann.

---

vgl. darüber hinaus G. VOM HOFE, „Schöpfung als Dichtung. Herders Deutung der Genesis als Beitrag zur Grundlegung einer theologischen Ästhetik", S. 65–87, auch ders., „Herders ‚Hieroglyphen'-Poetik", S. 190–209. Eine systematisch-theologische Untersuchung bietet TH. ZIPPERT aaO., bes. S. 230–259; eine eher naturphilosophisch orientierte ideengeschichtliche Untersuchung R. HÄFNER aaO. S. 175–264.

[46] Vgl. z. B. W. KOHLSCHMIDT, Geschichte der deutschen Literatur Bd. II, S. 441–477, 717–733; Bd. III, S. 13–20; aber auch G. SCHULZ, Die deutsche Literatur zwischen Französischer Revolution und Restauration, Teil I, S. 69–80, bes. S. 76. Eine ertragreiche literaturgeschichtliche Darstellung Herders gibt S.-A. JØRGENSEN in: Aufklärung, Sturm und Drang, Frühe Klassik 1740–1789 (1990), S. 360–399. Vgl. im übrigen auf germanistischer Seite auch das Urteil von W. KOEPKE: „It may be disappointing to find Herder who is certainly ‚modern' in so many of his views to be less secularized as the thoroughly anthropocentric 20th century would like him to be, but if it is the role of the historian to understand the spirit of past ages, it may be appropriate to point out that Herder's worldview was definitely theocentric." („Truth and Revelation. On Herder's Theological Writings", S. 153).

3. Herders Buch *Vom Geist der Ebräischen Poesie*

Die theologische Rezeptionsgeschichte, die Herder nur als einen Ästheten unter
den Bibelwissenschaftlern betrachtet, knüpft an seine bekannteste Schrift zum Alten Testament, das Buch *Vom Geist der Ebräischen Poesie* von 1782/83, an. Eine kurze Beschreibung dieses Hauptwerks soll hier genügen um zu zeigen, daß es nicht
ohne die theologische Grundlegung der *Ältesten Urkunde des Menschengeschlechts*
verstanden werden sollte.[47] *Vom Geist der Ebräischen Poesie* galt und gilt als ein bibel-
wissenschaftliches Glanzstück aus dem klassischen Weimar.[48] Seine Rezeption
stand deshalb im Lichte der Bewunderung für die Weimarer Bildungskultur der
Goethezeit, die man gern durch Faktoren wie Klassizismus, Ästhetizismus, Natur-
philosophie, Pantheismus geprägt sieht und als Epoche in die Kirchen- und Theologiegeschichtsschreibung schwer einzuordnen weiß.[49] Der Untertitel „Eine Anleitung für die Liebhaber derselben und der ältesten Geschichte des menschlichen
Geistes" konnte ein übriges dazu tun, daß man das Buch eher als ein Stück gebilde-
ter Konversation unter antikisierenden Ästheten auffaßte denn als ein Werk biblischer Theologie. Obwohl Herder, der Generalsuperintendent, in der Tat den Ton
strenger Gelehrsamkeit vermeidet, gehört sein Buch kaum weniger in den Horizont universitärer Wissenschaft des 18. Jahrhunderts als in den der residenzstädti-
schen Bildungswelt.

Gegenstand des Buches *Vom Geist der Ebräischen Poesie* ist weit mehr als eine Er-
klärung der üblicherweise so genannten poetischen Schriften des Alten Testaments.
Mit den Psalmen beschäftigen sich direkt nur drei Kapitel des zweiten Bandes.[50]
Den drei poetischen Schriften unter den Megilloth hatte Herder schon anderwärts
Untersuchungen gewidmet und übergeht sie hier.[51] Seine Erörterungen zu Hiob

---

[47] Vgl. indessen eine umsichtige Darstellung bei D. NORTON, A History of the Bible as Literature (1993), Bd. 2, S. 197–202.

[48] Schon die Editions- und Übersetzungsgeschichte zeigt das. 1805 stellte J. G. MÜLLER das
Werk an den Anfang der Abteilung „Zur Religion und Theologie" der Ausgabe der Sämmtlichen
Werke. 1825 erschien eine von K. W. JUSTI herausgegebene separate Neuausgabe, 1890 eine weitere von FR. HOFFMANN herausgegebene in der „Bibliothek theologischer Klassiker". Eine hollän-
dische Übersetzung erschien in Leiden 1784/87, eine englische Teilübersetzung unter dem Titel
‚Oriental Dialogues' in London 1801, eine (zuverlässigere) englische Gesamtübersetzung in Bur-
lington/Vermont 1833; eine französische Übersetzung in Paris 1844, nouvelle édition 1855; eine
russische Teilübersetzung in Tiflis 1875. Vgl. die Herder-Bibliographie.

[49] E. HIRSCH gibt in der Geschichte der neuern evangelischen Theologie seine – pathetisch
überladene – Darstellung Herders in einem Kapitel „Herder und Goethe", das den Teil „Der
schöpferische Durchbruch im deutschen Geistesleben nach seinen Auswirkungen auf Religion
und Christentum" eröffnet. HIRSCH charakterisiert Herder dann mit Begriffen wie „Ahnungsver-
mögen", „Erlebnisfähigkeit" und „Enthusiasmus für alles Positive, Geschichtliche" (Bd. IV, S. 218
bzw. 233, vgl. S. 254; S. 244).

[50] Kap. IX. „Psalmen", Kap. X. „Charaktere der Psalmendichter", Kap. XI. „Königs-Psalmen"
(FA 5, S. 1189–1281). Ausschließlich diesen Teil hatte offenbar GUNNEWEG aaO. S. 68f. im Blick.

[51] Übersetzung des Hohenliedes mit Kommentar als selbständiges Buch: Lieder der Liebe. Die
ältesten und schönsten aus Morgenlande (1778; FA 3, S. 431–521), zu den Klageliedern eine Vorrede zu J. G. Börmels Übersetzung (1781; SWS 12, S. 329–346), zum Prediger Salomo ein Abschnitt in den Theologischen Briefen (1780; im 11. Brief, FA 9/1, S. 248–51).

stehen in dem spezifischen thematischen Zusammenhang der Diskussion vormosaischer Dichtung.[52] Der Hauptteil des Buches ist der hebräischen Poesie vor den
Zeiten Davids, Salomos und Späterer gewidmet, der Zeit also, bevor „die zerstreu-
te wilde Landblume … als eine Königsblume auf den Berg Zion gepflanzet" wurde.[53] Zur Dichtung dieser frühen Epochen der Geschichte Israels rechnet Herder
die Stammessprüche von Gen. 49 und Dtn. 33, mehrere poetische Fragmente in
den Erzählungen der Geschichte Israels vor der Inthronisation Davids[54] sowie das –
nicht nur dichterische – Werk Moses.[55] Der Interpretation dieser zumeist auf das
Volk Israel blickenden Dichtungen dient der zweite Band. Dagegen führt der erste
Band nur in einem Anhang schon zu Mose und seinem großen Lied Dtn. 32[56] und
ist im übrigen den ohne kritisches historisches Urteil als vormosaisch klassifizierten
Texten des Alten Testaments gewidmet, d.h. in Herders Terminologie der Poesie
der „Morgenländer" (abgesehen von den Vätersagen). Herders Thema sind hier die
sprachlichen und religionsgeschichtlichen Voraussetzungen der hebräischen Poesie,
die (mit den Vätersagen und) später in dem durch Mose allererst begründeten Volk
Israel aufkommen sollte. Mit Genesis und Hiob als Quellengrundlage untersucht er
also zuerst die „Kosmologie und ältest(e) Tradition dieses Volks" und sodann die
„Grundbegriff(e) ihrer Poesie und Religion aus den Sagen der Väter".[57] Für sein
exegetisches Projekt einer Erklärung der hebräischen Poesie ist diese Nachzeich-
nung ihres Entwicklungsganges aus vormosaischen Ursprüngen entscheidend. Ihren frühen Ursprüngen verdanke die hebräische Poesie ihre Sprache und die mit
dieser Sprache gegebenen fundamentalen religiösen Vorstellungen. Daß es ihm
darum gehe, durch diese diachrone Ausrichtung seiner Untersuchung den „Genius" der hebräischen Poesie und damit den „Genius" der religiösen Sprache, die
noch die Sprache des Neuen Testaments sei, zu erschließen, betont Herder in der
Vorrede zum ersten Band: „… den Genius der Sprache können wir nie besser, d.i.
wahrer, tiefer, vielseitiger, angenehmer studieren, als in Poesie, und zwar so viel
möglich in den ältesten Poesien derselben".[58] Solche Poesien findet er zum einen in
Gen. 1–11 und Hiob, wo sie die „Kosmologie, die ältesten Begriffe von Gott, der
Schöpfung, der Vorsehung…" greifbar werden lassen und „Dichtungen der Natur"
sind. Zum anderen stehen daneben die poetischen „Sagen der Väter" in Gen.
12–50, die er in den beiden letzten Gesprächen des in Dialogform gekleideten ersten Bandes behandelt. Zwar sei die Erinnerung an die Stammväter in diesen Sagen

---

[52] Ebräische Poesie Bd. 1, 4. und 5. Gespräch (FA 5, S. 735–80). – Bei den Proverbia beschränkt
sich Herder auf die Worte Agurs (Prv. 30): Theologische Briefe (FA 9/1, S. 242–46), Ebräische
Poesie, Bd. 2 (FA 5, S. 1168–74).
[53] FA 5, S. 1189.
[54] Ebräische Poesie Bd. 2, Kap. VI–VIII (FA 5, S. 1099–1188).
[55] Ebräische Poesie Bd. 2, Kap. II–V (ebd. S. 993–1098).
[56] FA 5, S. 927–45.
[57] FA 5, S. 927.
[58] FA 5, S. 669f.

das nationale Proprium des Volks der Hebräer, als eine „Freundschaftspoesie der Menschen mit Gott" wiesen sie aber weit über es hinaus.[59]

Der erste Band soll im 2.-8. Gespräch[60] also mit Kosmologie und Naturdichtung poetische Traditionen diskutieren, die Mose als Erbstücke aus der Urzeit zum Fundament der hebräischen Poesie gemacht habe. In ihnen geht es um die „*Urideen*", die die Hebräer „von den ältesten Zeiten empfangen hatten".[61] Die grundlegenden Voraussetzungen der Poesie der Hebräer stammen nach Herder aus einer menschheitlichen Urgeschichte, die der nationalen Beschränkung der eigentlichen hebräischen Tradition vorausliegt. Herder entschränkt so die hebräische Poesie zu einer ursprünglicheren Poesie von universaler Bedeutung. Der Blick aus historischer Perspektive auf die hebräische Tradition führt für ihn in eine „morgenländisch" genannte Urzeit, aus der Urkunden, „mémoires originaux", in der hebräischen Tradition erhalten sind. Die Entdeckung des poetischen Charakters dieser Urkunden wird deshalb sein Schlüssel für den „Geist der Ebräischen Poesie".

Werkgeschichtlich ist danach der erste Band der *Ebräischen Poesie* zum größten Teil als eine Neubearbeitung der Genesisinterpretation des früheren Buches, *Älteste Urkunde des Menschengeschlechts*, zu betrachten, und Herder selbst gibt einen Hinweis auf diesen Zusammenhang.[62] Der Charakterisierung der Poesie des Alten Testaments ist so ein geschichtsphilosophischer Rahmen vorgegeben, in dem selbst die grundsätzlichen ästhetischen und poetologischen Ausführungen im ersten Gespräch von Band 1 und im ersten Kapitel von Band 2 stehen.[63] Eine Auflösung dieses Zusammenhanges führt leicht zu jenem Bild, wonach Herders Rolle in der Bibelwissenschaft darin bestand, den Sinn für die „Schönheiten des Alten Testaments" geweckt zu haben. Demgegenüber ist zu erwarten, daß eine Untersuchung seiner Interpretation der Genesis in der *Ältesten Urkunde des Menschengeschlechts* die eigentliche Begründung seines theologischen Verständnisses der „hebräischen Poesie" freilegt und damit nachweist, daß sein exegetischer Sinn für die „Schönheiten des Alten Testaments" keineswegs theologisch substanzlos ist.

---

[59] FA 5, S. 883.

[60] Das einleitende erste Gespräch stellt eine sprachwissenschaftliche und poetologische Apologie der hebräischen Sprache dar (FA 5, S. 671–91).

[61] So in der „Ankündigung" des Buches, FA 5, S. 663. Der Begriff „Urideen" (auch „Urworte") schon in den Theologischen Briefen, FA 9/1, S. 168.

[62] FA 5, S. 696.

[63] Im „Anhang" zum ersten Kapitel von Band 2 bezieht Herder noch einmal direkt seine Ausführungen zur Ästhetik auf die geschichtsphilosophische Frage nach dem Ursprung (FA 5, S. 987–92).

I. Kapitel

Voraussetzungen für Herders Exegese der Genesis (I): Die Frage nach einer Orientalischen Poesie im poetologischen Frühwerk

Herders Beschäftigung mit der biblischen Urgeschichte setzte weder an einem bestimmten Punkt seiner Biographie in einer theologischen Kehre plötzlich neu ein, noch war sie jemals auf eine „Archäologie des Morgenlandes" in antiquarischem Sinne beschränkt. Sie war lange vorbereitet durch seine frühen poetologischen Reflexionen, die jeweils ein charakteristisches Gefälle zur Frage nach dem Ursprünglichen hatten. Eine darauf ausgerichtete historische Betrachtung der Antike mußte unter den Bedingungen des 18. Jahrhunderts fast selbstverständlich eine rückläufige Linie von Rom nach Griechenland und dann über Ägypten in den durch die hebräischen Schriften erschlossenen Orient ziehen.[1] Da die ägyptische und andere orientalische Traditionen der Zeit Herders nur durch die Mythographie griechischer und römischer oder die Apologetik frühkirchlicher Autoren vermittelt waren, wurde die vorhomerische Zeit[2] fast ausschließlich durch den legendarischen Orpheus sowie die ältesten alttestamentlichen Schriften, d.h. in erster Linie die als davidisch, mosaisch oder gar vormosaisch geltenden Schriften, direkt repräsentiert. Früheste Dichtungen einer bestimmten Dichtungsgattung zu suchen hieß für Herder also, aus Griechenland in den Orient zurückzugehen.

Die schematische Abfolge Orient-Ägypten-(Phönizien)-Griechenland-Rom, in der zeitgenössischen Historiographie als Strukturprinzip universalgeschichtlicher Reflexionen und Darstellungen verbreitet,[3] hatte für die Dichtungsanalyse bei

---

[1] Einflußreiche Autoren waren in dieser Hinsicht für Herder z.B. Thomas Blackwell, An Enquiry into the Life and Writings of Homer (1735), und Robert Lowth, De sacra poesi Hebraeorum (1753). Vgl. U. GAIER in FA 1, S. 950 Anm. 80,15.

[2] Vgl. dazu das erste Buch von J.A. Fabricius' Bibliotheca Graeca, „De Scriptoribus, qui ante Homerum fuisse feruntur" (³1718). Dort handeln die §§ 18–20 von den „Scripta Orphica". Für die vorhomerische Zeit stellt Fabricius daneben z.B. Scripta Hermetica (§§ 7–12), Scripta Sybillina (§§ 29–33), Sanchoniathon (§ 28), Scripta Zoroastrea (§ 36) vor. Dabei handelt es sich für die kritische Philologie jedoch in erster Linie nur um Traditionen, die in die Frühzeit führen sollen, denn: „Inter Graecos scriptores nullum antiquius monumentum ad nos pervenisse HOMERO, certum est atque exploratum." (S. 1)

[3] Vgl. z.B. I. Iselin, Philosophische Muthmassungen über die Geschichte der Menschheit (1764), der noch Betrachtungen des Menschen „in der Abstraction", im „Stande der Natur" und im „Stande der Wildheit" voranstellt; W. Guthrie/J. Gray, Allgemeine Weltgeschichte von der Schöpfung an …, (1765ff., der Herausgeber der deutschen Übersetzung war C.G. Heyne).

Robert Lowth in seiner Poetologie des Alten Testaments eine neue Bedeutung gewonnen. Als Professor der Poesie in Oxford hatte Lowth in Vorlesungen, die einer
„juventuti in politiori doctrina et literarum elegantiis exercitatae" vorgetragen
wurden, die Dichtungen des Alten Testaments als „primaevae et germanae poeseos
reliquias" zum Thema gemacht.[4] Sein epochemachendes Buch wurde von dem
Göttinger Orientalisten Johann David Michaelis nicht nur 1754 in den *Relationes de
libris novis* positiv angezeigt, sondern auch 1758/61 in einer Ausgabe mit eigenen
Zusätzen weiter verbreitet.[5] Gleichzeitig traf es auf das Interesse von Moses Mendelssohn in Berlin, durch dessen Rezension in der *Bibliothek der schönen Wissenschaften und Künste* von 1757 es in die literarischen Debatten der Zeit Eingang fand.[6] Im
Zusammenhang mit seiner poetischen Psalmenübersetzung griff der Hofprediger
Johann Andreas Cramer in Kopenhagen Gedanken von Lowth auf.[7] Die Bedeutung von Lowths Buch konnte Herder demnach aus verschiedensten Quellen bekannt werden, und obwohl er sich später kritisch über das von Lowth verfolgte gattungskritische Verfahren äußern sollte,[8] machte er für seine Frage nach dem Ursprung der Dichtkunst dessen Hinwendung zu alttestamentlichen Dichtungen als
‚primaevae poeseos reliquiae' fruchtbar.

1. Die frühen Manuskripte zum Ursprung von Dichtung (1765/66)

Der erste größere Text, in dem sich Untersuchungen Herders zu diesem Thema
niedergeschlagen haben, sind die *Fragmente einer Abhandlung über die Ode* von 1765.[9]

---

    [4] De sacra poesi Hebraeorum S. 23. – Im Grundsatz ist die Einbeziehung des Alten Testaments
in poetologische Betrachtungen durch den Traktat „Vom Erhabenen" des Pseudo-Longinos vorbereitet. Spätestens seit der französischen Übersetzung durch Nicolas Boileau (1674) spielte dieser
Traktat in ästhetischen Debatten eine wichtige Rolle; Hinweise auf ihn finden sich aber schon
vorher in Genesiskommentaren, sofern nicht nur das trinitarische und christologische dogmatische Interesse dominiert. Vgl. z.B. Hugo Grotius in den Critici Sacri, Bd. I, S. 31a (mit Verweis auf
die Anmerkungen zu De Veritate Religionis Christianae, dort in Bd. IX, Sp. 4603), s.u. S. 49–54.
Bei Longin wird das „Erhabene" von Gen. 1,3 usw. gelobt: Peri Hypsous 9,9 (Pseudo-Longinos,
Vom Erhabenen, hg.v. R. BRANDT, S. 44/45).

    [5] Relationes de libris novis, Fasc. 10, S. 317–338. Vgl. zu Michaelis' Leistung als Vermittler von
Lowth R. SMEND, Epochen der Bibelkritik, S. 43–62.

    [6] M. Mendelssohn, Gesammelte Schriften Bd. 4, S. 20–62; vgl. SMEND aaO. S. 47f.

    [7] Poetische Übersetzung der Psalmen mit Abhandlungen über dieselben, dort ist die Abhand-
lung „Von dem poetischen Charakter der Psalmen" (in Bd. 4, 1764, S. 263–288) eine Auseinandersetzung mit den Vorlesungen über die Ode von Lowth, „der nun keinem Halbgelehrten mehr
unbekannt seyn darf" (S. 264); vgl. auch die Abhandlungen „Von dem Wesen der biblischen Poesie" und „Untersuchung ob die biblischen Gedichte in abgemeßnen, oder gereimten Versen ver-
faßt sind" in Bd. 1, ²1763.

    [8] Vgl. FA 9/1, S. 152f.

    [9] FA 1, S. 77–96 mit dem Kommentar des Herausgebers U. GAIER S. 928–968; zur Datierung
ebd. S. 928. Eine erste Fassung dieser Skizze war 1764 noch vor Herders Aufbruch von Königsberg nach Riga entstanden. – Etwa gleichzeitig setzte er sich 1765 in einem weiteren Manuskript,
Dithyrambische Rhapsodie über die Rhapsodie kabbalistischer Prose, mit J.G. Hamanns Aesthetica in nuce (1762) auseinander, in der Hamann das Ursprungsproblem in die Sentenz gefaßt hatte:

Herder setzt in ihr die Ausführungen von Lowth und Michaelis voraus. Da er seine Charakterisierung der Ode der Morgenländer ohne Verweise auf Quellen vorträgt,[10] ist das für die historische Betrachtung wiederholt genutzte Gliederungsmodell Orient/Morgenländer/Ebräer – (Ägypten) – Griechen – Römer mehr ein geschichtsphilosophisches Element, das der poetologischen Konstruktion dient. Die Ode[11] ist „(d)as erstgeborne Kind der Empfindung, der Ursprung der Dichtkunst, und der Keim ihres Lebens", der „Ursprung der Dichtkunst" aber „gehört mit zum allerheiligsten Dunkel des Orients, in die orphischen und eleusinischen Geheimnisse".[12] In einer historisch orientierten Poetologie führt das Ursprungsproblem in den Bereich des Religiösen.[13] Historisch gesehen heißt das: in den Orient, wobei es Herder jedoch, wie die Parallelisierung mit den griechischen Mysterien zeigt, nicht um eine Sonderstellung der Dichtungen in der biblischen, kanonischen Überlieferung geht.[14]

Im Ursprung findet poetischer Ausdruck von Empfindung typischerweise seine Form in der „Ode der Natur", einer Dichtung, die kaum schon sprachliche Gestalt hat, vielmehr in „wenige(n) Worte(n) … ganz mit ihren Naturakzenten" „tönt"

„Poesie ist die Muttersprache des menschlichen Geschlechts" (N II, S. 195; kommentierte Ausgabe von S.-A. Jørgensen, S. 81). Eine Deutung der in eine brilliante Imitation Hamanns gekleideten Gegenschrift Herders und eine Diskussion der Frage, wie weit Herder Einflüsse Hamanns aufnimmt und sich ihnen zugleich entzieht, können hier nicht erfolgen. Vgl. die Ausgabe der Rhapsodie in FA 1, S. 30–39, kommentiert von U. Gaier ebd. S. 877–917, sowie S.-A. Jørgensen in Aufklärung, Sturm und Drang, Frühe Klassik 1740–1789, S. 360–399, bes. S. 365, 380. Herders Widerspruch zu Hamann kulminiert vielleicht in folgendem Zitat: „Ob ich gleich immer zu sehr profanum vulgus bin, um deinen hieroglyphischen Adam zu entziffern, oder deine [sc. kabbalistische] Dechiffrierkunst über ihn zu verstehen: so hab ich doch oft meine Stimme, wie eine Posaune erheben wollen, um die Welt der menschlichen Seele herzujauchzen, wo hier Tiefen der Gottheit, im Enthusiasmus der Leidenschaften, dort Tiefen der Gottheit, in der heiligen [sc. dithyrambischen] Trunkenheit und in der Rasereien der Träume brausen …" (FA 1, S. 34).

[10] Ebd. S. 79f. Auf S. 83,22ff. zitiert Herder Psalm 18,11. In einem früheren Entwurf hatte er nach Michaelis Psalm 23 und Psalm 29 angeführt (ebd. S. 71). In einer unausgeglichenen Spannung in der historischen Vorstellung will Herder, rigoros typisierend, David als Vertreter der „Morgenländer" im Gegenüber zu den „Israeliten" betrachten, bei denen er – nach Mose – die „Theokratie" als den „Stoff der Ode" beschreibt und die Gattung der Ode von ihrer Höhe abfallen sieht (S. 83). Auch Lowth hatte aber als Beispiel einer ursprungshaften Ode Psalm 148 zitiert (aaO. S. 245f.). Ähnlich vertritt bei Herder für Griechenland Pindar (um 500) die Gattung der Ode, aus der sich erst sekundär das Drama, dann tertiär die Epopee, also Homer, entwickelt haben soll. Vgl. R. Nünlist, Homer, Aristoteles und Pindar in der Sicht Herders, bes. S. 91–112.

[11] Vgl. Gaier S. 945, Anm. 75,19f.

[12] S. 78f. In einer Revision dieses Abschnitts nennt Herder zwischen dem Orient und Griechenland auch „das Dunkel der Hieroglyphen", also Ägypten (S. 98). An beiden Stellen wird die Reihe übrigens mit den „Priesterschwüren der Druiden" (und Barden) fortgesetzt.

[13] Vgl. Lowth, Praelectio XXV: „… Odae origo ad ipsum Poeseos initium recurrit, quod cum Religionis, hoc est, cum ipsius humanae naturae ortu conjunctum videtur" (S. 246).

[14] Der Bezug auf den Orient veranlaßt Herder sogleich zu theologischer Kritik: Der „Enthusiasmus" der Morgenländer sei als eine „einfältig hohe poetische Theopneustie" zu bezeichnen. Sie sei für den Abendländer uneinholbar, weil dieser auf „die Regel der Metaphysik" als seinen Führer „schwach sich zu stützen gewohnt ist" (S. 80). Herder deutet schon hier an, daß die Lehre von der Gottebenbildlichkeit poetologisch erhellt werden könne (S. 85).

(S. 94f.). Erst wenn aus und neben der Empfindung die Einbildungskraft aktiv wird, wird die Ode „ein Gemälde der Einbildungskraft", „eine Folge von Bildern".[15] Die „erste Ode" besingt subjektives „Gefühl", die Empfindung der „sinnlichgrößten Einheit" und der „wahrste(n) Sinnlichkeit".[16] Herder will so „aus der Natur (s)einer Empfindung eine *Ideal*ode bestimmen" können, „ohne zu sehen, ob ein Volk sie erreicht hat".[17] Anders als bei Lowth findet das Ursprungsproblem keine leichte Beantwortung dadurch, daß man die Ode „aus den *Dank*empfindungen eines neugeschaffenen Naturmenschen" ableiten könnte,[18] vielmehr ist die poetologische Reflexion beim Schöpfungsursprung des Menschen mit einer komplexeren anthropologischen Situation konfrontiert. Diese aufzuschlüsseln ist Herders Thema in den folgenden Jahren. Das Alte Testament hat dabei eine Funktion nur, insofern es Traditionen enthält, die vor die Epoche des eigentlich Israelitischen als des Mosaisch-Theokratischen führen. In der Deutung der Epoche der Morgenländer verbindet Herder psychologische und historisch-genetische Aspekte seiner Theorie des Ursprungs der Dichtung, mit der er unmittelbare Existenzerfahrung explizieren will, ohne auf historische Vergewisserung zu verzichten.[19] Das frühe Manuskript der Odenabhandlung bereitet also in einer spezifischen, poetologischen Hinsicht die Interpretation der Urgeschichte vor.

Weitergeführt werden die *Fragmente einer Abhandlung über die Ode* in dem *Versuch einer Geschichte der lyrischen Dichtkunst* von 1766.[20] Programmatisch widmet Herder sich hier der Erforschung des Ursprungs der Dichtkunst, weil er „in (s)einer Geschichte den Ursprung als den merkwürdigsten Teil" ansehe (S. 28), aber bei allen bisherigen Definitionen des „Begriff(s) der Ode" gerade der Ursprung als „Grundfeste des Ganzen" fehle (S. 11). Nach einleitender Begründung des Gewichts und der Problematik der Ursprungsfrage entwickelt er unter Bezug auf die orphischen Hymnen eine Theorie des Ursprungs der Dichtkunst für Griechenland und disku-

---

[15] S. 95 und S. 91. Vgl. zu der zweiten Stufe nach der „Logik des Affekts" U. GAIER, Herders Sprachphilosophie und Erkenntniskritik, S. 38–40. Zum ganzen auch H. ADLER, Die Prägnanz des Dunklen, S. 140–143.

[16] S. 91 und S. 90. Damit greift Herder auf das in seiner Auseinandersetzung mit Kant im Versuch über das Sein erörterte Thema des Zusammenhangs von Sinnlichkeit und subjektiver Existenzgewißheit zurück (FA 1, S. 9–21, mit Kommentar von GAIER ebd. S. 844–869); vgl. M. BAUM, „Herder's Essay on Being", S. 126–137.

[17] S. 959 Anm. zu S. 88,22. Vgl. auch im früheren Entwurf S. 68f. In der Charakterisierung des ‚Geistes der Ode‘ (S. 79) spielt Herder übrigens auf Cant. 8,6 an.

[18] AaO. S. 88. Herder polemisiert hier gegen Lowth aaO. S. 245–247.

[19] Vgl. ADLER aaO. S. 126f.; auch H.D. IRMSCHER, „Grundfragen der Geschichtsphilosophie Herders bis 1774", S. 10–20.

[20] HWP 1, S. 9–61 mit dem Kommentar des Herausgebers W. PROSS S. 693–724. Zur Datierung des Manuskriptes ebd. S. 693 und 696, PROSS entscheidet sich jedoch für eine zu frühe Datierung (vgl. S. 7, S. 926). Der Text setzt m.E. wegen der Passage S. 28f. die gründliche Lektüre von David Humes Natural History of Religion voraus, die durch auf den 1.-3. August 1766 datierte Exzerpte Herders dokumentiert ist (SWS 32, S. 193–197, vgl. S. 536; H.D. IRMSCHER/E. ADLER, Der handschriftliche Nachlaß Johann Gottfried Herders, S. 188 zu XXIII 118, Bl. 1–4, auch Bl. 12ᵛ). Vgl. zur Datierung auch U. GAIER, Herders Sprachphilosophie, S. 65.

tiert vergleichend die Ursprungsfrage für die vormosaische Zeit in der alttestamentlichen Tradition.[21]

Das Verhältnis von Poesie und Religion ist der Kern des Ursprungsproblems.
Zwar erkennt Herder einen religiösen Bezug früher Poesie als wesentlich an, lehnt
jedoch die Deutung von Poesie als Gabe der Götter ab. Was nämlich darüber „die
Dichter poetisch gesagt: verstand man aus Gemächlichkeit eigentlich; legte der
Dichtkunst ... welchen göttlichen Ursprung bei, und führte eine Geschichte ein,
die dem ganzen Lauf der Natur, der Geschichte des menschlichen Verstandes, und
der Historie aller übrigen Künste ... völlig entgegen ist ..." (S. 15).[22] Solche „Gemächlichkeit" gilt es im Zeitalter der Aufklärung zu überwinden, und zwar für die
außerbiblische wie für die biblische antike Dichtung. Ohne erkennbare Vorbehalte
schließt Herder sich dem Widerspruch von Michaelis gegen Lowth an und wendet
sich gegen die Theorie einer kulturenverbindenden Urtradition, indem er durch
die Annahme eines vollständigen Traditionsverlustes im Zuge der postdiluviani-
schen Wanderungen der Völker Raum für die Theorie einer durch reine Bedürfnisse geprägten Urzeit schafft.[23] Im Konzept eines solchen Naturzustandes der frühen Menschheit kann nicht nur der Faktor des Zufalls bei menschlichen Erfindungen sein eigentliches Gewicht bekommen,[24] es gilt dann auch der Grundsatz, daß
„Notwendigkeit und Bedürfnis" Erfindungen nötig machen und also auch „die
Mutter der Dichtkunst" sind (S. 28). Damit findet sich Herder in auffälliger Nähe
zu Hume, der in seinem Essay *Of the rise and progress of the arts and sciences* (1742) die
Theorie eines göttlichen Ursprungs von Dichtung verworfen hatte. „There is not
... any thing supernatural in the case."[25] Um das Ursprungsproblem weiterzufüh-
ren, stützt Herder sich auf Humes *Natural History of Religion* (1757). Er paraphrasiert
Humes Theorie des Ursprungs von Religion bis zu dem Punkt, an dem von
„(p)rayers and sacrifices, rites and ceremonies" als Mitteln zur Beeinflussung der
vielfältigen urzeitlichen Götter die Rede ist, um dank der dadurch gewonnenen
Voraussetzungen Gebete als erste Dichtung, d.h. als „Gesänge", zu untersuchen,[26]
zunächst, wie Hume, in einer Beschränkung auf Griechenland (S. 28–48). Auf diese Weise konstruiert er eine Situation in der Menschheitsgeschichte, um die Verbindung von Religion und Poesie aufzuhellen. Allerdings seien die ursprungshaften
oder ursprungsnächsten „elenden Versuche" der Dichtkunst nicht erhalten.[27] In einer solchen Lage kann der Historiker das Ursprüngliche nur psychologisch aus den

---

[21] Ebd. S. 9–28, S. 28–48, S. 48–61. Die älteste mosaische Dichtung, Ex. 15, stammt nicht aus
der Anfangszeit, sondern schon „aus dem goldnen Zeitalter der Poesie" (S. 48); diese Charakterisierung der Zeit des Mose lehnt sich an Michaelis an, vgl. dessen Ausgabe von Lowth, 1758/61,
S. 33 Anm. 3.

[22] Vgl. für solche Kritik z.B. Blackwell aaO. S. 3f.

[23] S. 17f. – Michaelis aaO. S. 33 Anm. 3. Nachweise für den Hintergrund des Problems der Urtradition gibt Pross, S. 710f.

[24] AaO. S. 25ff.; vgl. Hume, Essays S. 111ff.

[25] Essays S. 114.

[26] S. 28f., vgl. The Natural History of Religion, S. 25ff., Zitat S. 31. Eine enge Parallele zu Hume findet sich in Blackwells Enquiry aaO. S. 42ff.

[27] HWP 1, S. 11f., 13f., 20.

Gegebenheiten der Zeit ableiten, und demgemäß charakterisiert Herder die ersten „heiligen Gesänge" in einer Gestalt, wie sie der urzeitlichen Religion angemessen gewesen sein soll.[28] Um die so gewonnene Theorie zu erhärten, diskutiert er die orphischen Hymnen, die, wenn sie auch in ihrer vorliegenden literarischen Formung nur auf einen Zeitgenossen Pindars zurückgingen, doch die Urzeit widerspiegelten, für die Orpheus steht (S. 32–48). Die dabei zugrundegelegte Frühdatierung der Dichtungen des ‚Orpheus' ist im Kontext des 18. Jahrhunderts wissenschaftlich noch mehr oder weniger gut ausgewiesen – ähnlich wie die Datierung des Buches Hiob in vormosaische Zeit.[29]

Für das früheste Griechenland als eine zugleich typische menschheitsgeschichtliche Situation kann Herder sich ohne weiteres der von Hume vertretenen Auffassung der historischen Entstehung von Religion nicht aus der Betrachtung der geordneten Schönheit des Universums, sondern aus der Reaktion auf einzelne Erfahrungen überlegener, zumeist bedrohlicher Mächte anschließen (S. 33). Dichtung entsteht danach als Gesang zur Anrufung von Gottheiten des ursprünglichen Polytheismus. Konnte die Ode aus dem „Affekt, der ... in einem dunkeln Gefühl brausete", abgeleitet und als ihr Gegenstand also das eigene „Gefühl" erkannt werden,[30] so erscheint in der neuen Zuordnung von Poesie und Religion die Hymne sogleich unter dem Gesichtspunkt ihrer Funktion als Gebet. Konnte die Ode ein Ausdruck der empfundenen „sinnlichgrößte(n) Einheit" sein,[31] so bezieht sich die Hymne nur auf einzelne Begebenheiten, „dringende Not".[32] In beiden Fällen aber hat urzeitliche Poesie nicht Betrachtungen der Vernunft zum Gegenstand. Sie bewegt sich allein im Bezugsraum von Empfindung und Einbildungskraft und ist durch die Stärke der Leidenschaften, die sie ausdrückt oder erregt, sowie durch die Bilder und Handlungen, die die Einbildungskraft in ihr malt, ausgezeichnet.[33] Herders Anlehnung an Hume hat zur Folge, daß er entgegen seinen poetologischen Intentionen urzeitliche Poesie hier in enger funktionaler Beschränkung beschreibt. Gleichzeitig verweigert er jedoch einer aufgeklärten Philosophie, die eine mögliche Wahrheit von Religion, wenn überhaupt, nur in „genuine Theism and Religion" zugeben mag,[34] die Gefolgschaft. Denn eine Bewertung früher religiöser Dichtung auf die-

---

[28] Ebd. S. 29f.; s.o. die Bemerkung aus der Odenabhandlung zur „Idealode". In der Geschichte der lyrischen Dichtkunst versetzt sich Herder in einen „dunkeln Hain", wo er sich seinem Nachdenken überläßt (S. 32).

[29] Für die Ausgaben vgl. den Kommentar von Pross, S. 715. Die maßgebliche Orpheus-Ausgabe von J.M. Gesner (1764) hatte Herder auch rezensiert (SWS I, S. 77f.). Vgl. zu Orpheus auch Fabricius aaO. S. 110–136 oder Blackwell aaO. S. 49–56.80–101.159–215. In der neueren Forschung, z.B. in der Ausgabe von A.N. Athanassakis (1977), werden die orphischen Dichtungen als „a monument to the syncretism which characterized religion of the late Roman empire" in die 2. Hälfte des 3. Jahrhunderts n.Chr. datiert (S. XII).

[30] FA 1, S. 88f.

[31] Ebd. S. 90.

[32] HWP 1, S. 29.

[33] Ebd. S. 37f.; S. 28f. (vgl. FA 1, S. 83); S. 34. – Herders Determinanten für die frühe Poesie finden sich unverändert z.B. in der Abhandlung „Vom Wesen der Ebräischen Poesie" wieder, die den zweiten Teil des Buchs Vom Geist der Ebräischen Poesie (1783) einleitet (FA 5, S. 961–992).

[34] Hume, Natural History of Religion, S. 25.

sem Fundament könnte deren poetischer Kraft nicht gerecht werden, ist doch die Sinnlichkeit hier gerade nicht durch Vernunfterkenntnis geleitet. „Je mehr ich meinen Gott von den Geschöpfen abstrahiere, desto mehr erhebe ich ihn über die Dichtkunst, weil das Höchste sich nicht durch ein Bild sagen läßt." „Wäre ... in diesem verdünnten Lufttraum der Religion die Poesie gekeimt?" (S. 42f.) Die frühe Dichtung, ob als „Idealode" oder in den orphischen Hymnen, ist in ihrem religiösen Ursprung eine Größe, die einerseits zwar dem religionskritischen Urteil verfallen mag, andererseits aber durch die poetologische Reflexion in ihr Recht gesetzt wird. Die Hermeneutik aber sollte nicht dem Spruch der Religionskritik, sondern dem der Poetologie folgen.[35]

Für Griechenland lehnt Herder die These einer sich auch dorthin erstreckenden „Tradition", die gar noch auf eine „höhere Offenbarung" zurückginge, ab.[36] Wo er versucht, das an den orphischen Hymnen entwickelte Modell auf die hebräische Dichtkunst zu übertragen,[37] hat dieses Problem aber ein ganz anderes Gewicht. Der Übergang zu den Hebräern ist räumlich ein Sprung ins Morgenland und zeitlich ein Sprung in die frühesten urgeschichtlichen Zeiten. Herder interessiert die Zeit vor dem „goldenen Zeitalter der Poesie" unter Mose,[38] idealtypisch das „sinnliche Zeitalter" vor der Sintflut (S. 59). Adam wird nicht in einer dogmatisch gefaßten Perspektive als eine Gestalt betrachtet, an der die Beziehung des Glaubens zum sich offenbarungshaft mitteilenden Gott in dieser Ursituation ablesbar würde, sondern in einer anthropologisch gefaßten Perspektive. Die Gestalt des Adam vollzieht für sich selbst die Entwicklung der Menschen so, wie sie als eine Entwicklung aus der Sinnlichkeit heraus zur Vernunft darstellbar ist. Adam sollte „den Weg der Natur gehen ..., sich immer mehr auszubilden" (S. 52). Auch wenn Herder beteuert, er schreibe nur „als philologischer und poetischer Ausleger" und „im Gehege *einer Geschichte der Dichtkunst*" (S. 56f.), löst sich in seiner poetischen Historisierung des Urgeschichtlichen das traditionelle Bild des vollkommenen Adam auf.

Auf dieser Grundlage diskutiert Herder die Frage des Ursprungs der Dichtkunst im Dankpsalm. Beispiel dafür ist der an Psalm 148 angelehnte Gesang Adams in John Miltons *Paradise Lost* (V, 136–208), den Lowth als im höchsten Grade stimmig

---

[35] Herders Herausforderung der „Deisten ..., die selbst bei den ältesten Dichtern auf die Mythologie schimpfen, und in dem Spiritus ihrer philosophischen Religion alle sinnliche Künste wollen hervorsprießen lassen" (S. 43) im Versuch einer Geschichte der lyrischen Dichtkunst von 1766 nimmt seine entsprechende Polemik in der Ältesten Urkunde des Menschengeschlechts von 1774 schon bis in die Metaphorik vorweg, vgl. FA 5, S. 254 Anm. 9. Vgl. auch das Reisejournal von 1769, FA 9/2, S. 68.

[36] Die fast experimentelle Isolierung Griechenlands als Untersuchungsfeld ist besonders auffällig, wenn man bedenkt, daß Herder die orphische Überlieferung entgegen dem Zeugnis der antiken Autoren nicht nach Ägypten zurückverfolgt. Wenig später wird er im „Älteren Kritischen Wäldchen" (Mskr. 1768) Winckelmann dafür kritisieren, daß er die griechische Kunst nicht auf ihre ägyptischen Quellen zurückverfolgt habe; s. u. S. 33f. Herder kritisiert an Winckelmanns Geschichte der Kunst des Altertums also, was er in seiner Geschichte der lyrischen Dichtkunst selbst ausprobiert hatte.

[37] HWP 1, S. 48–61. Dieser dritte Teil des Versuchs geht locker dem Text von Gen. 1,1–9,17 entlang: S. 48–55 von Adam zu Seth, S. 55–58 von Seth zu Noah, S. 58–61 das Ende der Flut.

[38] Nach Michaelis, aaO. S. 33 Anm. 3.

beurteilt hatte, während Hume mit leichter Ironie den Adam bei Milton und „a barbarous, necessitous animal (such as man is on the first origin of society)" gegeneinander gestellt hatte.[39] Eine auf das Ganze der Schöpfung ausgerichtete Dichtung darf bei einer Untersuchung der hebräischen Tradition nicht als ein spätes Phänomen beiseite gelassen werden, denn könnte es hier nicht doch eine von Offenbarung geprägte Tradition gegeben haben? Herders Ausführungen zu diesem Problem in seinem *Versuch einer Geschichte der lyrischen Dichtkunst* bleiben aporetisch. Denn einerseits scheint seine Auflösung, nach der zwar nicht das „Anschauen Gottes aus der Schöpfung" die Dichtkunst ursprünglich hervorgebracht habe, wohl aber das „Andenken des Schöpfers" in dichterischer Tradition präsent gewesen sein könne,[40] die Möglichkeit einer urzeitlichen Dichtung zuzugeben, die weitaus reflektierter ist, als es der frühen Sinnlichkeit des Menschen entspricht. Andererseits aber haben auch seine Ausführungen zur hebräischen Hymne ein eindeutiges Gefälle zu dem für Griechenland entwickelten Modell. So sahen die Patriarchen als frühe Morgenländer Gott „mit sinnlichen Augen" und empfanden ihn „mit heiligem Schauder", bemerkten sie ihn „bei den Schicksalen der Welt" oder „in den *Veränderungen* der Natur", und hier wie dort gilt: „Die Not gab Gesänge ein" (S. 53f.). Wegen des ungelösten Problems einer ursprünglichen Tradition läßt Herder hier neben der Hauptlinie seiner Erklärung des Ursprungs der Dichtkunst eine Nebenlinie laufen, deren Zuordnung zur Hauptlinie unklar bleibt. Eine nähere Beschreibung der Nebenlinie erforderte die Erforschung des Ursprungs der Tradition, den Herder offen läßt, wenn er im Kontext seiner poetologischen Untersuchung schlicht schreibt: „Ich nehme es an, daß den Patriarchen die übernatürliche Schöpfung bekannt war, weil die Väter dies auf die Kinder fortpflanzten" (S. 48f). „(E)inen nähern Begriff" von Gottes „geistigen Vollkommenheit" müssen jene „aus unmittelbarem Unterricht geschöpft haben", „wovon wir aber keine Nachricht finden" (S. 53), d. h. wovon keine urzeitlichen Dichtungen überliefert sind.

Wie Herder in seiner Diskussion des griechischen Ursprungs von Poesie den Sinn ihres religiösen Gehaltes gegenüber deistischer Kritik verteidigt, so hält er in seiner Diskussion des hebräischen Ursprungs von Poesie die Möglichkeit göttlicher Offenbarung in der Urgeschichte der Menschheit offen. Das Manuskript, das er bei der Revision seiner Literaturfragmente wieder aufgreifen wird,[41] weist demnach auf die Notwendigkeit einer Erörterung der Sonderstellung der hebräischen Tradition. Herders frühe Untersuchungen zum Ursprung der Poesie zeigen ihn im Spannungsfeld zwischen der traditionellen theologischen Ansicht, die Lowth vorträgt, Michaelis aber verwirft, und der religionskritischen Ansicht Humes, keineswegs vorbehaltlos auf seiten des Letzteren. Gemäß seiner 1766 in Riga noch vertretenen Einschätzung der Quellenlage gibt es jedoch aus der Urgeschichte keine direkten Quellen.

---

[39] De sacra poesi Hebraeorum S. 245 f., bzw. Natural History of Religion S. 28, dort allerdings unter Bezug auf Paradise Lost VIII, 250–282.

[40] Vgl. S. 54 sowie S. 48 f. und S. 60.

[41] Dazu s. u. S. 32 f.

2. Die Hermeneutik antiker Dichtung und die theologische Kritik in den *Literaturfragmenten* (1766/67)

Herders *Fragmente über die neuere deutsche Literatur* von 1766/67 sind ein poetolo-
gisches Werk in Ausrichtung auf aktuelle Literaturkritik,[42] das das wichtigste Re-
zensionswerk der voraufgegangenen Jahre, die *Briefe, die neueste Literatur betreffend*
systematisieren und kritisch glossieren will.[43] In seinem Aufriß und in seiner Ausführung berücksichtigt es zwar auch knapp die alttestamentliche Überlieferung als
morgenländische Dichtung, nicht jedoch im Hinblick auf das Problem des Ursprungs von Sprache und Dichtkunst. Denn dieses Problem klammert Herder in einer bewußten Begrenzung seines Themas aus: „von einer *ähnlichen*, nicht aber derselben Aufgabe" wolle er schreiben.[44] In den systematischen Erörterungen zur
Sprache der Dichtung (1. Sammlung) stützt er sich für sein Modell einer Sprachentwicklung in drei Stadien – die „poetische Sprache" der Dichter, die „biegsame
Sprache" der Prosaisten und die „genaue Sprache" der Weisen (S. 177) – vor allem
auf griechische Dichter und Autoren (S. 199–208). Da die griechische und römische Dichtung auch die literaturkritische Argumentation der *Literaturfragmente* trägt
(2. und 3. Sammlung), nimmt Herder das zunächst flüchtig skizzierte Bild des
Orientalischen (S. 277–302) bei ihrer Neubearbeitung für eine zweite Auflage 1768
heraus und kündigt eine selbständige neue Untersuchung als vierte Sammlung an.[45]
Bevor er mit der Ausarbeitung dieses Teils beginnt, wird das Projekt der *Literaturfragmente* jedoch abgebrochen, und wohl gegen Ende des Jahres 1768 wendet Herder sich mit seiner am besten als eine exegetische Dissertation zu bezeichnenden
Schrift *Über die Ersten Urkunden des Menschlichen Geschlechts. Einige Anmerkungen*[46]
der biblischen Urgeschichte zu, um das hinter dem Modell Griechenland zurück-
getretene Orientalische zu untersuchen. Da die materialreichen *Literaturfragmente*

---

[42] FA 1, S. 161–539, Kommentar S. 1004–1200. Vgl. P. MICHELSEN, „Regeln für Genies. Zu
Herders ‚Fragmenten' ‚Über die neuere Deutsche Litteratur'", S. 225–237; auch K.L. BERGHAHN,
„‚Ein Pygmalion seines Autors'. Herders idealer Kritiker", S. 141–152. – So wichtig diese Aus-
richtung der Fragmente ist, ist sie in der Rezeptionsgeschichte zu stark vereinseitigt worden.

[43] Die Briefe waren 1759–1765 von Lessing, Mendelssohn, Abbt, Nicolai u.a. geschrieben
worden. Vgl. auch Herders Brief an Hamann DA I, Nr. 14, Z. 72ff.

[44] FA 1, S. 179. Das ausgeklammerte Thema meldet sich nur in einzelnen Bemerkungen, z.B. in
einer Polemik: „Noch immer spricht man von den ältesten Sprachen, als wären sie von Gott, oder
einem Philosophen erfunden …" (S. 218, vgl. 198), während tatsächlich eine graduelle Entwicklung aus den „ersten unförmlichen Zeiten" über „die ersten Lieder" zur Ordnung des „prosaischen
Perioden" anzunehmen sei (S. 218). Der Sprachursprung aus den Empfindungen von „Schrecken,
Furcht, und alsdenn Bewunderung" gegenüber einzelnen Gegenständen wird anders als im Versuch
einer Geschichte der lyrischen Dichtkunst nicht in einem religiösen Horizont verfolgt (S. 181).

[45] FA 1, S. 544. Die zweite Auflage der ersten Sammlung der Fragmente wurde 1768 zwar gedruckt, aber nicht ausgeliefert. Sie erschien erst postum in der Werkausgabe 1805. Jetzt in FA 1,
S. 541–649, Kommentar S. 1201–32, oder in HWP 1, S. 65–210, Kommentar S. 725–61. Die
zweite Sammlung der geplanten neuen Ausgabe blieb Manuskript, jetzt in HWP 1, S. 211–328,
Kommentar S. 761–801.

[46] FA 5, S. 9–178 mit dem Kommentar des Herausgebers R. SMEND S. 1328–1356. S. u. S. 39–
48.

ihrem ursprünglichen Plan nach ja ein Fundament für weiterführende Untersuchungen zur „*Ästhetik, Geschichte* und *Weltweisheit*" in den Rezensionen der Literaturbriefe legen sollten (S. 364), hatten sie immer schon in einem weiteren Horizont als dem aktueller Literaturkritik gestanden. Mit ihrer Charakterisierung poetischer Sprache und ihrer hermeneutischen Anleitung zum Verständnis antiker Dichtung sind beide Auflagen der ersten Sammlung für die Frage relevant, welche Konsequenzen die an griechischem Material entwickelten Hypothesen für das Verständnis des Alttestamentlichen haben.

Als Werk der Literaturkritik verfolgen die *Literaturfragmente* den doppelten Zweck, die ästhetische Kraft der antiken Vorbilder durch eine Darlegung ihrer Entstehungsbedingungen aufzuklären und der zeitgenössischen deutschen Literatur einen Weg zur Wiedergewinnung der ästhetischen Kraft solcher Originalwerke zu weisen.

Der Hauptaspekt unter den Entstehungsbedingungen antiker Dichtung ist die Qualität der Sprache als einer poetischen Sprache. In gleichermaßen poetologischer wie historiographischer Absicht bezieht sich Herder dafür auf antike Dichter der Zeit vor dem Aufkommen von Prosa, namentlich Homer und Pindar.[47] Im Verhältnis zu Homer nicht leicht zu beurteilen, aber doch der poetischen Frühzeit zuzuordnen seien die orphischen Hymnen, die bei Herder für die Frage des religiösen Ursprungs der Poesie eine große Rolle spielen und die er hier wie im *Versuch einer Geschichte der lyrischen Dichtkunst* zwar „für nicht so alt" hält, „daß sie, so wie sie sind, bis an den Orpheus reichen sollten", aber dennoch als Dokumente einschätzt, die „am besten (zeigen), wie die älteste Sprache der Poesie, zur Zeit des hohen Stils gewesen ist" (S. 204). Für Griechenland weist Herder damit nach, was er im Widerspruch gegen Klopstock[48], aber ohne Verweis auf Hamann, auch prinzipiell formuliert, daß nämlich „*alle* alte Schriftsteller *einmütig* behaupten, … daß die Poesie *lange vorher, ehe es Prose gab*, zu ihrer *größten* Höhe gestiegen sei … Die ersten Schriftsteller jeder Nation sind Dichter …".[49] Im Rückgang auf griechische Dichtung und Literatur konstruiert Herder so das Modell einer menschheitsgeschichtlichen Sprachentwicklung, das er in seinem berühmten „Fragment" – in der 2. Auflage „Roman" genannt – „Von den Lebensaltern einer Sprache" skizziert und geradezu emblematisch seinen weiteren Untersuchungen voranstellt.[50] Funktion dieses Fragments ist es, ein spezifisches Zeitalter der Poesie von späteren Sprachentwicklungen abzugrenzen, durch die die poetische Sprache nichts gewinnt.[51] **Poesie kommt aus**

---

[47] Vgl. auch die Abschnitte B 1 und B 2 des Teils „Von der griechischen Literatur in Deutschland", FA 1, S. 312–345. Für die Rekonstruktion früher dithyrambischer Dichtung ebd. S. 326f.; für vorhomerische Dichter J.A. Fabricius' Bibliotheca Graeca, s.o. S. 17 Anm. 2.

[48] Dessen „Von der Sprache der Poesie" (1758; Gedanken über die Natur der Poesie, S. 22–34); im 51. Literaturbrief von Lessing rezensiert.

[49] AaO. S. 185; vgl. Fabricius aaO. S. 2f.

[50] FA 1, S. 181–184; HWP 1, S. 145–148.

[51] Wie U. GAIER gezeigt hat, verteidigt Herder mit dieser Grenzziehung nicht nur die Selbständigkeit der poetischen Sprache gegenüber der prosaischen und philosophischen Sprache, sondern zugleich eine „Logik der Empfindung" und „Logik der Einbildungskraft" gegenüber einer „Logik des Verstandes": „Poesie als Metatheorie. Zeichenbegriffe des frühen Herder", S. 202–224.

ihrer eigenen Vorgeschichte, in der sich „Leidenschaften und Empfindungen" in Tönen und Gebärden ausdrücken, erreicht ihren Höhepunkt dort, wo sie als „Ausdruck der Leidenschaft" sich einer „sinnlichen Sprache" bedienen kann, die reich an „Bildern" ist, und läuft in eine Nachgeschichte aus, in der sie nur mehr „Kunst" ist, weil die Leidenschaften an Kraft verlieren.[52] Dichtung ist nicht eine bloße Sprachform, sondern eine durch Leidenschaften und Empfindungen geprägte Erschließung von Welt. Solange sie Ausdruck dieser Form des Weltverhältnisses als der einzigen Form ist, in der der Mensch sich die Welt erschließt, ist sie „Natur", nicht „Kunst".[53] So wichtig aber diese Definition im Vorblick auf Herders Genesisinterpretation ist, so ist zu beachten, daß er in den *Literaturfragmenten* die Linie der *Geschichte der lyrischen Dichtkunst* darin fortsetzt, daß er „Empfindungen und Leidenschaften" auf *einzelne* „Gegenstände" (S. 181) oder die „merkwürdigsten Taten" (S. 183) bezogen sieht. Die „sinnliche Sprache" der eigentlichen Poesie ist für „Leidenschaften" durchlässig, indem sie „bildervoll" und in syntaktischen Verbindungen „ungefesselt" ist (S. 183). Für das ästhetische Urteil ist deshalb die Regelhaftigkeit, die Poesie als Kunst charakterisieren mag, gerade kein gültiges Kriterium.

In seiner Diskussion der Sprache der Dichtung streift Herder in der 1. Auflage der *Literaturfragmente* auch die hebräische Sprache als „die *älteste* Sprache".[54] Für sie muß also in besonderer Weise gelten, was das Wesen einer poetischen Sprache ausmacht. Herder nennt jedoch nur einen Einzelaspekt: Der Dichter „lebt vom Überfluß" (S. 198), und Hebräisch ist eine qualifizierte poetische Sprache, weil es sich – nach J. D. Michaelis – durch seinen Reichtum an Wörtern und Synonymen auszeichnet (S. 194–197).[55] In dem knappen Kapitel „Von den Deutsch-Orientalischen Dichtern" zu Beginn der 2. Sammlung bereitet Herder seine Kritik von Klopstocks *Messias* durch eine Charakterisierung der hebräischen Dichtung vor.[56] Als Kritiker bezieht er die Position eines „unparteiische(n) Fremde(n), der den Orient kennet, ohne ihn von Jugend auf, bloß als ein Erbstück der Religion zu kennen" (S. 291) und spottet über die „καλοὶ κἀγαϑοί unserer *bürgerlichen* Welt", die „sich auf nichts minder legen, als Hirtenkenntnisse einzuziehen" (S. 195). Zur Bezeichnung seines wissenschaftlichen Ziels formuliert er den Buchtitel: „Poetische Übersetzung der morgenländischen Gedichte; da diese aus dem Lande, der Ge-

---

[52] AaO. S. 181–183. Vgl. wiederum die Abhandlung „Vom Ursprung und Wesen der Ebräischen Poesie", FA 5, S. 961–992.

[53] Vgl. Briefe, das Studium der Theologie betreffend, FA 9/1, S. 153.

[54] FA 1, S. 194. Herder schreibt hier: „... die *älteste* Sprache, die hebräische, oder arabische ...", wobei er offenbar die von A. Schultens verteidigte Methode der Philologie im Blick hat, unbekannte Wörter des Hebräischen durch Wörter der verwandten arabischen Sprache zu erläutern.

[55] Diese Digression zum Hebräischen entfällt in der 2. Auflage mit Verweis auf die geplante Diskussion der orientalischen Dichtkunst „an einem andern Ort" (HWP 1, S. 171 = FA 1, S. 618).

[56] FA 1, S. 277–93, zu Klopstocks ‚Messias' ebd. S. 293–302. Vom ‚Messias' waren bis dahin die ersten 10 Gesänge erschienen (1748/55). Wie wenig Herders Betrachtung des ‚Messias' als einer deutsch-orientalischen Dichtung sich mit Klopstocks Verständnis seines Werkes deckt, zeigt z. B. dessen Abhandlung „Von der heiligen Poesie" (1755; Gedanken über die Natur der Poesie, S. 187–201).

schichte, den Meinungen, der Religion, dem Zustande, den Sitten, und der Sprache ihrer Nation erklärt, und in das Genie unsrer Zeit, Denkart und Sprache verpflanzt werden".[57] Wie jede Dichtung sei die hebräische Dichtung von den kulturellen Bedingungen ihrer Entstehungszeit geprägt, und die Hebräer hätten als ein
Volk des Ackerbaus und der Viehzucht lange Zeit in „wilder Einfalt" gelebt, in einer Epoche nicht der „Weisheit und Wissenschaften", sondern der Dichtung.[58] Die
natürliche Spontaneität, die man als Charakteristikum einer solchen Kultur erwarten sollte, ist jedoch doppelt gebrochen: zum einen durch die Tradition, d.h. „Fabeln, ... die sich ... aus den ältesten Zeiten von den Stammvätern herunter erben"
(S. 281), zum anderen durch die von Gott in Akkommodation an die Lage des Volkes als „Bändigerin der damaligen Zeiten" eingerichtete Religion mit ihren „sinnlichen Gebräuchen" (S. 285 f.). Während die Tradition mit ihren Fabeln dem Dichter eine „heilige Mythologie" als Material bereitstellt, macht die alles „theokra-
tisch" unter sich begreifende Religionsverfassung ihre Poesien „heilig".[59] Beide
Brechungen der „wilden Einfalt" prägen die hebräische Dichtung der mosaischen
und späterer Zeiten, die sich deshalb nur für Übersetzungen, nicht für Nachah-
mungen eigne.

Im Zuge seiner literaturkritischen Diskussion differenziert Herder in den *Fragmenten* ebensowenig zwischen den Bezeichnungen „Morgenländer", „Hebräer"
und „Juden" wie zwischen der Tradition „aus den ältesten Zeiten" und der Religion unter der mosaischen Verfassung. Damit bleibt wiederum, entsprechend der
thematischen Begrenzung hinsichtlich des Sprachursprungs, die Frage einer ursprünglicheren, vormosaischen Religion ausgeklammert.[60] Nur flüchtig bezieht er
sich auf Psalm 68 und Psalm 29 und läßt vage erkennen, daß er die „Feste des Him-

<hr>

[57] FA 1, S. 292. Damit ist bereits 1767 das Programm für Vom Geist der Ebräischen Poesie formuliert. Vgl. für diesen Plan aber z.B. auch die Vorrede der Critici Sacri von 1660 (s.u. S. 50f.)
oder J.J. Wetsteins hermeneutische Anweisungen zur Lektüre des Neuen Testaments von 1751/52
(zitiert im Kommentar in FA 9/1, S. 1002). Zu dem hermeneutischen Ideal des Sich-Zurück-Ver-
setzens in die Entstehungszeit einer Dichtung vgl. K. WEIMAR, Historische Einleitung zur literaturwissenschaftlichen Hermeneutik, S. 77–79; auch U. GAIER in FA 1, S. 873f.
[58] Ebd. S. 281, 285, 288. Vgl. die vielzitierte Passage in den Theologischen Briefen FA 9/1,
S. 151. Verglichen mit den Ausführungen zu den griechischen Dithyramben (S. 323–333) sind
Herders Bemerkungen zum Gesichtspunkt der „wilden Einfalt" hier sehr blaß.
[59] FA 1, S. 282, 285 f.; vgl. dann die weiteren Ausführungen über den dichterischen Gebrauch
traditioneller nationaler Mythologie in der dritten Sammlung der Fragmente, S. 432–55. Die hebräischen Dichter verfügen damit über Material derselben Art, wie es Homer oder Vergil gebrauchen konnten, eine „Zauberquelle", die Herder in großer terminologischer Freiheit als „Fabeln",
„Märchen", „Sagen" oder als „Mythologie" bezeichnet (S. 281f.). Von J.D. Michaelis übernimmt
er in diesem Zusammenhang die Auffassung, daß die Hebräer sich „,(a)us Ägypten ... einen ganzen
Schatz (von) Nationalmeinungen herübergeholt" hätten, zu denen er auch Elemente der mosaischen Urgeschichte wie die Feste des Himmels oder den Regenbogen rechnet (S. 282f.). Vgl.
auch Lowths Vorlesungen VIII und IX (aaO. S. 68–86).
[60] Ebd. S. 285 f. – Herder gerät mit diesem Abschnitt in den Widerspruch, daß einerseits die
Hebräer in „wilder Einfalt" als dem eigentlichen „Feld der Dichter" verblieben sein sollen
(S. 288), andererseits die für die Dichtung nun auch bestimmende Religion die „Bändigerin der
damaligen Zeiten" gewesen sein soll (S. 285). Die mosaische Religion als Religion der Frühzeit
und die Poesie der Frühzeit treffen sich allenfalls darin, daß sie „sinnlich" sind.

mels" (Gen. 1) und den „Regenbogen" (Gen. 9) zum Bestand der „heiligen Mythologie" rechnet, ohne jedoch die Dichtungen, zu denen sie gehören, näher darzustellen. Die 1768 dann geplante 4. Sammlung hätte „von den *Morgenländern* voll-
ständiger, als zuvor reden" sollen (S. 544).

In den *Fragmenten über die neuere deutsche Literatur* schreibt Herder auch zur Theologie. Neben der Kritik des Orientalischen, die eine Hermeneutik des Alten Testaments vorbereitet, stehen einige Ausblicke auf die praktische Theologie, d.h. die
Homiletik,[61] denn die Frage nach dem Ideal einer Sprache, die demjenigen Zweck
tatsächlich dient, dem sie dienen soll, gilt auch der Sprache der Predigt. Das wichti-
gere theologische Thema ist zweitens die Rolle des Dogmatischen in religiöser
Dichtung. Wie verhalten sich Theologie und Poesie zueinander? In einem „Anhang" will Herder Urteilen theologischer Kritik in einigen Rezensionen Lessings
widersprechen.[62] Scheinbar soll dieser „Anhang" die Grenze zwischen Literaturkritik und theologischer Kritik deutlicher bestimmen, als Lessing es gekonnt hatte,[63] tatsächlich geht es jedoch um die Frage, inwiefern die christliche Religion
überhaupt Gegenstand von Dichtung, zumal Dichtungen der „Empfindung" sein
könne.

Lessing hatte dichterische Werke, dichtungstheoretische Reflexionen oder kate-
chetische Pläne Wielands, Cramers und Klopstocks damit kritisiert, daß sich in ihnen das Wesentliche des christlichen Glaubens auflöse. Das theologische Problem,
das die „strenge Orthodoxie" bewahre, die Gottheit und das Erlösungswerk Christi, werde „guten Absichten" aufgeopfert oder in „artiges Geschwätze" verwandelt.[64] Wieland bleibe bei einem „süßen Enthusiasmus" und „Ausschweifungen der
Einbildungskraft" stehen,[65] Cramer bei einer „lieblichen Quintessenz, die man aus
dem Christentum gezogen hat" (S. 155). Gegen Klopstock wendet Lessing ein:
„Die Wahrheit läßt sich nicht so in dem Taumel unserer Empfindungen *haschen*"
(S. 161). In der Subjektivität der Empfindsamkeit und in dem ästhetischen Vergnügen droht in Lessings Augen die im Spannungsfeld von Offenbarung und Vernunft

---

[61] FA 1, S. 504–520. Daneben verweist Herder auf ein zurückgehaltenes Manuskript (Ebd.
S. 520), das aus dem Nachlaß ediert wurde: SWS 2, S. 233–45. Vgl. auch das etwa zeitgleiche Manuskript „Der Redner Gottes", FA 9/1, S. 9–17. Bemerkungen zur Kanzelsprache enthält schon
die erste Sammlung der Fragmente in Urteilen über Spalding und Acken (FA 1, S. 245f.). Vgl.
auch die Rede „Haben wir noch jetzt das Publikum und Vaterland der Alten", FA 1, S. 45f. Zum
Stellenwert der homiletischen Entwürfe unter Herders Frühschriften vgl. TH. ZIPPERT, Bildung
durch Offenbarung, S. 97–100.
[62] FA 1, S. 520–34. Es geht um die Polemik der Literaturbriefe gegen Wieland (Briefe 7–14,
Rezensent „Fll.") und gegen Cramer und Klopstock (Briefe 48–51 und 102–112, Rezensent „G."
[und „E." für Brief 51], vgl. auch Brief 92). Nach seinem – späteren –Brief an Nicolai vermutete
Herder Lessing hinter den Kürzeln „Fll." und „G." (Brief vom 21. 11. 1768, DA I, Nr. 49, Z.
32ff.).
[63] FA 1, S. 521f. – Das Problem wartet natürlich seit Herder den „Versuch einer Geschichte der
lyrischen Dichtkunst" im „Gehege einer Geschichte der Dichtkunst" geschrieben hatte; vgl. auch
Lowth aaO. S. 23 („… quantum … patitur hujusce disciplinae ratio").
[64] Lessing, Briefe, die neueste Literatur betreffend, hg.v. W. BENDER, S. 302 und S. 36 sowie
S. 20, 153, 291.
[65] Ebd. S. 19f., vgl. S. 155, 162.

stehende Religion ebenso zu verschwinden wie im philosophischen Rationalismus.

„So wie es tiefsinnige Grübler gab, und noch gibt, welche uns die ganze Religion platterdings wegphilosophieren, weil sie ihr philosophisches System darein verweben wollen: so gibt es nun auch schöne Geister, die uns eben diese Religion wegwitzeln, damit ihre geistlichen Schriften auch zugleich *amüsieren* können." (S. 20)

Lessing verteidigt in diesen Rezensionen dagegen die Herausforderung der christlichen Tradition, dogmatische Sätze im vernünftigen Denken zu verstehen,[66] und hält sie als Maßstab auch für religiöse Dichtung aufrecht. Das grundsätzliche Problem von Vernunft und Empfindsamkeit zwingt in der kritischen Praxis zur Kritik von dichterisch ausgedrückten Empfindungen. Allein die „kalte metaphysische Art über Gott zu denken" „kann uns versichern, ob wir wahre, anständige Empfindungen von Gott haben".[67]

Auf die Position, die Lessing hier als theologischer Kritiker bezieht, folgt Herder ihm nicht. Er wünscht „diese ganzen weitläuftigen Zänkereien" hinweg[68] und möchte sich in der Rolle des Literaturkritikers frei von solchen theologischen Fragen bewegen. Das Verhältnis von Empfindung und poetischem Ausdruck ist ihm wichtiger als das von Empfindung zu verstehbarer Wahrheit. Wenn Lessing letztere zum „Probierstein" der Empfindungen in religiöser Dichtung mache,[69] vermische er Kategorien, die zu unterscheiden seien. Poetische Wahrheit dürfe nicht „in die Reihe der Wahrheiten ..., die die natürliche und geoffenbarte Theologie von Gott lehret," gesetzt werden,[70] und dies sei auch gar nicht die Absicht eines Dichters. Solche Wahrheit bedeute vielmehr „poetisch wahrscheinliche Vermutungen, sinnlich lebhafte Vorstellungsarten, moralisch gewisse Empfindungen". Wenn sie eine entsprechende Wirkung auf den Leser habe, verdiene sie literarkritisch eine positive Beurteilung. Herder wehrt die theologische Beurteilung religiöser Dichtung zugunsten der Behauptung des eigenen ästhetischen Ranges des Poetischen ab. Gleichzeitig bindet er diese Position nun aber doch mit der Einschränkung an die Theologie zurück, daß die poetischen Wahrheiten „jenen Wahrheiten der Philosophie und Offenbarung nicht widersprechen *dörfen* und *müssen*" (ebd.). Er lenkt dabei von dem Anspruch des Wahrheitsgehalts christlicher Dogmatik, auf dem Lessing insistiert, ab und auf das Problem von Psychologie und Epistemologie hin:

---

[66] Vgl. zu Lessings frühen Versuchen, eine theologische Position zu gewinnen, K. BOHNEN, Geist und Buchstabe, S. 41–52, 71–81. BOHNEN verfolgt jedoch die von ihm aufgeworfene Frage nach der Funktion der „Orthodoxie" in Lessings „kritischem Denkprozeß" (S. 42) nicht sehr weit und versteht „Orthodoxie" wohl auch zu formal im Sinne von ‚theologischer Erstarrung' (S. 31). Die neueren Arbeiten zum Fragmentenstreit gehen zumeist nicht auf den frühen Lessing zurück; vgl. aber J. VON LÜPKE, Wege der Weisheit, S. 36–65.

[67] Ebd. S. 162. – Wie wenig das vernünftige Denken für die Theologie verzichtbar ist, demonstriert Lessing in den Rezensionen am Verhältnis von Religion und Moral im Blick auf die Frage, ob Moralität ohne Religion bestehen könne (Briefe 49, 106–7, vgl. Brief 12).

[68] FA 1, S. 526.

[69] Lessing aaO. S. 162.

[70] FA 1, S. 530.

„lebhaft empfinden" und „deutlich denken" sind zwei verschiedene Fähigkeiten der menschlichen Seele, und so sehr eine Beziehung zwischen beiden besteht, so wenig läßt sich eine „sinnliche Empfindung" vernünftig aufklären.[71] Gegenüber Lessings klaren Zuordnungen begründet Herder eine Ambivalenz, indem er der Sinnlichkeit eine grundierende Funktion zuweist und es für unmöglich hält, sie als ein sekundäres Phänomen in den dogmatischen Traditionsraum hineinzuziehen.[72]

Nun hatte auch Lessing drei Beispiele von Dichtungen angeführt, die seinem Urteil durchaus standhielten. Hier steht ihm Herder, denkt man an die Gedichte, die er in seiner Genesisauslegung zitiert wird, sehr viel näher. Wielands „affektierten Tiefsinnigkeiten" stellt Lessing mit J. W. Petersen einen Dichter gegenüber, der „die Sprache der H. Schrift … in ihrer edeln Einfalt gelassen" habe.[73] Damit ist das erste Kriterium für eine geistliche Dichtung genannt, die mehr als „poetisches Geschwätz" ist. Ebenso finden ein Naturgedicht in der Nachfolge von James Thomsons *Seasons* (1730)[74] und Klopstocks Betrachtungen über *die Allgegenwart Gottes* (1758)[75] die Billigung des Kritikers. Beide Gedichte haben ihr religiöses Thema in der Schöpfung und in der Allgegenwart Gottes.[76] Spricht Lessing auch nur distanziert von ‚angenehmer Unterhaltung' durch solche Dichtungen (S. 171), so empfiehlt er doch mit seiner Kritik poetische Texte, die sich auf die Wahrnehmung Gottes in der Natur konzentrieren und so eine undogmatische Theologie der Schöpfung vorbereiten.[77] Für Herders Genesisinterpretation wird diese Beziehung der Theologie auf ein sinnliches Empfinden, das das Wirken und die Gegenwart des Schöpfers begreift und zu poetischem Ausdruck bringt, großes Gewicht haben.[78]

Spätestens der „Anhang" gegen Lessing verdeutlicht die theologische Relevanz der poetologischen Studien in Herders *Fragmenten über die neuere deutsche Literatur*. Wenn Poesie als Ausdruck sinnlicher Empfindungen das Geheimnis eben solcher Empfindungen erschließt, soll sie nicht dem Urteil einer in christlicher Orthodoxie

---

[71] Ebd. S. 532. Herder bezieht sich hier auch auf eine Rezension Mendelssohns in den Literaturbriefen (Briefe 208–10, Rezensent „D."). – Im Hintergrund steht hier wieder die von GAIER beschriebene Differenzierung der „drei Logiken" des Affekts, der Einbildungskraft und des Verstandes; s. o. S. 26 Anm. 51.

[72] Vgl. dazu in weiterem philosophischen Rahmen E. M. KNODT, „Negative Philosophie" und dialogische Kritik, S. 26f., sowie ADLER aaO. S. 90–101.

[73] AaO. S. 20–22 mit Bezug auf J. W. Petersen, Stimmen aus Zion (1696/1701).

[74] Der ‚Maitag' des dänischen Dichters C. B. Tullin (1758); aaO. S. 154f..

[75] AaO. S. 170–73; F. G. Klopstock, Oden und Elegien, S. 19–27.

[76] Tullin: „Unerschaffener Schöpfer, … *Du* bist alles und alles in *Dir*; überall sieht man deinen Fußtapfen--". Klopstock: „Ich hebe meine Augen auf, und sehe, / und siehe, der Herr ist überall! / … / Mit heil'gem Schauer / Fühl' ich das Wehn, / Hör' ich das Rauschen der Lüfte! / Es hieß sie wehen und rauschen, / Der Ewige! / Wo sie wehen, und rauschen, / Ist der Ewige! / …". Man könnte darüber hinaus an Dichtungen von B. H. Brockes oder A. v. Haller denken.

[77] Die Allgegenwart Gottes und die Schöpfung sind auch in einem großen Teil von Wielands „Empfindungen des Christen" Thema der Dichtung, die Lessing als Rezensent jedoch vor allem auf das Thema des Erlösers hin prüft (C. M. Wieland, Gesammelte Werke. 1. Abt. 2. Bd., Poetische Jugendwerke Bd. 2, S. 336–404).

[78] Vgl. FA 5, S. 49f. u. ö.

nolens volens auf dogmatische Wahrheiten ausgerichteten Vernunft unterworfen
werden. Die Kraft, mit der sich die Ursprünglichkeit des sinnlichen Empfindens
meldet, läßt sich, so scheint es, weder bei dem Dichter selbst, noch bei dessen Lesern, durch Lehrsätze einer Orthodoxie bändigen. Lessing, der diese als Maßstab
geltend macht, verfehlt darin nach Herder seine Aufgabe als Literaturkritiker, d.h.
als Ästhet, der Poesie in ihrer Wirkung wahrnimmt und nach ihr beurteilt. Für die
religiöse Dichtung lassen Herders poetologische Untersuchungen das Problem der
theologischen Fundierung offen, das Lessing mit seinem Verweis auf das christliche
Dogma ansprach. Wenn Herder Lessing hierin nicht folgt, muß er einen anderen
Maßstab für solche Poesie finden, die ja auch nach seinem Urteil den „Wahrheiten
der Philosophie und Offenbarung" nicht widersprechen darf. Tatsächlich liegt für
ihn in der theologischen Anthropologie das Kriterium poetischer Wahrheit. An
diesem Punkt aber kommt Herder erst mit seiner Interpretation von Gen. 1 weiter.
Für poetische Wahrheit religiösen Charakters kann die Rückführung auf Anthropologie nur an ihr Ziel kommen, wenn sich in sinnlicher Empfindung menschliche
Wahrnehmung Gottes meldet. Daß dies so ist, und nicht nur als menschliche Gotteserkenntnis, sondern als göttliche Kommunikation mit dem Menschen und insofern als Offenbarung, will Herder in seiner Deutung der Schöpfungsgeschichte aufdecken.

3. Poetologie und Hermeneutik in der 2. Auflage der *Fragmente* und in den *Kritischen Wäldern* (1768)

Herder konzentriert sich bei der Neubearbeitung der *Fragmente* 1767/68 für die
zweite Auflage erneut auf die Theorie der Sprache des Dichters und die Hermeneutik antiker Dichtung. Unter Rückgriff auf seinen *Versuch einer Geschichte der lyrischen Dichtkunst* führt er jetzt die Untersuchungen zur Sprachgestalt der Frühzeit
weiter aus[79] und zielt stärker als zuvor auf das Ursprungsthema als eine Frage von
größter universalgeschichtlicher und anthropologischer Tragweite: „Es gibt eine
Symbolik, die allen Menschen gemein ist – eine große Schatzkammer, in welcher
die Kenntnisse aufbewahrt liegen, die dem ganzen Menschengeschlechte gehören." Ihre Erschließung wäre „eine Entzifferung der Menschlichen Seele aus ihrer
Sprache."[80] Es bleibt jedoch bei diesem Ausblick auf das allen einzelnen ‚National-
schätzen' (ebd.) Voraussliegende, denn der „wahre Sprachweise", der die Schatzkammer „entsiegeln" könnte, ist noch nicht da, und noch kann dessen „höchste
Sokratische Wissenschaft" ihre kritische Funktion gegenüber „unserer ganzen Metaphysik von der Ontologie bis zur natürlichen Gottesgelahrtheit" nicht ausüben
(S. 80 = 557f.). Prinzipiell sei der Ursprung „entweder historisch zu erfahren, oder

---

[79] Kap. III, Abschnitte 1–7: HWP 1, S. 143–77 = FA 1, S. 598–624.
[80] HWP 1, S. 75f. = FA 1, S. 553. Diese Sprache geht voraus und wird Teil der späteren diffe-
renzierten „Nationalsprachen", ebd. Vgl. für eine mögliche Anregung durch Hamann J. RINGLE-
BEN, „Gott als Schriftsteller. Zur Geschichte eines Topos", S. 219f., aber auch S. 230.

Philosophisch zu erklären, oder Dichterisch zu mutmaßen" (S. 149 = 601), und angesichts der Überlieferungslage für Griechenland fragt Herder, „woher nun *Nach*-*richten* vom Ursprunge der Sprache, die nicht selbst *Mutmaßungen* wären?" (S. 151 = 604) Es kann nur das Ergebnis philosophischer Betrachtung sein, wenn er die „Hypothese vom Göttlichen Ursprunge der Sprache" verwirft, und ihren „Menschlichen Ursprung" „voraussetzt",[81] um danach über die „Kindheit" der Sprache zu schreiben.

Die Leitfunktion fällt in der zweiten Auflage der *Fragmente* nun ganz einer Lektüre Homers zu. Damit will Herder ein sprachphilosophisches Modell belegen, nach dem sich die frühe Sprache unter den Bedingungen früher Bedürfnisse und emotionaler Reaktionen wie „Entsetzen, Furcht, Staunen, Bewunderung" (S. 157 = 610) als eine Sprache der Leidenschaften entwickelt habe. Dies sei die eigentliche „Poetische Sprache" (S. 162 = 615), in der Dichtung noch nicht „Kunst", sondern „Natur" sei (S. 165 = 1052). Eine idealisierte Charakterisierung Homers macht das deutlich:

„Bei Homer ist noch alles Natur: Gesang und Sitten, Götter und Helden, Laster und Tugenden, Inhalt und Sprache. Der Gesang ist rauh und prächtig: die Sitten roh und auf dem Gipfel Menschlicher Stärke: die Götter niedrig und erhaben: die Helden pöbelhaft und groß: Laster und Tugenden zwischen der Moral und dem Unmenschlichen: die Sprache voll Dürftigkeit und Überfluß – alles ein Zeuge der Natur, die durch ihn sang …" (S. 165 = 1052f.)

Hermeneutisch gelte es, sich aus seiner eigenen Gegenwart, „aus seiner Zeit, und aus seinem Volk" in die Zeit der Dichtung zurückzuversetzen (S. 160 = 613), obwohl den gegenwärtigen Leser eine „ungeheure Kluft" von diesem „Poetischen Zeitalter" trenne (S. 164 = 616). Die Hellenozentrik seiner sprachphilosophischen, poetologischen und hermeneutischen Untersuchungen erlaubt es Herder, an die Theorien über den Ursprung der Dichtung anzuknüpfen, die die Homerexegese seiner Zeit, vor allem Thomas Blackwell,[82] entwickelt hatte. Offen bleibt nach wie vor das Problem der orphischen Hymnen,[83] während ja der Behandlung der „Orientalischen Dichtkunst" – und auch der Gesänge der Druiden und Barden – ein eigener Ort zugewiesen wird (S. 171 = 618).

Auf das Ursprungsproblem, das hinter den Ableitungen seiner Homerdeutung noch wartet, kommt Herder im Werkzusammenhang zu sprechen, wo er den historischen Wert von Winckelmanns Abhandlung „Von dem Ursprunge der Kunst und den Ursachen ihrer Verschiedenheit unter den Völkern" in der *Geschichte der Kunst des Altertums* kritisiert.[84] Im Manuskript des sog. *Älteren Kritischen Wäldchens*[85] und dann in der Neubearbeitung der zweiten Sammlung der *Fragmente*[86] räumt er zwar

---

[81] HWP 1, S. 155 (= FA 1, S. 607f.) gegen J. P. Süßmilch; vgl. HWP 1, S. 17f. gegen R. Lowth.
[82] An Enquiry into the Life and Writings of Homer (1735).
[83] HWP 1, S. 170 = FA 1, S. 204.
[84] Vgl. dazu H. D. Irmscher, „Grundfragen der Geschichtsphilosophie Herders bis 1774", S. 20–26.
[85] FA 2, S. 11–55 mit dem Kommentar des Herausgebers G. E. Grimm S. 819–854.
[86] HWP 1, S. 211–328

die Möglichkeit ein, in einer Darstellung der Kunstgeschichte mit der *Hypothese* der
Ursprünglichkeit der Kunst in dem Volk, dessen Kunst ein Autor untersucht, zu arbeiten.[87] In einer eigentlichen Geschichtsdarstellung aber sei es „willkürlich und
unhistorisch, sich aller Untersuchungen zu überheben, wie die Kette der Mitteilung Völker und Zeiten verknüpft habe".[88] Herder hatte sich in seinen poetologischen Untersuchungen also bewußt auf eine modellhafte Situation bezogen. Wo es
um eigentliche Geschichtsdarstellung gehen soll, verwirft er die Konzeption eines
„Zustandes der Natur", den der „Weltweise" sich „dichtet, um Sprache, Kunst und
Wissenschaften entstehen zu lassen".[89] Während der Philosoph mit fiktiven Entste-
hungsgeschichten arbeiten darf, steht das dem Historiker nicht zu. Für das historische Verständnis der griechischen Kultur ist deshalb nach Herder der Rückgang auf
Ägypten unerläßlich. Die Gestalt, die die Verbindung zwischen Ägypten und Griechenland herstellt, ist Orpheus.[90] Im „Orphischen Zeitalter" modere „der Same zu
aller Griechischen Mythologie, Dichtkunst und Weisheit"[91] – dies wird Herder
nicht zuletzt im zweiten und dritten Teil der *Ältesten Urkunde* weiter ausführen. Orpheus steht jedoch nicht selbst am Ursprung. Für einen „Geschichtsschreiber der
Menschheit und Wissenschaft" sei es „Hauptgeschäfte, sich in die Quelle [des Mor-
genländischen] Ursprunges zu wagen, und die Orientalischen Ideen genau zu läu-
tern, die sich aus ihrem Vaterland bis zu uns übergetragen und zum Teil erhalten haben". „In Morgenländern" habe „der Same zu Geschichte, Dichtkunst und Weisheit zuerst Boden gefunden".[92]

Die Auseinandersetzung mit Winckelmann, dessen Werk gegenüber Herder auf
der historischen „Kette der Mitteilung" zwischen den Völkern der Antike insistiert, verdeutlicht die Grenzen der Hellenozentrik seiner poetologischen Untersuchungen und zeigt, daß das Ursprungsproblem auch für die Sprachphilosophie
nicht wirklich am griechischen Material zu bearbeiten ist.[93] Das Studium der Mor-

---

[87] FA 2, S. 24; vgl. HWP 1, S. 222; s. auch S. 34.
[88] FA 2, S. 25; vgl. HWP 1, S. 222.
[89] Ebd. S. 25; bzw. S. 222.
[90] Ebd. S. 41; bzw. S. 237.
[91] HWP 1, S. 237; vgl. FA 2, S. 41.
[92] FA 2, S. 52. Ein Werk über die „Morgenländische Denkungsart" würde die Grenzen der reinen philosophischen und historischen Forschung über Sprache, Kunst und Wissenschaft sprengen: „Selbst das Gebäude unsrer Theologie schließe ich von diesem Studium der Morgenländer
nicht aus: denn ihr Vaterland derselben ist ja ebenfalls in dem Geist und in der Natur der Morgenländer gewesen. In ihrem Stil und für die Denkart derer, an die geredet wurde, sind unsre heiligen
Bücher verfasset … je mehr wir also diese Morgenländische Ideen abzustreifen suchen, so fern sie
bloß National sind, desto mehr erscheint das lautere Wesen derselben …".
[93] Herders von der Berliner Akademie 1771 ausgezeichnete Preisschrift, die Abhandlung über
den Ursprung der Sprache (FA 1, S. 695–810, mit dem Kommentar des Herausgebers U. GAIER
ebd. S. 1274–1328), muß im vorliegenden Zusammenhang ausgeklammert bleiben. Es würde sich
bei ihrer näheren Untersuchung zeigen, daß die neuere Forschung die Herder selbst stets bewußte
Differenzierung zwischen dem Philosophischen und dem Historischen (vgl. S. 771) nicht hinreichend beachtet und deshalb einen unzutreffenden Gegensatz zwischen der Sprachursprungsschrift
und der Ältesten Urkunde konstruiert hat. Die Irrigkeit von Herders historischen Thesen rechtfertigt nicht die Vernachlässigung ihrer argumentativen Funktion in seinen Schriften.

genländer, das eine Wendung zur vorhomerischen, vor- und außergriechischen Kultur bedeutete, wird jedoch erst angekündigt.[94] Zu keiner Zeit hat Herder in Riga die Aufgabe einer Untersuchung der alttestamentlichen Tradition in Hinsicht auf das Ursprungsproblem aus dem Blick verloren.

In denselben Werkzusammenhang gehören die Glossen und Polemiken der *Kritischen Wälder* zur Hermeneutik einer Lektüre griechischer und römischer Dichter. Im ersten *Wäldchen* geht es um eine ausführliche Stellungnahme zu Lessings *Laokoon. Oder über die Grenzen der Malerei und Poesie*,[95] danach im zweiten und dritten *Wäldchen* um C.A. Klotz' ästhetisierende Beurteilungen von Homer, Vergil und Horaz, seine Erläuterungen antiker Münzen und seine Rezensionen zeitgenössischer Schriften über die Antike. Im Vorblick auf Herders Genesisinterpretation sind diese Kontroversen deshalb wichtig, weil Herder in ihnen den Begriff einer poetischen Wirklichkeit entwickelt, die der Dichter schaffe und in die sich der Leser durch dessen Dichtungen hineinversetzen lassen müsse, um sie zu verstehen. Diese poetische Wirklichkeit würde durch eine rationalisierende Kommentierung nur zerstört,[96] und deshalb sind dem Genus gelehrter Erklärungen enge Grenzen gesetzt. Eine Hermeneutik, die auf etwas anderes abzielt als darauf, in die poetische Wirklichkeit der Dichtung zu versetzen, hätte von vornherein ihren poetischen Gegenstand aufgegeben.

In seiner kritischen Antwort auf den *Laokoon* macht Herder dieses Postulat in der Diskussion von Lessings Kommentar zu dem Nebel deutlich, in den in einer Kampfszene in Homers Ilias (XX, 429–454) Apollo den Hektor hüllt, um ihn vor Achill zu schützen, den seinerseits Athene vor Hektor geschützt hatte.[97] Im Kontext seiner Bestimmung des Unterscheidenden zwischen Malerei und Dichtkunst hatte Lessing zu diesem Nebel bemerkt:

„Wer sieht aber nicht, daß bei dem Dichter das Einhüllen in Nebel und Nacht weiter nichts, als eine poetische Redensart für unsichtbar machen sein soll? … Keinen wirklichen Nebel sahe Achilles nicht, und das ganze Kunststück, womit die Götter unsichtbar machten, bestand auch nicht in dem Nebel, sondern in der schnellen Entrückung."[98]

Diese Erklärung zurückweisend, erläutert Herder den Nebel in der Ganzheit von Homers Dichtung als einen „poetischen Nebel", der keineswegs eine „poetische Redensart" sei.[99]

„So lange [Homer] mich in dieser poetischen Welt, in welcher Götter und Helden kämpfen, wie bezaubert, fest hält: … so lange sehe ich auch diesen Nebel eben so gläubig, als den Gott

---

[94] HWP 1, S. 66.
[95] Lessing, Werke 5/2, S. 11–206 mit dem Kommentar des Herausgebers W. BARNER S. 621–674, 734–863.
[96] Dasselbe würde mutatis mutandis im Bereich der hebräischen Poesie für die christologische Typologese gelten.
[97] Auf dieses Beispiel rekurrieren auch H.D. IRMSCHER, „Zur Ästhetik des jungen Herder", S. 59, vgl. ders., „Grundzüge der Hermeneutik Herders", S. 35f.; und KNODT aaO. S. 95–97.
[98] Lessing, Werke 5/2, S. 107.
[99] FA 2, S. 163.

selbst, der die Wolke um seinen Liebling webt. Beide, der Gott und seine Wolke, haben ein
gleich poetisches Wesen; wenn ich das eine prosaisiere, muß auch hinter den andern ein
grammatisches *das ist* kommen, und dann verliere ich die ganze *mythische* Schöpfung in Homer." (S. 164) „... wo ich mir schon wirksame Götter, eine wunderbare Entrückung denken
kann, und denke; bin ich da nicht ein Skrupler, am Nebel abdingen zu wollen?" (S. 165)

Poetologisch gerechtfertigt ist also nur eine Hermeneutik, nach der ein Leser
sich in die poetische Wirklichkeit der Dichtung versetzt.[100] Historische Kritik antiker Dichtung soll der Erschließung der künstlerischen Fiktion dadurch dienen, daß
sie das Zeitalter darstellt, in dem solche poetische Wirklichkeit im Dichter und seinen Hörern lebte. Gerade Homer gilt Herder ja als Dichter eines Poetischen Zeitalters, einer Zeit, in der das Poetische noch „Natur" war, nicht aber ein Kunstmittel,
das einer rationalisierenden Kritik unterworfen werden könnte.

Ein zweiter Gesichtspunkt, den Herder in der Auseinandersetzung mit Lessing
entwickelt, ist die Kraft der Poesie, mit der sie bewirkt, daß der Leser in die poetische Wirklichkeit hineinfindet.[101]

„Wenn ich Eins von Homer lerne, so ists, daß Poesie energisch wirke; nie in der Absicht, um
bei dem letzten Zuge ein Werk, Bild, Gemälde ... zu liefern, sondern, daß schon während
der Energie die ganze Kraft empfunden und gefühlt werden müsse. Ich lerne von Homer,
daß die Wirkung der Poesie ... auf meine Phantasie wirke; von hieraus also, sonst nirgends-
her, berechnet werden müsse."[102] „... die Kraft, die dem Innern der Worte anklebt, die Zau-
berkraft, die auf meine Seele durch die Phantasie und Erinnerung wirkt: sie ist das Wesen der
Poesie." (S. 197)

Herder führt die Begriffe der „Kraft" oder der „Energie" in seine Definition der
Poesie ein, um Lessings Differenzierung zwischen Malerei als der Kunst, die das
Koexistente im Raum, und Dichtung als der Kunst, die das Sukzessive in der Zeit
zeige, zu überwinden.[103] Zwar widerspricht er Lessing nicht, wenn er sagt, daß
Handlungen „der eigentliche Gegenstand der Poesie" seien,[104] aber Handlungen
entstünden nicht einfach durch das Sukzessive, sondern durch „ein Sukzessives
durch Kraft", so daß „Kraft" der „Mittelpunkt ihrer [sc. der Dichtkunst] Sphäre" sei
(S. 196). Auch in der Analyse der Darstellungsform einer Handlung muß also die
poetische Notwendigkeit des Analysierten aufgedeckt werden. Die Dichtung erlaubt keinen distanzierten analytischen Zugriff, weil sie wesentlich den Leser in die
poetische Wirklichkeit, die sie vorstellt, hineinziehen will.

„Kurz: ich kenne keine Sukzessionen in Homer, die als Kunstgriffe, als Kunstgriffe der Not,
eines Bildes, einer Schilderung wegen, da sein sollten: sie sind das Wesen seines Gedichts, sie
sind der Körper der epischen Handlung. In jedem Zuge ihres Werdens muß Energie, der

---

[100] Ähnliches gilt z.B. für Bileams sprechenden Esel, vgl. die Theologischen Briefe, FA 9/1,
S. 159–163.
[101] Vgl. H.D. IRMSCHER, „Grundzüge der Hermeneutik Herders", S. 37–57; H. SCHNUR,
Schleiermachers Hermeneutik und ihre Vorgeschichte im 18. Jahrhundert, S. 128–131.
[102] FA 2, S. 214.
[103] Ebd. S. 191–200. Vgl. KNODT, aaO. S. 105–107, 118f.
[104] Ebd. S. 192; Lessing, Werke 5/2, S. 116.

Zweck Homers liegen: mit jeder andern Hypothese von Kunstgriffen, von Einkleidungen … komme ich aus dem Tone Homers." (S. 208)

Ein Beispiel für die Diskussion des ‚ut pictura poesis'-Problems ist die Beschreibung des Schildes Achills in Ilias XVIII, 478–608. Herders Kritik an Lessing ist hier von besonderem Interesse, weil er das Bild von Gen. 1 in der *Ältesten Urkunde* mit dem „Schild des Achilles" vergleicht.[105] Lessing hatte diesen Abschnitt in Hinsicht auf die darstellerische Technik des Dichters untersucht und insofern im Handlungsverlauf der Dichtung isoliert. Zwar merkt er die Zugehörigkeit des Schildes zum Gang der Dichtung an, aber sein Interesse gilt Homers literarischem Verfahren, die Bildfläche des Schildes so zu beschreiben, daß seine Verzierungen „als bloße Verzierungen (behandelt)" und „in den Stoff (eingewebt)" würden, „um sie uns nur bei Gelegenheit des Stoffes zu zeigen".[106] Indem Homer „das Schild nicht als ein fertiges vollendetes, sondern als ein werdendes Schild (malt)", hat er „auch hier sich des gepriesenen Kunstgriffes bedienet, das Coexistierende seines Vorwurfs in ein Consecutives zu verwandeln, und dadurch aus der langweiligen Malerei eines Körpers, das lebendige Gemälde einer Handlung zu machen." Der Leser schaut also „dem göttlichen Meister, wie er das Schild verfertiget," zu, und sobald es fertig ist, „erstaunen (wir) über das Werk, aber mit dem gläubigen Erstaunen eines Augenzeugens, der es machen sehen". (S. 134)

Herder sieht Lessing in dieser Analyse aus dem „Tone Homers" kommen. Das Wirken des Hephaistos verdanke sich nicht einer dichterischen Technik, ein Bild zu beschreiben, sondern gehöre selbst, wie das Produkt, der hervorgebrachte Schild, zu den Handlungen der poetischen Welt, in die der Dichter seine Leser versetze, ja schon versetzt habe.

„Die ganze Szene gehört zur Handlung des Gedichts, zum Gange der Epopee, und ist … keine Besonderheit der homerischen Manier. Im Werden, in der Schöpfung des Schildes liegt ja hier alle Kraft der Energie, der ganze Zweck des Dichters. Bei jeder Figur, die Vulkan aufgräbt, bewundere ich den schaffenden Gott, bei jeder Beschreibung der Maße und der Fläche erkenne ich *die Macht* des Schildes, das dem Achilles *wird*, auf welches der in das Interesse der Handlung verflochtne Leser so sehnlich, als Thetis, wartet."[107]

Lessing vertritt nach Herder in seinem Laokoon eine ästhetische Kritik, die an ihrem Gegenstand vorbeiführt. Der Kritiker soll die poetische Kraft ausmessen, mit der ein Dichter in seinem Werk eine poetische Wirklichkeit vorstellt: Wo solche Kraft in der Dichtung liegt – wie es in der Dichtung der „Natur" in hervorragender Weise der Fall ist –, erfährt der Leser diese Wirklichkeit, auch wenn er weiß, daß es eine poetische Wirklichkeit ist, deren Entstehungszeit in der Geschichte des menschlichen Geistes weit zurückliegt. Dies letztere zu konstatieren und sodann die poetische Kraft als poetische Technik zu erklären, ist für Herder ebensowenig die Aufgabe des Kritikers, wie die Beurteilung poetischer Werke nach äußeren Kri-

---

[105] FA 5, S. 493, vgl. FA 9/1, S. 168.
[106] Lessing, Werke 5/2, S. 137.
[107] FA 2, S. 208.

terien – seien es solche theologischer Orthodoxie oder zeitgenössischen Geschmacks.

Vordergründiger um historische Hermeneutik geht es in den Attacken gegen
Klotz.[108] Bei dessen ästhetischer und moralischer Zensur einzelner Aspekte der
Dichtungen Homers vermißt Herder jeglichen historischen Sinn und überhaupt
ein Verständnis für das Poetische. Nicht ohne Ironie und nicht ohne Grimm wendet er gegen Klotz[109] ein:

„Ists wohl so leicht, Homer *zu tadeln?* ich meine so leicht *für uns,* in unsrer Zeit, Denkart und
Sprache? Es sollte scheinen. Denn sind wir nicht in Gelehrsamkeit und Wissenschaft, und
Stuffe der Cultur ungleich höher, als das Zeitalter Homers? ... unser Jahrhundert mag in allem, was Gelehrsamkeit heißt, so hoch gekommen seyn, als es will und ist; so ists doch in allem, was zur Poetischen *Beurtheilung Homers* gehört, nicht höher; ja ich behaupte, daß es
hierinn dem Jahrhunderte geborner Griechen, die Homers Zeitgenossen ... waren, weit
hinten nach sey. Wir sind nicht nur nicht höher hinauf, wir sind gewisser maßen *aus der Welt
hinaus* gerückt, in der Homer dichtete, schilderte und sang."[110]

Homer dichtete unter Aufnahme von „Vorstellungen der verflossenen Jahrhunderte" „für seine Zeit", und deshalb gilt als hermeneutische Regel: „Wer sich in
diese zurücksetzen kann, in Erziehung und Sitten, und Leidenschaften und Charaktere, und Sprache und Religion – für den singt Homer, für keinen andern."[111]
Als Bewegung in die poetische Welt einer antiken Dichtung verlangt die Hermeneutik also die Bewegung des Lesers in die Zeit und Vorstellungswelt des Dichters,
nicht umgekehrt die Heranholung des Dichters in die Gegenwart. Diese Bewegung ist einem Leser möglich, weil sie sich in der universalen Geschichte des
Menschlichen Geistes vollzieht, in der das historische poetische Zeitalter, so Herder, mit einer anthropologischen Entwicklungsstufe zusammenfällt. Erst die Poetologie kann dem historisch-kritischen Studium in der klassischen Philologie das Ziel
vorgeben.

Mit dem Eingang in die poetische Welt einer Dichtung und dem Rückgang auf
das poetische Zeitalter ihrer Entstehung korrespondiert die eigentliche hermeneutische Leistung des Lesers der poetischen Leistung des Dichters, der seinem Werk
eine „Energie" verliehen hat, die dem wahren Leser die kritische Distanznahme
verwehrt. Im ganzen Werkzusammenhang der *Fragmente* und der *Kritischen Wälder*
drückt sich aus, was Herder am Schluß des ersten *Wäldchens* sagt: „... Homer, und
die menschliche Seele waren die Quellen, aus denen ich dachte".[112] Homer als der
Dichter, der an dem Wendepunkt steht, wo Dichtung aus „Natur" zu „Kunst"

---

[108] Die Polemik gegen Klotz, d.h. gegen einen Typus akademischer klassischer Philologie, wird
sich wenig später als Polemik gegen Michaelis, d.h. gegen einen Typus orientalistischer Philologie,
wiederholen.
[109] Epistulae Homericae (1764).
[110] SWS III, S. 197.
[111] Ebd. S. 200. Herder spricht ebd. S. 202 davon, „die Metamorphosen des Menschlichen Geistes auch in einer solchen Metamorphose *meines* Geistes (zu) durchwandeln und durchleben". S. o.
S. 28 Anm. 57.
[112] FA 2, S. 243.

wird,[113] repräsentiert für Herder wie kein anderer das menschheitsgeschichtliche frühe Poetische Zeitalter, und die psychologische Anthropologie ist der Schlüssel zu einer Dichtung, die dank ihrer Energie auf die Seele wirkt und Empfindung und Leidenschaft weckt, weil sie aus Empfindung und Leidenschaft entstanden ist.

Trotz seiner historisierenden poetologischen Konstruktion bleibt sich Herder des Problems bewußt, daß vor Homer eine Frühzeit liegt, in der noch „die fremden, von außen überbrachten Begriffe" der Religion galten. Die griechische Mythologie knüpft – durch Orpheus – an ägyptische und asiatische Überlieferung an.[114] Soll das poetologisch und anthropologisch fundierte *Fragmenten*-Projekt auch auf einen historischen Grund gebracht werden, ist der Rückgang auf Ägypten und den frühen Orient unerläßlich. Auf der anderen Seite notiert Herder die Gefahr einer Verwischung historischer Differenzierungen und wendet sich gegen

„Historische Träumer ..., die mit ihren Überpflanzungen Völker und Zeiten verwirret, und dem eignen Menschengeiste alles vor dem Munde gleichsam weggeschnappet haben. Nichts ging dabei so sehr verloren, als das Geheimnis des *Idiotismus* einer Nation, es sei worin es wolle: denn wenn man jedes Volk zum Lehnsmann, zum Klienten anderer Völker machte; mußte man da nicht immer die *eigne Natur*, den *Genius* desselben verfehlen?"[115]

Die Spannung zwischen „Idiotismus" und „Tradition" hindert ihn jedoch nicht an der Fokussierung auf die Tradition und deren menschheitsgeschichtlichen Ursprung. Nach seiner „Entdeckung", daß eine aufgrund von Gen. 1 darstellbare „Hieroglyphe" der Schlüssel zu allen religionsgeschichtlichen Traditionen der Antike ist, wird er dann ohne kritische Vorbehalte die Hypothese einer Urtradition übernehmen.[116]

4. Das Rigaer Manuskript über Genesis 1–11 (1768/69)

Auf dem Weg dahin liegt die erste Ausarbeitung einer Interpretation der biblischen Urgeschichte in dem Manuskript *Über die Ersten Urkunden des Menschlichen Geschlechts. Einige Anmerkungen*.[117] Noch vor der Abreise aus Riga entstanden,[118] geht es erst nach der zweijährigen Reisezeit und verschiedenen Bearbeitungsstufen in die Bückeburger *Älteste Urkunde des Menschengeschlechts* (1774/76) auf. Die Abhandlung von 1769 liest sich wie eine exegetische Dissertation, die dem Vorbild J.D. Michaelis, wie Herder ihn als den „große(n) Philologen des Orients" verstand, verpflichtet ist.[119] In Nantes angekommen, schreibt er zu dem Manuskript eine De-

---

[113] HWP 1, S. 165.
[114] FA 2, S. 122, 146.
[115] Ebd. S. 32, in leicht revidierter Gestalt HWP 1, S. 225.
[116] Vgl. den Brief an J.H. Merck vom 15.10.1770 (DA I, Nr. 105, Z. 43ff.).
[117] FA 5, S. 9–178; Kommentar des Herausgebers R. SMEND ebd. S. 1328–1356.
[118] Vgl. SMEND ebd. S. 1328–1331.
[119] Vgl. ebd. S. 25 und FA 1, S. 277, 538.

dikationsode an Michaelis.[120] Die engere bibelwissenschaftliche Ausrichtung der Abhandlung erklärt die Differenzen zwischen dieser Untersuchung von Gen. 1–11 und den vorangegangenen poetologischen Entwürfen über die ursprungshafte lyrische Dichtkunst.

Exegetisch bezieht Herder mit der Abhandlung *Über die Ersten Urkunden* eine klare Position: Gen. 1–11 ist eine Sammlung vormosaischer Urkunden, die „*heilige, uralte, Poetische, Nationalurkunden des Orients*'" sind (S. 30) und die als literarische Dokumente in ihrem wahren literarischen Charakter und aus ihrer eigentlichen Entstehungszeit heraus interpretiert werden müssen. Ihr theologischer Sinn ist nach Herder weder durch die mosaische Einrichtung der israelitischen Theokratie, noch durch spätere christologische Beziehungen begründet. Diese späteren biblischen Traditionen wiesen vielmehr durch ihre Abhängigkeit vom Ursprünglichen auf jene eigentliche religiöse Ursprungstradition zurück. Herder wählt eine exegetische Grundorientierung, die statt kanonisch-dogmatisch als historisch-orientalistisch zu bezeichnen wäre; für den damit verbundenen methodischen Umbruch gilt ihm Michaelis als Vorbild.

Herder stützt die neue Orientierung der Exegese des Alten Testaments mit Polemik gegen die protestantische Tradition, in der im 16. und 17. Jahrhundert der „Scholastische System- und Unterscheidungsgeist" dominiert habe. Die Situation hat sich im 18. Jahrhundert gewandelt: „… jetzt, sind wir nicht weit gnug, um von ihm loszukommen? Er verwüstet und zerreißt die Werke des heiligsten Altertums, die er, in dem Geist ihrer Zeit und ihrer Urheber auslegen sollte." (S. 21) Maßgeblich sind für ihn solche Kritiker, die „über alle Jahrhunderte mit allen ihren Höhen und Tiefen zurückzuklettern streben, um an Ort und Stelle zu kommen, wo ursprünglich diese Kostbaren Denkmale, diese teure Erstgeburt des Menschlichen Geistes gebildet worden" (S. 22). Der Rechtfertigung einer historischen Bibelwissenschaft, die das Alte Testament nicht aus der Perspektive des Neuen Testaments liest, dient die wiederholte Kritik der Vereinnahmung der ‚ersten Urkunden' durch die dogmatische Lehrbildung.[121] Im Hinblick auf die Exegese der biblischen Urgeschichte sind die beiden wichtigsten theologischen Fragen das Verständnis der Gottebenbildlichkeit nach Gen. 1 und der Vertreibung aus dem Garten Eden nach Gen. 3. Exegetisch betrachtet Herder die Artikel „*von der Schöpfung und dem Stand der Unschuld* und *Sünde*" als ein „dogmatische(s) Joch" (S. 21), und er bestreitet den dogmatischen Theologen das Recht dazu, „Ketzerei" zu nennen, was „aus Gründen der Exegetik" der traditionellen theologischen Lehrbildung entgegengesetzt wird.[122] Damit gewinnt er einen Freiraum für die Exegese des Alten Testaments, in dem etwa Hugo Grotius und Jean le Clerc ihren Platz einnehmen können.[123]

In Herders historisch-orientalistischer Perspektive gelten die „Urkunden" der biblischen Urgeschichte als poetische Texte. Ihre Interpretation muß sich auch von

---

[120] Vgl. DA I, Nr. 68, Z. 49–53 und die Ode selbst in SWS 6, S. 120–123.
[121] Vgl. z.B. FA 5, S. 21f., 41, 49, 79 u. ö.; bes. S. 167–175.
[122] Ebd. S. 94; vgl. auch S. 41 zur Bibel als „Erkenntnisgrund".
[123] S. u. S. 49–54, 69–72. Herder verzichtet ausdrücklich darauf, Namen zu nennen (S. 22).

solchen Erkenntnisansprüchen befreien, die poetische Texte grundsätzlich nicht befriedigen könnten. Die Abhandlung *Über die Ersten Urkunden* ist deshalb von Polemik gegen „Physische", „Geographische", „Chronologische" oder andere rationalistische Auslegungen durchzogen, für die sich Herder vor allem auf das sog. Englische Bibelwerk bezieht.[124] **Auffällig ist bei der wissenschaftlichen Positionsbestimmung im Rigaer Manuskript, daß Robert Lowth mit seinen** *De Sacra Poësi Hebraeorum Praelectiones*[125] **nicht genannt wird.** Denn Herder verdankt ihm die Beschreibung der hebräischen Poesie nach dem formalen Kriterium der Parallelstruktur, auch wenn er den Begriff des Parallelismus, der die Abfolge paarweise einander entsprechender Vershälften bezeichnete, in seiner Anwendung überdehnt. Seine Darstellung der Struktur von Gen. 1 nach dem „orientalischen Parallelismus" (S. 44–46) ist von Lowths Lösung des Formproblems inspiriert. Indirekt kritisiert Herder in seiner Abhandlung Lowths Werk für seine Verknüpfung der Poetologie mit einem Offenbarungsverständnis, soweit nach diesem poetische Rede als ein bloßes Stilmittel für die Mitteilung theologischer Wahrheiten verstanden und in ihrer angenommenen ursprünglichen Vollkommenheit auf einen göttlichen Ursprung zurückgeführt werden konnte.

„… die denken vom Geiste Gottes gewiß nicht edel, die ihm das vortreffliche Amt eines Professors der Poesie, eines erhabnen Stilisten auftragen …" „… wie viel gehört zu dem Riesenmäßigen Schlusse: so viel Großes, Reines, Erhabnes ist durch die Kräfte eines Menschen, des größesten Geistes im Orient möglich, aber hier gerade nichts mehr: diese Schönheit und jenes Bild und die Art des Vortrags ist schlechthin übermenschlich, himmlisch, Göttlich!" (S. 29f.).

Herder kann mit der Zustimmung von Michaelis als Herausgeber von Lowth rechnen, wenn er es ablehnt, Offenbarung als die höchste Steigerungsform des Menschlichen zu verstehen und aus diesem Grund die Göttlichkeit einer ursprünglich vollkommenen Poesie anzunehmen. Seine Kritik impliziert zugleich, daß ein bloß funktionales Verständnis von Poesie als literarisches Stilmittel den poetischen Charakter der Urkunden in der Genesis verfehlt.[126]

Die Kritik an Lowth steht im Zusammenhang von Herders Vorhaben, den theologischen Charakter der „poetischen Nationalurkunden des Orients" zu bestimmen. Im Gegensatz zu den Traditionen der Völker, für die er im ersten Abschnitt der Einleitung ein religionsgeschichtliches Erklärungsmodell auf den Spuren von David Hume entwirft,[127] ist die hebräische Poesie der Urzeit dadurch ausgezeichnet, daß sie aus einer Tradition von „unmittelbare(m) göttliche(m) Unterricht" hervorgeht (S. 17–19). Wie im *Versuch einer Geschichte der lyrischen Dichtkunst* unterscheidet Herder zwischen der modellhaften Rekonstruktion einer natürlichen Entwicklung und der Rekonstruktion einer Traditionslinie aus dem Ursprung der

---

[124] Ebd. S. 21, 41f., 46 u.ö.; vgl. die Nachweise des Herausgebers SMEND S. 1335ff. Zum „Englischen Bibelwerk" s.u. S. 64f.

[125] S.o. S. 17f. und u. S. 75–81.

[126] Vgl. o. S. 35–38 zur Kritik an Lessing.

[127] FA 5, S. 11–17 und s.u. S. 113–118.

Menschheit.[128] Sein vergleichendes Studium antiker mythologischer Traditionen zielt auf die These ab, daß sie alle jeweils Fragen nach dem Ursprung zum Gegenstand gehabt hätten und als „völlige Gedichte" in eine „sinnliche bildervolle Sprache" gefaßt gewesen seien. Soweit die „Mythologische(n) Nationalgesänge" unter den antiken Völkern aber „ohne fremde Beihülfe" entstanden sind, erlauben sie keine sichere Antwort auf die Frage nach der in ihnen gefaßten Wahrheit. „… bei allen diesen Traditionen, wo ist reine Wahrheit, Geschichte, festes Datum?" Nur eine Tradition, in der Poesie der Urgeschichte und Offenbarung zusammentreffen, kann über die „Weltentstehung" und den „Ursprung der Menschen" etwas Wahres überliefern, und eine solche Tradition will Herder in den Urkunden der Genesis entdecken. Diese Urkunden seien durch „das reine Unmythologische ihrer Begriffe", durch ihr Alter und ihre „(l)iterarische … Wirkung … in der Kette der Völker" ausgezeichnet und stammten „aus dem ursprünglichen Unterricht Gottes".[129] Ihre „Ähnlichkeit … mit den Ursprungsgesängen andrer Völker" bleibt auf ihren poetischen Charakter beschränkt. Die Analogie „soll nichts, als uns in dem anschaulichen Geist erhalten, den Poetischen Nationalton hier so sehr in seiner Würde, als anderswo in seiner Niedrigkeit zu fühlen." (S. 27) Das Rigaer Manuskript über Gen. 1–11 ist damit von denselben hermeneutischen und apologetischen Grundannahmen getragen wie das spätere Buch *Älteste Urkunde des Menschengeschlechts*: Die Urkunden in der mosaischen Genesis sind poetische Texte, und sie sind durch ihre Wirkungsgeschichte als ursprüngliche Texte der Urgeschichte der Menschheit erweisbar, in denen, weil sie auf einen geschichtlichen Grund führen, göttliche Offenbarung überliefert wird. Unter diesen Voraussetzungen interpretiert Herder die Texte dann auf seinem „Orientalisch-*Poetischen* Wege" (vgl. S. 44).

Der Begriff des „Unterrichts Gottes" bleibt in der Abhandlung *Über die Ersten Urkunden* ein systematisch-theologisches Postulat. Herder gelingt noch nicht die Verschränkung von Poetologie und Offenbarungstheologie, die über die Zwischenstufe der *Abhandlung über den Ursprung der Sprache* die *Älteste Urkunde des Menschengeschlechts* prägen wird. Zwar nimmt seine Kritik an Lowth die Kritik an J.P. Süßmilch[130] voraus, in scheinbarer orthodoxer Naivität hält er jedoch am Begriff des „Unterrichts" fest. Was der göttliche Unterricht in der Urgeschichte der Menschheit gewesen sein könnte, entzieht sich hier noch einem Verständnis in anthropologischen Begriffen. Herders Diskussion des Problems von Theopneustie und Offenbarung macht so viel klar, daß der Gegenstand der Exegese „menschliche" Texte sind.[131] Vor der Abfassung der Urkunden liegt für ihn jedoch die Zeit einer „heilige(n) Tradition", einer „Sage der ältesten Zeiten, die doch ursprünglich aus einem Unterricht Gottes an die Menschen kam" (S. 35), diese Zwischenzeit aber bleibt der Exegese der Urkunden selbst entzogen.

Forschungsgeschichtlich im engeren Sinne ist an Herders Untersuchung der

---

[128] S. o. S. 20–24.
[129] FA 5, S. 11–19; die Zitate ebd. S. 12, 14f., 16, 17, 18, 18f.
[130] FA 1, S. 807–810.
[131] FA 5, S. 27–30, 35f.

Urkunden von Gen. 1–11 als orientalische Poesie bemerkenswert, wie er noch ohne direkte Kenntnis von Jean Astrucs *Conjectures sur les Mémoires Originaux dont il paroit que Moyse s'est servi pour composer le Livre de la Genèse*[132] die literarkritischen Fragen der Abgrenzung einzelner Urkunden, der Beurteilung späterer Erweiterungen und der Beschreibung des Werks des Sammlers diskutiert. Das wichtigste Ergebnis für Gen. 1–3 ist die Feststellung, daß mit Gen. 1 (1,1–2,3) und Gen. 3 (3,1–24)[133] zwei „älteste zusammenhangende Urkunde(n)" vorliegen, und daß mit Gen. 2 die zweite Urkunde durch drei einzelne Fragmente der „heiligen Tradition" (2,7; 2,8.9.16.17; 2,18.19aαβ.20b.21–23) und einige Ergänzungen vorbereitet werde.[134] Für die Datierung der Urkunden nimmt Herder einfach den im biblischen Bild der Patriarchenzeit vorgestellten terminus a quo als den terminus quo und führt Gen. 1 und Gen. 3 auf Seth, Gen. 3 im Zusammenhang mit Gen. 2 auf Enos zurück (S. 165f.). Seine Interpretation der aufgefundenen Urkunden im einzelnen ist auf ihren „orientalischen" poetischen Charakter fokussiert, wobei in seiner Abhandlung die Charakterisierungen des Orientalischen teils zirkulär aus den Texten erschlossen, teils aus zeitgenössischen Reiseberichten gewonnen sind.

Die „Urkunde" Gen. 1 interpretiert Herder als ein „Episch-Historisches Gedicht", das exegetisch seiner Struktur und seinem „Poetisch morgenländischen Geist" nach zu erklären sei.[135] Die literarische Struktur ist durch sieben Abteilungen (die Tagewerke) bestimmt, die sich in „Parallelismen" (II-III bzw. V-VI), in eine den Oden Pindars vergleichbare Ordnung von Strophe-Antistrophe-Epode (II-III-IV bzw. V-VI-VII) und allgemeinere Entsprechungsverhältnisse (I-IV-VII) ordnen lassen.[136] Das daraus resultierende Strukturschema bezeichnet Herder im Rigaer Manuskript ausdrücklich nicht als eine Hieroglyphe.[137] Hieroglyphen sind dagegen jeweils für sich die Bilder innerhalb der sieben Abteilungen: „Jede Strophe … ward gleichsam ein Einziges sinnliches Bild, eine Einige Heilige Hieroglyphe" (S. 35). Thematisch entspricht der literarischen Struktur von Gen. 1 die Folge von sechs Werktagen und einem Ruhetag. Die Urkunde ist damit „ein Lied auf Tage und Sabbat" (S. 37), wobei Herder den Sabbat aus orientalischer Zeitrechnung, nicht aus einem Offenbarungsgebot herleiten will (S. 31–35, 38f.). In der Abhandlung *Über die Ersten Urkunden* differenziert Herder noch nicht zwischen einer ur-

---

[132] Vgl. S. 25 und im Kommentar S. 1329, 1338.

[133] Die Beurteilung von 3,20–24 ist nicht ganz eindeutig. Einerseits ist 3,1–19 „ein Ganzes von ungefähr drei Auftritten", andererseits wird „das Gedicht durch den Cherub so feierlich geschlossen, als ein Mythisches Drama geschlossen werden kann" (S. 91f., vgl. S. 113f.).

[134] Ebd. S. 31–116, zusammenfassend S. 23–25 und S. 115f.

[135] Ebd. S. 31–49, bes. S. 39, 49.

[136] Alternativ als Tanz beschrieben zeigt die Verteilung auf einen Präsul und zwei Chöre die Ordnung I-II-III/IV-V-VI/VII (S. 48).

[137] Ebd. S. 44–49, bes. S. 44. Die Idee, das Strukturschema als Hieroglyphe aufzufassen, gewinnt erst in der Zeit des Aufenthalts in Straßburg 1770 eine Bedeutung, vgl. den Brief an J.H. Merck (DA I, Nr. 105).

sprünglichen Einheit von Gen. 1 als Schöpfungsgemälde in der Bilderfolge eines
Sonnenaufgangs und der Fassung der Urkunde als Sabbatgesang.[138]
     Bei der Deutung von Gen. 1 ist „Anschauung" Herders Maßstab. „… wo gerät
der hin, der aus dem sinnlichen Anschauen weicht?"[139] Der Text ist für ihn „*eine
Schöpfung der Welt nach dem sinnlichen Anblick*":

„Wie sich *nach sinnlicher Anschauung* die Begriffe entwickeln und ordnen und folgern können: so stellen sie sich dar; und mit welcher *einfältigen Erhabenheit*! und mit welchen *Poetischen
Farben*! und mit welcher *Relation auf einander*! …" (S. 62f.)

     In Gen. 1,1 ist „Himmel und Erde" „das sinnliche, allweite Universum, wenn
ich gleichsam auf die freie Ebne der Schöpfung trete" (S. 49). Mit poetischer Em-
phase in seiner eigenen Interpretation übersetzt Herder damit Grotius' Erklärung
„universum hoc, quale nunc est"[140] und entzieht allen astronomischen und geolo-
gischen Theorien im Bereich der Genesisexegese den Boden. Der Exeget muß sich
„in die Zeit der Hebräer [sc. oder Morgenländer] zurücksetz(en)", um die Urkunde als eine poetische Antwort auf den Anblick des Universums zu verstehen und
ihre orientalischen Bilder „in alle ihrer Stärke (zu) fühlen".[141]
     Als ein „Episches Gedicht" zeigt Gen. 1 die Schöpfung, wie sie durch den han-
delnd gezeigten Gott hervorgebracht wird.[142] Die „epische" Darstellung des Han-
delns Gottes erschließt poetisch die göttliche Urheberschaft an der für den Menschen in Erfahrung und Gefühl zugänglichen Ordnung der Welt. So ist die Erschaffung und Beurteilung des Lichts im Gegensatz zur Finsternis nach Gen. 1,3f.
„nichts, als eine Epische Einkleidung dieser Welteinrichtung, und eine Reduktion
derselben auf eine so Poetische Schöpfung" (S. 54). Dieses „epische Gedicht"
konnte nach Herder den Morgenländern „(d)ie reinsten, erhabensten Ideen von
Gott … einpflanzen", ihnen „die würdigste … Beschäftigung empfehlen, die Natur
zu betrachten und Gott in der Natur zu sehen, zu hören, zu fühlen", ihnen „ihre
Menschliche Bestimmung[143] in allem Segenvollen und Guten zu fühlen geben"

---

[138] Vgl. Smend im Kommentar S. 1363: „Das Neue [sc. der Ältesten Urkunde 1774] knüpft
sich vor allem an zwei Stichworte: Morgenröte und Hieroglyphe."
[139] Ebd. S. 59. Ähnliche Polemik findet sich in der Deutung von Gen. 2f.: „… was hat man
nicht machen müssen, wenn man einmal aus der Anschaulichen, Sinnlichen, Dichterischen Natur
des Orients hinaus gewichen …" (S. 80).
[140] S. u. S. 52 und vgl. u. S. 60 zu Thomas Burnet.
[141] Vgl. ebd. S. 49 bzw. S. 53 sowie für das Sich-Zurückversetzen S. 49–64 passim.
[142] Ebd. S. 34, vgl. auch S. 121.
[143] Herders Interpretation von Gen. 1,26f. reicht im Rigaer Manuskript nicht sehr weit; er betont den Aspekt der Stellung des Menschen unter den Tieren und den Aspekt der Herrschaft
(S. 61f.); den Aspekt der „Bestimmung" des Menschen gewinnt er eher in seiner Interpretation
von Gen. 3 (S. 114). In der Abhandlung „über den Dogmatischen Gebrauch der drei ersten Kapitel Mosis" (S. 167–175) polemisiert er gegen „(d)ie Lehre vom Ebenbilde … in Allem dogmatischen Umfange" und die Lehre vom Verlust der imago („So wie nach der ersten Urkunde der
Mensch unter allen Tieren das Bild Gottes bekommt, so hat ers noch …"). Zur Deutung von imago heißt es hier: „Unschuld des Sinnes! Einfalt in den Schranken der Natur! Das ist die Hauptfarbe
seines [sc. Adams] Bildes. Die ihn zu einem ganz geistigen Mann, zu einem glänzenden Meteor …
machen, mögen ihre Behauptungen beweisen. Aufrichtigkeit, Ungestörtheit (integritas) die beste,

(S. 63). Hermeneutisch erschließbar ist dieser poetische Ausdruck theologischer Einsicht, wenn der Exeget die durch Anschauung und Empfindung geprägte Sprache der Dichtung nicht überfordert. Da Herder sein Verständnis von Gen. 1 als die menschheitsgeschichtlich „urälteste" Urkunde mit dem Gedanken eines urgeschichtlichen Unterrichts Gottes verbindet, findet er in der Schöpfungstheologie und theologischen Anthropologie von Gen. 1 die religiöse Wahrheit, nach der er in komparatistischer Perspektive gefragt hatte.

Die literarkritische Bestimmung von Gen. 3 und der vorbereitenden Fragmente in Gen. 2 ist weniger eindeutig als diejenige von Gen. 1: konnte hier von einem „epischen" bzw. „episch-historischen" Gesang gesprochen werden, so verbinden sich dort „epische" und „mythische" Elemente. Das „Mythische" oder „Mythologische" zeigt im Gegensatz zum „Epischen" nichts Historisches. Obwohl Gen. 2–3 von „mythischen" Elementen durchzogen ist, hält Herder für die Urkunde als eine Dichtung über ein urgeschichtliches Ereignis an ihrem historischen Charakter fest. „… Aber daß, weil die Maschine [sc. die Schlange] mythisch ist, und auch so behandelt wird; daß deswegen auch die Hauptpersonen eben so Mythisch sind – wird Niemand behaupten wollen, der eine Epopee gelesen." (S. 112) Auf das „Mythische Ganze" von Gen. 3 folgt ein Teil, der „Epischhistorisch" ist, „einige historische Vollstreckung des Urteils, die Kleidung, die Verbannung von Eden …" (S. 91f. bzw. 113). Gen. 3 ist danach, wiederum aus göttlichem Unterricht (S. 97), eine Ätiologie der Lebensumstände, in denen die Menschen sich finden und die, wie den mythologischen Traditionen der Völker zufolge (S. 73), so auch nach der ältesten, orientalischen Tradition aus einer Veränderung gegenüber einem ursprünglicheren Zustand hervorgegangen sind.[144] Soweit Gen. 3 „mythisch" ist, ist es ein „Gedicht voll reicher Mythischeingekleideter Weisheit" (S. 114), aber im ganzen darf es gerade nicht als eine Allegorie (S. 92–94) betrachtet werden.

Die Ambivalenz von „mythisch" und „episch", von eingekleideter Philosophie und veranschaulichter Geschichte, von natürlicher Entwicklung und göttlicher Handlung ist ein Problem, das Herder in seiner Rigaer Abhandlung nicht bewältigt. Der „epische Ton" kann in Gen. 1 Gott in der Natur zu erkennen geben, in Gen. 3 und den folgenden Urkunden aber kann er nicht in derselben Weise Gott in der Geschichte zu erkennen geben, weil sich vom eigentlichen Schöpfungsaugenblick an die Geschichte der Menschheit als eine menschliche Geschichte entwickelt. Für die Flutgeschichte in Gen. 6–8 kommt Herder konsequenterweise nur mehr zu einer rationalisierenden Deutung auf eine „plötzliche Überschwemmung", die zwar nicht die ganze Erde bedeckt, aber dennoch „alle Menschen …, die damals gar gelebt haben" betroffen habe, so daß Noah „der zweite Adam der erneuerten Erde" geworden sei.[145] Die Sprachverwirrung in Gen. 11 ist für ihn „eine

---

vortrefflichste, blühendste Menschheit, die je an Naturgaben in der Welt erschienen, das war sein Vorzug." (S. 170f.)

[144] Vgl. schon den Brief an Hamann vom April 1768, DA I, Nr. 43, Z. 3–143.

[145] Ebd. S. 135–150, die Zitate S. 145, 149. Vgl. die Deutung der Flut in den Ideen zur Philosophie der Geschichte der Menschheit von 1785 (FA 6, S. 420ff.): Die „Überschwemmung" ist „in Asien allgemein gewesen", Herder gesteht jetzt jedoch noch mehr Fluthelden als nur Noah zu.

Philosophischhistorische Einkleidung ‚vom Ursprunge vieler Sprachen, durch die Sitten und Trennungen vieler Geschlechter'".[146] Gott wird hier nicht „episch" handelnd gezeigt, sondern er „fähret, eben so dichterisch und Menschlich herab, ihren [sc. der Menschen] Wolkenturm zu besehen, wie Jupiter die Bemühung der Titanen" (S. 164). Die Urkunden aus der Geschichte der Menschheit nach der Ursprungssituation der Schöpfungsszene, d.h. nach der Begründung der nicht mehr paradiesischen Lebensumstände, sind auch ihrem orientalisch-poetischen Geist nach anders zu interpretieren als Gen. 1. Sie sind Urkunden, die den Ursprung von Religion schon voraussetzen, der durch die Interpretation von Gen. 1 aufgedeckt werden kann. Sie sind in einem „Religiösen Geist" geschrieben, der Tradition geworden war.[147] Gen. 1 aber ist der Ursprung dieser Tradition selbst, weil hier die Offenbarung Gottes als des Schöpfers in die Sprache eingeht. Herder erläutert die durch den Schöpfungsgesang bewirkten *„Einprägungen in die Sprache und Denkart des Volkes"* (S. 63) am Beispiel von Gen. 1,5a: nach der epischen Darstellung der Erschaffung des Lichts blieb noch übrig, „die Anordnung dieses Wechsels [sc. von Licht und Finsternis] in den Mund Gottes auch mit *Worten* zu legen."

„Dadurch ward alles sinnlich, und National; es lag in der Sprache, die man von Kindheit auf gelernt, es erhielt sich also mit dieser, und ward gleichsam ins Wort geprägt: mit einem Wort konnte es geweckt werden: und man weiß, wie freudig man einen solchen Bekannten seiner Jugend … aufnimmt" (S. 54).

Aus diesem Ursprung religiöser Sprache ist nicht nur der „religiöse Geist" etwa von Gen. 11 herzuleiten, sondern für Herder liegt hier die Quelle der hebräischen Poesie überhaupt. Die für seine Schriften zum Alten Testament entscheidende traditionsgeschichtliche These rahmt die Untersuchung von Gen. 1 in der Einleitung und einem abschließenden „Zusatz".

„In den besten Zeiten der Jüdischen Religion und Sprache, im goldnen Jahrhunderte Moses, Davids, Salomons und einiger Propheten haben sie [sc. die Urkunden der mosaischen Urgeschichte] ungemein viel zum Adel der großen Denkart beigetragen, die sich aus dieser Zeit in den heiligen Schriften äußert." (S. 19)

Schon im Rigaer Manuskript gibt Herder einen kurzen Vorblick auf das Thema, das ihn in Weimar zwölf Jahre später in seinem Buch *Vom Geist der Ebräischen Poesie* beschäftigen wird: Seine vorerst unausgeführte Absicht sei es,

„zu versuchen, wie viel Vorstellungsarten der Jüdischen Theologie und Poesie in ihren besten Zeiten durch alle ihre Schriften [sc. hindurch], auch etwa durch diesen Gesang mögen erzeuget, und gleichsam kanonisiert sein. … Die Aussicht ins Ganze ist unleugbar, daß viele spätere vortreffliche Stellen in den Propheten und Psalmen durch diese alte Denkart hervorgebracht worden; einzelne Untersuchungen aber müßten auch einzelnen Stellen viel Licht geben." (S. 64)

In einen Traditionszusammenhang mit den „Ersten Urkunden des Menschlichen Geschlechts" stellt Herder auch die übrigen Religionen der Antike und skiz-

---

[146] FA 5, S. 158–165, Zitat S. 162.
[147] Vgl. S. 162 und schon S. 121 zum „Epischen Religionston" in Gen. 4.

ziert auf diese Weise das religionsgeschichtliche Modell, das er in seinen Untersuchungen zu Ägypten und den „Trümmer(n) der ältesten Geschichte des niedern Asiens" im zweiten und dritten Teil der *Ältesten Urkunde* breit ausführen wird.[148] Das Verhältnis der von Mose überlieferten Urkunden zur ägyptischen Religion, das wegen der biblischen Angaben über Moses Erziehung und Bildung (Ex. 2, Apg. 7) und nach John Spencers Untersuchung der Abhängigkeit der mosaischen Gesetze von ägyptischen Bräuchen[149] in der zeitgenössischen Bibelwissenschaft besonders klärungsbedürftig war, entscheidet Herder so, daß er Gen. 1 eine unbedingte religionsgeschichtliche Priorität zuweist:

„… dieses Schöpfungspoem ist … über die Aegyptischen Begriffe der Mosaischen Zeit, so wie über eine Menge Irrtümer andrer spätern Orientalischen Religionen so weit erhaben, daß alle diese wohl als Mißdeutungen und Abgöttereien von unsrer Reliquie, nicht aber die reinen, orientalischen Begriffe unsrer Reliquie als Folgen von dieser können angesehen werden". (S. 37, vgl. S. 25). In der ägyptischen Götterlehre sei „offenbar … überall eine spätere Verfälschung und Mythologismus der reinen Begriffe dieser Urkunde zu sehen" (S. 64 f.).[150]

Die Interpretation der vormosaischen „Urkunden" in Gen. 1–11 aus ihrem „orientalischen" Geist führt Herder, obwohl sie im Werkzusammenhang seiner Rigaer Jahre die Ausführung der in den *Literaturfragmenten* angekündigten Untersuchung zur orientalischen Dichtung ist, von der Literaturkritik zur universalen Religionsgeschichte. Nur mit wenigen Zitaten oder Anspielungen wird das Problem zeitgenössischer deutscher Dichtung in Anlehnung an biblisch-orientalische Vorgaben berührt.[151] Die Exegese der „ersten Urkunden" betrifft nicht so sehr die Frage nach der Sprache der Dichtung, als vielmehr die Frage nach der Sprache der Re-

---

[148] FA 5, S. 303–400, 401–476. Die Konzeption dieser Teile der Ältesten Urkunde ist also nicht von der späteren Hieroglyphenthese getragen. – Vgl. auch das Reisejournal, FA 9/2, S. 17–19.

[149] Vgl. SMEND im Kommentar S. 1339 sowie ebd. S. 25, 37, 122. Zu Spencer jetzt M. MULSOW, „Orientalistik im Kontext der sozinianischen und deistischen Debatten um 1700", S. 27–57.

[150] Auch sonst in der antiken Welt, „unter Sabäern, und Syrern [sc. Phöniziern] und Persern" (ebd. S. 65 bzw. 42 f.), bei den Babyloniern („Chaldäern"; S. 36, 69, 71), Indern („Indianern") und Griechen (S. 71) sowie in der Gnosis („Orientalischen Philosophie"; S. 70) und der Kabbalah (S. 41, vgl. S. 20, 25) nimmt Herder Entstellungen der Urkunden an. Vgl. auch die Skizze zu den „Umwandlungen" der „Philosophie" von Gen. 1–11 „bei spätern benachbarten Völkern", ebd. S. 176–178. – Für Ägypten beruft sich Herder auf P. E. Jablonski (S. 64, vgl. S. 1345), für Griechenland ist u. a. wiederum der erste Band von J. A. Fabricius' Bibliotheca Graeca einschlägig. Das für das religionsgeschichtliche Problem insgesamt maßgebliche gelehrte Werk ist G. J. Vossius' De Theologia Gentili, et Physiologia Christiana; sive de Origine ac Progressu Idolatriae … Libri IX, Amsterdam 1668 (Teile I–IV in erster Auflage 1641), das Herder S. 32 indirekt anführt. Neben Vossius steht Grotius mit De Veritate Religionis Christianae (1640, bes. Teil I, § XVI). Zu diesem apologetischen Modell einer „prisca theologia" insgesamt auch u. S. 165–169.

[151] Genannt werden F. G. Klopstock (S. 49 f., 108), A. von Haller (S. 51 f., 69), S. Gessner (S. 123), J. J. Bodmer (S. 144), G. E. Lessing (S. 111, zur Fabel); vgl. auch die Bemerkung zu J. Milton (S. 38). Herder führt Gessners „Der Tod Abels" hier wohl nicht aus direkter Kenntnis an, sondern nur nach Mendelssohns Rezension in der Bibliothek der schönen Wissenschaften und freien Künste von 1759 (M. Mendelssohn, Gesammelte Schriften Bd. 4, S. 348–374). Offenbar hat er ihn erst, veranlaßt durch Karoline Flachsland, im September 1770 gelesen (DA I, Nr. 98, Z. 138 ff.; vgl. den Brief an Hamann über die Literaturfragmente vom Februar 1766, DA I, Nr. 18, Z. 7 ff.).

ligion. Durch den Rückgang auf die Urgeschichte der Menschheit will Herder den Wahrheitsanspruch einer religiösen Sprache rechtfertigen, die die Wahrnehmung Gottes poetisch in der Tradition von Gen. 1 ausdrückt. Der apologetische Grundzug seiner Abhandlung ist deutlich, obwohl er auf Polemik gegen die Religionsphilosophie seiner Zeit verzichtet. Seine historisch argumentierende Exegese soll jedoch offenkundig Humes einleitend referierte *Natural History of Religion* auf geschichtlichem Grund widerlegen. Im Vergleich mit der theologisch selbständigeren Bückeburger Fassung der *Ältesten Urkunde des Menschengeschlechts* bleibt Herder dabei mit dem Begriff des „Unterrichts Gottes" stärker dem Offenbarungsbegriff der klassischen Dogmatik verhaftet. Die *Älteste Urkunde* bedeutet demgegenüber die Wiedergewinnung der religionsphilosophischen Dimension, die die früheren poetologischen Manuskripte schon berührt hatten.

II. Kapitel

Voraussetzungen für Herders Exegese der Genesis (II): Die exegetische Bearbeitung der biblischen Tradition nach der frühen Hebraistik

Herders Exegese der biblischen Urgeschichte in der *Ältesten Urkunde des Menschengeschlechts* führt trotz seiner erbitterten Polemik gegen den Orientalisten und Exegeten Johann David Michaelis an der Universität Göttingen eine bibelwissenschaftliche Traditionslinie weiter, die aus dem Barock in die Aufklärung führt. Sie beruht auf wissenschaftlichen Voraussetzungen, die im 17. Jahrhundert geschaffen wurden und überhaupt in der zweiten Hälfte des 18. Jahrhunderts in Deutschland zu neuer Geltung kommen.[1] Die kritische Methode einer historisch orientierten Erforschung der biblischen Überlieferung ist bei Herder so wenig etwas Neues, daß er sie vielmehr für die Untersuchung der mosaischen Schriften souverän gebrauchen kann, um sein Erkenntnisziel, ein Verständnis von Religion und Poesie in der Urgeschichte der Menschheit, zu erreichen.

Ein wesentlicher Aspekt der Bibelwissenschaft der zweiten Hälfte des 17. Jahrhunderts ist die Reaktion auf Grotius' Interpretation der Traditionen des Christentums. Für das Verständnis des antiken Israel und die Exegese des Alten Testaments sind vor allem seine *Annotata ad Vetus Testamentum* (1644) sowie die Schrift *De Veritate Religionis Christianae* (1640) zu nennen.[2] In seiner Enzyklopädie des theologischen Studiums nennt Herder 1780 zwar Richard Simon den „Vater der Kritik A[lten] und N[euen] T[estaments] in den neuern Zeiten"; die Bedeutung der humanistischen Tradition vor Simon ist ihm jedoch bewußt, und 1793 schreibt er rückblickend, Erasmus und Grotius seien „seit vielen Jahren (s)eine Idole gewesen".[3] Um die *Älteste Urkunde des Menschengeschlechts* in forschungsgeschichtlicher

---

[1] Z.B. besorgten der Hallenser Orientalist G.J.L. Vogel und der Altdorfer, später Jenenser Orientalist J.C. Döderlein 1775/76 eine neue Ausgabe von Hugo Grotius' Anmerkungen zum Alten Testament von 1644, der Leipziger Orientalist J.A. Dathe 1777 eine neue Ausgabe von Brian Waltons Prolegomena zur Londoner Polyglotte von 1657.

[2] Grotius' theologische Arbeiten sind gesammelt in den Opera Theologica (1679) enthalten. – Auch für sein Studium des Alten Testaments gilt das Urteil, mit dem H.J. DE JONGE seine Untersuchung von Grotius' Anmerkungen zum Neuen Testament zusammenfaßt: „… il a déplacé la norme herméneutique du 17e siècle vers la monde antique" und „… Grotius a transformé la ‚philologie sacrée' polymorphe des annotateurs en une nouvelle méthode d'exégèse historique" („Hugo Grotius: exégète du Nouveau Testament", S. 114f.).

[3] FA 9/1, S. 149 bzw. SWS 16, S. 134 (FA 2, S. 1273). Vgl. auch die Würdigungen Grotius' in

Perspektive richtig einzuordnen, ist deshalb ein Blick auf die Entwicklung der Fragen, die Herder in seiner Genesisinterpretation beschäftigen, unerläßlich. Als Einsatzpunkt dafür bietet sich die Reaktion der Bibelwissenschaft auf Grotius an.

1. Die Genesis und Geschichte (Hugo Grotius u. a.)

Die Londoner Polyglotte von 1657 veranlaßte den Verleger Cornelius Bee in London, als Seitenstück zu der kritischen Textausgabe eine Sammlung von Kommentaren zu drucken.[4]

„Quid enim post literas natas melius, quid optabilius, quam ut primum S[acrae] Scripturae Textus originales una cum Versionibus antiquis ὑπὸ μίαν σύνοψιν redigerentur, adeo ut simul ac semel omnia & conspici & conferri possent; dein & ejusdem S[acrae] Scripturae sensus, quem vocant, Literalis & Grammaticus, qui ipsissima Scriptura est atque ipsummet Dei Verbum, a Viris eruditione, ingenio, judicio instructissimis erueretur?"[5]

Zur Genesis führt das von dem anglikanischen Theologen John Pearson bearbeitete Werk kapitelweise die *Annotationes* früher Hebraisten[6] sowie der Humanisten Johannes Drusius (1550–1616) und Hugo Grotius (1583–1645) an.[7] Die Leistung des Kommentarwerks besteht der Vorrede zufolge erstens darin, die von den Hebraisten des 16. Jahrhunderts zusammengebrachten philologischen und antiquarischen Informationen zu bieten, zweitens Interpretationsmeinungen der Tradition darzulegen und drittens die biblische Welt zur Welt der außerbiblischen Antike zu öffnen:

„… quotquot uspiam ἀξιομνημονευτότερα in Divinis Voluminibus occurrunt, Res, Personae, Actiones, Loca, Tempora, … Ritus, Leges, Consuetudines, omnia, docte hic & dilucide enarrantur. Hic non solum explicantur Typorum mysteria, Prophetiarum & Parabolarum aenigmata, adeoque universa S[acri] Textus loca difficiliora, quin & insuper vocum ipsarum origines, usus, significata, imo apices nonnumquam & minutiae pensiculatius examinantur. Hic exhibetur quicquid ad Divinas paginas vel Synagogae Rabbini vel Ecclesiae Doctores subtilius annotarunt. Hic componuntur Sacrosancta Dei Oracula cum exterorum monumentis, Hebraeorum Leges cum institutis Gentilium, Odae Davidis, Solomonis Paroemiae, alio-

---

den Humanitätsbriefen (FA 7, bes. S. 343f., 515f.). Grotius dürfte (neben le Clerc) gemeint sein, wenn Herder in Über die Ersten Urkunden des Menschlichen Geschlechts von Exegeten des Alten Testaments spricht, die man oft „verketzert" habe (FA 5, S. 21f., vgl. S. 94). In R. Simons Histoire Critique du Vieux Testament (1678) ist Buch III, Kap. XI-XXIV der Kritik neuerer Bibelwissenschaftler gewidmet.

  [4] Critici Sacri: sive Doctissimorum Virorum in SS. Biblia Annotationes, & Tractatus, hg. v. John Pearson u. a., 9 Bände, London 1660. Ein Nachdruck erschien in Frankfurt/Main 1695 (ohne die Vorrede).

  [5] Bd. I, Vorrede.

  [6] Sebastian Münster (1488–1552), Paulus Fagius (1504–1549), Franciscus Vatablus (gest. 1547), Sebastian Castellio (1515–1563), Isidorus Clarius (1495–1555).

  [7] Vgl. die Beurteilung des Werkes in R. Simons Histoire Critique, Buch III, Kap. XV (S. 443–446). Simon schätzt Drusius mehr als Grotius.

rumque Scriptorum ϑεοπνευστῶν Gnomae cum Ethnicorum Poetarum, Rhetorum, Philosophorum sententiis parallelis. Hic denique (quod optimum est interpretandi genus) videre est mirum SS. Codicum consensum concentumque, *alteriusque ut Alter poscit opem* locus, & *conjurat amice.*"[8]

Der weit auf die Antike ausgreifende philosophische Geist des Werkes kommt nicht zuletzt darin zum Ausdruck, daß als Schlußstück der Sammlung von Abhandlungen in den Bänden VIII und IX Grotius' *De veritate Religionis Christianae* abgedruckt wird.[9] Diese Schrift nämlich zieht ihrem Anspruch nach die gesamte antike Tradition von Ägypten und Phönizien über Griechenland bis Rom in den Horizont des Mosaischen hinein. In universalgeschichtlicher Dimension findet die Wahrheit des Mosaischen ihre Bestätigung und damit die Wahrheit des Christlichen ihr Fundament. § XVI des ersten Buches von *De veritate Religionis Christianae* belegt mit zahlreichen Zitaten aus antiken Quellen die Behauptung, daß die ‚vetustissima apud omnes gentes fama' dem in den mosaischen Schriften Überlieferten entsprochen habe.[10] Soweit das besonders die biblische Urgeschichte betrifft, kommt § XVI einer Einleitung zur Genesisinterpretation gleich, und in seinen Anmerkungen zu Gen. 1 verweist Grotius entsprechend häufig auf seine frühere Schrift.[11]

In § II des ersten Buches von *De Veritate Religionis Christianae* führt Grotius sogleich für die Existenz einer Gottheit den ‚manifestissimum consensum omnium gentium'[12] an, als dessen Quelle eine Offenbarung oder eine Urtradition denkbar seien:

„... cum quae ex hominum arbitrata veniunt, nec eadem sint apud omnes, & saepe mutentur: haec autem notio nusquam non reperiatur, neque temporum vicissitudine mutetur, quod ipsi etiam Aristoteli notatum, homini ad talia minime credulo; omnino causam ejus aliquam dari convenit, quae se ad omne genus humanum extendat: quae alia esse non potest quam aut oraculum Dei ipsius, aut traditio quae a primis humani generis parentibus manarit".

In den Vergleichen, die er in § XVI zu Gen. 1 vorführt, dominiert die zweite mögliche Alternative, der Traditionsaspekt einer *prisca theologia*:

---

[8] Bd. I, Vorrede.

[9] Bd. IX, S. 4567/8 – 4707/8; abgedruckt ist die erweiterte Fassung von 1640. Zur Entstehung des Buches vgl. J.P. Heering, „Hugo Grotius' *De Veritate Religionis Christianae*", S. 41–52, und zu Grotius' Bedeutung für die Bibelwissenschaft H. Graf Reventlow, „Humanistic Exegesis: The Famous Hugo Grotius", S. 175–191. Als ein Enchiridion für christliche Apologetik und Mission hatte Grotius' Buch weite Verbreitung gefunden.

[10] S. 4577–4605. Vgl. für die Beziehung zwischen Grotius und Herbert von Cherbury D.P. Walker, The Ancient Theology, S. 164ff.

[11] Zuerst veröffentlicht in den Annotata ad Vetus Testamentum, Paris 1644. Vgl. zu den Annotata unter dem Gesichtspunkt des Einflusses von Maimonides auf die Deutung des mosaischen Gesetzes F. Laplanche, „Grotius et les religions du paganisme dans les *Annotationes in Vetus Testamentum*", S. 53–63.

[12] Vgl. für die Verbreitung dieses Arguments auch J.A. Fabricius, Delectus Argumentorum et Syllabus Scriptorum qui Veritatem Religionis Christianae ... asseruerunt, Hamburg 1725, Kap. VIII.

„... quae ille [sc. Moses] de mundi origine scripta reliquit, eadem ferme erant & in antiquissimis Phoenicum historiis, quas a Sanchuniathone collectas vertit Philo Biblius: partim & apud
Indos & Aegyptios; unde apud Linum, Hesiodum, & Graecorum plures Chaos ab aliis Ovi
nomine significatum, & animantium, ac postremo hominis, & quidem ad Divinam effigiem
exstructio; & in animantia caetera dominium homini datum: quae passim apud plurimos
scriptores, ac postremo ac Ovidium, qui ex Graecis ista transscripsit, invenias. Verbo Dei fac-
ta omnia, etiam Epicharmo & Platonicis proditur, & ante eos scriptori antiquissimo [nämlich
Orpheus]“.[13]

Die Verknüpfung von Genesisinterpretation und Universalgeschichte, die Grotius – auf den Spuren der frühkirchlichen Apologeten Clemens Alexandrinus und
Euseb von Caesarea[14] – vertritt, gibt dem Kommentarwerk zur *Londoner Polyglotte*
eine besondere Wendung und weist auf eine neue Gestalt der Bibelwissenschaft
voraus. Denn die mit der Schöpfung beginnende Geschichte ist nicht mehr eine
bloße typologisch deutbare Urgeschichte im verlorenen Paradies, sondern der Beginn des Geschichtskontinuums, das sich über die israelitische wie die griechisch-
römische Antike bis in die eigene Gegenwart erstreckt. Dies wird schon aus dem
pragmatischen Zusammenhang deutlich, den Grotius in seiner ersten Bemerkung
zu Gen. 1,1 zwischen Geschichte und Recht herstellt: „Bene autem Legibus prae-
posuit Moses historiam a Mundo condito. Mundus enim legi, lex Mundo concinit,
ut ait Philo.“[15] Entsprechend läßt sich konkretisieren, was „Himmel und Erde“ in
Gen. 1,1 bedeutet, nämlich „universum hoc quale nunc est“, und zwar aus dem
einfachen exegetischen Grund: „Id enim Hebraei duabus illis vocibus exprimunt.“
(Sp. 30). Die Erklärung von Gen. 2,1 bekräftigt diese Interpretation: zwar könne
das „Heer des Himmels“ im Hebräischen alternativ die Sterne oder die Engel bedeuten, jedoch: „Hic prior significatio praeferenda, quia Mosem non nisi de rerum
quas conspicimus conditu agere probabilior sententia est.“ (Sp. 64) Die hebräische
Kosmogonie spricht vom Entstehen der Welt der Menschheitsgeschichte wie es die
außerbiblischen Kosmogonien tun, auf deren Anführung in *De veritate Religionis
Christianae* Grotius verweist (Sp. 30).
       Auf derselben Linie einer geschichtsorientierten Interpretation liegt Grotius' Er-
klärung von „imago“ nach Gen. 1,26 unter Bezug auf den Herrschaftsauftrag des
Menschen: „in quo autem homo creatus sit ad Dei instar, explicant sequentia, ut &
apud Ovidium, *Et quod dominari in caetera posset*, nimirum διὰ τὸ ἐπιστημονικόν
...“ Hier verweist Grotius auf Galens „Exhortatio ad artes“, auf die Genesisausle-
gung von Basilius dem Großen und eine große Zahl weiterer antiker Dichter und
Philosophen,[16] nicht zuletzt den attischen Redner Antiphon mit der Sentenz
„τέχνῃ κρατοῦμεν ὧν φύσει νικώμεϑα“ (Sp. 31). Das Ausgreifen der ersten
Menschen auf die „Erkenntnis des Guten und Bösen“ nach Gen. 3, auf eine Gott-

---

[13] § XVI. Grotius notiert dabei die komplizierte Überlieferungslage zu Orpheus.
[14] Vgl. dazu A.J. DROGE, Homer or Moses? Early Christian Interpretations of the History of
Culture, Kap. VI und VII.
[15] Critici Sacri, Bd. I, Sp. 30.
[16] Für Galen: Claudii Galeni Protreptici quae supersunt, hg. v. G. KAIBEL; für Basilius: MPG
XXIX, Sp. 1–208; XXX, Sp. 10–62 Bibliothek der Kirchenväter Bd. 47, S. 1–153.

gleichheit, die auch nach griechischer und römischer Überlieferung im Wissen be-
stehe, sei nicht grundsätzlich zu verwerfen. Nur sei die Weise, wie die Menschen es
zu erlangen gesucht hätten, unrecht gewesen: „Hoc donum, quantum opus erat, a
Deo precibus impetrare debuerant ad usum imperii sibi Divinitus dati, non autem
id per se sumere." (Sp. 94). Die Verbindung zu anderen antiken Traditionen ist für
Grotius leicht gewonnen: „Pro hac arbore ignem substituerunt Poetae" (ebd.) –
Adam wird Prometheus.[17] Die Interpretation des Sündenfalls auf den Erwerb der
für den Menschen wegen seines Herrschaftsauftrags eigentlich angemessenen Erkenntnis[18] ist mit der traditionellen christologischen Interpretation nicht mehr ver-
einbar. Entsprechend erklärt Grotius den „Samen der Frau" in Gen. 3,15 unter Verweis auf Hiob 14,1; 15,14 u. a.: „Semen mulieris, sive nati ex muliere, sunt homines
extra Adamum omnes" (Sp. 94f.). Dem Leser wird das Urteil über allegorische
Deutungen überlassen, wenn der Kommentator unter Anführung der entsprechenden neutestamentlichen Stellen[19] anmerkt, daß der „Samen der Schlange" „Allegorice impii" bedeute und daß „sicut allegorice *mulier* Ecclesia, ita *semen mulieris* sin-
guli qui ad Ecclesiam pertinent" bedeute, also die Christen, die „Christo duce, dia-
bolo facile resistant, eumque superant" (ebd.). Gen. 3,15 bleibt also am besten im
alttestamentlichen Kontext und wird nicht mehr als eine Verheißung auf Christus,
als das Protevangelium, gelesen.

Das zweite große anthropologische Ursprungsthema neben dem des Ursprungs
der menschlichen Erkenntnis von gut und böse, die Frage nach dem Ursprung der
Sprache, wird von Grotius in seinen Anmerkungen nicht ausdrücklich angesprochen. Daß Adam sprechen kann und seine Frau mit einer hebräischen – nach Grotius auch in der verwandten punischen Sprache geläufigen – Redewendung beschreibt (Gen. 3,23), nimmt er fraglos hin. Denn die Sprache des Menschen verdankt sich dem göttlichen Schöpfungshandeln nach Gen. 2,7. Die נשמת חיים werde in der aramäischen Überlieferung richtig so gedeutet, daß der Mensch durch sie
eine רוח ממללא erhalten habe. „Neque … hic spiritus in nares inditus dicitur, sed in
faciem totam, mentis indicem, & loquendi capacem, qua de causa spiritum loquen-
tem hic posuit Paraphrastes Chaldaeus." (Sp. 64). Gleichzeitig wehrt Grotius damit
eine Deutung der נשמת חיים auf die Unsterblichkeit ab.[20]

Grotius' *Annotationes* sind im Unterschied zu den älteren, teilweise in den *Critici
Sacri* gesammelten Kommentaren nicht das Werk einer Hebraistik, die ihre Haupt-
funktion im Zusammenhang mit der Übersetzung des Alten Testaments hatte. War

---

[17] Auch die Schlange lebt bei den Dichtern weiter, als Bewacherin der goldenen Äpfel der He-
speriden. Es liegt in der Konsequenz dieses Vergleiches, daß die Schlange, wie sie dort poetisch ist,
so auch bei Mose poetisch ist.

[18] Eine gewisse Einschränkung macht Grotius in einer Bemerkung zu Gen. 3,22 unter Bezug
auf Qoh. 12,12f. (Sp. 96).

[19] Ebenso aber auch der Notiz, daß nach der Deutung Isaak Abarbanels die Kanaanäer „semen
serpentis" gewesen seien.

[20] „De immortalitate vero hic non agi videbit, qui contulerit inter se & consideraverit loca Jobi
34.14. Psal. 104.29. Act. 17.25. Eccles. 12.7." (Sp. 64). Bei S. Münster beschränkte sich die Deutung auf die Unsterblichkeit (Sp. 32); P. Fagius hatte beide Deutungen miteinander verbunden
(Sp. 36f. 44f.).

dort die Selbstverständlichkeit der neutestamentlichen und dogmatischen Deutungstraditionen für das Alte Testament kaum erst durch das aus textkritischen und philologischen Gründen gebotene Interesse an der rabbinischen Tradition[21] modifiziert worden, so läßt Grotius in der Interpretation der Urgeschichte – wie etwa auch des Hohenliedes – erkennen, welche Differenz er zwischen der Interpretation der alttestamentlichen Überlieferung selbst und ihrer durch das Neue Testament geschützten allegorischen Deutung wahrnimmt. Bei ihm öffnet die mosaische Urgeschichte den Raum der Weltgeschichte so, daß die philosophischen und poetischen Traditionen der außerisraelitischen Antike von derselben Geschichte sprechen wie das Alte Testament. Der Ursprung des Menschen ist nicht mehr durch den radikalen heilsgeschichtlichen Bruch des Sündenfalls von der Geschichte der Menschheit abgetrennt, vielmehr liegt diese Geschichte in einem von der Schöpfung, nicht erst von der Verheißung her eröffneten Horizont der Beziehung des Menschen zu Gott. Von einer Position aus, wie sie in den einflußreichen Schriften von Grotius aufzufinden ist, kann das Thema des Ursprungs des Menschen und seiner in der Geschichte gewonnenen Kultur neu entfaltet werden, wie es noch das ganze 18. Jahrhundert hindurch, nicht zuletzt bei Herder, geschieht.

Der Textausgabe der Londoner Polyglotte selbst stellte **Brian Walton** als erstes Stück einer Sammlung von Prolegomena eine *Chronologia Sacra* von Ludwig Cappellus voran[22] und signalisierte mit dieser redaktionellen Entscheidung dem Benutzer der Textausgabe sogleich, daß die alttestamentliche Chronologie trotz der Differenzen zwischen Masoretischem Text, Samaritanus und Septuaginta zuverlässig die früheste Weltgeschichte umgreife.[23] So vorbereitet dürfen die Leser erwarten,

---

[21] Bezeichnend ist die Rechtfertigung des Gebrauchs von rabbinischem Material, zu der sich z.B. H. Ainsworth im Anhang zu seinem Pentateuchkommentar (1626) genötigt sieht: „To object the Iewes heresies, fables, and false expositions of many Scriptures, is no sound reason to condemne the good things which are found in them. For even among Christian writers (and those of the ancients) sundry such things are to be seen: yet many profitable things are found in them for the opening of the Scriptures." („An Advertisement to the reader, touching some objections made against the sincerity of the Hebrew Text, and Allegations of the Rabbins, in these former Annotations", unpag. [S. 10]; die Annotations upon the first Booke of Moses, called Genesis waren zuerst 1616 erschienen). Vgl. auch R. Simon aaO. Buch III, Kap. V–VII (S. 371–385) und zum Ganzen W. McKane, Selected Christian Hebraists.

[22] „Chronologia Sacra a condito mundo ad eundem reconditum per Dominum N.I. Christum, atque inde ad ultimam Judaeorum per Romanos Captivitatem deducta, ex sola Scriptura Sacra perpetua serie concinnata, certis κριτηρίοις ex ea deductis, quantum fieri potest firmissime conprobata" In der Vorrede berichtet Walton, daß Cappellus ihm diese Chronologie „ad hoc opus adornandum" „sponte" angeboten habe. Zu Cappellus vgl. F. Laplanche, L'écriture, le sacré et l'histoire, bes. S. 181–378, zu Waltons Aufnahme von Cappellus' Arbeiten ebd. S. 322–327. Cappellus setzt die Arbeiten von Joseph Justus Scaliger, De emendatione temporum (1583/98) und Thesaurus temporum. Eusebii ... chronicorum canonum omnimodae historiae libri duo ... (1606), kritisch voraus; vgl. zu ihnen A.T. Grafton, „Joseph Scaliger and Historical Chronology ...", S. 156–185. Zum Problem der Weltgeschichte und der biblischen Chronologie im 16. und 17. Jahrhundert auch K. Scholder, Ursprünge und Probleme der Bibelkritik im 17. Jahrhundert, S. 79–104.

[23] Die Chronologie, die James Ussher in seinen Annales Veteris et Novi Testamenti von 1650/54 berechnete, unterscheidet sich leicht von derjenigen der Tabellen in der Polyglotte. In den Cri-

daß es um wirkliche historische Fragen auch dort gehen wird, wo Walton im ersten seiner „Prolegomena specialia" die Frage nach der Ursprache und der menschheitlichen Sprachenvielfalt diskutiert. Seine Abhandlung „De linguarum natura, origine, divisione [etc.]" könnte ebenso wie Cappellus' Chronologie als „ex sola Scriptura Sacra" entworfen gelten. Unter Berufung auf Eusebs *Praeparatio Evangelica* lehnt Walton den Gedanken eines wilden Naturzustandes der frühesten Menschheit und einer natürlichen Sprachentstehung, der dem Humanismus aus der Antike durch Diodorus Siculus und Vitruvius vermittelt war,[24] als ein „somnium ex ignorantia historiae Creationis ortum" ab (Prol. I, § 2).[25] Mit der Frage des Sprachursprungs hängt das Offenbarungsverständnis zusammen, denn als reine Möglichkeit schließt Walton eine natürliche Sprachentstehung nicht aus, beruft sich für das historisch tatsächlich Geschehene jedoch auf die Offenbarungstradition:

> „Cur … ex hominum instituto tacito vel expresso, lingua aliqua integra oriri non possit, plane non perspicio. Si tamen non quid fieri possit, sed quid in primo rerum exordio factum sit, quaeratur; clarum est ex Creationis historia primam linguam ab instituto divino prorsus fluxisse …" (§ 4).

Aus der biblischen Schöpfungsgeschichte ergibt sich ein Bild, nach dem Adam von Gott mit der Ursprache ausgestattet wurde.[26]

Für Walton ist die Ursprache menschheitsgeschichtlich ein Traditionsgut, das durch die Vertreibung aus dem Paradies nicht beeinträchtigt wurde.[27] Erst beim Turmbau zu Babel bewirkt Gott die Vielfalt von Sprachen als eine „poena peccati".[28] Dabei erhält sich jedoch die Ursprache; und in ausdrücklichem Widerspruch gegen Grotius' Annahme, „primam linguam nullibi extare, sed in confusione periisse", begründet Walton seine Auffassung, daß das Hebräische die Ursprache selbst sei (Prol. III, § 3–7). Für die Genesisinterpretation leistet Walton mit seinen sprachgeschichtlichen Untersuchungen insofern einen wichtigen Beitrag, als er seine aus

---

tici Sacri kommt Ussher mit seiner Dissertatio de Cainane Arphaxadi Filio, ejusque Temporibus passend in Band IX ab Seite 4003/4 zu Worte. Vgl. zu Usshers Chronologie J. BARR, „Why the World was Created in 4004 B.C.: Archbishop Ussher and Biblical Chronology", S. 575–608. Richard Simon urteilt in seiner Histoire Critique du Vieux Testament sehr kritisch über die biblische Chronologie (Buch II, Kap. IV, S. 207–211).

[24] Vgl. W. SPOERRI, Späthellenistische Berichte über Welt, Kultur und Götter, S. 132–143.

[25] Vgl. zur Diskussion des 17. Jahrhunderts über das Problem der Ursprache und der Sprachenvielfalt A. BORST, Der Turmbau von Babel, Bd. III/1, S. 1262–1394, für das 18. Jahrhundert Bd. III/2, S. 1395–1520. Eine konzentrierte Behandlung des Problems gibt M. OLENDER, Die Sprachen des Paradieses, S. 13–57.

[26] Damit bleibt Walton bei der kirchlichen Tradition, für die er Augustin anführt (in § 2). Die Sprache ist im Schöpfungsakt eine besondere Mitgift Gottes für den Menschen. Sie kann nicht natürlich sein, denn „quod a natura est, ubique, apud omnes, & semper, idem est" (§ 3). Auch daß Walton die Deutung von Gen. 2,7 im Targum Onkelos, der Mensch sei mit einem „spiritus loquens" begabt worden, positiv aufnimmt, zeigt diese Differenzierung, wonach Sprache durch eine spezielle Einrichtung Gottes entstanden sei.

[27] Walton reflektiert die Schwelle von Gen. 3,23 nicht eigens.

[28] Die direkte Urheberschaft Gottes verteidigt Walton nach Gen. 11,9 unter Berufung z.B. auf Martin Luther und Samuel Bochart (§ 7).

der Textkritik des Alten Testament erwachsenen historischen Betrachtungen[29] bis an den Ursprung der Geschichte der Menschheit zurückführt. Als Sprachwesen findet sich der Mensch in einer kontinuierlichen Traditionslinie von der Urgeschichte her, und die Sprache ist ein Aspekt seiner nicht verlorenen Gottebenbildlichkeit (Prol. I, §2). Eine wesentliche anthropologische Grundbestimmung erscheint damit in historischer Perspektive.

Waltons schöpfungstheologische Deutung des Sprachursprungs fand schon bald den Widerspruch von Richard Simon, der 1678 in seiner *Histoire Critique du Vieux Testament* zwar auf Waltons exegetisches Argument nicht eingeht, sich aber entschieden für einen natürlichen Sprachursprung ausspricht, um dadurch Philosophie und Theologie in Einklang zu bringen.

„… il suffit que Dieu ait donné aux hommes tout ce qui est necessaire pour inventer les Langues. En-effet, Dieu ne leur a donné en naissant que les puissances, pour ainsi parler, & non pas les actes. … La maniere dont Diodore de Sicile explique la premiere origine des Langues, n'a rien de ridicule ni de fabuleux, comme Walton prétend …"[30]

Die anthropologische Grundbestimmung, wonach der Mensch dadurch ausgezeichnet ist, daß er Sprache hat, ist in der historischen Perspektive Gegenstand des philosophischen Verstehens.[31] Auf je verschiedene Weise reagieren Walton wie Simon auf Grotius' Herausforderung, das Hebräische einer historisch kontingenten Sprachentwicklung zuzurechnen.

Grotius' Erläuterungen finden weitere Verbreitung dadurch, daß sie wenige Jahre nach dem Erscheinen der *Critici Sacri* auch in die *Synopsis Criticorum* von Matthew Poole eingehen,[32] ein Kommentarwerk, das Herder als ein Standardwerk für die alttestamentliche Exegese betrachtete.[33] Poole trägt, dem Bibeltext in einer Vers- und Lemmateilung folgend, Anmerkungen aus den *Critici Sacri* und von zahlreichen weiteren Philologen und Theologen zusammen. Grotius wird zur Genesis mit den wichtigsten seiner Anmerkungen sowie mit *De Veritate Religionis Christianae* zitiert, seine Auffassungen werden durch die Menge des übrigen Materials jedoch wieder etwas verdeckt. An einigen Stellen tritt die Spannung zwischen traditionellen Deutungen und seinen Erklärungen deutlich hervor, so etwa wenn der Herausgeber zu Grotius' Bestreitung der Deutung von Gen. 2,7 auf die Unsterblichkeit in Klam-

---

[29] Vgl. dazu Prolegomena VI und VII: der Text des Alten Testaments hat eine menschliche Überlieferungsgeschichte: „… scribarum incuria, vel temporum injuria, in Textus Originarios errata quaedam & mendas leviores irrepere potuisse, & irrepsisse, negari non potest …" (VII, §12).

[30] Buch III, Kap. XXI, S. 483. Der ganze Schlußteil der Histoire Critique ist der Auseinandersetzung mit Waltons Prolegomena gewidmet (Kap. XXI-XXIV, S. 481–510). Seine eigene Theorie des Sprachursprungs entwickelt Simon in Buch I, Kap. XIV und XV (S. 83–91). Gegen Grotius verteidigt er eine Frühform des Hebräischen als die Ursprache.

[31] Zur schöpfungsmäßigen Ausstattung des Menschen rechnet Simon die – sprachlose – Vernunft (ebd. S. 483).

[32] Matthaeus Polus, Synopsis Criticorum aliorumque Sacrae Scripturae Interpretum et Commentatorum, London 1669–76, Nachdruck Frankfurt/Main 1678 u.a. Vgl. Simon aaO. S. 446–448.

[33] Vgl. das Journal meiner Reise im Jahr 1769, FA 9/2, S. 107f.

mern hinzufügt. „Alii aliter statuunt" (Sp. 17) oder zum „Samen der Frau" in Gen.
3,15 der Anführung von Grotius' Anmerkung ein Zitat aus Fagius vorausgehen
läßt: „Semen hoc Christus & omnes credentes." (Sp. 40).[34]

Erkannten die beiden großen englischen Kommentarwerke zum Alten Testament in der zweiten Hälfte des 17. Jahrhunderts Grotius einen hohen Rang als Exeget zu, so fand er im deutschen Luthertum in Abraham Calov einen energischen
Gegner. Calovs *Biblia Testamenti Veteris illustrata* von 1672 wurde direkt als „Biblia
illustrata Anti-Grotiana" zitiert,[35] weil der Autor mit ihr nicht zuletzt die Absicht
verfolgte, „Grotianae depravationes, & ψευδερμηνείας" „justo examini" zu widerlegen.[36] Unter die Gründe für solche Lug und Trug-Deutungen rechnet Calov
u.a. eine „Ebraeorum nimia veneratio" und eine „Ethnicorum Scriptorum intem-
pestiva collatio".[37] Im Horizont seiner antikatholischen kirchenpolitischen Orientierung verurteilt Calov Grotius als einen „hyperaspistes Romanae Ecclesiae", weil,
sobald exegetisch verschiedene Deutungsmöglichkeiten eines Textes erwogen würden, in demselben Maße wie die kanonische Schrift an Eindeutigkeit verliere, der
Autoritätsanspruch einer ihre Interpretation leitenden Kirche anwachse.[38]

Demgegenüber konstruiert Calov einen streng auf der Inspirationslehre beru-
henden Begriff der Schrift:

„... Scriptura verè ἀξιόπιστος, & αὐτόπιστος est, cui simpliciter credendum *propter se*, non
propter *Ecclesiam* ...; & quidem αὐτόπιστος tùm *simpliciter*, ut ideò tantùm, *quia aliquid asserit*
Scriptura, fides ei debeatur; tùm *in omnibus*, quaecunque ullatenus habentur in Scripturâ, seu

---

[34] Für Gen. 3,15 gibt Poole überhaupt der traditionellen Deutung viel Raum, wobei er neben
Fagius vor allem aus den Critici Sacri (Bd. VIII, Sp. 65–82) eine kontroverstheologische Abhandlung von Christoph Helwich (Helvecius, 1581–1617) über das „Protevangelium paradisiacum"
(1613) einarbeitet (Sp. 36–42).

[35] So z.B.J.G. Carpzov in seiner Introductio ad Libros Canonicos Bibliorum Veteris Testamenti
omnes (1714), S. 1. Carpzov lobt Calov als einen „Incomparabilis Theologus", der „... id agebat
..., ... ut solida textum illustraret exegesi, & a Grotii detorsionibus liberaret atque assereret" (ebd.
Vorrede S. 3 unpag.). Vgl. zu Carpzov R. SMEND, Epochen der Bibelkritik, S. 127–137; zu Calov
V. JUNG, Das Ganze der Heiligen Schrift.

[36] Vgl. das Titelblatt. Calov druckt dazu Grotius' Annotata fortlaufend ab, von denen er im
übrigen einräumt, „... quamvis in plerisque animadversionem vel censuram mererentur, in non
paucis ad *illustrationem* textûs sacri facere videbantur" (Epistola ad Lectorem, unpag.).

[37] Praeloquium generale S. 15b–21a, die Gründe Nr. 8 und 9. In Hinsicht auf antike außerbiblische Literatur warnt Calov, „... non rarò etiam magis ad obscurandam vel pervertendam senten-
tiam S[acrae] S[cripturae] faciunt, & autoritati, ac dignitati & efficaciae Scripturae potiùs derogant,
quam inserviunt, ac quandoquè non tàm analoga, quàm heterogenea, & aliena sunt, imò non sine
impietate conferri possunt, quod saepè in *Grotio* observavimus ..." (S. 18b; vgl. S. 230a/b). Den Gebrauch jüdischer Quellen kritisiert Calov wiederholt in seinen „Observationes ad Praefationem
Grotianam" (§ VII, S. 195b), besonders bei Grotius' Deutungen alttestamentlicher Prophetien
(Dissertatio ... §§ XIV–XXIII, S. 204b–207b). Schon in der Epistola ad Lectorem hatte Calov war-
nend notiert, „... credo Grotium tam frequenter lapsum ... quod *amplae nimis*, vel potius *nullius* esset religionis ...".

[38] Epistola Dedicatoria. Ausdrückliche Kritik an Waltons textkritischem Problembewußtsein
z.B. ebd. und S. 22a, für Grotius S. 197b. In der Einleitung polemisiert Calov gegen „Scepticismus,
& Pyrrhonismus in Scripturae interpretatione", nämlich „... cum nempè non quis hoc, vel isto lo-
co verborum sensus esse *debeat*, sed quem sensum fortè verba habere *possint*, explicatur" (S. 20f.).

ad fidem salvificam faciant, seu non ...". Die Inspiration schließt nach seiner Erklärung alles ein: „...*Literae, Syllabae* & *Voces* totusq[ue] *Contextus* in S[acris] Literis divinae (sunt) originis, non tantum *sensus Scripturae*" (S. 1a; vgl. S. 152a).

Mit J. Buxtorf fil. und gegen L. Cappellus betrachtet Calov selbstverständlich die hebräischen Vokalzeichen als „coaeva literis" (S. 27b). Echte textkritische Probleme zuzugeben, hätte für ihn zur Folge, daß „omnis certitudo Codicis sacri" aufgehoben würde, mit der Konsequenz, daß

„nihil(...) porrò restat, quàm ut merus Pyrrhonismus in his, quae divinâ constant revelatione, admittatur, adeoq[ue] atheismus ipse tandem caput extollat ac triumphet" (S. 202b).

Auf dem Fundament des solcherart durch die Inspirationslehre abgesicherten Textes trägt Calov sodann eine christologische Deutung der Genesis vor,[39] die für Gen. 1–3 vor allem auf die Trinitätslehre fokussiert ist. Die lutherische Tradition erweist sich hundert Jahre vor Herder in Calov, einem ihrer barocken orthodoxen Vertreter, als eine Blockade kritischer Exegese.[40]

2. Die Genesis und Wissenschaft (Thomas Burnet u. a.)

Zu den bedeutendsten Werken zur Urgeschichte der Genesis im Übergang vom Barock zur Aufklärung dürfte das Buch von **Thomas Burnet**, *Archaeologiae Philosophicae: sive Doctrina Antiqua de Rerum Originibus* (1692) zählen.[41] Nachdem Burnet eine umfangreiche, ziemlich phantastische *Telluris Theoria Sacra* (lat. 1681/89, engl. 1684/90) geschrieben hatte, rechtfertigte er mit ihm sein Modell einer Geschichte des Planeten Erde durch die Untersuchung antiker kosmologischer Vorstellungen. Der erste Teil des Buches, ein „Conspectus Philosophiae Antiquae per varias Terrarum Gentes", entwirft eine komparatistische philosophiegeschichtliche Perspektive für das Studium kosmologischer Überlieferungen, der zweite Teil gibt eine kurze Zusammenfassung der erdgeschichtlichen Theorie des Verfassers, um dann für das zentrale Problem des Verhältnisses zur mosaischen Tradition eine Hermeneutik der biblischen Urgeschichte zu skizzieren (Kap. VII–X). Da der Kern von Burnets auf 2 Petr. 3,5–7

---

[39] Vgl. S. 212b zum Scopus der Genesis: „Scopus ejus praecipuus est CHRISTUS, qui totius Scripturae finis [Joh. 5, 39.46; Psal. 40,8; Act. 10,43; 2 Tim. 3,15] quem verò in Annotatis suis *Grotius* parùm respexit, & tantùm non omninò negligere videtur. Hujus gratiâ *creatio hominis ad imaginem Dei*, quae *per lapsum* amissa, *à Christo* reparata in nobis, praemittitur, & *historiae lapsûs Prot-Evangelium* subjungitur *de Christo*, per quem à peccato, Satanae potestate, ac morte liberandum sit genus humanum, Adamo primo omnium mortalium parente *Gen.* 3,15 traditum. ..."

[40] Herder nennt Calov polemisch am Anfang der Ältesten Urkunde (FA 5, S. 185). Vgl. auch SCHOLDER aaO. S. 11, aber auch J. WALLMANN in TRE Bd. VII, S. 568.

[41] Zitiert wird im folgenden nach der Ausgabe von 1728. – Herder nennt das Buch, kannte es aber offenbar nicht oder verstand es falsch, weil er es im Lichte von (Referaten über) Burnets Telluris Theoria Sacra sah (FA 5, S. 185–192, bes. S. 191 Anm. 8). 100 Jahre nach dem Erscheinen des Buches ist seine Kenntnis z. B. bei J.Ph. Gabler (Eichhorns Urgeschichte, Bd. II/1, S. 30ff., 423f.) und F. W.J. Schelling in seiner Dissertation über Gen. 3 (Werke, Bd. 1, S. 66) nachweisbar.

gestützter[42] spekulativer erdgeschichtlicher Theorie die radikale Trennung zwischen der ursprünglichen, durch die universale Flut zerstörten Schöpfungswelt, „tellus primigenia", und der gegenwärtigen Gestalt der Erde, „tellus hodierna", ist (vgl. S. 286), diskutiert er die Interpretation der biblischen Urgeschichte unter dem Gesichtspunkt, daß die Überlieferung für die Epoche vor der Flut nicht in einem historischen Sinn von der „tellus hodierna" sprechen könne. Zur Begründung seiner Auffassung bestimmt Burnet den literarischen Charakter sowohl der Paradieserzählung Gen. 2–3 (Kap. VII) als auch des „Hexaëmeron Mosaicum" (Kap. VIII).

Burnets *Archaeologiae Philosophicae* sind zunächst eine Apologie des Eigenrechts naturwissenschaftlicher Theoriebildung in der von der antiken Überlieferung und biblischen Offenbarungstradition geprägten Kultur seiner Zeit.[43] Seine erdgeschichtliche Theorie ist ihrem Anspruch nach „sola rationis vi, et natura duce" entstanden.[44] Wo es um ‚nuda veritas ac Theoria Physica' geht, gilt gegenüber der Tradition die Devise, „alia tela texenda est" (S. 425). Denn die Wissenschaft kennt nur drei methodische Bezugsgrößen, ‚naturae phaenomena', ‚repetita experimenta' und ‚solidae rationes' (S. 437). Die Entwicklung zur wissenschaftlichen Erkenntnis sei im übrigen von Mose selbst intendiert worden, der es den „philosophi" überlassen habe, „ut ubi maturuerit ingenium humanum, per aetatem, usum, & observationes, opera Dei alio ordine digirerent, perfectionibus divinis atque rerum naturae adaptato" (S. 415).[45] Die Naturwissenschaft erzielt auf eigenem methodischem Weg die „veritas physica", deren Erkenntnis gegenüber allen vorwissenschaftlichen Traditionen zu behaupten ist. Von hier aus ergibt sich bei Burnet in Hinsicht auf die literarische Gestalt wie die kommunikative Intention der biblischen Urgeschichte eine neue[46] Definition des Status des Textes.

---

[42] Vgl. Archaeologiae Philosophicae, S. 287–289.

[43] Zum Scheitern dieses – auf naturwissenschaftlicher Seite nicht hinreichend fundierten – Vorhabens vgl. die Untersuchung von S. MANDELBROTE, „Isaac Newton and Thomas Burnet: Biblical Criticism and the Crisis of late Seventeenth-Century England", S. 149–178.

[44] Ebd. S. 1, vgl. S. 273. Burnets naturwissenschaftliche Kriterien für die Unterscheidung zwischen Ursprungsgestalt und Jetztgestalt der Erde sind die Neigung der Erdachse und das geologische Profil der Erde. Vgl. zum letzteren auch M.H. NICOLSON, Mountain Gloom and Mountain Glory, S. 184–270.

[45] Ebd. S. 415. Eine parallele theologische Sicherung der naturwissenschaftlichen Theoriebildung ist bei Burnet die allerdings nur flüchtige Verwendung des Gedankens der „sapientia primaeva", nach dem vom Ursprung her die naturphilosophische Wahrheit durch die Traditionen der Völker hindurch an die Gegenwart gekommen ist und dort als solche erkannt wird, wenn sie sich mit der neuen wissenschaftlichen Erkenntnis deckt: „… priscorum philosophia, quae, licet multis maculis conspersa, aut sordibus involuta, ad nos … pervenerit: veritate tamen aliunde reperta & explorata, has labes eluere non penitus arduum est" (S. 269f., vgl. überhaupt Buch I, ch. XIV). Vgl. zu diesem Problem R. HÄFNER, „Die Weisheit des Ursprungs", S. 77–101.

[46] Die Bezugnahmen Burnets auf Augustin und Origenes verlangten eine eigene Untersuchung. Für Augustin vgl. die Hinweise bei MANDELBROTE aaO. S. 150–152. – Im 18. Jahrhundert zeigt sich Interesse an Augustin für die Hermeneutik der Urgeschichte z.B. auch in einer Rede von J.M. Chladenius („Sententia D. Augustini de stilo Scripturae S[acrae] praesertim in historia creationis. Confess[ionum] Lib. XII. c. XXVI.", in seinen Opuscula Academica, Bd. 2, Leipzig 1750, S. 3–34). Vgl. auch R. HÄFNER, „Johann Lorenz Mosheim und die Origenes-Rezeption in der ersten Hälfte des 18. Jahrhunderts", S. 229–260.

In Gen. 1 hat Mose nach Burnet nur über „mundi aspectabilis phaenomena" geschrieben (S. 417) und ist dabei dem „plebeium systema" gefolgt, nämlich „quod populo placet, quod adblanditur sensibus, quod creditur, & capitur, aut capi videtur, a pluribus" (S. 404). Das Schöpfungsbild von Gen. 1 beruht auf Anschauung, nicht auf der „veritas physica" (S. 424, 430); der biblische Text darf deshalb nicht als eine wissenschaftliche Darstellung gelesen werden. Absicht Moses sei es gewesen, unter den kulturellen Bedingungen, die die Israeliten seiner Zeit geprägt hätten, die Verehrung der wahren Gottheit zu begründen (S. 424). Es sei nun in der Gegenwart aber gerade die Gefahr einer hermeneutisch fehlgeleiteten Interpretation, „quae ἰδιωτικῶς dicta sunt, superstitiosa imbecillitate in damnum Numinis" zu interpretieren (S. 472f.). Mit Entschiedenheit und polemischer Schärfe überwindet Burnet in seiner Abhandlung „... de modo interpretandi Hexaëmeron Mosaicum" (Kap. VIII) die Auffassung, die mosaische Schöpfungsgeschichte lasse sich als ein irrtumsfreier Bericht lesen und müsse die wissenschaftliche Theoriebildung leiten, obwohl auch er selbst einige generelle Konvergenzen zwischen seiner Theorie und Gen. 1 konstatiert, soweit der Text in Begrenzung auf die Entstehung der Erde, nicht des Universums gelesen werde (S. 403).[47]

Um Gen. 2–3 mit seiner erdgeschichtlichen Theorie zu harmonisieren, nach der die ganze „tellus primigenia" paradiesisch gewesen ist, betrachtet Burnet den Text als eine Dichtung, die als Verlust einer bestimmten Region schildere, was dank besserer naturwissenschaftlicher Erkenntnis als Verlust einer bestimmten Gestalt der Erde insgesamt aufzufassen sei. Auch hier sei nach der Intention des Mose und dem „genus styli" der Erzählung zu fragen. Burnet bestreitet nicht, daß sie ein tatsächliches „fundamentum" habe und klassifiziert sie deshalb nicht als „fabula", sondern als „parabola" (S. 385f.). Ausgehend von den exegetischen Aporien, in die seine Probe auf den Literalsinn führt,[48] begründet er seine Bestimmung der literarischen Gattung von Gen. 2–3 mit „primorum saeculorum us(us) & geni(us), praecipue gentium Orientalium; quibus moris erat, per symbola, similitudines, & parabolas, sua placita & doctrinas tradere" (S. 402). Als „fundamentum" gilt ihm die „doctrina de ortu temporali humani generis, & hujusce Telluris; & de utriusque degeneratione".[49] So wenig jedoch trotz einiger genereller Konvergenzen Gen. 1 naturwissen-

---

[47] Exegetisch im einzelnen wichtig ist zum einen Burnets Beobachtung, daß die Darstellung der Schöpfung in Gen. 1 wegen der Einrichtung des Sabbat in sechs Tage zerdehnt worden sei (S. 421), zum anderen das Urteil über den kompositionellen Sinn von Gen. 1 im Pentateuch: „... cum singulae Gentes antiquae, Aegyptiae, Phoeniciae, Chaldaicae, aliaeque, suas habuerint Cosmogonias, in exordio plerumque historiarum, vel suae Theologiae praemissas; opportunum duxit Moses, Legibus & institutis, quae scripturus erat Israeliticis, praefari, aut praetexere, non tantum suae gentis originem, sed etiam totius Mundi" (S. 424).

[48] Ebd. S. 377–400. Diese Probe wurde durch ihren Nachdruck in Charles Blounts Oracles of Reason (1693) zum Skandal. – Burnet rahmt seine Darstellung mit Verweisen auf die Kontroverse zwischen Celsus und Origenes und greift positiv Origenes' Erklärung auf, daß der Text mit τροπολογίαι arbeite (S. 400f.).

[49] S. 402 und schon S. 383. In theologisch traditioneller Weise hält Burnet (S. 402) an der christologischen Überwindung dieser „degeneratio" fest („... hominesque redemptum iri semine mulieris"), obwohl er gegen die „sensûs literalis vindices" die Deutung der Schlange als Instrument

schaftlich zu deuten sei, so wenig Gen. 3 historisch. Dabei konnte Burnet für Gen. 1 mit der „veritas physica" argumentieren, während für Gen. 3 seine Vermischung von Erdgeschichte und Anthropologie methodisch unklar bleibt. Die Bedeutung seiner *Archaeologiae Philosophicae* für die Hermeneutik der Urgeschichte wird durch die Schwächen des Buches und durch die wissenschaftliche Unhaltbarkeit seiner Erdtheorie jedoch nicht geschmälert. Die selbstbewußte systematische Unterscheidung zwischen neuer Naturwissenschaft und kanonischer Tradition bereitet im Zeitalter der aufstrebenden Wissenschaften das Verständnis der Tradition als orientalische Dichtung vor.

Außerhalb der Bibelwissenschaft wird Burnets Ansatz zu einer kritischen Klassifizierung der mosaischen Urgeschichte als ein literarischer Text von **Shaftesbury** in einer Abhandlung „Of the Force of *Humour* in Religion" aufgegriffen.[50] Nachdem Shaftesbury an der Geschichte vom Propheten Jona die „Familiarity of Style" in biblischer Dichtung demonstriert hat, nennt er als weitere Beispiele Gen. 3, Num. 22, Hiob 1–2, 2Chr. 28, zieht sich dann aber als Kritiker sogleich wieder zurück:

„Whatsoever of this kind may be *allegorically* understood, or in the way of *Parable* or *Fable*; this I am sure of, That the *Accounts*, *Descriptions*, *Narrations*, *Expressions*, and *Phrases* are in themselves many times exceedingly *pleasant*, *entertaining*, and *facetious*. But fearing lest I might be misinterpreted, shou'd I offer to set these Passages in their proper Light, (which however has been perform'd by undoubted good Christians, and most learned and [See *Burnet*, Archaeol<ogiae Philosophicae. Lib. II.> cap. 7. p. 280, &c.] eminent Divines of our own Church) I forbear to go any further into the Examination or Criticism of this sort."[51]

Der heiteren biblischen Dichtung weist Shaftesbury im übrigen eine besondere Funktion in der Frühzeit der Religionsgeschichte zu.[52]

In der Bibelwissenschaft verhallte Burnets Ruf, „fatemur …, Mosem recessisse a veritate physica in sua Cosmopoeïa" (S. 430) vorerst ungehört. **Das Standardwerk zur Genesis im England des 18. Jahrhunderts war wohl der Kommentar von Simon Patrick (1694)**, eine erbauliche Genesisinterpretation, die das Werk des Mose vor allem unter dem Gesichtspunkt von Moses „admirable Universal Knowledge" betrachtet und – wenn überhaupt – nur in der kurzen Vorrede indirekt auf Burnet hinweist. Patrick geht in seiner gefälligen Paraphrase des Textes an den meisten kontroversen Interpretationsfragen vorbei, nicht ohne seine Position zugleich geschickt mit polemischer Rhetorik zu befestigen. Die traditionellen trinitarischen und christologischen Aspekte der Deutung von Gen. 1–3 sind zwar präsent, treten aber selbst bei ihm hinter einer eher universalgeschichtlichen Ausrichtung des

---

des Teufels zurückgewiesen hatte: „… quo teste, quo authore, hoc dicitur? non id prae se fert litera Mosis, cujus illi sunt adeò tenaces" (S. 393). Vgl. auch S. 386 seine konventionelle Akzeptanz der biblischen Chronologie für die Geschichte der Menschheit.

[50] Miscellany II, Ch. III, in: Works Bd. III, S. 95–131, bes. S. 118–122. Zu Herders Schätzung von Shaftesbury vgl. z.B. den Brief an Kant 1768 (DA I, Nr. 51, Z. 68–80).

[51] Ebd. S. 122 (der Text in eckigen Klammern ist dort eine Fußnote).

[52] „… in the early times of all Religions, when Nations were yet barbarous and savage …" (ebd. S. 124).

Kommentars zurück. Als die „most important Truths", in denen kein antiker Autor
so gute Unterweisung geben könne wie Mose, zählt Patrick auf:

> „the Knowledge of the Beginning of the World; of the first Parents of Mankind; the Inven-
> tors of Arts; the Original of Nations; the Founders of Kingdoms and Empires; the Institution
> of Laws; the Fountain of Religious Rites; yea, of all the antient Mythology; and what is most
> considerable, the means of propagating that Sense of God and of Religion, which Mankind
> brought into the World with them; and how it came to be corrupted".[53]   ¯

Zur Bestätigung seiner Interpretation der Genesis als Quelle solchen historischen und religiösen Wissens beruft sich Patrick, der 1680 Grotius' *De Veritate Religionis Christianae* ins Englische übersetzt hatte, wiederholt auf antike Autoren, z.B.
für die Schöpfungsgeschichte auf „all the Antient Philosophers" oder für die Para-
diesgeschichte auf die „Footsteps ... of these things remaining in the *Gentile
World*".[54] Die Schöpfungsgeschichte läßt sich, wie er meint, rational befriedigend
erläutern, wenn z.B. רוח אלהים in Gen. 1,2 paraphrasiert wird als „The Infinite
Wisdom and Power of God, which made a vehement Commotion, and mighty
Fermentation (by raising, perhaps, a great Wind) *upon the face of the Waters*: That is,
on ... (the) fluid Matter ...", to separate the parts of it one from the other", um ihnen
dann eine „vivifick Virtue" zu verleihen.[55] Daß der Mensch zum Ebenbild Gottes
geschaffen ist, paraphrasiert Patrick mit den intellektuellen Fähigkeiten des Menschen, darunter „a Faculty to judge aright" und „a Power to govern his Appetite".[56]
Im Vorblick auf Gen. 3 bemerkt er einschränkend: „yet he was not made immutably
good, ... but might, without due care, be induced to evil, as we see he did" (S. 8).
Anthropologische Grundbestimmungen erfahren durch Gen. 3 danach keine tief-
greifende Änderung; vielmehr zeigen die Erläuterungen zu Gen. 3,14f., daß sich
hier ein Drama zwischen dem Teufel und Christus eröffnet.[57] Die biblische Urgeschichte führt so auch bei Patrick bruchlos in die Geschichte der Menschheit.

Sowohl Th. Burnet als auch S. Patrick wurden in Deutschland dem 18. Jahrhundert in erster Linie durch zwei große Werke vermittelt, in denen die mosaische Tradition für historisch und wissenschaftlich interessierte Leser aufgeschlossen werden
sollte. Das eine dokumentierte durch die Untersuchung der Urgeschichte im Rah-

---

[53] A Commentary upon the Historical Books of the Old Testament, ³1727, Bd. I, preface (unpag.).

[54] Ebd. S. 3, 22f.; Patrick führt einige Belege an und bezieht sich auf Eusebs Praeparatio Evangelica.

[55] Ebd. S. 2. Eingeleitet wird die Paraphrase mit Polemik: „Men have been extremely fanciful
in the exposition of these plain Words ...". Die *rúah* ist nicht der Heilige Geist, aber über jüdische
Deutungen auf den „Spirit of the Messiah" stellt Patrick eine Verbindungslinie zu Joh. 1,1 her.

[56] Dabei bezieht sich Patrick besonders auf Gregor von Nyssa, De hominis opificio (MPG
XLIV, Sp. 123–256).

[57] Für den Teufel bedeutet der Fluch, „to be thrust down further than before, from his ancient
heavenly Habitation; and condemned to live in the lower smoaky Region of the Air: Where he
hath lost all relish of Celestial Enjoyments, and pleases himself only in his vile endeavours to make
Mankind as wicked as himself". Von Christus gilt demgegenüber, „... he vanquished the Devil,
who had now vanquished Mankind. So it here follows, *It shall bruise thy Head.*] i.e. *That SEED* of
the Woman shall despoil thee of thy Power, (meaning the Devil) and abolish thy Tyranny." (S. 19f.)

men einer großangelegten universalen Geschichte der Welt besonders deutlich den Wandel der Perspektive, in der die mosaische Tradition ihren Platz finden sollte, während das zweite gänzlich in eine Verlegenheit mündete. Burnet wurde durch diese Werke jedoch nur als Verfasser der *Telluris Theoria Sacra* bekannt, deren erster Band 1693 auch selbständig ins Deutsche übersetzt worden war.

1736 erschien in London der erste Band der *Universal History*, in dem George Sale, der englische Koranübersetzer, den Zeitabschnitt von der Schöpfung bis zur Sintflut bearbeitete.[58] 1744 beginnt die von Siegmund Jacob Baumgarten betreute deutsche Übersetzung des Werkes zu erscheinen.[59] Der Geschichtserzählung ab Adam wird hier eine Einleitung vorangestellt, die mit einem philosophiegeschichtlichen Überblick über kosmologische Auffassungen der Antike (§§ 3–83, S. 4–77) zur Deutung der mosaischen Kosmologie als der „einige(n) ächte(n) und urkundliche(n) Nachricht von der Schöpfung" hinführt, die „alle Merkmale der Wahrheit und Glaubwürdigkeit" mit sich führe, „wenn man sie auch nur als eine menschliche Arbeit, und von der göttlichen Eingebung abgesondert, ansiehet".[60] Der Verfasser, d.h. George Sale, führt kurz die physikalischen Erdentstehungslehren von Descartes (§§ 85–88), Thomas Burnet (§§ 89–92) und William Whiston (§§ 93–100) vor, um dann zwar Burnets Erklärung zu folgen, daß Gen. 1 nur von der Bildung der Erde, oder vielleicht richtiger der des Sonnensystems berichte, die referierten physikalischen Theorien im einzelnen aber abzulehnen.[61]

„Es wird demnach nicht undienlich seyn, mit Beiseitsetzung aller *Hypothesen* eine solche Erklärung des Ursprungs der Welt vorzustellen, die beides der Vernunft und dem Wortverstande der Schrift am gemässesten sey." (§ 101).

Das soll eine einfache Paraphrase des Textes leisten.[62]

Die Geschichtsdarstellung selbst beginnt mit einer Untersuchung über die Lage des Paradieses nach Gen. 2, da Mose als Paradies ohne Zweifel „einen wirklichen Theil unseres Erdbodens" habe vorstellen wollen.[63] Der direkte Zusammenhang

---

[58] Vgl. für die Identifikation des ungenannten Autors den Artikel im Dictionary of National Biography, Vol. L, p. 180; s. auch die Vorrede Baumgartens S. 45f. Anm. 46, und seine Anmerkung zur Einleitung, S. 102 Anm. 89B. Sales Koranübersetzung mit Einleitung und Anmerkungen erschien 1734, eine deutsche Übersetzung davon 1746.

[59] Uebersetzung der Algemeinen Welthistorie, die in Engeland durch eine Geselschaft von Gelehrten ausgefertiget worden. Erster Theil, Halle 1744. Dort S. 1–116 (zweite Zählung): „Einleitung …, darin die verschiedene Meinungen vom Ursprung aller Dinge vorgetragen und geprüfet werden, Mosis Erzehlung aber als die vernünftigste umständlich betrachtet wird"; S. 117–239: „Erstes Hauptstück. Die algemeine Welthistorie bis auf die Sündflut". Die deutsche Übersetzung ist um zahlreiche Anmerkungen Baumgartens erweitert.

[60] § 84, S. 77, vgl. schon die Vorrede der Verfasser S. 59f. In einer Anmerkung unterstreicht auch der Herausgeber Baumgarten noch einmal die Qualität von Gen. 1 als „historisch richtige Erzälung" (Anm. 74B zu § 92, S. 83).

[61] Vgl. § 118 mit Anm. 1 (S. 107), § 89 mit Anm. r (S. 80) sowie § 101 mit Baumgartens Anm. 76B (S. 90f.).

[62] §§ 101–108 (S. 90–98), mit weiteren Erläuterungen zur Anthropologie in §§ 109–117, in denen u.a. auch I. de la Peyrères Praeadamiten-Hypothese zurückgewiesen wird (§§ 116f., vgl. auch § 134).

[63] §§ 135–146, Zitat § 138 (S. 119). Sale widerspricht hier Th. Burnets Auflösung des Problems durch seine erdgeschichtliche Theorie (§ 138m, 146i).

von Urgeschichte und Menschheitsgeschichte erlaubt eine solche geographische
Frage, für die Sale drei alternative Antworten vorstellt. Entsprechendes gilt für die
Interpretation der Geschichte von Gen. 3, da Mose „überhaupt nur vorgehabt, Begebenheiten ganz genau, wie sie vorgegangen, ohne Kunst und Verkleidung zu be-
richten".[64] Die historische Erklärung der Erzählung im Kontext der Universalgeschichte erkennt im Sündenfall den Ursprung der „Mühseligkeit dieses Lebens",
schließt aber die theologische Frage, inwiefern der Mensch durch den Fall „unter
den Zorn GOttes geraten" sei, aus, weil sie „zu unserem gegenwärtigen Vorhaben
nicht gehör(e)".[65] Damit gewinnt die *Universal History* einerseits aus der Schöpfungsgeschichte einen biblisch-theologischen Horizont für die Geschichte der
Menschheit, orientiert andererseits aber gegen die dogmatische hermeneutische
Tradition das Verständnis der mosaischen Urgeschichte an dem gewandelten historischen Bewußtsein, das sich etwa auf Grotius zurückverfolgen läßt.

Neben der *Allgemeinen Welthistorie* steht als ein erbaulicher Kommentar das sog.
Englische Bibelwerk. Ab 1743 in französischer Sprache erschienen[66] und ab 1749
ins Deutsche übersetzt,[67] stellt dieser Kommentar Erläuterungen englischer Theologen zusammen. Für die Genesis hat das Werk den Kommentar von Simon Patrick[68] zur Grundlage, der vor allem durch Anmerkungen von Henry Ainsworth[69]
und Thomas Stackhouse[70] sowie aus der *Universal History* ergänzt wird. Die Ausrichtung des Bibelwerks wird exemplarisch an einer Anmerkung des Herausgebers
R. Teller deutlich, mit der er Patricks Interpretation von Gen. 1,17 korrigiert.
Nach Patrick hätte Mose hier vor allem den Zweck verfolgt, „die Abgötterey von
Grunde auszurotten": dies aber, so Teller, sei

„weder der einzige, noch der erste und fürnehmste Endzweck gewesen, warum die Geschichte von der Schöpfung aller Dinge aufgezeichnet worden. Es war hauptsächlich deswegen nöthig, weil diese Wahrheit die allererste, und der Grund der Erkenntniß aller andern,
sowol natürlichen, als geoffenbarten Wahrheiten ist; welches eben einen der stärksten Be-
weisgründe giebt, daß diese Schrift von Gott eingegeben worden, in Erwägung, daß uns die
Nachricht von dem Anfange der ganzen Welt zur wahren Erkenntniß Gottes unentbehrlich
ist, und man gleichwohl von dieser Sache kein menschliches Zeugniß hat, noch irgend eines

---

[64] § 153 (S. 131), wiederum gegen Th. Burnet (§ 152k). Sale folgt sodann verschiedenen apologetischen Autoren; die Schlange gilt ihm als ein Werkzeug des Teufels (§§ 154–158).
[65] § 166 (S. 142f.) mit einem Verweis auf Augustin. Selbstverständlich fügt Baumgarten hier eine kritische Anmerkung hinzu (Anm. 127B).
[66] La Sainte Bible … Avec un commentaire littéral, composé de notes choisies & tirées de divers
auteurs anglois, Bd. I, Den Haag 1743; Herausgeber war Pierre Chais, französischer reformierter
Pfarrer in Den Haag (vgl. Biographie Universelle, Bd. VII, 1813, S. 625f.). Das Werk war offenkundig eine Art Gegenstück zu Calmets katholischem Kommentar.
[67] Die Heilige Schrift … nebst einer vollständigen Erklärung derselben, welche aus den auserle-
sensten Anmerkungen verschiedener Engländischer Schriftsteller zusammengetragen …, hg.v.
Romanus Teller, Bd. I, Leipzig 1749.
[68] A Commentary upon the First Book of Moses, called Genesis, London 1695.
[69] Annotations upon the First Booke of Moses, called Genesis, London 1616.
[70] A New History of the Holy Bible, from the Beginning of the World, to the Establishment of
Christianity, London 1737.

haben kann, daß also Gottes Zeugniß allein mit völliger Glaubwürdigkeit uns davon überzeugen muß."[71]

Die gesammelten Kommentare selbst paraphrasieren in demselben lehrhaften
Ton, wie ihn die Kommentatoren im mosaischen Text wahrnehmen, die von Mose
beschriebene Geschichte.[72]

Die Einleitung des Englischen Bibelwerks, zum größten Teil eine Übersetzung
des „Apparatus" (bzw. „Preparatory Discourse") „to the History of the Old Testament" von Th. Stackhouse, stellt dem Kommentar eine summarische Apologie der
Offenbarung und der alttestamentlichen Offenbarergestalten voran. Stackhouse
diskutiert die „Nothwendigkeit einer göttlichen Offenbarung" zur Widerlegung
von Matthew Tindal.[73] Obwohl das Werk so ein deutliches antideistisches Vorzei-
chen erhält, wird eine Harmonie zwischen natürlicher und geoffenbarter Gotteserkenntnis vorausgesetzt.[74] Die Offenbarergestalten selbst können an typischen
„Marks and Characters" geprüft werden. Der Wahrheitsgehalt der mosaischen Offenbarung wird durch eine vergröbernde Aufnahme von Grotius' *De Veritate Religionis Christianae* unterstrichen.[75] „(A)s sure as God is true" sei beweisbar, daß
„what [Moses] *wrote* ... was infallibly the *Word* of God",[76] das sich – für Gen. 1–11 –
als die Geschichte der Welt nacherzählen läßt.[77]

Auf derselben Linie liegt ein Buch, das nur zwei Jahre vor der Rigaer Erstfassung von Herders Interpretation der Genesis erschien: der den alttestamentlichen
Autoren im allgemeinen und der mosaischen Urgeschichte im besonderen gewidmete Band des 1750 begonnenen apologetischen Werkes seines Königsberger

---

[71] Die Heilige Schrift ..., S. 10 Anm. 20.

[72] Z.B. zu Gen. 1,2: „Was Moses kurz zuvor die *Tiefe* genennet hatte, das nennet er nunmehr
die *Wasser*. Ein deutlicher Beweis, daß das ganze Chaos aus einer dichten und schweren, und aus
einer flüßigen Materie zusammengesetzt war ..." (S. 4). Zu Gen. 1,3: „Am natürlichsten und ein-
fältigsten ist es, wenn man dieses von der Hervorbringung der Feuertheilchen erkläret, deren Eigenschaften darinnen bestehen, daß sie erleuchten und erwärmen. Gott brachte diese Theilchen
am ersten Tage durch seinen Geist hervor, damit er sich derselben hernach bedienen könnte, den
Ueberrest der Materie zuzubereiten ..." (S. 5). „Vielleicht entstund anfangs aus den feurigen
Theilen ein leuchtender Körper, woraus Gott hernach die Sonne machte, indem er sie noch dichter mit einander vereinigte." (ebd.).

[73] Christianity as old as the Creation, London 1730; vgl. A New History ..., ²1742, S. V–XIV
mit Anm. S. IXt und XIVn, bzw. Die Heilige Schrift ..., S. 3–15 mit Anm. 20 und 37. An Stackhouse' Polemik gegen Tindal kritisiert Teller jedoch die Verwendungsweise der Begriffe Verstand
und Vernunft (Vorrede S. 11f., unpag.). Stackhouse nimmt im übrigen auf eine lange Reihe englischer apologetischer Schriften Bezug.

[74] A New History ... S. XVI, bzw. Die Heilige Schrift ... S. 17 (§ 41).

[75] A New History ... S. XVIII, bzw. Die Heilige Schrift ... S. 22f.(§ 55).

[76] A New History ... S. XIXf., bzw. Die Heilige Schrift ... S. 26 (§ 62).

[77] Stackhouse' New History hat ihren apologetischen Rang nicht zuletzt dadurch, daß kapitelweise jeweils in zwei Sektionen Auslegung („The History") und Verteidigung („The Objection")
geboten wird, dazu kommen zahlreiche ergänzende „Dissertations". Das Werk wurde 1752–59
insgesamt von Friedrich Eberhard Rambach ins Deutsche übersetzt. – Die Hauptautoren des
Englischen Bibelwerks erlebten in England Neuauflagen bis weit ins 19. Jahrhundert hinein, so
z.B. noch um 1850 H. Ainsworth (1843), S. Patrick (1853), Th. Stackhouse (1842, 1856).

theologischen Lehrers **Theodor Christoph Lilienthal**.[78] Lilienthal vertritt mehr
oder weniger konsequent eine durch die Dogmatik geleitete Geschichtsbetrachtung: die Erlösung des Menschen muß ein Fundament in der „Genugthuung" als
einer „geschehene(n) Begebenheit" haben: deshalb gibt es ein systematisches Interesse an Geschichte. Die „Wiederaufrichtung des verderbten Menschen" hat
ihre Vorgeschichte in Schöpfung und Sündenfall, und die Gestalt des Erlösers hat
ihre Vorgeschichte von Verheißungen: deshalb gibt es ein Interesse am Ge-
schichtsverlauf, wie ihn das Alte Testament schildert.[79] Die Geschichtsbetrachtung ist dabei von höchstem argumentativem Gewicht, denn „was würklich geschehen ist, das kan durch keine Vernunftsschlüsse umgestossen werden".[80] Da
Lilienthal die historische Zuverlässigkeit der alttestamentlichen Überlieferung für
zweifelsfrei erweisbar hält, ist das Ziel seiner Geschichtsbetrachtung die bloße
Wiederholung des alttestamentlichen Geschichtsbildes und die Unterstreichung
von dessen Offenbarungscharakter.[81] Die Urgeschichte zeichnet er als eine Geschichte der Erschaffung des vollkommen, sogleich sprachbegabten Menschen[82] und dessen schuldhaften Verstosses gegen das göttliche Gebot aufgrund
der Verführung durch den Teufel.[83]

Zum Stand der Genesisexegese, den Herder voraussetzt, gehört auf der anderen
Seite gerade die deistische Kritik an der mosaischen Tradition, die Lilienthal mit
seiner Apologie widerlegen will. Sie wird beispielhaft bei Bolingbroke greifbar,

---

[78] Die gute Sache der in der heiligen Schrift alten und neuen Testaments enthaltenen Göttlichen Offenbarung, wider die Feinde derselben erwiesen und gerettet. Zwölfter Teil (1766). Der
Band enthält nach einer Vorrede (S. III–XX) die Kap. 22, „Von der Wahrheit und Zuverlässigkeit
der Geschichte der heiligen Schrift alten Testaments überhaupt", (S. 433–688) und Kap. 23, „Auflösung der Zweifelsknoten in der ältesten Weltgeschichte", (S. 688–855). Schon der Siebte Teil
(1756) hatte in Kap. 14, „Auflösung der Chronologischen Zweifelsknoten der heiligen Schrift",
von der Urgeschichte gehandelt (S. 195–238) und gegen Richard Simons Skepsis polemisiert
(S. 197 Anm.). Vgl. zu Lilienthal Th. Zippert, Bildung durch Offenbarung, S. 51–59.

[79] Kap. 22, § 1 (S. 433–436). Lilienthal folgt damit der Tradition einer „Historia Ecclesiae Veteris Testamenti".

[80] Ebd. § 2 (S. 436). Hauptthema der Apologetik ist danach die „Glaubwürdigkeit der Zeugen"
(S. 437, 446 u.ö.).

[81] Das Hauptargument bleibt dabei die Inspiration der Schriften; wie sehr Lilienthal im Bann
dieser dogmatischen Lehre steht, zeigt etwa sein Versuch, sie mit einer Urkundenhypothese, gar
mit der Annahme „Poetische(r) Erzehlungen alter Geschichte" zu verbinden (Kap. 22, §§ 74–78,
S. 627–641). Anführungen der zu widerlegenden Gegner finden sich z. B. in Kap. 22, §§ 4,7,28,32;
Kap. 23, §§ 1,3,15,19. Gegen David Hume hatte Lilienthal schon in Kap. 17 die Möglichkeit von
Wundern verteidigt (in Bd. VIII, 1758, S. 935–1134).

[82] Kap. 23, §§ 1–13 (S. 688–717), u.a. im Gegensatz zu Matthew Tindal, bei dem sich der Gedanke einer Entwicklung des Menschen andeutete (Christianity as old as the Creation, 1730,
S. 384–390); vgl. aber S. 739, 747.

[83] §§ 14–27 (S. 718–767). Obwohl Lilienthal zu Gen. 3 erklärt, „… die Geschichte (ist) nach ihrem buchstäblichen Verstande so begreiflich …, als man es nur immer verlangen kann" (S. 742),
steckt in der Schlange der Teufel und ist eine „allegorische Deutung" des göttlichen Urteils in ihrem Fall erlaubt (S. 756). In christologischer Hinsicht bleibt jedoch seine Erläuterung von Gen.
3,15 merkwürdig farblos (§ 24, S. 755–758).

einem der wichtigsten Gegner in Lilienthals Apologetik.[84] Bolingbroke diskutiert in „A Letter occasioned by one of Archbishop Tillotson's Sermons"[85] ein Diktum Tillotsons, mit dem dieser die biblische Urgeschichte als Quelle des Wissens über die Schöpfung empfehlen wollte: „‚I ask no more, than that the same credit may be given to MOSES, as we give to every other historian.'" (S. 271) In seiner Kritik bestreitet er zunächst die Authentizität des Pentateuchs, um sodann für die Geschichtsdarstellung, die Gesetze und die Urgeschichte den Offenbarungsanspruch abzulehnen. Nach Bolingbroke führt Gen. 1 sogleich mit dem Plural in der Gottesrede v. 26 in einen Widerspruch, denn der Text sei dadurch „inconsistent with that unity of the Godhead which my reason shews me, and which the general tenor even of the mosaical law and history asserts".[86] Mose erweise sich „as ignorant of the true system of the universe, as any of the people of his age", die übliche Akkommodationstheorie sei jedoch keine Lösung des Problems, denn Mose müßte theologisch ja betrachtet werden als „appointed, and inspired by God, to write, not only for his own age, but for all future ages; for the most enlightened as well as for the most ignorant" (S. 301). Gen. 3 ist ein weiteres Beispiel für die These, daß „the confused, inconsistent, and unworthy notions of a supreme Being, which appear in his writings, shew very evidently, that the true God was unknown to him" (ebd.). Die Paradieserzählung, „(this) strange story, so trifling and so serious", habe zwar apologetisch schon durch allegorische Erklärungen gedeutet werden sollen, in der christlichen Tradition könne das jedoch nicht zugelassen werden, „for if it was, what would become of that famous text whereon the doctrine of our redemption is founded?" Es bleibt also das Bild des anthropomorphen Gottes zurück, und der „insults our first parents by irony and sarcasm".[87] Trotz seiner Kritik des Pentateuch verbindet Bolingbroke jedoch seine religionsphilosophische Überzeugung von der Existenz Gottes sogar mit dem Gedanken einer universalen Tradition, die überliefert habe, daß die Welt einen durch die Schöpfung gesetzten Anfang habe.[88]

Läßt sich die Linie der Genesisinterpretation, die von Moses „admirable universal knowledge" überzeugt ist, bis zu Herders theologischem Lehrer in Königs-

---

[84] Gegen Bolingbroke hatte z. B. auch John Leland 1755 in A View of the Principal Deistical Writers, Bd. II, S. 136–639 geschrieben (dort zum Pentateuch S. 357–504; zur Urgeschichte S. 465–487).

[85] Works (1754), Bd. III, S. 255–308.

[86] Ebd. S. 300. Die trinitarische Interpretation sei „against reason and this revelation both" und beruhe nur auf „a theology much more modern than this".

[87] Ebd. S. 302; vgl. u. S. 163.

[88] „The Substance of some Letters, written … about the Year 1720, to Mr. de Pouilly" (Works Bd. III, S. 181–254, bes. S. 223; vgl. auch Bd. IV, S. 185 ff.). In seiner Zusammenfassung schreibt Bolingbroke: „… since we cannot reject this tradition without renouncing almost all we know, and since it leads men to acknowledge a supreme Being, by a proof levelled to the meanest understanding, I think we ought to insist upon it" (S. 253). Es überrascht nicht, daß Hume in einem brieflichen Urteil über die Werkausgabe von 1754 Bolingbroke für keinen gewichtigen Religionskritiker hält: „The Clergy are all enrag'd against him; but they have no Reason. Were they never attack'd by more forcible Weapons than his, they might for ever keep Possession of their Authority." (Letters, Bd. I, S. 208).

berg verfolgen, so findet sich eine Bestimmung des Verhältnisses zwischen einer naturwissenschaftlichen Kosmogonie und der mosaischen Tradition, die Burnets Grundsatz „alia tela texenda est" wie selbstverständlich entspricht, bei seinem philosophischen Lehrer Immanuel Kant in dessen *Allgemeiner Naturgeschichte und Theorie des Himmels* von 1755 realisiert.[89] Zwar ist die Schrift, die kritisch gegen Isaac Newton das Wirken der „unmittelbare(n) Hand Gottes" aus der kosmologischen Hypothesenbildung ausschließen will, von einem starken physikotheologischen Ton durchzogen, liegt damit aber ganz auf einer religionsphilosophischen Ebene, nicht auf der Ebene einer Apologie von Genesis 1.[90]

In seinen Bemerkungen zur Zeitdimension der Weltentstehung befindet sich Kant in offenem Widerspruch zur traditionellen Deutung der Genesis.

„Es ist vielleicht eine Reihe von Millionen Jahren und Jahrhunderten verflossen, ehe die Sphäre der gebildeten Natur, darin wir uns befinden, zu der Vollkommenheit gediehen ist, die ihr jetzt beiwohnet ..." (S. 334). „Vielleicht ist unsere Erde tausend oder mehr Jahre vorhanden gewesen, ehe sie sich in Verfassung befunden hat, Menschen, Tiere und Gewächse unterhalten zu können." (S. 378).

Gegen eine harmonistische Genesisinterpretation schreibt er eine „Ausschweifung" (S. 321–323), die eine scheinbare naturwissenschaftliche Erklärung für die „Wasser über der Feste" nach Gen. 1,6f., die Sintflut und den Regenbogen gibt, indem er die Hypothese eines den Saturnringen vergleichbaren „Ring(es) um die Erde" aufstellt:

„Welche Schönheit eines Anblicks vor diejenige, die erschaffen waren, die Erde als ein Paradies zu bewohnen ... Allein dieses ist noch nichts gegen die Bestätigung, die eine solche Hypothese aus der Urkunde der Schöpfungsgeschichte entlehnen kann, und die vor diejenige keine geringe Empfehlung zum Beifalle ist, welche die Ehre der Offenbarung nicht zu entweihen, sondern zu bestätigen glauben, wenn sie sich ihrer bedienen, den Ausschweifungen ihres Witzes dadurch ein Ansehen zu geben. Das Wasser der Feste, deren die Mosaische Beschreibung erwähnet, hat den Auslegern schon nicht wenig Mühe verursachet. Könnte man sich dieses Ringes nicht bedienen, sich aus dieser Schwierigkeit heraus zu helfen?" (S. 322)

Gegen eine solche „herrschend(e) Neigung" der Exegese, „die Wunder der Offenbarung mit den ordentlichen Naturgesetzen in ein System zu bringen", bekennt Kant von seiten des philosophischen Interesses:

---

[89] WW I, S. 219–400. Herder empfiehlt dieses Buch später z.B. in den Briefen, das Studium der Theologie betreffend (FA 9/1, S. 426) oder in den Ideen zur Philosophie der Geschichte der Menschheit (FA 6, S. 21f.). Kant kennt Burnet offenbar nur für die Telluris Theoria Sacra (vgl. z.B. AA Bd. 2, S. 8; WW I, S. 695).

[90] Vgl. zur Kritik Newtons z.B. WW I, S. 273f.; 363f.; zum Aspekt der Physikotheologie z.B.S. 267, 311, 331 und die Zitation von Gedichten von Albrecht von Haller, Alexander Pope und Joseph Addison. Die Vorrede (S. 227–244) und das 8. Hauptstück des 2. Teils (S. 355–374) sind direkt einer Entkräftung theologischer Kritik durch das physikotheologische Argument gewidmet. Dabei zitiert Kant S. 235 auch aus der „Allgemeinen Welthistorie". Das Problem einer mißverstandenen Physikotheologie erörtert Kant 1764 in der Abhandlung Der einzig mögliche Beweisgrund zu einer Demonstration des Daseyns Gottes, WW I, bes. S. 682–707.

„Ich finde es vor ratsamer, den flüchtigen Beifall, den solche Übereinstimmungen erwekken können, dem wahren Vergnügen völlig aufzuopfern, welches aus der Wahrnehmung des regelmäßigen Zusammenhanges entspringet, wenn physische Analogien einander zur Bezeichnung physischer Wahrheiten unterstützen." (S. 323)[91]

So sehr bei ihm die Naturwissenschaft gegenüber der biblischen Theologie verselbständigt wird, deutet Kant andererseits an, daß schon der erhabene „Anblick eines bestirnten Himmels, bei einer heitern Nacht" in eine Dimension jenseits von naturwissenschaftlicher und physikotheologischer Rationalität führen könne:

„Bei der allgemeinen Stille der Natur und der Ruhe der Sinne redet das verborgene Erkenntnisvermögen des unsterblichen Geistes eine unnennbare Sprache, und gibt unausgewickelte Begriffe, die sich wohl empfinden, aber nicht beschreiben lassen." (S. 396).[92]

Auf das Erwachen der Sinne unter der Morgenröte gewendet wird dies bei Herder die Situation der Poesie, die er gestützt auf Robert Lowth theologisch weiter erschließt und für seine Deutung von Genesis 1 fruchtbar macht.

3. Die Genesis in gelehrten Kommentaren (Jean le Clerc, A. Calmet)

In zeitlicher Nähe zu Burnet, aber ohne erkennbare Reaktion auf ihn, erschien 1693 der Genesiskommentar von Jean le Clerc (Clericus), der für einige Jahrzehnte maßgeblich bleiben sollte. Eine neue Ausgabe gab 1733 Christoph Matthäus Pfaff in Tübingen heraus, nicht ohne in seinem Vorwort ein „judicium orthodoxum de hoc commentario" abzugeben und einen Dissens mit le Clerc vor allem in Hinsicht auf dessen Interpretation von Gen. 3,15 zu bekunden.

Le Clerc, der 1685–87 eine Kontroverse mit Richard Simon über die Entstehung des Pentateuch ausgetragen hatte, bezieht in seinen Prolegomena zum Kommentar in einer „Dissertatio de Scriptore Pentateuchi Mose" die traditionelle Position, nach der Mose der Verfasser des Pentateuch gewesen sei:[93]

---

[91] Vgl. Der einzig mögliche Beweisgrund ..., S. 687, Anm. – Die Offenbarung hat demgegenüber ihre wirkliche Funktion darin, die menschliche Seele über „ihr eigen Wesen" aufzuklären und sie eine „Glückseligkeit" „mit Überzeugung hoffen" zu lehren, „welche die Vernunft nicht einmal zu erwünschen sich erkühnen darf" (S. 343f.).

[92] Der einzig mögliche Beweisgrund ... S. 683, Anm.; interessant ist in dieser Hinsicht Kants Deutung der ursprünglichen Gottebenbildlichkeit in der Vorlesung „Praktische Philosophie Herder" (AA Bd. 27/1, S. 19, Z. 16–18), vgl. „Metaphysik Herder" (AA Bd. 28/2.1, S. 895,35–896,37).

[93] Eine sehr umsichtige Untersuchung zu le Clerc ist M.C. PITASSI, Entre Croire et Savoir; s. dort zur Pentateucherklärung bes. S. 11–19, 23–35, 73–83. Vgl. auch H. GRAF REVENTLOW, „Bibelexegese als Aufklärung. Die Bibel im Denken des Johannes Clericus (1657–1736)", S. 1–19, „Richard Simon und seine Bedeutung für die kritische Erforschung der Bibel", S. 11–36, bes. S. 19f.; R. VOELTZEL, „Jean le Clerc (1657–1736) et la Critique Biblique", S. 33–52; J. LE BRUN, „La réception de la théologie de Grotius ...", S. 201–206; M.I. KLAUBER, „Between protestant orthodoxy and rationalism: Fundamental articles in the early career of Jean LeClerc", S. 611–636; C.

„Scriptores notissimi Pentateuchum aut prorsus a Mose abjudicarunt, aut saltem quale ad nos pervenit, totum ejus esse negarunt; nos vero, in hisce nostris Commentariis, ut ab antiquissimis temporibus fieri solet, eos Libros semper Mosi tribuimus."[94]

Interessanter als der Verzicht auf ein kritisches Urteil in der Verfasserfrage sind jedoch seine Überlegungen zur Darstellung der ‚res ante Mosen natum ... gestae' (§ II). Le Clerc bezieht sich auf eine Debatte unter Gelehrten (*Eruditi*) darüber, ob Mose, wenn er diese Überlieferungen geschrieben habe, sie als erster aufgeschrieben oder „ex antiquioribus monumentis" geschöpft habe. Da Mose nun an keiner Stelle direkt beanspruche, die Kenntnis der Geschichte vor seiner Zeit einer besonderen göttlichen Offenbarung zu verdanken, vertritt le Clerc die Auffassung, daß ihm schriftliche Traditionen vorgelegen hätten.[95] Deren genaue Gestalt lasse sich aber nicht mehr rekonstruieren:

„Qualia ... & quot fuerint ea Scripta ii ... dixerint, qui iis temporibus vivebant, si ad vitam revocarentur. Conjecimus nonnulla carminibus ὁμοιοτελεύτοις ... scripta fuisse. ... Certe apud omnes paene Gentes, antiquissimarum historiarum fragmenta versibus continebantur, ut ostenderunt viri docti."[96]

Die Tradition der Schöpfung hat dabei eine besondere Stellung, denn auch die antiken Nachbarvölker Israels hätten „ex veteribus monumentis" ein Wissen davon gehabt, daß die Welt erschaffen wurde (§ VII/4). Obwohl nicht ganz deutlich ist, ob le Clerc so eine gemeinsame wahre Schöpfungstradition unter allen antiken Völkern annimmt, scheint doch seine Hochschätzung von Grotius' *De Veritate Religionis Christianae*, eines „opusculum aureum", in diese Richtung zu weisen.[97] Seine Traditionstheorie führt le Clerc nicht im einzelnen in Untersuchungen zur möglichen Gestalt der Tradition aus. Im jetzigen Text ist es in jedem Falle ja Mose, der „rem veterem verbis suo tempore usitatis" erzählt und dabei auf das Volk, „ex quo Linguarum usus pendet", Rücksicht nimmt.[98]

Houtman, Der Pentateuch, S. 43–55. – J. G. Carpzov erklärte 1721 le Clercs Positionswechsel mit der Kritik von H. Witsius (Introductio ad Libros Canonicos Bibliorum Veteris Testamenti omnes, Teil I, S. 38–41), vgl. Pɪᴛᴀssɪ aaO. S. 28f.

[94] Dissertatio III, § I (Ausgabe 1693 unpag., Ausgabe 1733, Sp. XXIV b). Die gemeinten, aber nicht genannten Autoren sind wohl Hobbes (Leviathan, Kap. 33, S. 261f.), Spinoza (Tractatus Theologico-Politicus, Kap. 8, S. 278ff.) und Simon (Histoire Critique, Buch I, Kap. V-VII, S. 31–51). Eine kritische Überprüfung von 18 Stellen, die auf nachmosaische Entstehung weisen sollen, führt le Clerc zu dem Ergebnis, daß allenfalls geringe Zusätze von späterer Hand anzunehmen seien (§§ III-IV).

[95] Im Grundsätzlichen ebenso Simon aaO. S. 46f.

[96] Als mosaische Beispiele solcher Lieder führt le Clerc Ex. 15 und Dtn. 32 an, als vormosaische Beispiele Gen. 4,24 und 7,11 in eigenwilliger Rekonstruktion ihrer Versgestalt. Als ein weiteres Argument für das frühe Vorhandensein von Liedern gilt le Clerc die Erfindung der Musik nach Gen. 4,21. In seiner Bibliotheque universelle hatte le Clerc schon 1688 einen „Essai de Critique, où l'on tâche de montrer en quoi consiste la Poesie des Hebreux" veröffentlicht (Teil IX, S. 219–291).

[97] Im Kommentar zu Gen. 1,2 (1693, Sp. 5a; 1733, Sp. 4b). Le Clerc besorgte 1709 eine neue Ausgabe von Grotius' Buch. Vgl. aber Pɪᴛᴀssɪ aaO. S. 70 zu le Clercs Stellung zu P.D. Huet.

[98] 1693, Sp. 9b bzw. 8b; 1733, Sp. 10b bzw. 9a; vgl. hierzu auch in den Prolegomena die zweite Dissertation „De optimo genere Interpretum S. Scripturae".

Wichtige Differenzen zwischen der mosaischen und übrigen antiken Traditionen ergeben sich bei der Chronologie der Urzeit. In apologetischer Haltung betrachtet le Clerc die Genealogie, wie sie Mose schreibt, als die richtige und erkennt Moses Absicht bei ihrer Abfassung gerade darin, mit ihr die Chronologie der Ägypter („ingens ille numerus aetatum') zu widerlegen (§ VII/4).[99]

Die Geneskommentierung le Clercs stellt die Wahrheit der mosaischen Geschichte den ‚vicinorum fabulae, adeoque religiones, quae saepe iis nitebantur' gegenüber (§ VII/4,6). Eine Bestätigung für die biblische Tradition findet er auch bei den ‚accuratissimi hujus aevi Physici',[100] z.B. in der Interpretation der Schöpfungsgeschichte für seine Erklärung von στερέωμα, dem Übersetzungswort der Septuaginta für רקיע in Gen. 1,6. Im Verstehen der historischen und physikalischen Wahrheit des mosaischen Textes kommt die Kritik zu ihrem Ziel, die gemäß ihrer hermeneutischen Absicht „Hebraismos, opiniones, consuetudines, ritus, adlusiones, & naturam locorum" aufhellt.[101] Le Clerc will als bibelwissenschaftlicher Kommentator keine ‚controversiae theologicae' berühren, und gerade nicht „huic aut illi Sectae, sed omnibus Scripturae Sacrae & veri, quod Christianis commune esse debet, amantibus" schreiben. Es geht also darum, die Dinge zu verstehen, „quae ipsi qui scripserunt voluerunt a vulgo intelligi",[102] und die Erwartung, ein Kommentator müsse „θεολογικωτέρως" schreiben, weist er zurück.[103]

Die mosaische Urgeschichte erscheint so bei le Clerc als ein antiker Text, der aus vormosaischen Traditionen erwachsen ist, die ihrerseits in der israelitischen Überlieferung in einer spezifischen Akkommodation erhalten sind. Stärker als Grotius gewichtet le Clerc neben der griechischen auch die babylonische, phönizische und ägyptische Antike für die Interpretation der mosaischen Darstellung.[104] Sein hermeneutisches Prinzip, den ursprünglichen Sinn eines Textes in der historischen rhetorischen Konstellation zwischen Verfasser und Hörerschaft aufzudecken, verbindet sich aber mit einem gewissen Maß an hermeneutischer Skepsis. So heißt es dann zu Gen. 3:

„… quomodo peccatum in orbem ingressum sit, adeo ut primi peccati circumstantias perspicue, & sine ulla dubitandi ratione, intelligere possimus, indicare eorum esset, qui rei interfue-

---

[99] Vgl. auch Pitassi aaO. S. 39–44.

[100] 1693, Sp. 8a; 1733, Sp. 8b.

[101] Dissertatio II in den Prolegomena, § II „Quid sit interpretari, & quae methodi quam sequuti sumus potissima capita"; 1693 unpag.; 1733, Sp. XIIIb/XIVa.

[102] Ebd. Le Clerc verweist für dieses hermeneutische Ideal auf Cicero: „… quod de se, circa Graecas litteras, dicebat, apud Ciceronem, Antonius".

[103] Vgl. Pitassi aaO. S. 73–77. Diese Haltung findet Ausdruck auch in dem Schreiben, mit dem le Clerc seinen Pentateuchkommentar 1695 dem Erzbischof von Canterbury, Thomas Tenison, übersendet (Lambeth Palace Library, Msc. 953/41).

[104] Vgl. z.B. seine Erklärung von Gen. 1,6 (1693, Sp. 7b; 1733, Sp. 8b). 1690 hatte le Clerc aus Thomas Stanleys Philosophiegeschichte der Antike die „History of the Chaldaick Philosophy" (1662) ins Lateinische übersetzt.

runt, si revivisceren". Klar sei nur, „primos ... humani generis Parentes initium fecisse peccandi, unde innumera mala ipsis eorumque posteris incubuere".[105]

Le Clerc verzichtet bewußt auf weitergehende theologische Deutungen und läßt die ‚historia nascentis orbis' so stehen, wie sie durch seine philologische und historische Kritik aufgeklärt worden ist.

Innerhalb der Bibelwissenschaft setzt le Clerc für die Genesisexegese mit seinem Traditionsgedanken und dem Vergleich außerbiblischer Traditionen den Weg zu einem neueren Verständnis des Geschichtlichen fort, und gerade dafür wird er von Johann Gottlob Carpzov kritisiert. Carpzov, dessen Verhältnis zur lutherischen Tradition sich daran ablesen läßt, wie er Calov gegen die Kritik le Clercs verteidigt,[106] wendet sich gegen le Clercs Darlegungen über die Absicht, die Mose mit der Abfassung des Pentateuch verfolgt habe (S. 47–50), und sein Zugeständnis, daß einzelne nachmosaische Zusätze im Pentateuch enthalten seien (S. 57–62). Im besonderen weist er mit einem substantiellen dogmatischen Scheinargument le Clercs Theorie über die *carmina ὁμοιοτέλευτα* zurück.

„... ea omnia, magno quanquam apparatu suffulta, uno ϑεοπνευστίας ariete concussa corruunt ... Quare nec iis accedimus, qui ex traditione πατροπαραδότῳ ea, quorum ipse pars non fuit, hausisse Mosen & in literas redegisse credunt. ... rectius ... soli ϑεοπνευστίας omnia tribuimus ..." (S. 62f.).

Demgegenüber zeigt der große Genesiskommentar des französischen Benediktiners Augustin Calmet von 1707 ein le Clerc durchaus vergleichbares Bewußtsein für historische Kritik.[107] Der Kommentator sagt von sich in der „Préface generale", er habe „divers Auteurs anciens, Grecs & Latins, & plusieurs nouveaux Voyageurs" gelesen, „dans la vûe de s'instruire des moeurs des anciens peuples d'Orient, & de trouver dans leurs Loix, dans leurs Coutumes, dans leurs expressions de quoi éclaircir les livres de l'Ecriture." Die Begründung für dieses methodische Vorgehen ist selbstverständlich der historische Abstand zwischen der Zeit des Textes und der Gegenwart seines Interpreten:

„La grande antiquité des livres des Hébreux, & la diversité qui se trouve entre les gouts, les sentimens & les manières de parler de ceux qui les ont écrits, & les nôtres, font une des plus grandes difficultez de les bien expliquer." (S. II). Für das Kommentieren gilt deshalb: „Si l'on vient à cette étude occupé de ses préjugez, & rempli des idées de nos maniéres de vivre ..., l'on tombera à tout moment dans des incongruitez insuportables." (S. VI).

---

[105] 1693, Sp. 25b; 1733, Sp. 28a. Zu Gen. 3,15 im besonderen heißt es: „... quaerendum ..., an sine ulteriori interpretatione, Heva, & antiquissimi Hebraei haec de singulari illa persona, quae Messias dicitur, intelligere potuerint" (Sp. 31b bzw. Sp. 35b).

[106] Introductio (s.o. Anm. 35), S. 19.

[107] Commentaire litteral sur tous les Livres de l'Ancien et du Nouveau Testament, Bd. I, Paris 1724; die „Approbation" für den Genesiskommentar von 1707 ebd. S. LXXVIII. Vgl. zu Calmet P. MARSAUCHE, „La Musique guérit les Mélancholies: Etude sur le Commentaire de Dom Calmet", S. 195–207; F. DECONINCK-BROSSARD, „England and France in the Eighteenth Century", S. 155f. – Auch Calmet schreibt eine „Dissertation sur la Première Langue" in den Prolegomena zu seinem Kommentar (S. XV-XXII).

Calmet will sich mit seinem vorrangig auf den „sens litteral" abzielenden wissenschaftlichen Programm (S. II) in eine Tradition von Bibelkommentierungen einrei-
hen und eine Entwicklung fortsetzen, die „depuis les derniéres héresies" eingesetzt
habe (S. V); den Gebrauch protestantischer Arbeiten schließt er ausdrücklich ein
(S. III), und seine Kritik ist differenziert (S. V).[108] Allerdings ist die Tragweite seines
exegetischen Vorhabens begrenzt, denn „notre Foi est fixée" und „les régles de la
Morale sont invariables" (S. I), auch unterliegt der christologische Sinn des Alten
Testaments keinem Zweifel (S. II). Die Konzilsentscheidung von Trient zugunsten
der Vulgata[109] betrachtet Calmet dagegen nicht als ein Hindernis seiner Untersuchungen:

> „Saint Jerôme, tout habile qu'il étoit, n'a pu exprimer par sa seule version, toutes les maniéres
> différentes dont on peut traduire le même texte de l'Ecriture, ni y renfermer tous les sens
> qu'on lui peut donner ..." (S. III).[110]

Ausgangspunkt für seinen Genesiskommentar ist die Feststellung: „Le Pentateuque est l'ouvrage de Moïse." (S. IX).[111] Mose, „comme un habile Orateur"
(S. XI), belehrt Israel über den wahren Gott und setzt dafür mit der Geschichte der
Schöpfung ein. Er schreibt zu einer Zeit, „où le nom de Dieu n'étoit presque plus
connu que des Juifs; les autres peuples étoient plongez dans une profonde ignorance du vrai Dieu & de la vraie Religion" (S. X). Im Rückgriff auf Origenes bekräftigt Calmet, daß Mose den Traditionen der übrigen Antike weit überlegen sei, und
im Rückgriff auf Tertullian zeigt er, wie die Kirchenväter eine Abhängigkeit der
übrigen antiken Dichter und Philosophen von der biblischen Tradition gesehen
hätten.[112]
Für die Abfassung der Genesis durch Mose nimmt Calmet voraufgehende urzeitliche Traditionen an.

> „Quoiqu'à prendre les choses dans la riguer, il ne soit pas impossible que Moïse n'ait pû ap-
> prendre par la tradition orale tout ce qu'il nous dit de la création du Monde, du Déluge, & de
> l'âge de Patriarches ...; il est pourtant assez croyable que ce Législateur avoit des mémoires &
> des recueils qui se conservoient dans les familles des Juifs." (S. XIII).

---

[108] Vgl. z.B. die Auseinandersetzungen mit Grotius und La Peyrère im Kommentar zu Gen. 2,7
(S. 18–20) oder mit Th. Burnet im Kommentar zu Gen. 7,11 (S. 74–76).
[109] Vgl. DENZINGER/SCHÖNMETZER, Enchiridion Symbolorum, Definitionum et Declarationum, Nr. 1506.
[110] Vgl. zu diesem Problem R. Simon in der Histoire Critique du Vieux Testament, Buch II,
Kap. XI-XIV.
[111] Wie le Clerc räumt jedoch auch Calmet einige kleinere Zusätze ein.
[112] S. XI: „Origéne [Lib. I contra Celsum] comparant Moïse aux anciens Poëtes & Législateurs
des Païens, comme Linus, Musée, Orphée, Pherecidés, relève infiniment ce Législateur au-dessus
d'eux." – S. XII: „La plus grande partie de l'histoire fabuleuse de ces peuples, est fondée sur de vé-
ritables histoires qu'on lit dans les Livres saints des Juifs; & la plupart des anciens Peres ont crû que
les Philosophes & les Législateurs anciens avoient puisé dans les Livres de Moïse, ce qu'ils ont dit de
plus juste sur la Morale, & ce qu'ils ont établie de plus sage dans leurs Loix. Quis Poëtarum, dit Ter-
tullien [Apologetic. contra Gentes, c. 47], Quis Sophistarum, qui non de Prophetarum fonte pota-
verit? ..." Vgl. DROGE aaO. S. 157–167.

Wenn die von Mose dargestellte Geschichte zuverlässiger als die frühe Geschichte etwa der Griechen sei, „c'est apparement aux mémoires dressez avant Moïse qu'on en a l'obligation" (ebd.). Dieser Traditionsvorteil ist den Hebräern auch eigen, wenn man sie nur „comme un peuple particulier" unter den antiken Völkern betrachtet und von ihrer Religion absieht (S. LXXIII). Für Mose behauptet Calmet jedoch unter Bezug auf Jes. 40,7f. daneben noch eine „inspiration immédiate de l'Esprit de Dieu" (S. XIII).

Obwohl Calmet sie nicht für seine Genesisinterpretation fruchtbar macht, verdienen die Ausführungen seiner „Dissertation sur la Poësie des Anciens Hébreux" in den Prolegomena zum Exoduskommentar hier Beachtung.[113] Im Anschluß an Scaliger und dessen Nachfolger bestreitet er zunächst die von Hieronymus und auch von zeitgenössischen Autoren vertretene Auffassung, daß die hebräische Poesie durch feste, den griechischen vergleichbare Versmaße ausgezeichnet sei. Sodann entwickelt er den Begriff einer „poésie naturelle" und definiert deren Eigenheiten im Unterschied zur „poësie méthodique & artificielle" (S. 376).

„La raison & le sang frœid parlent d'une manière simple & directe; mais la passion s'exprime avec force & avec vivacité. La véhémence des expressions, les figures du discours, l'élévation des sentimens proportionnez à la grandeur & à la qualité du sujet, font ce que j'appelle la Poësie naturelle …".

Solche Dichtung bringt die Leidenschaften „sans art & sans réfléction" zum Ausdruck,[114] und sie ist regelmäßig mit Musik verbunden. Menschheitsgeschichtlich reicht sie bis in die Urzeit zurück: „La Poësie naturelle est aussi ancienne que les hommes." Aus vormosaischer Zeit findet sich im Alten Testament mit Gen. 4,23; 9,25–27 und Gen. 49 „quelque débris de cette ancienne Poësie naturelle", dazu auch im Buch Hiob, „supposé qu'il ait été écrit avant Moïse" (S. 377). Allein charakteristisch für diese Dichtung ist ihr Stil, besonders die variierende Wiederholung des Gesagten,[115] und bis in die Zeit des Neuen Testaments verliert die hebräische Poesie ihren spezifischen Charakter nicht (S. 377).

Ebenso wie hinter der Gestalt des Mose als des autoritativen Lehrers und Gesetzgebers die Frage der vormosaischen Tradition und deren Form zurücktritt, verdeckt der Gedanke des Wirkens des Heiligen Geistes wiederum die Ansätze zur Deutung von religiöser Dichtung, die Calmet mit dem Begriff einer „poësie naturelle" als Ausdruck von Leidenschaften formuliert hatte. Erst eine Generation spä-

---

[113] Ebd. S. 373–78. Veranlaßt ist die Abhandlung durch Ex. 15. „Ce cantique de Moïse est la plus ancienne piéce de Poësie que nous ayons [Origen. homil. 6. in Exod.], quoi qu'apparemment elle ne soit pas la première qui ait été faite." (S. 457, vgl. S. 377). Vgl. J. DYCK, Athen und Jerusalem, S. 97–99; R.P. LESSENICH, Dichtungsgeschmack und Althebräische Bibelpoesie, S. 7f.; D. NORTON, A history of the Bible as literature, Bd. II, S. 22f.

[114] Daneben steht bei Calmet auch noch der Gedanke des „enthousiasme divin & surnaturel" als Einfluß des Heiligen Geistes, S. 377f.

[115] „C'étoient des expressions figurées, élevées & sententieuses, où l'on affectoit ordinairement une espéce de répétition de la même chose en différens termes, dans les deux parties d'une même sentence …" (S. 377).

ter wird der Traditionsgedanke durch Jean Astruc[116] und der poetologische Gesichtspunkt durch Robert Lowth eine weiterreichende Bearbeitung erfahren. In der gebildeten Orientierung an der außerbiblischen antiken Überlieferung ist die Genesiskommentierung jedoch offenkundig schon lange vor der Mitte des 18. Jahrhunderts in Bewegung geraten.

4. Die Genesis und Dichtung (Robert Lowth u.a.)

Robert Lowths *De Sacra Poesi Hebraeorum Praelectiones* von 1753 sind, obwohl kein Werk der Genesisinterpretation, ein wesentlicher Faktor unter den exegetischen Voraussetzungen für Herders Untersuchung der mosaischen Urgeschichte. Denn sie erschließen die poetischen Teile des Alten Testaments unter dem Gesichtspunkt, daß in ihnen menschheitsgeschichtlich früheste Dichtung vorliege.[117] Da für das 18. Jahrhundert Hiob, Mose als Pentateuchautor mit Dichtungen wie Ex. 15 und Dtn. 32 sowie den Orakeln Bileams in Num. 23f. und David als Psalmendichter dem Zeitalter Homers vorausgehen, hat dieser Gesichtspunkt eine einfache historische Plausibilität. Herder gebraucht das Werk in der von Johann David Michaelis erweiterten Ausgabe von 1758/61.[118] Seine Hochschätzung des auf diese Weise zweistimmig gewordenen Werks spricht sich 1767 in dem Wunsch aus, daß „ein Gelehrter von *Geschmack*, *Sprachkenntnis* und *Philosophie*, aus *allen* seinen [sc. Michaelis'] Schriften insonderheit aus seinem *Lowth* ... Grundlinien zur Erklärung der *morgenländischen Gedichte* entwerfen" möge.[119]

---

[116] Vgl. zu Astruc HOUTMAN aaO. S. 63–70.

[117] Zitiert wird im folgenden nach dem Erstdruck Oxford 1753 und dem zweibändigen Nachdruck Göttingen 1758/61. Vgl. auch die englische Übersetzung von G. Gregory (1787, ND 1969). – Auf die wichtige hermeneutische Entscheidung Lowths, auch die alttestamentliche Prophetie als Dichtung zu beschreiben (Prael. XVIII–XXI) kann im Zusammenhang der vorliegenden Arbeit nicht eingegangen werden. Vgl. dazu M. ROSTON, Prophet and Poet, S. 13, 126–195; S. PRICKETT, Words and *The Word*, S. 104–114. Für die Propheteninterpretation hat Lowth als einen wichtigen Anknüpfungspunkt seiner ästhetischen Kritik die „prophetische Ode" des Mose in Dtn. 32 (vgl. Prael. XXVIII, S. 273 = 570). Es scheint nicht ganz unnötig darauf hinzuweisen, daß bei Lowth keineswegs das ganze Alte Testament als Dichtung gilt; es gibt neben ihr die Geschichtsschreibung und die Gesetzgebung, die ihrerseits von erheblicher Bedeutung für die Dichtung sind, vgl. z.B. Prael. VIII und IX. – Eine Einordnung von Lowth in die breitere Bewegung einer gegen klassizistische Normen gerichteten stilkritischen Neubewertung alttestamentlicher Dichtung findet sich bei LESSENICH, Dichtungsgeschmack ..., passim; vgl. auch ders., Aspects of English Preromanticism, S. 144–159.

[118] Michaelis' Beiträge sind hier eine „Praefatio Editoris" (Bd. I, S. III–XXXVIII), 139 „Notae Editoris", vier „Epimetra Editoris" (zu den Vorlesungen IX, S. 181–204; XIX, S. 382–392; XXVII, S. 539–557; XXXII, S. 647–701) sowie „Drey Psalmen Davids in deutschen Versen nachgeahmt". S.o. S. 18.

[119] FA 1, S. 538. Das von Herder in diesem Zusammenhang formulierte hermeneutische Programm (S. 292f.) findet sich ähnlich bei Lowth in Prael. V (S. 46f. = 90). Bemerkungen wie die zitierte (vgl. u. Anm. 146) gewinnen ein besonderes Gewicht vor dem Hintergrund von Hamanns Kritik an Michaelis, vgl. die „Kreuzzüge des Philologen" von 1762, bes. „Aesthetica in nuce" (Werke Bd. II).

Lowths *Praelectiones* entstanden als öffentliche Vorlesungen in den Jahren 1741–1750, in denen er der Professor of Poetry an der Universität Oxford war.[120] In der einleitenden Vorlesung situiert Lowth deshalb zunächst sein Studium der Poesie im universitären Kontext, indem er im Rückgriff auf Aristoteles und Horaz „notissima" über die Funktion von Dichtung vorträgt. Die leitende Hinsicht dafür ist die „ar[c]ta inter Philosophiam et Poesin cognatio". Philosoph und Dichter verfolgen dieselbe bildende Absicht: „Uterque Docentis personam sustinet, quam quidem alter ita optime tueri censetur, si clare doceat, si subtiliter, si enucleate; alter, si jucunde, ornate, suaviter, eleganter" (S. 3 = 5). Direkt oder indirekt erzieht Dichtung zur „honestas" oder „virtus" (S. 5, 10 = 8, 16 u.ö.). Die das akademische Studium von Poesie rechtfertigende Funktionsbestimmung greift für Lowth jedoch zu kurz. Das Wesen der Poesie sei erst in ihrer religiösen Dimension zu verstehen: „Quid enim habet universa Poesis … grandius, excelsius, ardentius; quid etiam venustius et elegantius, quam quae in sacris Hebraeorum Vatum scriptis occurrunt?" (S. 16 = 26).

Ihren besonderen Rang hat die hebräische Poesie nicht allein deshalb, weil die biblischen Autoren sie als ein stilistisches Mittel gebrauchen. Auf den religiösen Charakter von Dichtung führt von einer anderen Seite die Frage nach ihrem Ursprung. Die wiederholte Diskussion dieses Problems, in der Lowth sich an Longinos' Schrift *Peri Hypsous* anlehnt (vgl. z.B. S. 125 = 269), ist einer der wichtigsten Aspekte seiner Poetikvorlesungen.[121] **Lowth sieht die erste Dichtung als die menschliche Antwort auf die Schöpfung.** „… quid verisimilius, quam primum inconditi carminis conatum in Creatoris laudes ipso exardescentis animi impetu erupisse?" (S. 16 = 27)[122] Die Affekte, die in der frühesten Dichtung Ausdruck finden, sind die noch durch keine ‚opinionum vanitas' verstellte Bewunderung (*admiratio*) von und Freude (*gaudium*) an den in der Schöpfung erkennbaren göttlichen Eigenschaften. Diese frühe religiöse Dichtung ist etwas Natürliches und Universales.[123]

---

[120] Zu ihrer Bedeutung für die zeitgenössische Theologie in Oxford vgl. M. PATTISON, „The Life of William Warburton", S. 135f. Lowths Vorlesungen seien „the first sign of the awakening of Oxford from that torpor under which two generations had now lain, under the besotting influence of Jacobite and high-church politics". In England habe er mit ihnen Warburton verdrängt, der zuvor jahrelang „the monopoly of learned theology" mit seiner Divine Legation of Moses beansprucht habe. Vgl. auch L.S. SUTHERLAND/L.G. MITCHELL, The History of the University of Oxford, Vol. V: The Eighteenth Century, S. 539f., S. 798f. – David Hume lobt Lowth in einem Brief an Hugh Blair 1766 als „a very candid & ingenious Critic" (Letters Bd. II, S. 12). Ob Hume die Praelectiones kannte oder ob eher an Lowths aktuelle Polemik gegen Warburton in A Letter to the Right Reverend Author of the Divine Legation … (1765) zu denken ist? Blair bezieht sich in seinen 1783 publizierten Lectures on Rhetoric and Belles Lettres positiv auf Lowth.

[121] Vgl. M.H. ABRAMS, The Mirror and the Lamp, S. 72–78; ROSTON aaO. S. 121–125; PRICKETT aaO. S. 37–45.

[122] Lowth führt für den religiösen Ursprung von Poesie hier wie auch in der ersten Vorlesung über die Ode (S. 246) Platon an (Nomoi, Buch III, 700ab). Für ein eigentliches historisches Argument eignet sich der Beleg jedoch nicht, denn Platon stellt dort vier ursprüngliche Dichtungsgattungen nebeneinander, Hymnen, Klagegesänge, Siegesgesänge und Dithyramben.

[123] „… facultas a natura profecta, praeceptis et legibus non nisi sero conformata, non aetatis alicujus aut gentis propria, sed universi humani generis" (S. 16 = 27).

Durch die einleitende Vorlesung stehen Lowths poetologische Untersuchungen in der Spannung zwischen einer philosophischen Funktionsbestimmung, nach der Poesie philosophische Inhalte vermittelt (*prodesse delectando*),[124] und einer theologischen Ursprungshypothese, nach der sie eine Antwort auf den Anblick des Schöpfungswerkes ist. Durch das eine wird Dichtung als Kunst definiert,[125] durch das andere als natürlicher Ausdruck von leidenschaftlicher Bewegtheit (*affectus*). Den Analysen der hebräischen Poesie in den Ausführungen über die „Erhabenheit" und über die Ode, die stark in die Richtung einer natürlichen Erklärung der Poesie weisen, stehen andere gegenüber, in denen die aus dem Vergleich von Philosophie und Poesie gewonnenen Aspekte dominieren und die sich leichter mit der traditionellen Inspirationslehre vereinen lassen.[126]

Ein Grund für die unausgeglichene Spannung im Verständnis von Poesie dürfte darin liegen, daß Lowth sich mit seiner ästhetischen Kritik nicht in theologische Kontroversen verwickeln will. So achtet er darauf, „ne si in spatiis Poeticis nimis licenter vagamur, in Theologiae sacraria imprudentes irruamus".[127] Auf eine theologisch unbedenkliche Position zieht er sich auch in einer Nebenbemerkung zurück, in der er für die „Sacra Poemata" des Alten Testaments erklärt, „hic Poesin in ipsis primordiis intueri licet, non humano ingenio excogitatam, sed e coelo delapsam" (S. 21 = 33f.).

Lowth gibt seinen Vorlesungen keine historische, sondern eine systematische Disposition. Sowohl für das Buch Hiob, seiner ganzen Eigenart nach „antiquissimum … omnium monumentorum sacrorum" (S. 312 = 649f.), als auch für die Ode als älteste Gattung fehlt eine eigentliche historische Perspektive.[128] Als Interpret der „Sacra Poesis Hebraeorum" ist für ihn die Frage des Ursprungs der Poesie nur ein Aspekt seines Themas. Denn die hebräische Poesie hat ihre Charakteristika in einem Kulturraum, der spätestens seit Mose eine unverwechselbare religiöse Prägung durch eine spezifische Tradition hat.[129] Im Teil ‚De Stylo Poeseos Hebraeae' (Prael. IV-XVII) führt Lowth seine Beobachtungen ohne historische Differenzierungen an Belegen aus den Psalmen, den Propheten, Hiob usw. vor und setzt für seine Untersuchung der ‚imagines ex rebus sacris' (VIII) und der ‚imagines ex historia sacra'

---

[124] Daß es sich dabei nicht um das bloße Relikt eines alten Poesieverständnisses handelt, dem die folgenden Vorlesungen widersprächen, zeigen die Vorlesungen XXXII-XXXIV über Hiob als ein ‚egregium veteris sapientiae monumentum' (S. 319 = 661), vgl. bes. die Bestimmung des „argumentum poematis" S. 313–316 = 652–657.

[125] „ars", ebd. S. 2, 15f. = 3, 26.

[126] Vgl. NORTON aaO. S. 64. Norton findet für das Problem jedoch eine zu schnelle Lösung, wenn er von Lowth sagt, „He is at once an aesthete and a religious moralist, an open-minded investigator and a representative of the old position." (S. 62)

[127] Praelectiones S. 24 = 38; vgl. S. 143 = 307 die Einleitung zu den beiden Vorlesungen „De Sublimitate Conceptuum" (XVI) und „De Sublimitate Affectuum" (XVII).

[128] Zu Hiob Prael. XXXII-XXXIV, zur Ode Prael. XXV-XXVIII.

[129] Die literaturwissenschaftliche Rezeption von Lowth vereinfacht hier oft zu stark. Vgl. zusammenfassend z.B. DECONINCK-BROSSARD aaO. S. 160: „What Robert Lowth is most famous for, is his treatment of the Bible as literature, with his emphasis on the non-theological nature of Hebrew poetry viewed only as Oriental literature." Richtiger demgegenüber M. OLENDER, The Languages of Paradise, S. 28–31.

(IX) ausdrücklich das Vorhandensein des mosaischen Pentateuch sowie gegebenen-
falls des salomonischen Tempels voraus.[130]

Für die ästhetische Kritik der hebräischen Poesie spielt die Formkritik eine wesentlich geringere Rolle als im Falle der griechischen und römischen Dichtung,
weil das Versmaß bei ihr kein gültiges Kriterium ist. Zwar betont Lowth, daß auch
die hebräische Poesie durch „numeris ... et metro aliquo" ausgezeichnet sei (S. 25 =
40), legt aber zugleich dar, daß die Kenntnis von Silbenmaß und Rhythmus verloren sei.[131] Nicht feste Versmaße, sondern eine ‚peculiaris sententiarum conforma-
tio' unterscheide die hebräische Poesie von Prosa (S. 30 = 58, vgl. S. 43 = 84). „In
hac peculiari conformatione, sive Parallelismo Sententiarum, Metricae Hebraeae
artificium magna ex parte contineri existimo".[132] Lowth entwickelt die Parallelstruktur poetischer Sätze zuerst an Gen. 4,23f. und kommt danach (und gestützt auf
einige weitere Belege) zu dem Schluß:

„... ex his omnibus colligere licebit, genus hoc Poeticae, cui prorsus concinit quicquid jam
restat Hebraici carminis, nec Mosem habuisse auctorem primum, nec proprium fuisse Hebraeae gentis; sed eam, tanquam primitias quasdam humani ingenii, ab ipsis mundi primordiis ad se delatam Hebraeos accepisse, et cum caeteris orientis populis communi studio coluis-
se" (S. 41 = 81f.).

Die Parallelstruktur in der Poesie gehört danach zum ‚linguae ingenium' (S. 43 =
85). Neben dem Ergebnis der Formkritik stehen in der Beschreibung der hebräischen Poesie die Untersuchung ihrer Bildhaftigkeit (Prael. V-IX) und ihrer Erhabenheit (Prael. XIV-XVII).[133] Zusammen dienen diese drei Definitionsmerkmale
Lowth dazu, sein hermeneutisches Programm auszuführen, „Hebraea, quantum
fieri potest, tanquam Hebraei" zu lesen (S. 47 = 90). Sie sind im engeren Sinne Leit-
linien für die Exegese poetischer Texte des Alten Testaments.

Im Blick auf die Genesisinterpretation und das Problem der Urgeschichte sind
darüber hinaus Lowths Ausführungen zum Ursprung der Poesie von besonderem
Interesse. Eine Darstellung der natürlichen Entstehung der Dichtung gibt er für
Griechenland (S. 36–39 = 68–75), indem er Dichtung als eine „oratio ex ipso naturae habitu deprompta" beschreibt, die mit „subitae exclamationes" anfangend,
sich nicht zuletzt mit Hilfe von Musik und Tanz weiterentwickelt, um sodann

---

[130] Praelectiones S. 68f. = 142–145. In der Analyse von Psalm 104 will Lowth zum Beispiel zeigen, wie die Bilder des Psalms auf die Stiftshütte Bezug nehmen (S. 72–74 = 149–153).

[131] „Quod autem ad veros horum versuum numeros, ad rhythmum et modulationem attinet, id
omne et penitus ignotum esse, et nulla unquam arte aut industria humana investigari posse, ex ipsa
rei natura satis apparet." (S. 28f. = 47f.)

[132] Praelectiones S. 194 = 388f. Dem „Parallelismus" ist besonders die 19. Vorlesung gewid-
met, die die Klassifikation der Prophetie als eine formal durch dieses Stilmerkmal qualifizierte
Poesie rechtfertigen soll. Ohne den Begriff wird die Sache schon in der 4. Vorlesung erklärt. Vgl.
NORTON aaO. S. 67–73 und als neuere Untersuchungen zu Lowths „Parallelismus" J.L. KUGEL,
The Idea of Biblical Poetry, bes. S. 274–286; A. BERLIN, The Dynamics of Biblical Parallelism; L.
ALONSO SCHÖKEL, A Manual of Hebrew Poetics, S. 48–94.

[133] Mit ‚genus sententiosum', ‚genus figuratum' und ‚genus sublime' geht es in dem Teil „De
Stylo Parabolico" um ‚genus' im Sinne von ‚character' (vgl. S. 36 = 66).

Funktionen für die ethische Unterweisung und die Tradierung von geschichtlicher Erinnerung zu übernehmen (S. 36f. = 69f.). Als Modell für die ‚apud exteras nationes Poeticae origo‘ entworfen, überträgt Lowth es auch auf die hebräische Tradition: „Eodem modo apud Hebraeos etiam se rem habuisse … ut ex rei natura verisimile est, ita clare etiam apparet ex reliquiis et vestigiis quibusdam dictionis poeticae, quae in scriptis Mosaicis extant."[134] Diese Ursprungstheorie führt er in den Vorlesungen zur „sublimitas" und zur Ode weiter. Auch für die hebräische Poesie gilt danach, was mit Longinos über das Erhabene und mit Horaz über das Verhältnis von Leidenschaften und Dichtung zu sagen ist. „Quod in universa poeseos natura obtinet, id in Hebraeorum poesi vel praecipue locum habere facile constabit." (S. 126 = 271) „… poeticam quasi proprium quendam sermonem esse quo affectus loquuntur, existimant Orientales" (S. 136 = 286). Die Analyse des ‚furor poeticus‘, der in komparatistischer Perspektive in der hebräischen wie in der griechischen und römischen Dichtung wahrzunehmen ist, stellt Lowth für die hebräische Tradition jedoch wiederum unter einen theologischen Vorbehalt.

„Hanc … speciem ἐνθουσιασμοῦ appellarem Naturalem, nisi viderer plane inter se repugnantia conjungere: est certe longe diversus, et altioris quidem originis, verus ille et germanus ἐνθουσιασμός … quo solummodo Hebraeorum Poesis sublimior, ac maxime Prophetica, incitatur."[135]

Die Gattung par excellence für eine durch ‚sublimitas conceptuum‘ und ‚sublimitas affectuum‘ ausgezeichnete Dichtung ist die Ode.[136] Sie hat bei Lowth einen festen Platz im Bild der Urgeschichte: „Sane de primaevo illo ac perfecto hominis statu vix recte concipere videmur, nisi aliquem ei Poeseos usum concedimus, quo pios erga Deum affectus et sanctum ardorem religionis hymnis et cantu satis digne exprimeret." (S. 246 = 500). Der von Gott in Vollkommenheit erschaffene Mensch verleiht in einer Art physikotheologischer Naivität seiner Bewunderung[137] für die Szene der Schöpfung, in der er sich findet, dichterischen Ausdruck. Milton habe mit dem Hymnus Adams in Paradise Lost (V, 136–208) diesen Zusammenhang präzise erfaßt:

„… si hominem recens creatum cogitamus, qualem eum nobis exhibent Sacrae Literae; rationis et orationis facultate perfecta praeditum; non sui, non Dei ignarum; divinae bonitatis, majestatis, et potentiae conscium; pulcherrimae totius mundi fabricae, terrae coelique non indignum spectatorem; fierine posse credemus, quin ei haec omnia intuenti intus incalesceret cor, ita ut ipso affectuum aestu abreptus animus ultro sese effunderet in Creatoris laudes, in-

---

[134] Praelectiones S. 39 = 75. Als solche „reliquiae" zitiert Lowth Gen. 4,23f. und Gen. 9,25–27.

[135] Praelectiones S. 154 = 327. – Bei B. Hepworth, Robert Lowth, S. 90, wird diese Differenzierung nicht deutlich.

[136] Die Prophetie hat bei Lowth nicht die Schlüsselstellung, die ihr Prickett mit der Definition zuweist, „For Lowth, ‚poetry‘ was the natural expression of prophetic utterance." (aaO. S. 41).

[137] In der 17. Vorlesung über die ‚sublimitas affectuum‘ bezeichnet Lowth ‚admiratio‘ als ‚sublimitatis causa efficiens‘ (S. 157 = 332).

que eum impetum orationis, eamque vocis exultantiam exardesceret, quae tales animi motus
pene necessario consequitur?" (S. 245 = 499f.)

Die ursprüngliche Ode setzt wegen der schöpfungsmäßigen Vollkommenheit
des Menschen nicht erst den Entwicklungsgang voraus, den Lowth in der 4. Vorlesung für die griechische Dichtung skizziert hatte. Vielmehr wird die in ein Bild der
Urgeschichte gefaßte theologische Anthropologie zum Schlüssel der Poetologie.
Insofern als der Mensch mit einer ‚rationis et orationis facultas perfecta' geschaffen
ist, trifft die Rekonstruktion des Ursprungs der Ode mit der Behauptung in der 2.
Vorlesung zusammen, daß in der hebräischen Tradition die Poesie „ab ipso ortu
plenam quandam ... et decoris et roboris maturitatem" gehabt habe (S. 21 = 34).
„Ita Odae origo ad ipsum Poeseos initium recurrit, quod cum Religionis, hoc est,
cum ipsius humanae naturae ortu conjunctum videtur." (S. 246 = 501)

In der Ode als poetischer Redeform der Urzeit findet das Verhältnis des von Bewunderung ergriffenen Menschen zur erschaffenen Welt und ihrem Schöpfer seinen eigentlich angemessenen Ausdruck.[138] Lowth stellt damit jedoch keine allgemeine Theorie einer spontanen religiösen Ergriffenheit des Menschen auf, denn
die Dichtung der Urzeit ist ja in ihrer theologischen Dimension durch die vollkom-
mene Vernunftfähigkeit und Sprachbegabung des Menschen gesichert. Die spätere
hebräische Poesie erhält diese theologische Dimension dadurch, daß sie im Raum
der mosaischen Tradition steht, in der die Schöpfung ein Bild aus der ‚historia sacra'
wird (vgl. Prael. IX). Im Vergleich von Dtn. 32 und einer Ode des Horaz (III, 23)
zeigt Lowth die Grenze der nicht-hebräischen Dichtung: „... summus ... sublimitatis gradus ... soli conceditur Musae Hebraeae; nulla enim alia vel Religio vel Historia Poetica tam grandem habet rerum apparatum, aut satis pulchras et excelsas
imagines" (S. 265 = 535f.). Wie alle Poesie ist die Ode durch eine prinzipielle
Überlegenheit gegenüber der Geschichtsschreibung ausgezeichnet,[139] sie ist jedoch
in der hebräischen Dichtung in Hinsicht auf ihre theologische Dimension von der
historischen Überlieferung der Urgeschichte abhängig, weil sie nur dank der mosaischen Tradition ihre urgeschichtlichen Voraussetzungen bewahrt. Dabei ist im
Falle von Genesis 1 das Erhabene in die Geschichtsschreibung des „Sacer Histori-
cus" Mose selbst eingedrungen.[140] In welcher Form Lowth sich eine vormosaische
Schöpfungstradition vorstellt, wenn er in den Vorlesungen über Hiob von einem
Zeitalter spricht, in dem „nondum deleta inter gentes Creationis intra septem dies
memoria" (S. 312 = 651), ist nicht klar. Zwar hat Poesie eine ihrer Grundfunktio-

---

[138] Vgl. zur Wirkungsgeschichte dieses Aspekts der „hebräischen Poesie" in der Dichtung des
18. Jahrhunderts ROSTON aaO. S. 28, 109, 164, 195.

[139] „Historia res et personas certas et constitutas tractat, infinitas et universales Poesis: altera rerum causas incertis conjecturis consectatur; altera evidenter certeque demonstrat: altera fortuito
elucentem Veritatis imaginem captat; altera simplicem ejus formam intuetur ..." (S. 7 = 12).
Lowth beruft sich in diesem Zusammenhang auf Aristoteles und auf Francis Bacon.

[140] Praelectiones S. 144 = 309 im Rückgriff auf Longinos' Bemerkung zu Gen. 1,3 (Peri Hypsous 9,9).

nen als ‚custos memoriae' (S. 41 = 82),[141] aber Lowth zeigt kein eigentliches histori-sches Interesse an der Zeit vor Mose.

Mit seinen Poetikvorlesungen hat Lowth den Weg dahin geebnet, Texte des Al-ten Testaments nicht als lehrhafte Offenbarung, sondern als poetischen Ausdruck einer religiösen Einsicht zu verstehen, die ihre menschlichen Autoren durch die ur-sprüngliche Bewunderung der Schöpfung, durch die geschichtliche Erfahrung in-nerhalb eines bestimmten Traditionsraumes oder durch die prophetische Inspira-tion gewinnen. Die ästhetische Kritik befreit insofern das Verständnis der Bibel von einer engen Orientierung an der Dogmatik. Indem Lowth für die vormosaische Zeit und die Ursprungsfrage keine wirkliche historische Perspektive gewinnt, bleibt er jedoch von der dogmatischen Voraussetzung der Erschaffung des Men-schen in einer ursprünglichen Vollkommenheit abhängig. Die Auflösung dieser Abhängigkeit ist eine Aufgabe der Geschichtsphilosophie und Anthropologie, die Lowth mit seiner Untersuchung der „Sacra Poesis Hebraeorum" stellt, aber nicht selbst aufgreift.

In der Ausgabe durch Michaelis wird diese Inkonsequenz in Lowths *Praelectiones* für den Leser durch eine Anmerkung des theologisch eher unbekümmerten Her-ausgebers unterstrichen. Lowths Urteil, die hebräische Dichtung sei „ab ipso ortu" vollkommen ausgebildet gewesen (S. 21 = 34), widerspricht Michaelis mit der The-se, daß es eine lange Zeit vor Mose eine „poesis ... rustica primum et inculta, dein-de sensim adolescens et ornatior" gegeben habe, deren Ursprung „inter saltantium choros, non semper pios" gelegen habe (1758, S. 34). Die Zeit des Mose sei die ‚au-rea linguae Hebraicae aetas' gewesen, in der „divino impetu" „excellentia carmina" entstanden seien. Michaelis sieht die Urgeschichte nicht mehr in einer dogmatisch-theologischen Perspektive, vielmehr kritisiert er Lowth in diesem Punkt: „Aut ni-mis oratorem egit, aut incautius Judaeos, eorumque similes Christianos, Hebraico-rum omnium originem ad Deum referentes, sequutus est noster ..." (ebd.). In ih-rem Ursprung hatte die Poesie nach Michaelis offenbar keine religiöse Dimension, vielmehr wächst ihr eine solche erst in der ‚aetas aurea' zu.[142]

Dem alternativen Bild der säkularen Urgeschichte scheint bei Michaelis dann ein verstärktes Gewicht der Offenbarung durch Mose zu entsprechen. In welchem Sin-ne jedoch der „göttliche Antrieb" die Dichtungen und Schriften des Mose theolo-gisch charakterisiert, bleibt unklar. Seine eigene Interpretation der Urgeschichte stellt Michaelis später unter die Leithinsicht, daß Mose in der Genesis die Geschich-te, „in welcher er eigentlich vorhat, von den Vorfahren der Israeliten zu handeln, gewissermassen als eine allgemeine Geschichte des Erdbodens und des menschli-chen Geschlechtes an(fängt)".[143] Da sich diese Geschichte aber rationalistisch erklä-

---

[141] Als älteste erhaltene Ode betrachtet Lowth selbstverständlich Ex. 15 (S. 246 = 501, vgl. auch die Kommentierung von Ex. 15, S. 269–271 = 546–549).

[142] Michaelis fügt Lowths Erklärung des Ursprungs der Ode in Prael. XXV keine Anmerkung hinzu.

[143] Deutsche Übersetzung des Alten Testaments mit Anmerkungen für Ungelehrte, Bd. II, 1770, Anmerkungen S. 1.

ren läßt, bleibt trotz mancher konventioneller Elemente in seiner Kommentierung ihre theologische Bedeutung fraglich.[144]

Die Übersetzungsqualität und der Kommentierungsstil der ersten beiden Bände von Michaelis' *Übersetzung mit Anmerkungen* über Hiob als die älteste mosaische Dichtung und die Genesis als die vormosaische Geschichte[145] sind wohl der Grund für Herders enttäuschte und empörte Abwendung von seinem eigentlichen orientalistischen Lehrer, die 1774 die Interpretation von Genesis 1 in der *Ältesten Urkunde des Menschengeschlechts* prägt.[146] Lowth dagegen gibt Herder mit seiner ästhetischen Kritik der hebräischen Poesie, d.h. mit seiner Definition des hebräischen poetischen Stils durch die Parallelenstruktur, die Bildhaftigkeit und die Erhabenheit sowie mit seiner Theorie über die Gleichursprünglichkeit von Poesie und Religion, nicht nur den Schlüssel für seine Deutung von Gen. 1 als eine poetische Urkunde, sondern er bleibt die wissenschaftliche Herausforderung auch für Herders spätere Schriften zum Alten Testament.[147] Durch Lowth ist Herder zu der Ansicht gekommen, daß man eine Poetologie der hebräischen Poesie schreiben müsse, und ebenso, daß man sie anders schreiben müsse, als Lowth es getan hatte.

Einen Schritt über Lowth hinaus in die Richtung einer Deutung der mosaischen Urgeschichte insgesamt als Sammlung poetischer Texte geht Johann Friedrich Wilhelm Jerusalem mit seinen *Briefen über die mosaischen Schriften und Philosophie* von 1762.[148] In den ersten drei Briefen trägt Jerusalem gegen Bolingbroke u.a. Beweise

---

[144] Vgl. ebd. S. 3–14, vgl. schon in der Ausgabe von Lowths Praelectiones S. 312f. Im Vergleich von naturwissenschaftlichen Hypothesen und der mosaischen „Geschichte des Erdbodens" bekennt Michaelis: „Ich kann nicht leugnen, daß, wenn ich auch nichts von der göttlichen Eingebung der Schriften Moses wüste, und ihn blos so läse, wie ich etwan eines menschlichen Naturkenners Schriften zu lesen pflege, mir doch seine Erzählung begreiflicher seyn würde, als das andere System [einer „anhaltende(n), und Millionen von Jahren fortdaurende(n), Abnahme des Wassers" der Urflut] ...: allein da ich nicht für gelehrte Leser schreibe, so ist es nicht möglich, die Gründe auszuführen, und ich verlange weiter nichts zu thun, als nur, einem jeden das verständlich zu machen, was Moses schreibt." (Anmerkungen S. 5f.)

[145] Bd. I, Hiob, 1769; Bd. II, Das erste Buch Mose, 1770. Der junge Mose gilt Michaelis als Dichter des Buches Hiob, vgl. Bd. I, Vorrede (gegen Ende) und schon die Ausgabe von Lowths Praelectiones, S. 662f.

[146] Noch im Reisejournal in Nantes 1769 bewundert Herder Michaelis (FA 9/2, S. 46f., 50, 64), und im Manuskript des Vierten Kritischen Wäldchens wünscht er sich „eine pragmatische Übersetzung der Schriften des Orients von *Michaelis*" als eine der möglichen großen Leistungen deutscher Aufklärungskultur (FA 2, S. 414). Im Oktober 1771 heißt es in einem Brief an J.H. Merck: „Michaelis neue Übersetzung sieht abscheulich" (DA II, Nr. 28, Z. 93; vgl. auch an J.C. Lavater, 30. 10. 1772, DA II, Nr. 128, Z. 263ff.; an J.G. Hamann, 2. 1. 1773, DA II Nr. 146, Z. 123ff.). Zur Polemik gegen Michaelis in der Ältesten Urkunde vgl. R. SMEND in FA 5, S. 1365.

[147] Briefe, das Studium der Theologie betreffend (1780/81), Vom Geist der Ebräischen Poesie (1782/83); vgl. FA 9/1, S. 152, 163–165; FA 5, S. 663 sowie den Kommentar in FA 9/1, S. 973–976.

[148] Im folgenden zitiert nach der 2. Auflage (1772). Herder waren die anonym erschienenen ‚Briefe' mindestens aus Quellen wie der Notiz in der Vorrede zu J.A. Trinius' Erster Zugabe zu seinem Freydencker-Lexicon (1765, S. 15f.) und der Rezension in J.A. Ernestis Neuer Theologischer Bibliothek (Bd. 3, 1762, S. 446–470) bekannt. Vgl. FA 5, S. 25 (mit S. 1338f. Anm. 25,17); S. 311 Anm. 4. – Vgl. zu Jerusalem W.E. MÜLLER, „Legitimation historischer Kritik bei J.F.W. Je-

für die Authentizität des Pentateuch vor, wobei er das Argument aus der Inspirationsdogmatik durch historisierende Argumente ersetzt. Der letzte, den stilistischen und traditionsgeschichtlichen Besonderheiten von Gen. 1–11 gewidmete Brief (S. 84–112) soll Lowths und Michaelis' ästhetische Kritik des Alten Testaments durch den Nachweis übertreffen, daß die Texte hier zumeist „eigentliche Gedichte" seien.[149] Jerusalem begründet seine Klassifikation der Urgeschichte als Poesie mit einer „durch und durch" in ihr herrschenden „Erhabenheit und Mannichfaltigkeit, die gar nicht historisch ist" (S. 88). Prinzipiell, so heißt es in offenkundiger Anlehnung an Lowth, sei Poesie „so alt wie die menschliche Natur selbst" (S. 87) und verdanke ihren Ursprung „göttlichen Dingen", die ihr „allein die rechte Nahrung und Begeisterung" gegeben hätten (S. 92). Das formkritische Problem, die Prosatexte der Urgeschichte als „Gedichte" zu beschreiben, löst Jerusalem mit der These, es komme bei ihnen in dieser Hinsicht nur „auf die Declamation und das Accompagnement der Instrumente" an.[150]

Die an den Texten in Gen. 1–11 nicht eigentlich nachgewiesene Klassifikation der Urgeschichte als Poesie soll Jerusalems Beweis der Authentizität des Pentateuch stützen und ihm zugleich zu einer religionsgeschichtlichen Hypothese und zu einem antideistischen apologetischen Argument dienen. Die „urkundlich echten Originallieder" (S. 104), die von Enos an Noah und schließlich auch an Mose gelangten, seien die gemeinsame Quelle für die Einleitung zur Geschichte Israels im mosaischen Pentateuch wie für die ägyptische Religion, in der sie jedoch in ein „abgöttisches System" korrumpiert worden seien.[151] Sie erlauben also ein Verständnis der Religionsgeschichte im Sinne der *prisca theologia* und ein Verständnis des Mosaischen ohne die Annahme einer Abhängigkeit des Mose von der ägyptischen Religion. Als Dokumente, die an den Schöpfungsursprung der Menschheit zurückführen, widerlegen sie sodann auf historischem Grund die deistische Offenbarungskritik:

„... was kann ..., wenn wir auch (das) göttliche Ansehn Mosis bey Seite setzen, was kann einem vernünftigen Menschen heiliger seyn, als diese verehrungswürdigsten Denkmale der ersten Welt, die das Kennzeichen ihres grauen Alterthums, und ihrer Abkunft von den ersten Vätern des menschlichen Geschlechts, denen selbst der Deist, wenn er auch Mosi und allen Propheten die göttliche Inspiration abspricht, dennoch alle unmittelbare göttliche Offenbarungen, ohne unbillig zu seyn nicht absprechen kann, so deutlich an sich tragen?" (S. 110)

---

rusalem", S. 205–218, bes. S. 209–212 (Anm. 16 ist dort dahingehend zu korrigieren, daß Jerusalem in den Briefen S. 107f. direkt auf Astrucs anonyme Publikation Bezug nimmt).

[149] Briefe... S. 86 mit wiederholtem Bezug auf Lowth (S. 86f., 95, 101). Der poetische Stil falle in Gen. 1–3 „am klärsten in die Augen", sei in Spuren aber auch in der Flut- und Turmbaugeschichte wahrzunehmen (S. 98). Eine Sonderstellung haben natürlich die Genealogien.

[150] Ebd. S. 90. Die Kriterien Reim und Silbenmaß schließt Jerusalem mit der Bemerkung aus, sie hier zu vermissen, hieße „alles das auch für keinen Tanz halten wollen, was keine [sic] Menuet ist" (S. 88).

[151] Ebd. S. 102–107. Jerusalem bezieht sich für seine religionsgeschichtliche Hypothese auf Eusebs Praeparatio Evangelica.

Hatte Lowth in seinen Untersuchungen zur Ode nur typisierend beschrieben, was für eine Art von Dichtung am Ursprung der Poesie steht, so will Jerusalem in der mosaischen Überlieferung direkt urgeschichtliche „Originallieder" finden. Es geht ihm in seinem vierten „Brief über die mosaischen Schriften" jedoch nicht um eine poetologisch ausgerichtete Exegese der Texte, sondern um ein historisierendes apologetisches Argument. Herder wird zwar mit seiner *Ältesten Urkunde des Menschengeschlechts* im Blick auf die religionsgeschichtliche Hypothese und den antideistischen historischen Offenbarungsbeweis in größter Nähe zu Jerusalem stehen, wird aber die Klassifikation der Texte in Gen. 1–11 (Gen. 1–3) als Poesie exegetisch allererst fruchtbar machen.

Die wissenschaftliche exegetische Tradition, die Herder bei seiner Genesisinterpretation voraussetzt, reicht bis in den Humanismus zurück. Der mosaische Pentateuch als Offenbarungsschrift war längst zum Gegenstand historischer Forschung geworden, und seine Interpretation war längst in einem kritischen Sinn an die Verstehensbedingungen in seiner Entstehungszeit geknüpft worden. Im Beharren auf dem Literalsinn war der Inhalt der Urgeschichte zur Geschichte der Menschheit geworden, neben der die traditionelle christologische Deutung unter dem Verdacht stand, auf einem allegorischen Sinn zu beruhen und der hermeneutischen Rechtfertigung zu entbehren. Als Geschichtsschreibung wurde für die mosaische Geschichte der Menschheit vor Abraham und die Vorgeschichte Israels in der Genesis angenommen, daß sie wie Geschichtsschreibung entstanden sei, d.h. aus älteren Überlieferungen. Die historische Hypothesenbildung als Verselbständigung der Pentateucherklärung gegenüber der Inspirationsdogmatik führt für die Kosmogonie von Genesis 1 zur Begrenzung ihres Bedeutungsumfangs: Der Text spricht nur von der vor Augen liegenden Welt, und er spricht zu Hörern einer vorwissenschaftlichen Zeit. Für die Erkenntnismöglichkeiten der modernen Wissenschaft kann er darum prinzipiell nicht bindend sein.

Die soweit skizzierten Entwicklungen vollziehen sich nicht nur im Schatten einer Bedrohung durch den „aries ϑεοπνευστίας" und einer Aufhebung der Urgeschichte durch die dogmatische Lehre vom Sündenfall, sondern auch im Gegenüber zu radikaleren traditions-und religionskritischen Positionen. Das historisierende Verständnis der Entstehung des Pentateuch ist mit der Bestreitung seiner Mosaizität und der Hypothese seiner Abfassung durch Esra, ein Jahrtausend nach Mose, konfrontiert. Die Beschreibung der mosaischen Urgeschichte als Menschheitsgeschichte ist mit der alternativen Deutung der Menschheitsgeschichte als Heraufentwicklung aus einem rohen Naturzustand konfrontiert. Der Verzicht auf die Behauptung der naturwissenschaftlichen Irrtumslosigkeit der mosaischen Kosmogonie ist mit der Hypothese der Ewigkeit der Welt und ihrer Gestaltwerdung durch einen atheistischen Prozeß der Formung von Materie konfrontiert. Die Alternativen zur christlichen Tradition, die in der antiken Philosophie liegen, kehren im Humanismus zurück, und mit ihnen auch die apologetischen Modelle der Kirchenväter, besonders die Traditionsbeweise von Clemens Alexandrinus und Euseb.

Die Engführung der Offenbarungstradition auf die Geschichte der Menschheit findet innerhalb der kritischen exegetischen Wissenschaft ein gewisses Gegengewicht im neuen Interesse an biblischer Poesie. So sehr die antideistische Verteidigung der christlichen Tradition im 18. Jahrhundert auf dem historischen Fundament beruht, das durch die Deutung des Mosaischen gewonnen werden soll, kommt dennoch auch die poetologische Einsicht zur Geltung, nach der die urzeitliche Dichtung anthropologisch als Antwort auf den Anblick der göttlichen Schöpfung zu deuten ist.

Die wissenschaftliche exegetische Tradition, an die Herder anknüpfen kann, ist natürlich nur eine Tradition wissenschaftlicher Fragen, die wenige Exegeten und Religionsphilosophen stellen. Die Beurteilung ihrer jeweiligen zeitgenössischen kirchlichen und kulturellen Relevanz wäre ein eigenes Thema historischer Forschung.[152] Für Herders *Älteste Urkunde des Menschengeschlechts* ist wichtig, daß zahlreiche Gesichtspunkte kritischer Exegese in dem Augenblick da sind, in dem er die Aporie des Gegeneinanders von Ablehnung und Verteidigung der biblischen Tradition erkennt.

---

[152] Auch die Beurteilung ihres Verhältnisses zu den neueren bibelwissenschaftlichen Erkenntnissen im 19. und 20. Jahrhundert, denen gegenüber diese Tradition gerne als „vorkritisch" bezeichnet wird, wäre ein eigenes Thema der Geschichte der Bibelwissenschaft. Vgl. dafür vorläufig C. Houtman, Der Pentateuch. Die Geschichte seiner Erforschung neben einer Auswertung; M. Witte, Die biblische Urgeschichte, S. 1–52.

III. Kapitel

Voraussetzungen für Herders Exegese der Genesis (III): Die religionskritische Zurückweisung der biblischen Tradition durch David Hume

Für den apologetischen Charakter von Herders Exegese der biblischen Urgeschichte ist die Auseinandersetzung mit David Hume entscheidend. Um die zeitgenössische Wucht der philosophischen Religionskritik ideengeschichtlich deutlich zu machen, ist nicht nur zu zeigen, wie sie sich gegen die biblische und die behauptete vernunftgemäße Grundlegung des christlichen Glaubens richtete, sondern auch, was für eine philosophische Lehre als Alternative für die aufgeklärte Selbstbildung des Menschen ihr an die Seite trat. Beides ist bei Hume in hervorragender Weise zu sehen, und rezeptionsgeschichtlich ist Herder als ein Leser Humes bekannt. Schon das Rigaer Manuskript *Über die Ersten Urkunden des Menschlichen Geschlechts. Einige Anmerkungen* von 1769 sollte die biblische Tradition in einem durch Hume bestimmten philosophischen Horizont rechtfertigen. Die *Älteste Urkunde des Menschengeschlechts*, Band I, 1774, läßt dann die Interpretation der Genesis zu einem breiten Angriff auf die religionskritische Position werden, die Hume offen vertritt oder verhüllt andeutet.

Im Rigaer Manuskript über Genesis 1–11 hatte Herder sich wie in seinem *Versuch einer Geschichte der lyrischen Dichtkunst* das Geschichtsbild Humes als ein Denkmodell zueigen gemacht, um für das Verständnis der kanonischen Tradition eine „Analogie der Natur" zu gewinnen. Die Menschheitsgeschichte hat danach mit einem Urzustand begonnen, in dem die Menschen ‚unkultiviert und unwissend' (*barbarous and ignorant*) waren und in dem Religion in erster, polytheistischer Gestalt aus Furcht entstand.[1] Unter Bezug auf Humes *Natural History of Religion* stellte Herder fest: „Der Weltweise *Hume* hat diesen Satz aus der Geschichte und der Menschlichen Natur bewiesen …". Damit war aber überhaupt erst das Problem angezeigt, um das es Herder ging. Im selben Atemzug lobte er den für ihn lange Zeit vorbildlichen Orientalisten Johann David Michaelis dafür, daß er Humes Satz nur „in gehöriger Einschränkung" angenommen habe.[2] Zur Leitfrage seiner eigenen Genesisinterpretation machte er angesichts der Vielzahl religiöser, besonders der kosmologischen Traditionen die Frage: „Aber bei allen diesen Traditionen, wo ist reine Wahr-

---

[1] FA 5, S. 11.
[2] Ebd. Vgl. J.D. Michaelis, Compendium Theologiae Dogmaticae (1760), S. 43.

heit, Geschichte, festes Datum?" (S. 17) Schon im Rigaer Manuskript entdeckte Herder dann die „feste sichre Stimme ewiger Wahrheit" in Genesis 1, wenn er auch erst in der Bückeburger *Ältesten Urkunde* in Konsequenz seiner Exegese von Genesis 1 direkt gegen eine „*natürliche Geschichte*" der Religion, nach der der Mensch „erst Jahrhunderte durch, alle Abgründe von *Furcht, Schrecken, Aberglauben* … hindurch *irren*" sollte, polemisiert. Hume gilt ihm nun als der Philosoph einer sinnentleerten „Deisten-Religion", der sich hochmütig über die „abergläubische Menschheit" erhebe.[3]

Obwohl in den Polemiken der Bückeburger Schriften Herders die philosophischen Repräsentanten der Aufklärung kaum je einzeln als Gegner erscheinen, spielt Hume eine besondere Rolle.[4] Denn zum einen stellt seine *Natural History of Religion* die größte Herausforderung für Herders Konzeption des Ursprungs von Poesie und Religion dar, und zum anderen mußte Herder bei seiner frühen Bewunderung für Humes Essayistik und Geschichtsschreibung diesen Philosophen als eine besonders ernstzunehmende Stimme betrachten.[5] Durch Michaelis schließlich war Hume direkt zu einer Gestalt im Hintergrund der aufgeklärten Bibelwissenschaft geworden.[6]

Anders als etwa Voltaire steht Hume für Herder nicht unter den französischen „berühmtesten Genies des Jahrhunderts" im Lichte besonderer Hochschätzung durch Friedrich den Großen.[7] Auch Voltaire wird zwar ein Ziel von Polemik in der *Ältesten Urkunde*,[8] aber dessen Werk *La Philosophie de l'Histoire* von 1765 beantwortete Herder eher mit der Schrift *Auch eine Philosophie der Geschichte zur Bildung der Menschheit* (1773), in der wiederum Hume für die Diskussion der Antike nur am Rand erscheint.[9] Eine kritische Auseinandersetzung mit Rousseau war bereits in der *Abhandlung über den Ursprung der Sprache* (1772) erfolgt.[10] Für die Interpretation der Urgeschichte und das Problem des Ursprungs von Religion wie für das Selbstverständnis des Theologen als eines „Lehrers der Offenbarung" auch in einer Zeit

---

[3] FA 5, S. 287 bzw. S. 205f.

[4] Hume wird im ersten Band der Ältesten Urkunde neben Robinet (S. 205), Maupertuis (S. 254) und Voltaire (S. 287) genannt. Herder hätte ihn auch neben Helvétius nennen können (vgl. S. 234), der z.B. Hume in einer Anmerkung zu De l'Esprit (1758), disc. II, ch. 19, im Zusammenhang einer Erörterung der „siècles d'ignorance" direkt anführt. Über die Religion dieser Frühzeit urteilt Helvétius: „Quelque chose qu'on dise en faveur des siècles d'ignorance, on ne fera jamais accroire qu'ils aient été favorables à la religion; ils ne l'ont été qu'à la superstition." (S. 127). Vgl. für Helvétius' Verhältnis zu Hume auch die Korrespondenz (z.B. Hume, Letters I, S. 301–304; Helvétius, Correspondance générale II, S. 247f.).

[5] S. u. S. 126–130. Etwa gleichzeitig mit der Bückeburger Fassung der Ältesten Urkunde polemisiert Herder auch in An Prediger. Funfzehn Provinzialblätter (1774) gegen Hume als einen „brittischen Antitheologen" (FA 9/1, S. 114–19).

[6] Vgl. FA 5, S. 11, 287.

[7] FA 5, S. 234, Anm. 42; vgl. S. 263 und FA 9/1, S. 80–83.

[8] Vor allem die Schriften Elémens de la philosophie de Newton (1738) und Examen important de Milord Bolingbroke (1767); vgl. FA 5, S. 1383.

[9] FA 4, S. 11–42. Der „zweite Abschnitt", S. 42–77, ist dann von breiter Polemik gegen Hume durchzogen.

[10] Vgl. FA 1, S. 711 u.ö.

der Aufklärung hat Herder in Hume den wichtigsten Opponenten vor Augen. Die folgende Skizze der Religionsphilosophie und Geschichtsbetrachtung Humes nach seinen *Essays, Moral, Political, and Literary* und der *Natural History of Religion* soll diese Problemkonstellation deutlich machen.[11]

1. Humes Essayistik

a) Kunst und Geschmack

Humes Religionskritik steht im weiteren Kontext seiner Philosophie über die Natur des Menschen, der er in seiner Essayistik die Form eines philosophischen Unterrichts über die rechte Lebensführung gibt.[12] Nach der Grundlegung seiner systematischen Philosophie im *Treatise of Human Nature* schreibt Hume jetzt für ein breiteres Publikum, das sich dadurch charakterisisceren läßt, daß im eröffnenden Essay der Sammlung als einziger moderner Autor B. de Fontenelle mit seinen populären *Entretiens sur la Pluralité des Mondes* genannt wird.[13] Kunst und Geschmack, Thema des ersten Aufsatzes „Of the delicacy of taste and passion", betreffen das Verhältnis der menschlichen Sinnlichkeit zu Gegenständen der Wahrnehmung und der Erfahrung, soweit es weder um Vernunfterkenntnis, noch um die unwillkürliche Reaktion der Leidenschaften geht. Leitende Hinsicht ist der Begriff der „Schönheit". Durch die Ausbildung des Sinnes für Kunst als Weg zur Erzielung des

---

[11] Nicht zuletzt aus rezeptionsgeschichtlichen Gründen bleibt im folgenden Humes grundlegendes philosophisches Werk, der Treatise of Human Nature, unberücksichtigt. Das Werk war anonym in drei Teilen 1739/40 erschienen: I. Of the Understanding, II. Of the Passions, III. Of Morals. Eine Notiz zu Anfang des dritten Teils hatte dessen relative Selbständigkeit gegenüber den ersten beiden Teilen behauptet und die Hoffnung ausgedrückt, daß „it may be understood by ordinary readers, with as little attention as is usually given to any books of reasoning" (S. 454). 1748 ließ Hume eine Neubearbeitung von Teil I als Philosophical Essays concerning Human Understanding (ab 1758 An Enquiry ...) erscheinen, 1751 eine Neubearbeitung von Teil III als An Enquiry concerning the Principles of Morals; diese beiden Schriften fanden Aufnahme in die Sammlung der Essays and Treatises on Several Subjects (1753/54 u. ö.) und entsprechend in deren deutsche Übersetzung (1754–56). Eine Neubearbeitung von Teil II ist in den Four Dissertations enthalten (1757, dt. 1759). Nach L. KREIMENDAHL ist Humes Treatise weder Hamann noch Kant vor 1766, d.h. also noch nicht in Herders Königsberger Studienzeit 1762–64, bekannt gewesen (Kant – Der Durchbruch von 1769, S. 83–101; vgl. auch G. GAWLICK/L. KREIMENDAHL, Hume in der deutschen Aufklärung, S. 174–198, auch S. 45–47). W. PROSS nimmt im Kommentar zu Herders Versuch einer Geschichte der lyrischen Dichtkunst offenbar an, daß Herder den Treatise gekannt habe (HWP 1, S. 696f. mit Verweis auf Bezüge zu Treatise II.3.10 bzw. S. 718 zu II.1.8). Die vermuteten Bezüge sind jedoch zu vage, um diese Annahme zu stützen.

[12] Eine Interpretation der Essays als politische Essayistik bietet N. PHILLIPSON, Hume, S. 53–75. Als Vorläufer nennt er vor allem J. Addison/R. Steele und Bolingbroke, ebd. S. 26–29, 53–57. Vgl. auch die Einleitung von U. BERMBACH in seiner Auswahl der Essays (David Hume, Politische und ökonomische Essays, Bd. 1) und die Zitate aus der ursprünglichen Vorrede in Works, hg. v. GREEN/GROSE, Bd. III, S. 40–47. Eine eingehende Darstellung der Essays jetzt bei A. VON DER LÜHE, David Humes ästhetische Kritik, vgl. dort zur Form der Essays S. 120–144, 180f., 196f.

[13] Das Buch war zuerst 1686 erschienen. Bis 1740 war es in England in verschiedenen Übersetzungen und zahlreichen Auflagen verbreitet. Zu Fontenelle und Hume vgl. P. JONES, Hume's Sentiments, S. 28f. und passim.

rechten Vergnügens an ihr gewinnt der Mensch für sich eine spezifische Weise der Selbstbeherrschung. Die anthropologische Funktionsbestimmung von „Geschmack" tritt, wie sich zeigen wird, in gewisser Hinsicht ergänzend neben die Religionskritik.[14] Auch im einzelnen gibt es Parallelen zwischen dem Thema Kunst und dem Thema Religion: Hier wie dort stellt der Bezug auf (antike) literarische Werke das Problem der Hermeneutik, hier wie dort stellt sich die Frage nach dem Ursprung, und hier wie dort entsteht das Problem des Universalen, d.h. eines über bloße Subjektivität und Pluralität in der Rezeption hinausführenden Maßstabs.

Hume eröffnet die Sammlung von *Essays, Moral and Political* (1741) programmatisch mit dem genannten Aufsatz „Of the delicacy of taste and passion".[15] Einer empirisch-analytischen Methode folgend und mit dem rhetorischen Gestus eines philosophischen Lehrers von Glückseligkeit (*happiness*) empfiehlt er dem Menschen, in der Spannung zwischen zwei entgegengesetzten Einflüssen das rechte Maß zu bestimmen und zu lernen, wie sich das Spannungsverhältnis entsprechend beeinflussen lasse. Denn: „... the right enjoyment of [the common occurrences of life] forms the chief part of our happiness".[16] Entsprechend diskutiert Hume zwei Arten von Empfindsamkeit. Die Erregbarkeit der Leidenschaften (*delicacy of passion*) macht den Menschen von äußeren Ereignissen oder Gegenständen abhängig, die er nicht oder nicht hinreichend beeinflussen kann, die Feinsinnigkeit des Geschmacks (*delicacy of taste*) gleicht zwar ihrer Funktion nach der ersteren, indem sie „the sphere both of our happiness and misery" erweitert, hat aber eine Beziehung auf Gegenstände, die der Mensch selbst bestimmen kann. Diese Art der Empfindsamkeit richtet sich auf Wissenschaft und Kunst und überhaupt auf Schönheit (*beauty and deformity of every kind*). Der Vergleich beider Arten führt zu dem Urteil, „delicacy of taste is as much to be desired and cultivated as delicacy of passion is to be lamented and to be remedied, if possible". Dabei bezieht Hume Position gegen die Unterdrückung jeglicher emotionaler Reaktion auf Erfahrungen, da das Ideal der Unberührtheit von allem von außen Andringenden auf einen Grad von Perfektion ziele, der für den Menschen nicht erreichbar sei. Stattdessen entwickelt er eine psychologische Theorie, der zufolge die Stärkung der Empfindlichkeit von Geschmack die Schwächung je-

---

[14] Die Linie dieser Bildungsphilosophie läßt sich z.B. auf Shaftesburys Characteristicks of Men, Manners, Opinions, Times (1711) zurückverfolgen. Vgl. dazu D.H. SOLKIN, Painting for Money, S. 1–26; L.E. KLEIN, Shaftesbury and the culture of politeness; M. PRINCE, Philosophical dialogue in the British Enlightenment, S. 23–73. Auf die religionskritische Relevanz von Shaftesburys ästhetischer Philosophie weist Lessing in den Literaturbriefen hin, wenn er schreibt: „Shaftesbury ist der gefährlichste Feind der Religion, weil er der feinste ist." (12. Brief, S. 32). Vgl. auch JONES aaO. S. 78f.

[15] Essays S. 3–8. In der deutschen Übersetzung (Vermischte Schriften, Bd. 4, 1756) unter dem Titel „Von der Zärtlichkeit des Geschmackes und der Leidenschaften". Herder las Hume auf Englisch und auf Deutsch (vgl. DA I, Nr. 50, Z. 98ff.). – Die beste Einführung zum Thema der Kunst bei Hume gibt P. JONES, „Hume's literary and aesthetic theory", S. 255–80. JONES zeigt (ebd. S. 256–60), daß Hume „a broad notion of literature" voraussetzt, wenn er von „art" spricht – vergleichbar übrigens dem Spektrum von F. Nicolais u.a. Briefen, die neueste Literatur betreffend.

[16] Vgl. JONES, Hume's Sentiments, S. 88, und den Abschnitt „Nature and Moderation" ebd. S. 149–161.

ner der Leidenschaften bewirke. Dadurch kann der Mensch seine Konstitution (*temper*), die ja nicht Gegenstand seiner Wahl ist, beeinflussen, und der philosophische Lehrer rät zur Ausbildung eines „higher and more refined taste". Ziel ist es, daß der Mensch selbstbeherrscht nicht von den Eindrücken abhängig sein soll, die sich kontingenten Erfahrungen verdanken. Die Kritik des Übermaßes der Erregbarkeit der Leidenschaften bereitet der Religionskritik Humes insofern den Boden, als in ihr die Theorie der Entstehung von Religion aus der emotionalen Reaktion auf einzelne kontingente äußere Ereignisse zentral sein wird. Hinzu kommt eine weitere wichtige Unterscheidung: Der solcherart Gebildete hebt sich durch „a certain elegance of sentiment" von den übrigen Menschen (*all the rest of mankind*) ab. Auch das hiermit vorgezeichnete Modell sozialer Differenzierung durch philosophische Bildung wird in der Religionskritik eine erhebliche Rolle spielen.[17]

Im Rahmen einer Theorie der lebensfördernden Funktion von Geschmack läßt sich ästhetische Erfahrung in die Begriffe von Genuß und Befriedigung (*relish and satisfaction*) übersetzen. Dies setzt voraus, daß Kunst zum Gegenstand des überlegenen Urteils wird.[18] „In order to judge aright of a composition of genius, there are so many views to be taken in, so many circumstances to be compared, and such a knowledge of human nature requisite, that no man, who is not possessed of the soundest judgment, will ever make a tolerable critic in such performances." Das Kunstwerk ist nicht ein Ausdruck ursprünglicher Empfindung, der eine Erfahrung ermöglichte, die anders als durch die künstlerische Ausdrucksform nicht zu gewinnen wäre, sondern es hat seine eigentliche Wirkung in der Disziplinierung leidenschaftlicher Erregbarkeit durch den Genuß.[19] Dabei hat Hume nur in weiterem Sinne „representational works of art" im Blick[20] und muß, wo es um Kunst als Ausdruck geht, die Kritik des Sturm und Drang auf sich ziehen.

Hinter der soweit entwickelten Funktion von Geschmack[21] steht eine breite antike Debatte, so daß sich Hume als ein Denker im Bezugsraum der griechischen und römischen Tradition vorstellt. Mit seinem Widerspruch gegen Philosophen, die eine völlige Unabhängigkeit von der umgebenden Welt der Erfahrung anraten,[22] deutet er die durch die menschliche Sinnlichkeit vermittelten Erfahrungen

---

[17] Vgl. z.B. Natural History of Religion, S. 29.45f.

[18] „Conversation" oder „a piece of reasoning" sind ebenso Gegenstand dieser regulierten Erfahrung des Geschmacks wie „a poem or a picture".

[19] Vgl. VON DER LÜHE aaO. S. 204; danach wäre zu fragen, inwiefern Geschmack ein „anderes Erkenntnisvermögen" gegenüber dem Verstand sein soll, ebd. S. 141.

[20] JONES aaO. S. 269. Zu der Malerei, in der sich das Ideal der Ausbildung von Humanität ausdrückt, vgl. SOLKIN aaO. S. 157–213 („Exhibitions of Sympathy"); auch D. MACMILLAN, Painting in Scotland, S. 18–42, bes. S. 35.

[21] Hume läßt das Problem der Verbindung zwischen „taste" und „passion", das bei der Ausbalancierung der Empfindungsstärken vorausgesetzt ist, offen: „Whatever connexion there may be originally between these two species of delicacy …" (S. 5f.).

[22] Vgl. für die antike Diskussion M. SPANNEUT, *Apatheia* ancienne, *apatheia* chrétienne, Ière partie: L'*apatheia* ancienne, in: ANRW II, 36/7, S. 4641–4717, bes. S. 4663ff. Hume zitiert eine größere Zahl antiker Autoren in dem Essay „The Sceptic".

anthropologisch als eine Wirklichkeit, die sich nicht zunichte machen läßt.[23] Das Ideal der Ausbildung von Geschmack tritt an die Stelle eines Ideals der Abwendung von Erfahrungen und Wahrnehmungen und begründet zugleich die Kritik weiter- reichender Ableitungen aus der Reaktion von Leidenschaften. Ein Zitat aus Ovid ruft die humanistische Tradition für den philosophischen Rat der Abhandlung auf.[24]

Wie sehr der erste Essay in das Zentrum von Humes philosophischem Unter- richt führt, beweist im Essay „The Sceptic" aus dem Zyklus der Vier Philosophen- Essays (1742) die Erklärung:

„Here then is the chief triumph of art and philosophy: It insensibly refines the temper, and it points out to us those dispositions which we should endeavour to attain ..." (S. 171).

Die Frage, wie die überwältigende Empfindlichkeit der Leidenschaften und da- mit die unbeherrschbare Abhängigkeit von kontingenten äußeren Gegebenheiten überwunden werden kann, steht hier im Zusammenhang der Empfehlung von täti- ger Tugend (*virtue*, S. 168–71). Die Veranlagung des Menschen ist prinzipiell verän- derbar: „the mind ... will admit of many alterations from its original make and structure" (S. 170). Solche Bildung zielt auf „those fine emotions, in which true virtue and honour consists" (S. 170), da ja „the happiest disposition of mind ... the *virtuous*" ist (S. 168). Außer für den Grenzfall des „perverse frame of mind" (S. 169f.) kann selbst die skeptische Philosophie Wege anraten, auf denen es mög- lich ist, „to soften and humanize the temper" (S. 170).[25]

Nun verdeutlicht auf der anderen Seite gerade der Essay „The Sceptic" das syste- matische Gewicht von Sinnlichkeit (*passions*) in Humes Philosophie. Neben der Verstandestätigkeit, bei der es gemäß einem „real standard in the nature of things" um „truth and falsehood" geht, gibt es andere „operations of the mind" nur weil und soweit „sentiment" hinzukommt. Dieses „sentiment" wird gefühlt, wenn ein Gegenstand in Abhängigkeit von der „particular structure of the mind" auf die Sinnlichkeit einwirkt.[26] Ästhetisch und moralphilosophisch bezeichnet ein Urteil über natürliche oder moralische Schönheit keine Qualität eines Gegenstandes selbst, sondern die Wirkung des Gegenstandes auf den in einer bestimmten Weise beeindruckten Urteilenden. „Criticism" wie „morality" stellt Hume auf das Fun- dament einer empiristischen Philosophie, so daß nicht von der Analyse eines „ob- ject", sondern von der des „sentiment" bzw. der „passion, arising from the original structure and formation of human nature" (S. 163) die Begründung eines Urteils

---

[23] Diese philosophische Auffassung hat wiederum religionskritische Konsequenzen, denn sie gilt auch gegenüber dem theologischen Versuch, die „moral attributes" der Gottheit gegen die Erfahrung von Übel zu behaupten; vgl. Dialogues concerning Natural Religion, part 10.

[24] AaO. S. 6: „Ingenuas didicisse feliciter artes,/ Emollit mores, nec sinit esse feros." (Epistulae ex Ponto 2.9.47f.)

[25] Vgl. für diese Funktion der Philosophie und ihre Voraussetzung im Vernunftbegriff D. F. Norton, David Hume, S. 208–221.

[26] Essays S. 162–166; vgl. auch Appendix I der Enquiry concerning the Principles of Morals, S. 285–294.

(*beautiful/desirable*) zu erwarten ist. Daraus ergibt sich ein grundsätzliches und ein praktisches philosophisches Problem: Zerfallen die Attribute „beautiful/desirable" nicht relativistisch in der naturbedingten Verschiedenheit der urteilenden Subjekte? Und: wenn nicht, gibt es eine Rechtfertigung solcher Urteile, einen „standard of taste"? Die erste Frage ist die nach „uniformity" und „diversity" des „sentiment" (S. 163), die zweite die nach der Rolle eines „critic" (S. 172).

Gegenüber einem bloßen Relativismus im Urteil über Qualitäten beruft sich Hume nun auf „a sufficient uniformity in the senses and feelings of mankind" (S. 166 Anm.) als der empirischen Realität, die die völlige Auflösung der Begriffe von Schönheit und Tugend verhindere. Damit ist das grundsätzliche philosophische Problem beantwortet, und in praktischer Hinsicht gibt es eine sinnvolle Rolle für „critics or moralists". Zwar kann die Wechselbeziehung zwischen der Sinnlichkeit und ihrem Gegenstand durch „no direct arguments or reasons" beeinflußt werden, aber der Philosoph hat die Möglichkeit, im Rahmen von „natural and obvious views" allfällig übersehene „particular views, and considerations, and circumstances" zu erinnern (S. 172) und damit in die Wechselbeziehung einzugreifen. Der Rolle des Kritikers widmet Hume 1757 den Aufsatz „Of the standard of taste".[27]

Neben der Funktion von Geschmack (*taste*) für die Lebensführung und der Bedeutung von Empfindung (*sentiment*) für das ästhetische Urteil über Schönheit diskutiert Hume auf dem Feld der Kunst auch in einer charakteristischen universalgeschichtlichen Ausrichtung die Frage des Ursprungs. Der Essay „Of the rise and progress of the arts and sciences" (1742)[28] richtet zum einen an die Antike die historische Frage nach den Ursprüngen der Kulturen, die im Rahmen des philosophischen Rats für die Ausbildung von Geschmack interessieren können, zum anderen geht es in ihm um das systematische Problem, welche politischen Bedingungen für Künste und Wissenschaften günstig sind. Seine Erkenntnisse über das antike Griechenland und Rom wendet Hume auf die Situation in den modernen europäischen Staaten an. Im Kontext der Untersuchung von Voraussetzungen für Herders Genesisinterpretation in der Philosophie Humes kann es im folgenden nur um die Frage nach den Ursprüngen in der Antike gehen.[29]

Hume entwirft ein Geschichtsbild, das den Ursprung der Menschheitsgeschichte (*the first ages of the world*) einschließt (S. 115), einen verfassungs- und kulturlosen Naturzustand, in dem die Menschen noch „barbarous and ignorant" sind.[30] Ihr Sicherheitsbedürfnis führt zur Bildung politischer Einheiten.[31] So wird, in typisierter Be-

---

[27] S. u. S. 95–97.

[28] Essays S. 111–137; dt. Übersetzung in BERMBACH/ FISCHER aaO. S. 122–153. Vgl. Herders Brief an Hamann vom 22. 11. 1768 (DA I, Nr. 50, Z. 98ff.).

[29] Andere Aspekte wären für eine Analyse von Auch eine Philosophie der Geschichte (FA 4, S. 9–107) sowie der Berliner Preisschrift von 1780 „Von dem Einfluß der Regierung auf die Wissenschaften und die Wissenschaften auf die Regierung" (SWS 9, S. 307–408) wichtig.

[30] In der Geschichtsbetrachtung macht sich so dieselbe Systematik geltend, nach der der Bildungsprozeß eine Differenzierung gegenüber der ‚Mehrheit der Menschheit' bedeutet; s. o. S. 90.

[31] Humes Modell der Urgeschichte entspricht weitgehend demjenigen von Th. Hobbes, vgl. Leviathan (1651), Kap. 13 und 17. Auch bei Hobbes gibt es im Naturzustand „no Arts; no Letters;

trachtung, ein autoritäres Staatswesen geschaffen, in dem die Willkürherrschaft des Souveräns die Menschen zu Sklaven macht und es verhindert, daß sie jemals „any refinement of taste and reason" anstreben können (S. 117f.). Erst in einem republikanischen Staatswesen, in dem Gesetze herrschen, können Künste und Wissenschaften aufblühen. Auf den Naturzustand folgt also die Epoche von „despotic governments", und erst in der Epoche von „free states" kann der Ursprung der Künste und Wissenschaften gesucht werden, d.h. ihre Entstehungsbedingungen sind erst in Griechenland gegeben: „the sciences arose in Greece" (S. 123). Das Geschichtsbild, nach dem sich die Menschheitsgeschichte vor der Epoche der griechischen Stadtstaaten – und vor dem Sonderfall Homer (S. 114f.) – in Zeiten verliert, die für die Geschichte der Künste und Wissenschaften gleichgültig sind, hat einen unverkennbar polemischen Sinn. „To expect ... that the arts and sciences should take their first rise in a monarchy, is to expect a contradiction. ... The *first* growth of the arts and sciences can never be expected in despotic governments." (S. 117f.). Die Polemik ist unausgesprochen gegen ein Geschichtsbild gerichtet, in dem Ägypten höchste Bedeutung für den Gang der Künste und Wissenschaften hat. Das aber war im 18. Jahrhundert für die Vermittlung zwischen der biblischen und den übrigen antiken Traditionen das gegebene Modell.

In christlicher Geschichtsbetrachtung mußte mit einem um Jahrhunderte früheren Ursprung der Künste und Wissenschaften in irgendeiner Form gerechnet werden. Der Stephanusrede in der Apostelgeschichte zufolge war Mose „in aller Weisheit der Ägypter" gebildet worden (Apg. 7,22), und Salomos Weisheit war sprichwörtlich (1Kön. 5,9–11). Zur Behauptung eines solchen Geschichtsbildes konnte man sich auf die antiken Traditionen berufen, die die griechische Wissenschaft aus ägyptischen Quellen ableiteten.[32] Humes Theorie der frühen „despotic governments" schließt dagegen eine frühe Kulturentstehung in Ägypten aus. Im Essay „Of civil liberty" beruft sich Hume für seine Kritik dieser Traditionslinie auf „the ancients", die schon beobachtet hätten, „that all the arts and sciences arose among free nations; and, that the *Persians* and *Egyptians* ... made but faint efforts towards a relish in those finer pleasures, which were carried to such perfection by the *Greeks*."[33] Die biblische Tradition und Ägypten versinken in Hinsicht auf Kunst und Wissenschaft, und d.h. in Hinsicht auf das für die Kultur der Aufklärung Interessante, in den „first ages of the world, when men are as yet barbarous and ignorant" (S. 115). Soweit Geschichte für das aufgeklärte Verständnis von Kultur eine Rolle spielt, ist es eine Ge-

---

no Society". Hobbes macht indessen die Einschränkung, daß der Naturzustand „never generally so, over all the world" ausgebreitet war (Kap. 13; hg.v. R. Tuck, S. 89), und schafft damit Raum für die biblische Tradition, nach der „from the very Creation" Gott eine besondere Regierung über „*peculiar* Subjects" ausgeübt habe (Kap. 35, S. 280).

[32] Vgl. z.B. Diodorus Siculus, Buch I, 96–98.

[33] AaO. S. 89f. Hume nennt nur (Pseudo-)Longinos; seine Berufung auf diesen Autor (Über das Erhabene, § 44) ist jedoch fragwürdig, weil es Longin um den Verfall der Redekunst in seiner Gegenwart geht und gerade er auch Mose für den „erhabenen" Anfang der Genesis lobt (§ 9.9). Mit seiner These schließt Hume sich ausdrücklich J. Addison und Shaftesbury an (ebd.); vgl. für Shaftesbury Klein aaO. S. 199–206.

schichte, die erst im antiken Griechenland einsetzt. Humes Geschichtsbetrachtung wird damit zu einem Gegensatz zu jedem Bestreben, die Geschichte der Menschheit in historischen Begriffen auf eine in irgendeinem Sinne maßgebliche Urgeschichte zurückzuverfolgen. Als historische Untersuchung hat seine Diskussion der Ursprungsfrage insofern ein klares negatives Ergebnis.[34]

Wenn in geschichtlicher Zeit selbst nun allerdings ein Künstler schon „a share of the same spirit and genius" in dem Volk finden soll, in dem er seine Bildung erfährt (S. 114), stellt sich die Frage nach dem *ersten* Künstler, der, aus der unkultivierten Urzeit kommend, in seinem Volk noch keinen künstlerischen Geist antrifft. Für Hume ist dieser Künstler Homer; am Ursprung der Kunst steht die Dichtung. Hume hatte einleitend bemerkt, daß „chance … or secret and unknown causes, must have a great influence on the rise and progress of all the refined arts" (S. 114). Im Falle Homers kann der Philosoph keine Gründe für die Geburt der Künste anführen, sondern nur das Nichtwissen von ungerechtfertigten Behauptungen unterscheiden. Dafür bedient sich Hume je eines Zitates aus Ovid und Horaz. Ovid[35] wird für die Dichter zitiert, die zu allen Zeiten ein „claim to inspiration" vertreten und so den göttlichen Ursprung von Kunst behauptet hätten. Dieser Deutung widerspricht Hume sowohl für den *ersten* Künstler wie für alle späteren, die eine Traditionslinie und eine Volkskultur vorfinden können. „There is not … any thing supernatural in the case. Their [the poets'] fire is not kindled from heaven. It only runs along the earth …" (S. 114). Homer ist kein Dichter aus göttlicher Inspiration – was Hume natürlich nicht daran hindert, ihn einen „divine genius" zu nennen (S. 135). Die Frage nach dem Ursprung der Künste und Wissenschaften wird zu einem Beispiel geschichtsphilosophischer Forschung, die die Ursprünge menschheitlicher Kultur in einer Geschichte auffindet, in die nichts Übernatürliches einbricht. Im Blick auf die zeitgenössische Diskussion des Ursprungs der hebräischen Poesie ist damit Entscheidendes gesagt.[36] Die philosophische Suche nach Gründen, die das Auftreten des ersten Künstlers erklären könnten, muß im Nichtwissen enden.[37]

Neben dem Problem des Ursprungs von Kunst stellt sich das Problem von Partikularität und Universalität der Anerkennung für einzelne Werke der Kunst. Wo keine Autorität verfälschend auf das Urteil einwirkt, kann „nothing but nature and reason" solche Anerkennung und Bewunderung finden (S. 119f.). So galten etwa über Jahrhunderte Homer und Vergil als musterhafte Dichter.[38] Grund für solche

---

[34] Dieses Problem berücksichtigt D. W. LIVINGSTON, Hume's Philosophy of Common Life, S. 112–149, nur unzureichend, vgl. aber S. 235–246. Seine Bestimmung von Humes „conception of temporality" blendet zudem die gesamte Tradition der Beziehung der jeweils eigenen Gegenwart auf die – klassische oder biblische – Antike aus; vgl. bes. S. 129f. (hier ist das Zitat aus Treatise S. 433 ungenau).

[35] „Est Deus in nobis; agitante calescimus illo:
Impetus hic, sacrae semina mentis habet." (Fasti 6.5f.)

[36] S. o. S. 78–81.

[37] Hume beendet die Untersuchung mit einem Zitat aus Horaz: „Scit genius, natale comes, qui temperat astrum …" (Sermones 2.2.187–189; S. 114f.).

[38] Vgl. S. 135. Die Bedeutung von Humes Begriff „emulation" in diesem Zusammenhang für Herders frühe Literaturkritik verlangte eine eigene Untersuchung.

Universalität ist offensichtlich „the natural genius of mankind", der „in all ages, and in almost all countries" derselbe ist (S. 135). Der Maßstab, den Hume mit „nature and reason" angibt, bleibt indessen problematisch.[39] Er bezeichnet eher das Ergebnis eines komplexen kritischen Prozesses als ein direkt anwendbares Kriterium.

Die Untersuchung dieses Prozesses ist Thema des späteren Essays „Of the standard of taste".[40] Die Allgemeinheit eines Urteils über Schönheit in der Kunst führt im Rahmen der philosophischen Anthropologie auf das Problem der Hermeneutik und Kritik. Gegenüber einer „species of philosophy", die in einem relativistischen Mißverständnis des Empirismus das Prinzip einer „natural equality of tastes" vertritt (S. 231), bleibt die Suche nach einem Maßstab des Urteils über Schönheit aufgegeben.[41] Denn: „The general principles of taste are uniform in human nature."[42] Ein Maßstab des Schönen läßt sich empirisch durch „general observations, concerning what has been universally found to please in all countries and in all ages" auffinden (S. 231). Zwar gilt, wie Hume in „The Sceptic" dargelegt hatte, der Satz: „beauty and deformity ... are not qualities in objects, but belong entirely to the sentiment", aber dennoch gibt es „certain qualities in objects, which are fitted by nature to produce those particular feelings" (S. 235). Das ästhetische Urteil hängt davon ab, ob die „general principles of taste" unverfälscht zur Geltung kommen. Praktisch ist das nur beim wirklichen Kritiker (*true critic*) der Fall. Hume führt fünf Merkmale solcher Kritiker an,[43] deren gleichlautendes Urteil den wahren Maßstab von Geschmack und Schönheit (*true standard of taste and beauty*) festsetze (S. 241). Der Maßstab hat eine diachrone Dimension soweit er auf „models and principles, which have been established by the uniform consent and experience of nations and ages" beruht (S. 237), und eine künftige Zeit auch gegenwärtige Urteile von dem entstellenden Einfluß von „authority or prejudice" reinigen wird (S. 233). Ein solcher für das ästhetische Urteil zu gewinnender Maßstab, in dem sich „the force of nature and just sentiment" durchsetzt (S. 243), ist nach Hume sogar sicherer als ein Maßstab in der Wissenschaft, wo „theories of abstract philosophy" und „systems of profound theology" ständigen Revolutionen unterworfen seien (S. 242). „Speculative

---

[39] Die Passage S. 120 ist nicht ganz klar. Da es um „matters of taste and reasoning" geht, möchte man annehmen, daß sich das Kriterium „nature" vor allem auf Kunst als Gegenstand von Geschmack bezieht.

[40] Essays S. 226–249. Vgl. dazu VON DER LÜHE aaO. S. 209–235; J. A. HERDT, Religion and faction in Hume's moral philosophy, S. 120–143, 157–167.

[41] Vgl. S. TALMOR, „A Forgotten Classic: Hume's ‚Of the Standard of Taste'", S. 51–57; P. JONES, „Hume on Art, Criticism and Language", S. 120–131; Hume's Sentiments, S. 106–123; LIVINGSTON aaO. S. 136–149, 243f. Auf Parallelen zwischen Humes ästhetischer und moralphilosophischer Kritik weist NORTON aaO. S. 94–151, bes. S. 128f. hin. Vgl. bei Herder für das genannte Problem das Vierte Kritische Wäldchen (FA 2, S. 247–442).

[42] Essays S. 243; vgl. LIVINGSTON aaO. S. 214–225.

[43] AaO. S. 234–41: Feinheit des Geschmacks („delicacy of taste"), Übung, Erfahrung im Vergleichen, Freiheit von Vorurteilen sowie „good sense", eine Vernünftigkeit, die einerseits eine Befangenheit im Vorurteil bemerkte, und andererseits die Stimmigkeit eines Kunstwerks beurteilte. Vgl. HERDT aaO. S. 125–131.

opinions of any kind" sind „in continual flux and revolution".[44] Wo hingegen die
Sinnlichkeit direkt beteiligt ist, läßt sich durch die Aufklärung der Reaktion der
Sinnlichkeit auf einen Gegenstand empirisch etwas über die „generality of man-
kind" aussagen.

Die hermeneutische Aufgabe beim Urteil über Schönheit in der Kunst besteht
darin, den richtigen Gesichtspunkt (*point of view*) zu finden, unter dem ein Kunstwerk zu betrachten ist. Zur Zeit seiner Entstehung setzt ein Werk bestimmte kultu-
relle Gegebenheiten voraus, die sowohl einen Dichter als auch dessen Publikum
prägen. Der Kritiker eines anderen Zeitalters oder Landes muß sich in diese historischen Gegebenheiten zurückversetzen, um nicht den kulturellen Selbstverständ-
lichkeiten seiner Zeit, d.h. seinem Vorurteil, ausgeliefert zu sein.[45] Der ästhetischen
Wertschätzung geht das historische Verstehen voran. Hume diskutiert letzteres in
Hinsicht auf Sitten (*peculiarities of manners*) sowie Physik und Metaphysik (*speculative
opinions of any kind*). Der Rezipient kann, um sie zu genießen, die Schönheit eines
Kunstwerkes von Eigenheiten in beiden Hinsichten unterscheiden.[46] Prinzipiell also kann eine historische Hermeneutik in der Tradition etwas für gegenwärtige äs-
thetische Erfahrung Wesentliches freilegen. In beiden Bereichen zieht jedoch die
Moralphilosophie der Hermeneutik eine Grenze: Wo „the natural boundaries of
vice and virtue" verletzt werden, kann ein Kunstwerk kein Gegenstand ästhetischer
Wertschätzung mehr sein.[47]

Dem historisierenden hermeneutischen Zugriff unterliegt bei Hume auch Religion, verstanden als „speculative opinion". Dichtung als Kunst hat wesentlich einen
nicht-religiösen Charakter, so daß für den Dichter „religious principles" bloße
Grundannahmen bleiben sollen, die nicht wirklich in sein Werk eingehen dürfen.
Soweit sie sich in seinem Werk spiegeln, gilt für den Rezipienten: „There needs but
a certain turn of thought or imagination to make us enter into all the opinions,
which then prevailed." (S. 246) Als Leseerfahrung könnte hier z.B. der Polytheismus bei Homer gemeint sein. Verfällt jedoch ein Dichter den „religious principles"
seiner Kultur, verliert dadurch die künstlerische Qualität seines Werkes. Denn wo
die Religion ein solches Gewicht bekommt, daß sie zu ethischen Haltungen führt,
die nicht moralphilosophisch begründbar sind, sind für den kultivierten Geschmack ihre Äußerungen auch in dichterischer Gestalt unerträglich. Humes Be-

---

[44] Ebd. S. 246. In der – wie der Essay „Of the standard of taste" unter den Four Dissertations erschienenen – Natural History of Religion läßt Hume den hypothetischen Fall von „speculative
opinions" zu, die keinem Wandel unterworfen wären (S. 29). Gerade die „principles of religion",
die nicht aus philosophischer Einsicht stammten, seien jedoch der Bewegung von „flux and reflux" unterworfen (§ VIII, S. 56–58).
[45] Ebd. S. 239. Hume formuliert direkt, der Kritiker „must place himself in the same situation
as the audience" (scil. in der Entstehungszeit eines Werkes). Vgl. LIVINGSTON aaO. S. 140, 221f.
und bes. HERDT aaO. S. 132f.
[46] Obwohl Hume anmerkt, „It is not without some effort, that we reconcile ourselves to the
simplicity of ancient manners …" (S. 245), geht es ihm offensichtlich darum, ein voreiliges Urteil
über ein Werk als „barbarous" (S. 227) zu vermeiden.
[47] Ebd. S. 247; vgl. dazu HERDT aaO. S. 133–143, 157–167.

griff für solchen Einfluß von Religion ist „bigotry", sein Beispiel religiöse Intoleranz nach alttestamentlichem Vorbild.[48]

Im Zusammenhang philosophischer Ästhetik ergibt sich, daß Hermeneutik der ästhetischen Erfahrung durch historisches Verstehen dient. Weder ästhetisch noch moralphilosophisch führt jedoch das Verstehen zu einem maßstablosen Relativismus. In der ästhetischen Kritik gibt es einen Maßstab für Schönheit, der empirisch durch das Urteil qualifizierter Kritiker über perspektivierte Werke gewonnen und diachron erhärtet wird. In der Moralphilosophie gibt es einen Maßstab in den „sentiments of morality",[49] die vernünftig begründbar sind und Universalität beanspruchen können. Das historische Verstehen wird durch das moralische Urteil begrenzt. Am Beispiel der ästhetischen Kritik zeigt Hume die fundamentale kritische Funktion der Moralphilosophie, die auch auf dem Feld religiöser Traditionen Geltung beansprucht wird.

Zusammenfassend läßt sich soweit festhalten, daß Hume mit seiner empiristischen Wendung die Bedeutung der philosophischen Orientierung am Menschen und seiner Geschichte mit solcher Stringenz aufweist, daß es ideengeschichtlich nicht überraschen kann, wenn Herder auch für die Exegese der biblischen Überlieferung hier ein wirkliches Fundament erkennt.[50] Hume selbst beschreibt den in seiner Philosophie vollzogenen Umbruch in Analogie zum System der Astronomie: die Leidenschaften (*passions*) stehen danach so im Mittelpunkt von „criticism" und „morality" wie die Sonne im System der Astronomie (S. 165 f.). In seiner Ästhetik mündet diese Wendung in einen philosophischen Unterricht, der unter Bezug auf antike Traditionen Rat für das Erreichen von Glückseligkeit im menschlichen Leben geben will. Das Ziel ist eine selbstbeherrschte Ausrichtung auf ein Genießen, das den Menschen nicht vom Kontingenten abhängig macht: „delicacy of taste". Zwar verteidigt Hume die Sinnlichkeit gegenüber einer Disziplin, die sie in einer „universal insensibility" (S. 173) auslöschen würde, nicht jedoch, um ihre Ursprünglichkeit in eine Theorie der Expressivität zu integrieren, sondern um eine andere, der menschlichen Natur besser angemessene Disziplin zu empfehlen. Hume läßt sich also dahingehend deuten, daß der Mensch – individuell wie historisch – ursprungshaft von Sinnlichkeit beherrscht ist, er hat jedoch keinen Blick für Sinne und Leidenschaften als Quelle von poetischem Ausdruck. Sinnlichkeit kommt vielmehr als eine rezeptive, nicht als eine expressive Größe in Betracht. Seine Ästhetik bezieht Kunst allein auf den Begriff der Schönheit und sieht von der Erörte-

---

[48] Hume zitiert aus Racines *Athalie* (1691). Seine Kritik soll das katholische Frankreich treffen, indirekt aber wohl auch das antike Israel. – Ein konträres Beispiel für eine Lektüre der *Athalie* führt J. BARTON, Ethics and the Old Testament, S. 96, an.

[49] Ebd. S. 247; auch „ideas of morality", S. 246. Zum nicht-skeptischen Charakter von Humes Moralphilosophie vgl. NORTON, David Hume, passim.

[50] Die philosophischen Voraussetzungen für Herders Exegese von Gen. 1 lassen sich ohne eine Untersuchung des Einflusses von G. W. Leibniz, A. G. Baumgarten und I. Kant u. a. keineswegs umfassend darstellen. Vgl. für einen weit ausholenden ideengeschichlichen Versuch R. HÄFNER, Johann Gottfried Herders Kulturentstehungslehre. Im Kontext der vorliegenden Untersuchung geht es nur um die Profilierung einer bestimmten philosophischen Konstellation.

rung einer möglichen transzendentalen Dimension von Kunst ab. Bei Herder dagegen wird in der Interpretation der Genesis Dichtung zum Quellpunkt einer komplexen „Natürlichen Religion" werden.

b) Religion und Skepsis

Die frühen Essays sind als Beitrag zur Religionskritik der Aufklärung nicht zu
unterschätzen. Hume bezieht sich einerseits historisch auf kirchengeschichtliche
Verhältnisse, andererseits argumentiert er philosophisch im Horizont der römischen Antike. Er entwickelt eine Polarität von Aberglaube (*superstition*) und
Schwärmerei (*enthusiasm*) und diskutiert das Problem von Priestergewalt und Freiheit – zwei Fragen, die ihn später als Historiker in seiner *History of England* (1754–
62) beschäftigen werden.[51] Die Erörterung philosophischer Strömungen, die durch
vier antike Schulen repräsentiert werden, stellt eine Vorstufe der Religionsphilosophie in den erst postum 1779 veröffentlichten *Dialogues concerning Natural Religion*
dar. Hume vermeidet einen direkten Anschluß an die Religionskritik der Deisten.
Er hält seine Kritik positiver Religion als eine Konsequenz seiner Philosophie so
sehr in der Schwebe, daß er nicht mit letzter Eindeutigkeit einer Position zugeordnet werden kann, und seine Freundschaft mit den „moderate *literati*" in Edinburgh,
darunter der schottische Pfarrer und spätere Professor of Rhetoric and Belles-Lettres Hugh Blair, braucht nicht zu erstaunen.[52]

Seine Stellung zu den in antideistischer Apologetik heftig angegriffenen Autoren
einer Kontroverse, die um 1740 ihren Höhepunkt schon überschritten hatte,[53] läßt
sich aus einer Bemerkung ablesen, mit der er ihren polemischen Stil kommentiert:

„Consider the behavior of our *free-thinkers* of all denominations, whether they be such as de-
cry all revelation, or only oppose the exorbitant power of the clergy, *Collins, Tindal, Foster,
Hoadley.* Compare their moderation and good manners with the furious zeal and scurrility of
their adversaries …".[54]

---

[51] Essays S. 74 und S. 65f. Von der History of England erschien 1754/56 zuerst die Darstellung
der Zeit von 1603–1688/89, die den Zeitgenossen reichlich Gelegenheit bot, Humes kritische
Sicht von Religion und Religionsparteien zu notieren. Vgl. E.C. Mossner, The Life of David
Hume, S. 301–18 und auch die stark an Mossner angelehnte Biographie von G. Streminger, Da-
vid Hume. Sein Leben und sein Werk, S. 416–27. Zur politischen Historiographie Humes vgl. N.
Phillipson, Hume, bes. Kap. 5; für die Geschichte Englands bes. Herdt aaO. S. 197–215.

[52] Vgl. R.B. Sher, Church and University in the Scottish Enlightenment, S. 45–92, 155f., 175–
186; Mossner aaO. S. 274–78.320.579f.

[53] Vgl. H. Graf Reventlow, Bibelautorität und Geist der Moderne, S. 631–671; J.C.D.
Clark, English Society 1688–1832, S. 280f.

[54] Einleitung zu dem Essay „Of the independency of Parliament", gestrichen in den Ausgaben
ab 1762. Essays S. 607–9.

Obwohl er nicht auf demselben religionsphilosophischen Grund wie die beiden bekannten Bestreiter von Offenbarung[55] steht, sieht er noch viel weniger auf der Gegenseite einen tragfähigen Grund der Apologetik.[56]

Im Hinblick auf Kirche und Staat in Großbritannien[57] faßt Hume den „progress of learning and of liberty" der letzten 50 Jahre, d. h. seit dem Regierungsantritt von William III (1689), mit der Feststellung zusammen, „The clergy have much[58] lost their credit: Their pretensions and doctrines have been ridiculed; and even religion can scarcely support itself in the world." (S. 51). Gegenüber einem Klerus, dessen Repräsentanten er „in all ages of the world" als „enemies to liberty" identifiziert,[59] verteidigt Hume die Freiheit des Denkens und möchte den Staat auf ihren Schutz verpflichten. Nur in einer – barbarischen – Monarchie wirkten Religion und Politik zur Zerstörung von Freiheit zusammen: „... monarchies, receiving their chief stability from a superstitious reverence to priests and princes, have commonly abridged the liberty of reasoning, with regard to religion, and politics, and consequently metaphysics and morals."[60] Die gefährdete Freiheit aber ist ein höheres

---

[55] A. Collins hatte 1713 seinen Discourse of Free-Thinking publiziert (ferner zur Frage nach dem Neuen Testament im Lichte des Alten Testaments 1724: Discourse of the Grounds and Reasons of the Christian Religion, 1727: The Scheme of Literal Prophecy Considered), M. Tindal 1730 sein Buch Christianity as old as the Creation (dt. 1741; von J. Foster 1731 dazu eine Gegenschrift The Usefulness, Truth, and Excellency of the Christian Revelation defended ...). Vgl. die Einleitungen von G. GAWLICK zu den Neudrucken 1965/67; REVENTLOW aaO. S. 582–607 und S. 616–631; J. REDWOOD, Reason, Ridicule and Religion, S. 145f., 209–211. Lesenswert ist immer noch L. STEPHENS Darstellung: History of English Thought in the Eighteenth Century, Bd. I, S. 134–163, 201–228; Bd. II, S. 152–167.

[56] Es ist möglich, daß Hume schon W. Warburton als Kontroversialist im Blick hat, der dem ersten Band seines kuriosen Buchs The Divine Legation of Moses demonstrated on the principles of a Religious Deist (Bd. I, 1737; Bd. II/1.2, 1741) eine „Dedication to the Free-Thinkers" vorangestellt hatte (S. I–XLIV) und sich im Vorwort zum zweiten Band als Apologet gegenüber Collins und Tindal in derselben Rolle sieht, wie sie R. Cudworth gegenüber Th. Hobbes gespielt habe (S. X). Wahrscheinlich war Warburton 1739 der anonyme Autor einer Rezension von Humes Treatise of Human Nature (vgl. MOSSNER aaO. S. 121–24.617f.), was Hume aber wohl nicht bekannt war (vgl. Letters II, S. 244; anders L. KREIMENDAHL in der Einleitung zur Naturgeschichte der Religion, S. X). Zu Warburtons Rolle in der Publikationsgeschichte von Humes Natural History of Religion s.u. S. 113 Anm. 107. In My own life spricht Hume 1776 von „all the illiberal Petulance, Arrogance, and Scurillity, which distinguishes the Warburtonian School" (Essays S. XXXVII).

[57] „Whether the British Government inclines more to Absolute Monarchy, or to a Republic" (1741), Essays S. 47–53.

[58] Im Text der Ausgaben 1741–48: „entirely" (S. 609).

[59] „Of the parties of Great Britain", S. 65f. Vgl. wiederum W. Warburton mit seinem Werk The Alliance between Church and State (or the Necessity and Equity of an established Religion and a Test Law demonstrated from the Essence and End of Civil Society upon the fundamental principles of the Law of Nature and Nations), 1736. Vgl. zu Warburton N. SYKES, Church and State in the XVIIIth Century, S. 284–96, 315–31; S. TAYLOR, „William Warburton and the Alliance of Church and State", S. 271–286; B. W. YOUNG, Religion and Enlightenment in Eighteenth-Century England, S. 167–212. Zum zeitgenössischen Hintergrund für Warburtons Buch vgl. CLARK aaO. S. 119–141.

[60] Essays S. 126 („Of the rise and progress of the arts and sciences"). Vgl. auch Abschnitt IX der Natural History of Religion.

Gut, schon deshalb, weil die kirchlichen Ansprüche auf einem angemaßten, wenn nicht sogar überhaupt hinfälligen Grund ruhen (*pious frauds*).[61] Als Ertrag der deistischen Kontroversen ist die Situation der Religionsphilosophie neu definiert.[62] Vor diesem Hintergrund sind die eigentlichen religionskritischen Essays zu lesen.

In religionsphänomenologischer Perspektive diskutiert Hume im Essay „Of superstition and enthusiasm" die Polarität von „Aberglauben" und „Schwärmerei" als „two species of false religion".[63] Ohne daß damit etwas über wahre Religion gesagt wäre, führt er beide Phänomene als „the corruptions of true religion" an, und indem er im Fortgang des Essays für alle zeitgenössischen Gestalten der christlichen Religion zeigt, daß sie entweder durch *superstition* oder durch *enthusiasm* oder durch beides geprägt seien, begreift er indirekt das Gesamtphänomen Religion unter diesen beiden Entstellungen.[64]

Beide Phänomene beruhen auf philosophischer Unwissenheit (*ignorance*). *Superstition* entsteht durch unerklärliche Zustände von Furcht (*unaccountable terrors and apprehensions*), *enthusiasm* durch unerklärliche Zustände von Hochgefühl (*unaccountable elevation and presumption*, S. 74). In beiden Fällen führen die psychischen Zustände zu phantastischen Vorstellungen und setzen den Menschen in ein unwahres Verhältnis zu einer göttlichen Macht, die überhaupt nur von „imagination" oder „fancy" hervorgebracht wird. Gegen die durch Furcht erschlossenen bedrohlichen unsichtbaren Mächte sollen rituelle Handlungen schützen, bei denen der Mensch als ein verächtliches Geschöpf erscheint, das auf besondere Vermittler zwischen sich und der Gottheit oder den Gottheiten angewiesen ist, während die Erhöhung den Ekstatiker zu seiner Gottheit hinreißt und also den Menschen in ein vergöttlichtes Geschöpf verwandelt, inspiriert „with the opinion of divine illumination, and with a contempt for the common rules of reason, morality, and prudence" (S. 74–77). Die wahre Würde des Menschen wird in den beiden „species of false religion" einmal durch Erniedrigung, einmal durch Überhöhung vernichtet. *Superstition*, so Hume, ist „a considerable ingredient in almost all religions", so daß mit ihr der ei-

---

[61] Essays S. 66. Die Kritik am Priesterstand in der Perspektive politischer Philosophie ergänzt Hume in einer Anmerkung des Essays „Of National Charakters" (1748) um ein Charakterbild von Priestern. S. im folgenden.

[62] Zu Humes religionsphilosophischer Opposition zum Deismus vgl. J. C. A. Gaskin, Hume's Philosophy of Religion, S. 184–187. G. Gawlick, „Hume and the Deists: a Reconsideration", S. 128–138, möchte diese Kontrastierung eher aufweichen.

[63] Essays S. 73–79, S. 73. Dt. Übersetzungen in L. Kreimendahl, David Hume. Die Naturgeschichte der Religion, S. 73–79; Bermbach/ Fischer aaO. Bd. 1, S. 77–85. Vgl. L. Kreimendahl, „Humes Kritik an den Schwärmern", S. 7–27. Eine Interpretation als politischer Essay gibt von der Lühe aaO. S. 159–161.

[64] Zur Kritik des Enthusiasmus vgl. J. Passmore, „Enthusiasm, Fanaticism and David Hume", S. 85–107, sowie M. Heyd, Be Sober and Reasonable. The Critique of ‚Enthusiasm‘ in the Seventeenth and Early Eighteenth Centuries. In der ersten Auflage der Geschichte Englands fand sich eine mit dem Gegensatzpaar „superstition/enthusiasm" operierende Charakterisierung der Reformation gleich am Anfang des ersten Bandes; vgl. Kreimendahl aaO. S. 126 Anm. b, Mossner aaO. S. 305f. Für eine kritische Analyse vgl. jetzt Herdt aaO. S. 206–218. Daß die beiden Spannungspole kein Proprium der Religionskritik sind, könnten z.B. Luthers Schmalkaldische Artikel zeigen.

gentliche Gegensatz zur Philosophie gegeben ist. Denn Philosophie, und zwar Philosophie allein, sei in der Lage, „entirely to conquer these unaccountable terrors" (S. 75). Philosophie entzieht damit *superstition*, und soweit diese ja alle Religionsformen kennzeichnen soll,[65] der Religion überhaupt, ihren Grund. Hume bezieht seine phänomenologische Analyse auf die Situation der Religionsparteien in England und macht sie damit für die Deutung des Christentums in seinen verschiedenen Strömungen nutzbar.[66] Von der philosophischen Kritik sind allenfalls die Schüler des Konfuzius in China als „the only regular body of *deists* in the universe" ausgenommen (S. 78).

Der Begriff „superstition" ist auch Humes Schlüssel für die Erklärung aller Formen von religiösem Ritus und zugleich des Ursprungs und der Autorität eines Priestertums. Religiöser Kult wird auf die funktionale Alternative eingegrenzt, „to appease the divinity" oder „to approach the divinity", das eine als die Illusion von *superstition*, das andere als die von *enthusiasm* (vgl. S. 74, 76). In einer Anmerkung des späteren Essays „Of national characters" (1748)[67] wendet Hume seine prinzipielle Kritik auch auf die Person des Priesters, der aus seinem Eigeninteresse heraus „ignorance and superstition and implicit faith and pious frauds" fördere. Wichtiger noch ist in diesem Zusammenhang der Kritikpunkt, bei dem die philosophische Analyse der Leidenschaften (*passions*) zum Tragen kommt, die er für die Kritik der vom Platoniker empfohlenen „philosophical devotion" entwickelt hatte.[68] Dort hatte er solche Hingabe mit dem Enthusiasmus eines Dichters verglichen und die Frage diskutiert, was erforderlich sei, um einer solchen leidenschaftlichen Erregung Kontinuität zu geben. Bei einem Priester nun sei entweder „devotion" nicht beständig stark, so daß die von ihm geforderte Haltung „hypocrisy" verursache, oder „devotion" sei beständig stark, so daß diese Haltung zu einer „violation of morality" führe, weil alle menschlichen Maßstäbe verloren gingen[69] oder weil wenigstens deren Verletzungen, sooft sie einträten, sogleich als rituell kompensiert angesehen würden. Im Kontrast dazu skizziert Hume einen zweiten Typus von Geistlichen[70] in „religions, founded on speculative principles, and where public discourses make

---

[65] Für den Gegensatz zur Philosophie beschränkt sich Hume auf „superstition", da diese selbst noch am zweiten Pol entstellter Religion wirksam sei; vgl. auch Shaftesbury, Works Bd. I, S. 18. Die einzige Ausnahme, die Hume in Betracht zieht, sind die Quaker, die nie Priester bei sich eingesetzt hätten, also Vermittler zwischen dem erniedrigten Menschen und der bedrohlichen Gottheit einer durch „superstition" qualifizierten Religion (S. 75 f.).

[66] Bis zur Ausgabe der Essays von 1770 enthielt der Essay noch eine Bemerkung über „modern Judaism and Popery" als „the most unphilosophical and absurd superstitions which have yet been known in the world" (S. 617, 619).

[67] Essays S. 197–215; dt. Übersetzung in BERMBACH/ FISCHER aaO. S. 154–173.

[68] Vgl. Essays S. 167 und s. u. S. 105 f.

[69] „…they move this world at their pleasure", S. 200; vgl. Abschnitt XIV der Natural History of Religion.

[70] Bis zur Ausgabe von 1764 hatte Hume im Essay „Of superstition and enthusiasm" in einer Fußnote schon die Unterscheidung zwischen „priests" als „Pretenders to Power and Dominion, and to a superior Sanctity of Character, distinct from Virtue and good Morals" sowie „clergymen" getroffen (und die – ironische? – Erklärung hinzugefügt: „There is no rank of men more to be respected than the latter."): Essays S. 617, 619.

a part of religious service". Soweit sie nicht durch eine kultische Funktion definiert sind, wird ihnen „a considerable share in the learning of the times" zugestanden (S. 201), und es zeichnet sich darin ein gewisser Respekt vor einer intellektuellen Religionsform in der Nachbarschaft zu „reasoning and philosophy" ab. Die Religionsphilosophie Humes steht damit schon lange vor seinen beiden Hauptschriften zum Thema an einem Punkt, an dem sämtliche positive Religionsformen allein auf einen ‚Ursprung in der menschlichen Natur' zurückgeführt werden. Obwohl der Begriff „Offenbarung" nicht fällt, ist klar, daß sich in der Theorie von *superstition* und *enthusiasm* eine Kritik von Offenbarung verbirgt.[71]

Am aufschlußreichsten für die Religionsphilosophie ist in Humes frühen Essays der rhetorisch brillante Zyklus von vier Essays (1742) über Lebenshaltungen, die in Philosophenschulen der Antike typisch repräsentiert sind.[72] Die ersten drei dieser Essays bilden in Hinsicht auf ihre religionsphilosophischen Aspekte eine Klimax vom Epikureer über den Stoiker zum Platoniker, im vierten Essay tritt ihnen der Skeptiker entgegen.[73] Der Epikureer, „the man of elegance and pleasure" (S. 138), liest die „dictates of nature" in seinen „passions and inclinations" (S. 141) und macht diese sowohl zum Grund seiner Vergewisserung über das eigene Leben als auch zum Grund der Orientierung seines Tuns. Der Stoiker hört die Stimme der Natur in dem Imperativ, „art and intelligence", mit der die Natur den Menschen ausgestattet hat, zu einer Höherentwicklung aus dem Zustand der „savage manners", „timorous superstition" und „brutal ignorance" zu gebrauchen (S. 147). Er ist deshalb „the man of action and virtue" (S. 146). Für die ethische Orientierung des Lebens empfiehlt er die „social passions" in einer Verbindung mit den „sentiments of virtue" (S. 152). Das Verlangen nach „happiness" (S. 148) wird durch die Erfahrung von „moral beauty" im eigenen Leben befriedigt (S. 153). Dadurch erübrigt sich die ängstliche Frage nach „the reward of virtue" (ebd.). Der Platoniker schließlich, „the man of contemplation, and *philosophical* devotion" (S. 155) beruft sich auf „the solid reflections of (his) own conscience" (S. 157), wenn er den Menschen als „a rational soul, made for the contemplation of the Supreme Being, and of his works" versteht (S. 155f.). Das Herz des Menschen empfindet unmittelbar („sensibly feels") das Unbefriedigende in allen Vergnügungen, „which detain it from its true object" (S. 156). In den drei philosophischen Schultraditionen wird al-

---

[71] Gegen diese Kritik Humes schreibt Herder 1774 in An Prediger. Funfzehn Provinzialblätter (FA 9/1, S. 67–138, bes. S. 114–119).
[72] Essays S. 138–80. Hume verfolgt ausdrücklich keine philosophiegeschichtliche Linie, sondern will „the sentiments of sects, that naturally form themselves in the world, and entertain different ideas of human life and of happiness" darstellen (S. 138 Anm. 1). Für das Bild der antiken Philosophenschulen in der frühen Aufklärung mag eine Bemerkung Fontenelles bezeichnend sein, der zur Erläuterung einer Stelle bei Plutarch erklärt: „Alle Griechen die sich ein wenig auf die Gelehrsamkeit legten, erwehlten sich eine philosophische Secte, und von dieser führten sie einen Zunahmen, fast wie man sich jetzo von seinen Landgütern nennet" (Historie der Heydnischen Orakel, üb.v. J.C. Gottsched, Leipzig 1730, S. 93f.). Dem kirchlichen Ideal einer einheitlichen christlichen Kultur wird von vornherein der antike philosophische Pluralismus gegenübergestellt.
[73] Vgl. auch VON DER LÜHE aaO. S. 180–188. Unzutreffend ist jedoch, daß der Skeptiker nicht auf den Platoniker eingehe (S. 182 Anm. 239, S. 188).

so jeweils ein anderes Fundament für die Erkenntnis der Bestimmung des Menschen angenommen, Leidenschaften, Verstandestätigkeit oder Gewissen und Herz. Dies führt nicht nur zu verschiedenem philosophischen Rat bezüglich der Lebensführung, sondern auch zu verschiedenen religionsphilosophischen Annahmen.

Für den Epikureer verbleibt Gott in der Ungewißheit der Frage nach seiner Existenz, einer Frage, auf die es als Antwort nur „uncertain speculations" gibt (S. 145). Der Gedanke, daß es Gott geben könne, dient jedoch dessen ungeachtet der Bekräftigung des aus einer Hermeneutik der „passions" entwickelten philosophischen Unterrichts. „This alone we may be certain of, that, if any governing mind preside, he must be pleased to see us fulfil the ends of our being, and enjoy that pleasure, for which alone we were created." (S. 145) Damit befreit die epikureische Philosophie von „all the scruples of a vain superstition" (ebd.). Ob in Negation oder Assertion kann der Gedanke der Existenz eines Gottes die Gewißheit dieser philosophischen Lebensauffassung nicht erschüttern.

Der Stoiker geht religionsphilosophisch sehr viel weiter. Die Existenz Gottes und seine natürlichen Attribute sind unbezweifelbar: „There surely is a being who presides over the universe", und zwar eine Gottheit, die durch „infinite wisdom and power" charakterisiert ist (S. 154). In die Moralphilosophie des Stoikers wird Gott so einbezogen, daß nach ihr die harmonische Schönheit des Tugendhaften zu einer „resemblance with the divinity" führe (S. 153). Die Sinnevidenz von „virtue" erübrigt jedoch die Frage nach „the reward of virtue" und damit die Frage nach weiteren moralischen Attributen der Gottheit, die entgegen der Erfahrung des Bösen und Ungerechten anzunehmen wären. Eine ethisch motivierte Aufopferung von „life and fortune" braucht keinen jenseitigen, in einer Religion versprochenen Lohn (S. 153). An diesem Punkt überläßt der Stoiker das Feld den Disputationen der „speculative reasoners" (S. 154). Die Gottheit ist Urheber der Ordnung des Kosmos, und der Mensch findet in dieser Ordnung seinen Platz, wenn er dem Tugendhaften folgt. Der Stoiker bahnt mit dem Bewußtsein seiner natürlichen Ausstattung mit einem Verstand „of celestial origin" (S. 152) und durch den Gedanken der Ordnung des Universums, in die sich das Tugendhafte vollkommen einfügt, dem Platoniker von Humes Essays den Weg.

Dieser Platoniker geht religionsphilosophisch am weitesten: Nicht nur die Gottheit mit ihren natürlichen Attributen als Urheber des Universums ist ihm gewiß, ebenso zweifelsfrei gewiß sind ihm auch ihre moralischen Attribute, „benevolence and justice" (S. 158). Die von „beauty" und „virtue" geprägte kosmische Ordnung ruht nicht unerkennbar in sich selbst, sondern erschließt sich für den, der sich betrachtend auf sie richtet, als göttliches Werk. Der Platoniker zielt mit seiner religiösen Orientierung nicht wie der Stoiker auf das Sich-Einfügen in diese Ordnung durch tugendhaftes Handeln, sondern auf „contemplation", eine Betrachtung, die zu „worship and adoration" führt (S. 158). Damit hat er einen neuen Aspekt von Religion gewonnen, der dem Stoiker entgehe, weil dieser bei der Verehrung seiner „imaginary perfections" stehen bleibe (S. 157). Zum Wesen des Menschen gehört es nach dem Platoniker, sich in ein Verhältnis zur Gottheit zu setzen, das nicht durch „resemblance" (S. 153), sondern durch „adoration" (S. 157f.) gekennzeich-

net ist. Der Urheber des Universums ist in anderer Weise als beim Stoiker selbständig vom Universum unterschieden.

Die Steigerung in der Gotteslehre hat eine Parallele in Bezug auf die Frage nach
ewiger Fortexistenz. Der Epikureer schließt ohne Zögern jede solche religiöse
Vorstellung aus: „We shall be, as if we had never been." (S. 145) Der Stoiker berührt
die Frage unter der Hinsicht des Lohngedankens, aber da er an ihr nicht interessiert
zu sein braucht, kann er sie wiederum den Disputationen der „speculative reasoners" überlassen. „Virtue" hat schon im Leben ihren Lohn in „glory", und damit ist
der „man of morals" zufrieden (S. 153f.). Der Platoniker schließlich blickt mit voller Gewißheit auf „another state of existence" voraus (S. 158), in dem die Begren-
zungen dieses Lebens aufgehoben sein werden. Die Vollkommenheit von Schönheit und Tugend, die natürliche Vollkommenheit des Universums und die moralische Vollkommenheit der Gottheit werden gegen alle nur möglichen Erfahrungen,
die ihre Betrachtung im Leben des Menschen einschränken, sichtbar werden. Daß
„the greatest part of these beauties and perfections" noch verborgen ist, ist also kein
Einwand gegen seine Position, sondern nur eine Rechtfertigung von entsprechenden Erwartungen an die Ewigkeit (S. 158).

Im vierten Essay tritt nun der Skeptiker den Lehrmeinungen dieser drei Philosophenschulen entgegen. Seine Kritik richtet sich zunächst überhaupt gegen die Philosophen, die sich auf irgendein „favourite principle" festlegen. Denn dagegen sind
„the variety and extent of nature" geltend zu machen, die für jede philosophische
Auffassung uneinholbar bleiben (S. 159). Ist der Philosoph sich der Begrenzung
menschlicher Erkenntnis bewußt, kann er im günstigsten Fall ein Prinzip entdek-
ken, „which perhaps accounts for many natural effects". Der Vorwurf des Skeptikers gegen die drei typisierten Philosophen lautet so: ein jeder „extends the same
principle over the whole creation, and reduces to it every phaenomenon, though by
the most violent and absurd reasoning" (ebd.). Dieser Einwand betrifft ebenso das
epikureische Prinzip der Befriedigung durch das sinnliche Vergnügen (*pleasure*) wie
das stoische der Befriedigung durch die Tugendhaftigkeit (*virtue*), es richtet sich
aber auch gegen den Platoniker, der in andächtiger Betrachtung (*contemplation*) Erfüllung findet.

Religionsphilosophisch ist die Kritik des Skeptikers im Fall des Platonikers von
größtem Interesse, da dieser ja am weitesten gegangen war. Der Skeptiker bestreitet
von vornherein die Möglichkeit, alle Erfahrung in die Betrachtung der Perfektion
des Universums oder der „benevolence and justice of the Deity" aufzuheben, und
sei es unter dem Vorbehalt, daß der größte Teil dieser Schönheiten und Vollkom-
menheiten (S. 158) dem Menschen noch verborgen sei. Seine Kritik setzt indirekt
das vom Platoniker gebrauchte ‚design argument', den Schluß von der Ordnung
des Universums auf seinen Urheber, außer Kraft. Dieses im Horizont des anwach-
senden wissenschaftlichen Interesses an der Erforschung der Natur gewichtige Argument[74] beruht auf dem Analogieschluß von menschlichen Hervorbringungen

---

[74] Vgl. F.E. FORCE, „Hume and the relation of science to religion among certain members of
the Royal Society", S. 517–536.

auf das Gesamte des Universums. Für den Platoniker handelte es sich dabei in einem ersten Schritt um einen intellektuellen Erkenntnisvorgang: „Can we … be so blind as not to discover an intelligence and a design in the exquisite and most stupendous contrivance of the universe?" (S. 158) Das Schlußverfahren führe zur Erkenntnis eines „intelligent being" als Urheber des Universums, das die Attribute „infinitely good and wise" verdiene. Der Skeptiker greift dieses Argument noch nicht mit einer eigentlichen philosophischen Analyse an.[75] Seine Gültigkeit wird jedoch in Frage gestellt, wenn es ihn nicht so weit überzeugen kann, daß er es von seiner „greater inclination to dispute, than to assent to their [the philosophers'] conclusions" ausnimmt (S. 159). In der Gegenüberstellung der beiden Essays ist zumindest der Verdacht angedeutet, daß auf dem Grunde der Gewißheit des Platonikers „the most violent and absurd reasoning" wirken könnte. Im rhetorischen Spiel der vier Essays ist dieser Angriff auf das physikotheologische Argument, den tragenden Pfeiler der Natürlichen Religion, nicht leicht in seiner Tragweite zu ermessen, zumal Hume wenig später den Skeptiker darum bitten läßt, seine Meinung (*opinion*) nicht allzu ernst zu nehmen: „(I) shall only desire you to esteem it of as little consequence as I do myself." (S. 162).[76]

In einem zweiten Schritt bewirkte die durch das ,design argument' geleitete Erkenntnis beim Platoniker eine spirituelle Erfahrung: „Can we be so stupid as not to feel the warmest raptures of worship and adoration, upon the contemplation of that intelligent being, so infinitely good and wise?" (S. 158) Solche Verzückung folgt aus dem intellektuellen Erkenntnisvorgang, sie ist in diesem Sinne nicht etwas Ursprüngliches, sondern etwas Abgeleitetes, obwohl sie als Verzückung von irrationaler Heftigkeit ist. Es wäre ein Mißverständnis anzunehmen, daß die Betrachtung des Universums für den Platoniker eine neue religiöse Erfahrungsdimension eröffne. Denn was zur Andacht hinreißt, ist nicht der Anblick der Natur selbst, sondern der Gedanke an ihren Urheber. Die „raptures of adoration" können deshalb keine direkte hermeneutische Funktion für das Verstehen des Universums haben; sie sind die Antwort auf die Frage, was für einen Einfluß auf das Leben denn die rationale Erkenntnis habe.[77]

Gegen diesen Folgeaspekt der religionsphilosophischen Konzeption des Platonikers richtet der Skeptiker direkt seine auf einer Lehre von den Leidenschaften (*passions*) begründete Kritik. Wenn Leidenschaften zum glücklichen Leben beitragen

[75] Dies ist das Thema der erst 1779 postum veröffentlichten Dialogues concerning Natural Religion. Vgl. zu diesem Argument die detaillierte Analyse von GASKIN aaO. S. 11–51. Die Nachwirkungen des ,design argument' das 19. Jahrhundert hindurch untersucht, von Humes Kritik ausgehend, P. ADDINALL, Philosophy and Biblical Interpretation, dort zu Hume S. 22–34.

[76] Der hier dem Skeptiker zugeschriebene Standpunkt ist noch immer ein Interpretationsproblem der Dialogues. Vgl. aber auch Humes Kritik an Hobbes in seiner History of England: „Though an enemy to religion, he partakes nothing of the spirit of scepticism; but is as positive and dogmatical as if human reason, and his reason in particular, could attain a thorough conviction in these subjects." (Kap. LXII, Ausgabe Glasgow o.J. Bd. 3, S. 505).

[77] Die Unterscheidung ist wichtig im Vorblick auf Humes religionsgeschichtliche Hypothesen in der Natural History of Religion und Herders Antwort in seiner Deutung der biblischen Urgeschichte.

sollen, müssen sie nicht nur etwa hinsichtlich ihres Grades von Heftigkeit, ihrer Art von Sozialität und ihrer Stimmung vorteilhaft ausgerichtet sein, sondern sie sollen auch kontinuierlich sein, um „durable pleasure and satisfaction" zu gewähren (S. 167). Die „philosophical devotion" des Platonikers[78] aber ist nur ein „transitory effect", darin mit dem „enthusiasm of a poet" vergleichbar. Selbst wenn ihre Voraussetzungen, darunter „a habit of study and contemplation", gegeben sind, und wenn das religionsphilosophische Erkenntnisziel erreicht ist, ist die vom Platoniker erfahrene und als Antwort auf die Frage nach Glückseligkeit empfohlene Konsequenz ungenügend.

„… an abstract, invisible object, like that which *natural* religion alone presents to us, cannot long actuate the mind, or be of any moment in life".[79]

Wenn der Platoniker einen Einfluß der postulierten rationalen Erkenntnis auf das Leben in Gestalt von „raptures of adoration", d.h. eine Verbindung zwischen der Erkenntnis und den Leidenschaften annimmt, greift sein philosophischer Unterricht zu kurz, solange er keinen Weg dahin weist, „to render the passion of continuance". Soll das religionsphilosophisch erschlossene göttliche „intelligent being" einen Einfluß auf das von den Leidenschaften beherrschte menschliche Leben haben, ist eine Ergänzung erforderlich, „some method of affecting the senses and imagination". Religion kann nicht von Vernunft getragen sein, wenn nicht auch die Einbildungskraft beteiligt ist. In einer lebendigen, lebensrelevanten Religion müßten zwei Faktoren zusammenkommen, und für die wahre Religion müssen beide Faktoren einer philosophischen Prüfung standhalten.

Als die notwendige Ergänzung des „*philosophical* account of the divinity" empfiehlt der Skeptiker „some *historical* … account of the divinity" und paart so die Religionsphilosophie des Platonikers mit „popular superstitions and observances" (S. 167) – womit sich die Ironie, die in seiner Empfehlung liegt, verrät. Der Skeptiker erweist sich doppelt als ein Kritiker der philosophischen „Natürlichen Religion":[80] Neben die Vermutung, daß ihr ein „most violent and absurd reasoning" zugrundeliege, stellt er die Aufklärung über die Täuschung, es sei dem Philosophen in der Religion möglich, *vor* den „popular superstitions and observances" stehenzubleiben. Wenn überhaupt auf dem Weg des ‚design argument' das Erkenntnisprojekt einer „Natürlichen Religion" gelingt, dann ist damit noch nichts erreicht, was tatsächlich eine Lebensrelevanz hat. ‚Natural religion', so der Skeptiker, wird für mehr genommen, als sie ist.

Humes Präsentation der vier typischen Philosophenschulen liest sich also als ein Beitrag zur religionsphilosophischen Debatte seiner Zeit. Indem er die Debatte in die griechisch-römische Antike transponiert, kann er die christliche Tradition übergehen und, anstatt das Thema der Offenbarungsreligion selbständig zur Spra-

---

[78] Essays S. 167, vgl. S. 155.

[79] AaO. S. 167; vgl. Letters I, S. 51 (Brief an William Mure of Caldwell, Juni 1743).

[80] Dem entspricht in den 1750er Jahren die Doppelheit der Dialogues concerning Natural Religion als Prüfung der philosophischen, und der Natural History of Religion als Prüfung der historischen Seite von Religion.

che zu bringen, einfach von „popular superstitions and observances" sprechen. Im Ergebnis zeigt sich, daß „... an abstract, invisible object, like that which *natural* religion alone presents to us ..." (S. 167) die Leistung, das Leben religiös zu orientieren, nicht erbringen kann.[81] Den philosophischen Unterricht der antiken Philosophenschulen läßt Hume auf die Auffassungen des Skeptikers zulaufen, dessen Empfehlung eine Philosophie ist, die „refinement of temper" und „delicacy of taste" bewirkt und dadurch auf der Grundlage der menschlichen Leidenschaften zum glücklichen Leben führt.[82] Hier wird das vernünftige Denken selbst diejenige Leistung, auf die sich das menschliche Begehren richtet,[83] so daß die Prozessualität des „reasoning" als „one of the most amusing occupations" (S. 180), nicht ein tatsächliches Erkenntnisziel am Ende steht.[84] In der Religionsphilosophie ist vom Skeptiker nicht zu erwarten, daß er irgendwelchen „decisions of philosophers" seine Zustimmung gibt. Auf einem solchen Grund läßt sich weder eine ‚natural religion', noch eine Synthese von ‚natural and revealed religion' konstruieren. Die vier Essays markieren in der Aufklärung einen kulturellen Raum, für den die Dominanz des Christlichen gebrochen ist. Die christliche Tradition ist nicht einmal mehr in Gestalt einer ‚natural religion' ein religionsphilosophisch wesentliches Erbe – wie sie es etwa noch bei Tindal war. Aus der Sicht des Skeptikers würde die Relevanz einer philosophischen Natürlichen Religion für das Leben falsch beurteilt, solange nicht etwas hinzukommt, was „senses and imagination" anregte, damit zugleich aber die Vernunftgemäßheit dieser Religion wieder aufhöbe. In dieser aporetischen Konstruktion zeichnet sich das Konzept einer Ablösung von Religion durch ein vernünftiges Verständnis der Welt ab.[85]

c) Natürliche Religion und Glaube

Mit den *Philosophical Essays concerning Human Understanding* greift Hume 1748 offener in die apologetisch-theologische Debatte seiner Zeit ein. In zwei neuen Abschnitten der *Enquiry* (so der Titel seit 1758) legt er jetzt die Konsequenzen seiner erkenntniskritischen Bestimmung der „proper province of human reason" (S. 12)

---

[81] Auf dieses Problem zielt dann Herders Polemik in der Ältesten Urkunde, FA 5, S. 254 Anm. 9.

[82] Vgl. Essays S. 171 und S. 3–8; s. o. S. 88–91.

[83] Vgl. Essays S. 168 „a passion for learning", bzw. S. 6 „the sciences and liberal arts" als Gegenstand von „taste".

[84] Vgl. auch Letters I, S. 265 (3. Sept. 1757 an A. Millar); Natural History of Religion § XV Schluß, S. 95. Es handelt sich um eine Konsequenz der skeptischen „suspense of judgment".

[85] In diesem Sinne heißt es am Schluß der Dialogues: „If the whole of natural theology ... resolves itself into one simple ... proposition, *that the cause or causes of order in the universe probably bear some remote analogy to human intelligence*: If this proposition be not capable of extension, variation, or more particular explication: If it affords no inference that affects human life, or can be the source of any action or forbearance: And if the analogy ... can be carried no farther than to the human intelligence; and cannot be transferred ... to the other qualities of the mind: If this really be the case, what can the most inquisitive, contemplative, and religious man do more than give a plain, philosophical assent to the proposition, as often as it occurs ..." (S. 184 f.).

für eine metaphysische Theologie dar, die ihre Sätze als Vernunfterkenntnis präsentiert.[86] Sections X und XI der *Enquiry* polemisieren gegen „those dangerous friends or disguised enemies to the *Christian Religion*, who have undertaken to defend it by the principles of human reason" (S. 130, vgl. S. 135).[87] Das Gewicht solcher Freunde der christlichen Religion im 18. Jahrhundert war erheblich,[88] und die Angriffe auf Hume von seiten der Theologie sollten sich nach der Publikation der *Enquiry* vor allem gegen diese beiden Abschnitte richten.[89]

Section X, „Of Miracles", legt die philosophische Unmöglichkeit dar, Wunder und Weissagungen als Beweise für die christliche Religion zu gebrauchen.[90] Ob es „by a particular volition of the Deity" Wunder geben könne oder nicht, ist keine philosophische Frage, die Hume in diesem Zusammenhang interessiert (S. 115, Anm. 1), da sie Voraussetzungen einer philosophischen Theologie machen müßte, die er nicht teilt.[91] Er greift dagegen das Problem auf, daß ein Wunder nur durch Erfahrung und Bezeugung als Tatsache festgestellt werden könnte. Nun sei der Beweis *gegen* ein Wunder damit gegeben, daß es aller Erfahrung zuwiderlaufe (sonst wäre es ja kein Wunder), der Beweis *für* ein Wunder damit, daß es einwandfrei bezeugt werde; folglich stehe „proof against proof" (S. 114). Die Frage des Wunders läßt sich für die vernünftige Kritik also von der Seite der Frage seiner Bezeugung aufrollen.

„The plain consequence is ..., ‚That no testimony is sufficient to establish a miracle, unless the testimony be of such a kind, that its falsehood would be more miraculous, than the fact, which it endeavours to establish' ..." (S. 115f.)

Diese Kritik sieht alle Wunderüberlieferungen in vergleichender Perspektive; z.B. stehen die Wunder des Kaisers Vespasian neben denen des Mose, die Hume an-

---

[86] Vgl. auch E. HERMS, „David Hume (1711–1776)", S. 279–312, bes. S. 302–311.

[87] In der Druckfassung des Treatise hatte Hume 1739 diese religionskritischen Abschnitte weggelassen, vgl. Mossner aaO. S. 112f. Der Herausgeber L. A. SELBY-BIGGE bezeichnete diese beiden Abschnitte als „quite superfluous" im Zusammenhang der theoretischen Philosophie Humes (S. VIII); interessant sind sie jedoch nicht nur für den ideengeschichtlichen Ort der Philosophie Humes, sondern auch, weil Section XI vieles aus den erst 1779 postum publizierten Dialogues concerning Natural Religion vorausnimmt. Vgl. GASKIN aaO. Kap. 2 und 3; JONES, Hume's Sentiments, S. 44–76.

[88] Das wichtigste Werk solcher Apologetik in England waren wohl die Boyle-Lectures, die Samuel Clarke 1704/05 gehalten hatte und die 1728 schon in der 7. Auflage vorlagen: A Discourse concerning the Being and Attributes of God, the Obligations of Natural Religion, and the Truth and Certainty of the Christian Revelation.

[89] Vgl. MOSSNER aaO. S. 289–94; GAWLICK/KREIMENDAHL aaO. S. 62–67.

[90] Vgl. GASKIN aaO. Kap. 8; H. SCHULZ, „Das Ende des *common sense*", S. 1–38. Für den Höhepunkt der zeitversetzten deutschen Diskussion vgl. bes. G.E. Lessing, „Über den Beweis des Geistes und der Kraft", 1777 (Werke 8, S. 437–445).

[91] Vgl. aber NORTON aaO. S. 295–302. NORTON zitiert (Anm. 83) auch die einschlägige Passage bei Tillotson, an die Hume anknüpft. Tillotson argumentiert in seiner antikatholischen Polemik nun gerade mit „the main Evidence of the Christian Doctrine, which is Miracles". Vgl. zu Tillotson und seinen Zeitgenossen G. REEDY, The Bible and Reason, S. 34–40; ders., Robert South (1634–1716), S. 123–151; R. T. CARROLL, The Common-Sense Philosophy of Religion of Bishop Edward Stillingfleet (1635–1699).

führt, um nicht direkt die Evangelien zu nennen (S. 122f., 130). Aus seinen Darlegungen zum Prozeß der Ausbildung und Verbreitung von Wundererzählungen ergibt sich eindeutig die Auffassung, daß – sofern nicht das Zu-Beweisende schon als
Bewiesenes vorausgesetzt wird – der „Beweis" aus der Bezeugung den Erfahrungs-
"beweis" gegen Wunder noch nie übertroffen habe. Nach der Regel: „A wise man
… proportions his belief to the evidence" (S. 110) gibt es dann keinen Grund, ein
Wunder anzuerkennen. Damit hat Hume den rationalistischen „pretended Christians" (S. 130) ihr Beweismittel für die christliche Religion entwunden – und gleichzeitig dem literarischen Genre der Apologien der „Glaubwürdigkeit der Zeugen"
zahlreiche Stichworte geliefert.[92]

Der zweite unverhüllt theologiekritische Abschnitt der *Enquiry* betrifft das Problem, wie weit sich Religion auf Grundsätze der Vernunft (*upon the principles of reason*) begründen lasse (S. 135), daneben auch das politische Problem der Freiheit der
Philosophie im Staat. In einem weitgehend als eine Apologie für Epikur stilisierten
Dialog läßt Hume einen Gesprächspartner die These vertreten, „that the state
ought to tolerate every principle of philosophy".[93] Denn die Befolgung moralischer, sozial verträglicher Grundsätze sei nicht von theologischen Lehren abhängig.
Philosophisch kann es danach nicht gerechtfertigt sein, wenn der Staat allein der
Religion die Funktion der Disziplinierung des Bürgers zu Moralität zuerkennt und
sie umgekehrt dafür seinerseits in Anspruch nimmt. Mit seiner Abhandlung „Of
the practical consequences of natural religion"[94] weist Hume nach, daß eine auf
Vernunft begründete Religion gerade keine solche praktischen Folgen haben könne. Selbst in dem Fall, daß sich philosophisch die Existenz einer Gottheit plausibel
machen ließe, wären keine Attribute dieser Gottheit erschließbar, die die natürliche
Erfahrung als Bezugsrahmen moralphilosophischen Denkens aufsprengten.[95] Soweit die Idee einer göttlichen Ordnung von Lohn und Strafe in einem künftigen
Leben beansprucht, vernünftige Erkenntnis zu sein, verfällt sie der Erkenntniskritik. All jene Religion, „which is nothing but a species of philosophy", „will never
be able to … give us measures of conduct and behaviour different from those which
are furnished by reflections on common life" (S. 146). Section XI der *Enquiry* zieht
einer rationalistischen „natürlichen Religion" so enge Grenzen, daß sie zu inhalts-
leer ist, um als eine Stütze des Christentums gelten zu können: sie bleibt „entirely
speculative" und als solche „uncertain and useless" (S. 135, 142). Der Philosoph
entwirft keine Religion, sondern bestenfalls eine „religious hypothesis", die mit

---

[92] Wie in der Apologetik der Beweis der Offenbarung aus der Erfüllung von Prophezeiungen
neben dem Beweis aus Wundern steht, hebt Hume mit seiner Kritik auch ersteren auf (S. 130f.).
LIVINGSTON aaO. S. 142f., 294–297 blendet diesen Bezug des Themas der „prophecies" aus, der
etwa in der Kontroverse zwischen W. Whiston und A. Collins greifbar ist.
[93] Enquiry S. 133, 147. Der zweite Gesprächspartner hatte zu Beginn des Dialogs bemerkt, daß
Verfolgungen von Philosophen „never, in any age, proceeded from calm reason, or from experience of the pernicious consequences of philosophy; but arose entirely from passion and prejudice"
(S. 134). Vgl. dazu schon Shaftesburys Verteidigung von Bayle (bei NORTON aaO. S. 241–243).
[94] In späteren Auflagen: „Of a particular providence and of a future state".
[95] Vgl. GASKIN aaO. S. 17–21; auch HERDT aaO. S. 161–167.

keiner positiven Religion zur Deckung zu bringen ist.[96] Physikotheologie, der Beweis der Existenz einer Gottheit aus der Ordnung und Schönheit des Universums, wird als eine bloße Kausalitätsvermutung entlarvt, die von besonderer Unsicherheit bleibt, weil die Singularität des Universums ein eigentlich auf eine Vielzahl analoger Fälle angewiesenes Schlußverfahren kaum zuläßt (S. 147 f.).[97]

Hume bezieht damit einen einsamen Standpunkt jenseits populärer, physikotheologisch geleiteter religiöser Doktrinen (S. 127, 147). Mit seiner Kritik verwirft er den Versuch, die traditionelle christliche Religion in der Aufklärung auf Vernunft zu gründen. In der Abhandlung über Wunder bekräftigt er seine Auffassung mit religionspsychologischen Überlegungen zu „credulity", in der Abhandlung über das Gottesbild eines lohnenden und strafenden Gottes mit religionspsychologischen Überlegungen zu „flattery" (S. 118, 137, 146): Die Wundergläubigkeit verdanke sich der „passion of *surprise* and *wonder*" (S. 117), der Glaube an eine ausgleichende Gerechtigkeit nach dem Tode folge bloß aus den „glorious attributes", mit denen die Gottheit ohne jede Rechtfertigung durch Vernunfterkenntnis erhöht werde (S. 137). Es ist offenkundig, daß Hume damit keine philosophisch akzeptable Alternative zu einer minimalistischen religiösen Hypothese beschreiben will. Weniger offenkundig ist das in den Passagen (S. 130, 165), in denen er die Theologen daran erinnert, daß Glaube (*faith*) der Grund der christlichen Religion sei. Nur bleibt auch dann festzuhalten, daß der Glaube nicht auf eine nach den Regeln der Vernunft bewiesene Offenbarung antwortet. Damit ist paradoxerweise durch die Religionskritik die Aufgabe einer Hermeneutik der biblischen Überlieferung für den Glauben gestellt.

Nicht zuletzt sieht auch Hume neben dem Philosophen den Dichter.[98] Während der Philosoph zu einem „vain reasoner" wird, wenn er sich der Einbildungskraft (*imagination*) bedient, ist der Dichter hier in seinem eigenen Element.[99] Dem Dichter seien deshalb „the more sublime topics" zu überlassen (S. 162). Die Leistung der poetischen Einbildungskraft ist für Hume jedoch nur „embellishment", nicht Erschließung einer wesentlichen Wahrheit.[100] In seiner die ganze Antike einschlie-

---

[96] AaO. S. 139, 146. Im Vergleich dazu hatte Tindal einer religionsphilosophisch vereinfachten Religion eine weit größere Relevanz belassen, während seine Kritik der biblischen Offenbarungstradition geradezu als Vorlage für Hume gelten könnte: „... True Religion can't but be plain, simple, and natural, as design'd for all Mankind, adapted to every Capacity, & suited to every Condition and Circumstance of Life. ... *Natural* Religion, which is of the greatest Importance to Mankind, & is a perpetual standing Rule for Men of the meanest, as well as highest Capacity, carries its own Evidence with it, those internal, inseparable Marks of Truth: but can that be said of any Religion, which depends on Tradition? Does not That want foreign Aid & Assistance? Ought we not to be certain, that the first Propagators of it cou'd not be impos'd on themselves, or wou'd not impose on Others?" (Christianity as old as the Creation, 1730, S. 241, 243).

[97] Für Humes Diskussion des Kausalitätsproblems vgl. Section VII der Enquiry, „Of the idea of necessary connexion".

[98] Hume nennt neben dem Dichter jeweils auch den Priester (aaO. S. 139, 162).

[99] AaO. S. 139, 141; vgl. zum „poetic enthusiasm" PASSMORE aaO. S. 95–97, 105.

[100] Vgl. auch die Definition von Dichtung in der ursprünglichen Section III der Enquiry concerning Human Understanding: „All poetry, being a species of painting, approaches us nearer to the objects than any other species of narration, throws a stronger light upon them, and delineates

ßenden komparatistischen Perspektive läßt sich der Zusammenhang von Religion und Dichtung für Hume nicht als ein Argument gegen die philosophische Religionskritik interpretieren und hermeneutisch fruchtbar machen.

Gegenstand von Dichtung ist auch die Urgeschichte. Die Dichter sprechen von einem goldenen Zeitalter (S. 138),[101] und „the first histories of all nations" entspringen der „usual propensity of mankind towards the marvellous" (S. 119). In der Frühzeit ihrer Geschichte sind die Völker „ignorant and barbarous" (S. 119), und ihre religiösen Vorstellungen beruhen in diesem Zeitalter nur auf Erzählungen der Tradition, nicht auf „speculative dogmas" (S. 133; vgl. S. 62). In dichterischen Traditionen wird die Urgeschichte als eine Zeit gezeichnet, in der die Gottheit ihre Eigenschaften in größerer Vollkommenheit bewährt habe, als sie in philosophischer Theologie zu begründen wären (S. 137). Urgeschichte ist jedoch keine Geschichte, und ihre Wunderhaftigkeit verfällt gemäß dem in Section X, „Of Miracles", formulierten Prinzip der Kritik ihrer Bezeugung. Traditionen über eine Urgeschichte können deshalb die philosophische Erkenntnis nicht über die gegenwärtige Erfahrungswirklichkeit hinausführen, und inwiefern sie als Dichtungen eine Relevanz für den Glauben haben könnten, bleibt offen. Hume veranschaulicht seine Kritik der Zeugnisqualität am Pentateuch:

„a book, presented to us by a barbarous and ignorant people, written in an age when they were still more barbarous, and in all probability long after the facts which it relates[102], corroborated by no concurring testimony, and resembling those fabulous accounts, which every nation gives of its origin" (S. 130).[103]

Nur ein Bild der Antike, das keine anderen Bedingungen geschichtlichen Lebens voraussetzt als die gegenwärtiger Erfahrung zugänglichen, ist historiographisch akzeptabel, und Traditionen aus der Zeit vor der philosophischen Erkenntniskritik bele-

---

more distinctly those minute circumstances, which, tho' to the historian they seem superfluous, serve mightily to enliven the imagery, and gratify the fancy." (Works, hg. v. GREEN/GROSE, Bd. IV, S. 20; vgl. auch Essays, S. 240).

[101] Vgl. im Treatise S. 493f. (Of Morals III.2.2); Enquiry concerning the Principles of Morals S. 188f.

[102] Für diese Annahme könnte z.B. Bolingbroke im Hintergrund stehen, vgl. dessen Works, Bd. III, S. 275–278.

[103] Hume zählt dann Beispiele in einem Satz auf, der mehr sagt als Reimarus' langatmige Erörterungen: „Upon reading this book, we find it full of prodigies and miracles. It gives an account of a state of the world and of human nature entirely different from the present: Of our fall from that state: Of the age of man, extended to near a thousand years: Of the destruction of the world by a deluge: Of the arbitrary choice of one people, as the favourites of heaven; and that people the countrymen of the author: Of their deliverance from bondage by prodigies the most astonishing imaginable: I desire any one to lay his hand upon his heart, and after a serious consideration declare, whether he thinks that the falsehood of such a book, supported by such a testimony, would be more extraordinary and miraculous than all the miracles it relates" (S. 130). Vgl. auch LIVINGSTON aaO. S. 141, 238. Den großen Apologeten der „Göttlichen Sendung des Mose", W. Warburton, verspottete Hume 1759 in einem Brief an William Rouet, einen zeitweiligen Professor für Orientalistik in Glasgow: „… They say, he is to write a Book, in order to prove the Divine Legation of Mahomet; and it is not doubted but he will succeed as well as in proving that of Moses. …" (Letters I, S. 310).

gen dem Philosophen nur die Neigung des Menschen zum Nicht-Vernunftgemäßen und die Wirkung der Einbildungskraft im dichterischen Werk. Gemäß den Grundsätzen der Erkenntniskritik ist es unmöglich, einzelne solcher Traditionen als göttliche Offenbarung zu erweisen. Eine Interpretation des Pentateuch, die hermeneutisch mehr als dessen kritische religionsgeschichtliche Klassifikation geltend machen möchte, müßte von dem „poetischen" Charakter der Überlieferung *ausgehen*.

Diese Linie der Kritik an der zeitgenössischen Rezeption der biblischen Überlieferung schließt sich damit zusammen, daß Hume als philosophischer Kritiker religiöser Wahrheitsansprüche in der ersten *Enquiry* den Theologen auf den christlichen Begriff des Glaubens verweist:

„Our most holy religion is founded on *Faith*, not on reason." (S. 130) „Divinity or Theology … has a foundation in *reason*, so far as it is supported by experience. But its best and most solid foundation is *faith* and divine revelation." (S. 165).[104]

Liegt die erste Funktion solcher Urteile in Humes Religionsphilosophie darin, die Zerstörung der Vernunft durch überzogene Erkenntnisansprüche der Theologie abzuwehren, fragt sich doch, wieweit es sich bei ihnen auch um einen positiven Grundsatz handeln kann. Da Hume vor aller Rede von Offenbarung und Glaube zum einen die Vorstellung einer Versöhnung Gottes („appeasing the divinity") als *superstition*, und die Vorstellung einer Erhebung zu Gott („approaching the divinity") als *enthusiasm* verworfen, zum anderen Religion in die Grenzen philosophischer Moral gefaßt hatte, kann Gegenstand von Offenbarung und Glaube nur mehr die Frage des Stoikers sein, ob das tugendhafte Leben nach dem Tode „fully triumphant" werde, so daß die unendliche Güte Gottes als ein *moral attribute* der Gottheit behauptet werden könnte. Selbst in dieser Hinsicht hatte Hume jedoch schon einerseits die Wirkungslosigkeit einer beabsichtigten religiösen Motivierung zum tu-

---

[104] Dieselbe Überleitung von der Kritik angemaßter Erkenntnisleistungen zum Begriff des Glaubens wiederholt sich in den Dialogues. Zum Problem der „moral attributes" der Gottheit stellt PHILO fest: „… there is no view of human life or of the condition of mankind, from which, without the greatest violence, we can infer the moral attributes, or learn that infinite benevolence, conjoined with infinite power and infinite wisdom, which we must discover by the eyes of faith alone." (S. 160). In dem berühmten Finale der Dialogues weist PHILO ein weiteres Mal auf die jenseits der Grenzen philosophischer Religion liegenden Größen Offenbarung und Glaube: „… the most natural sentiment, which a well disposed mind will feel on this occasion, is a longing desire and expectation, that heaven would be pleased to dissipate, at least alleviate this profound ignorance, by affording some more particular revelation to mankind, and making discoveries of the nature, attributes, and operations of the divine object of our faith. A person, seasoned with a just sense of the imperfections of natural reason, will fly to revealed truth with the greatest avidity: While the haughty dogmatist, persuaded, that he can erect a complete system of theology by the mere help of Philosophy, disdains any further aid and rejects this adventitious instructor. To be a philosophical sceptic is, in a man of letters, the first and most essential step towards being a sound, believing Christian …" (S. 185; vgl. Enquiry concerning Human Understanding S. 167). Zur Interpretation dieser Passage vgl. GASKIN aaO. S. 120–131; zur Wirkungsgeschichte z.B. I. BERLIN, „Hume and the Sources of German Anti-Rationalism", S. 93–116. Vgl. auch schon Herders Zitat aus Hamanns Sokratischen Denkwürdigkeiten (1759) in seiner Rezension von J. Beattie 1772 (SWS 5, S. 462).

gendhaften Handeln kritisiert, andererseits die religiöse Möglichkeit, durch Kompensationsvorstellungen und -riten das nicht-tugendhafte Leben dem tugendhaften gleichzustellen.[105] Angesichts seiner Kritik der Traditionen positiver Religion bleibt es fraglich, ob der Glaube durch die biblische Überlieferung eine Bestimmtheit gewinnen könnte. Seit der Publikation der *Dialogues* liegt die religionsphilosophische Umgrenzung des einzig möglichen Offenbarungsinhalts als „object of our faith" zudem im Licht der Ironie, die deren Schlußsätze prägt.[106]

2. Die *Natural History of Religion* (1757)

a) Die Quellen

Die Abhandlung „The Natural History of Religion", erschienen 1757 in der Sammlung *Four Dissertations*, ist Humes umfassendstes zu Lebzeiten veröffentlichtes Werk zur Religionskritik.[107] Sein Thema ist hier die Interpretation der Formen positiver Religion in der Geschichte der Menschheit, die er verfolgen will „as far as writing or history reaches" (S. 26). Am überhaupt verfügbaren Quellenmaterial sucht er herauszufinden, worin auf dem Feld der Religion „a consent of mankind almost universal" besteht (S. 37). Neben dem historischen verfolgt Hume das philosophische Interesse, die Phänomene auf die „principles in human nature, whence they are derived", zurückzuführen (S. 45). In dieser doppelten Hinsicht geht es so um den Ursprung der Religion in der menschlichen Natur (*origin in human nature*, S. 25).

Das komparatistische religionsgeschichtliche Projekt Humes hat deshalb großes systematisches Gewicht, weil Religion sich nicht, wie etwa die Liebe zu eigenen Nachkommen, als „absolutely universal in all nations and ages" nachweisen lasse und „always a precise, determinate object, which it inflexibly pursues" habe.[108] Dif-

---

[105] Vgl. Natural History of Religion, S. 87f. bzw. Essays S. 200 Anm.

[106] Vgl. E.C. Mossner, „Hume and the Legacy of the *Dialogues*", S. 1–22; aber auch Herms aaO. S. 311.

[107] Hier zitiert nach der kritischen Ausgabe von A.W. Colver, Oxford 1976, vgl. auch die dt. Übersetzung von L. Kreimendahl, David Hume. Die Naturgeschichte der Religion. Herders Exzerpte in SWS 32, S. 193–197. Seit 1758 war die Schrift in den Ausgaben der Essays and Treatises enthalten. Eine deutsche Übersetzung erschien 1759. Zur Publikationsgeschichte der Natural History of Religion, zu der Hume als Zwillingstext die Dialogues concerning Natural Religion in einer Manuskriptfassung abgeschlossen liegen hatte, vgl. E.C. Mossner, The Life of David Hume, S. 319–27, und zur Schrift insgesamt die Einleitung von Kreimendahl aaO. S. VII-XXXIX und P. Jones, Hume's Sentiments, S. 76ff. – Im Vorfeld der Publikation der Four Dissertations übte W. Warburton zensorischen Druck auf den Verleger aus (vgl. den in Humes Philosophical Works, hg.v. Green/Grose, Bd. III, S. 61 abgedruckten Brief), entzog sich aber einem offenen Disput mit Hume (vgl. Letters I, S. 264ff.). Nach ihrem Erscheinen publizierte er ein kritisches Pamphlet, s.u. S. 121. Im Blick auf diese Vorgänge ist es um so bemerkenswerter, wenn R. Lowth in einer polemischen Schrift gegen Warburton von Hume als „an ingenious writer" spricht und ihn neben Voltaire für die unaufgebbare Freiheit des Denkens anführt (A Letter to the Right Reverend Dr. Warburton, London 1760, S. 24).

[108] AaO. S. 25. Vgl. zum Argument der „general opinion of mankind" in der Moralphilosophie Humes D.F. Norton, David Hume, S. 135–140.

ferenzen in religiösen Anschauungen sowie der aus Reiseberichten und durch Historiker bekannte[109] Grenzfall von Völkern ohne jegliche religiöse Anschauungen machten es klar, daß Religion anthropologisch nicht von „an original instinct or primary impression of nature" herkomme (S. 25). Sie ist nicht ursprünglich mit der menschlichen Natur gegeben, sondern wird durch ursprünglichere und tatsächlich universale Prinzipien der menschlichen Natur hervorgebracht. Deren Wirkungen historisch zu untersuchen ist der Gegenstand einer „Naturgeschichte" der Religion.[110] Der Ursprung des Phänomens Religion liegt in, nicht vor der Geschichte der Menschheit.

Eine wichtige Vorentscheidung für seine religionsgeschichtliche Untersuchung trifft Hume mit der Definition des relevanten Quellenbestandes. Auf die Anfänge historischer Überlieferung zurückzugehen bedeutet, sich auf griechische und römische Überlieferungen zu verlassen (S. 26),[111] die – ähnlich wie es der Essay „Of the rise and progress of the arts and sciences" dargestellt hatte – mit Homer beginnen. Auf dieser Quellengrundlage ergibt sich ein Bild, nach dem „polytheism or idolatry … the first and most ancient religion of mankind" gewesen ist (S. 26).[112] Daneben sei die Verehrung einer einzigen Hochgottheit, „the theism, and that too not entirely pure, of one or two nations" „no objection worth regarding". Die historischen Quellen zeigen „mankind plunged into idolatry", und der Historiker kann keinerlei Spuren einer „more perfect religion" erkennen (S. 26).[113] Die biblische Tradition ist in ihrer Partikularität für den philosophischen Historiker belanglos und wird nur nachträglich wieder in das am relevanten Quellenmaterial gewonnene Modell eingeordnet.[114]

---

[109] Hume zitiert hier keine direkten Belege; vgl. aber KREIMENDAHL aaO. S. 101 Anm. c.

[110] Für das Prädikat „natürlich" im Titel der Natural History vgl. NORTON aaO. S. 15f. Es bezeichnet die Absicht, „to produce coherent philosophical explanations without the slightest recourse to supernatural entities or transcendental principles" (ebd.).

[111] An Autoren, die Hume mehrfach zitiert, wären neben Homer, Hesiod und Herodot z.B. Diodorus Siculus, Cicero, Sueton und Plutarch zu nennen. Vgl. die Zusammenstellung des Herausgebers COLVER aaO. S. 289–92 bzw. die Bibliographie bei KREIMENDAHL aaO. S. 131–135.

[112] Sobald die Religionsgeschichte sich auf die Perspektive aus der griechischen und römischen Antike eingestellt hat, ist das Bild vom frühen Polytheismus eine naheliegende Konsequenz. Vgl. z.B. auch B. de Fontenelle in seiner Histoire des Oracles (1687): „… Zum andern, war die Absicht der Heyden nicht sowohl das allerhöchste Wesen, die Quelle aller Güter anzubeten, als vielmehr diese böse und schädliche Geister zu ehren, vor deren Zorn und Eigensinne sie sich fürchteten." (dt. Ausgabe von J.C. Gottsched, Leipzig 1730, S. 37). Hume führt Fontenelles Histoire des Oracles sowohl in seiner Natural History of Religion (S. 40) als auch im Essay „Of the populousness of ancient nations" an (Essays S. 463). KREIMENDAHL aaO. S. XXVIII Anm. 70 bzw. S. 110 Anm. a notiert des weiteren eine Parallele zu Fontenelles De l'origine des fables in der These, daß nicht die Ordnung des Universums, sondern die vielfältigen Begebenheiten am Ursprung der Religion stünden; vgl. auch S. 102 Anm. c. Die Theatermetapher am Beginn des dritten Abschnitts (S. 33 bzw. 9) findet sich bei Fontenelle in den Entretiens sur la pluralité des mondes (dt. Übersetzung ²1730, S. 17f.; vgl. auch KREIMENDAHL S. 114 Anm. b). S.o. S. 88 bei Anm. 13.

[113] Vielleicht widerspricht Hume hier direkt Bolingbrokes Essay „Reflections on the Rise and Progress of Monotheism …" (Works Bd. IV, S. 185–243).

[114] Die Ausklammerung der biblischen Tradition aus dem Quellenbestand ist weniger willkürlich als es zunächst scheinen könnte, s.o. S. 111 bei Anm. 102 zur Pentateuchdatierung. Sie wäre

Dem geschichtlichen Zeitraum, den der Historiker aufgrund eines „clear testimony of history" erschließen kann, liegt eine Zeit „before the knowledge of letters, or the discovery of any art or science" voraus, die für ihn im Dunkeln liegt, die ihn aber auch nicht interessiert, weil in ihm die Menschen noch „ignorant and barbarous" waren (S. 26). Für den Aufklärer gibt es keine wesentliche Urgeschichte vor der in Griechenland beginnenden Geschichte der Kultur.[115] Nicht was die Tradition Israels über die Menschheitsgeschichte sagt, sondern wie sie selbst in der Menschheitsgeschichte steht, ist die historisch interessante Frage. Humes *Natural History of Religion* kehrt damit die Zuordnung der Religionen der Antike zur biblischen Tradition als ,idololatria'[116] in eine Zuordnung der biblischen Tradition zu den Religionen der Menschheit als „the theism, and that too not entirely pure, of one or two nations" um.

b) Der Ursprung von Religion[117]

Wenn feststeht, daß die Religion in der frühen Menschheitsgeschichte polytheistisch war, kann man nicht mehr eine voraufgehende Zeit annehmen, in der die Menschen „the principles of pure theism" gepflegt hätten.[118] Dagegen spräche nicht nur „our present experience concerning the principles and opinions of barbarous nations" (S. 26), sondern auch die philosophische Erklärung des Aufkommens monotheistischer Grundsätze durch eine Erkenntnisleistung der entwickelten Vernunft. Entgegen allen historisierenden Ableitungen aus der biblischen Gestalt des Adam setzt der „natural progress of human thought" an einem Punkt ein, an dem der Mensch „a barbarous, necessitous animal" ist (S. 27 f.).[119] Selbst ein physikotheologisches, unmittelbar zur monotheistischen Erkenntnis führendes Argument hätte in den Anfängen des Denkens keine Wirkung gehabt haben können (S. 27). Obwohl Hume in diesem Kontext nicht direkt von Offenbarung spricht, ist klar, daß er eine göttliche Störung des natürlichen Entwicklungsprozesses ausschließt. Wäre dank einer – spontanen oder rezeptiven – Vernunfttätigkeit in der

---

im übrigen kein fragloser Beleg für eine nicht-polytheistische Religion, vgl. z.B. Stellen wie Jos. 24,2; Ri. 2,11 f.

[115] S.o. S. 92–94 zum Essay „Of the rise and progress of the arts and sciences".

[116] Vgl. dafür das maßgebliche Werk von G.J. Vossius, De theologia gentili, et physiologia Christiana; sive de origine ac progressu idololatriae ... (1641/68), dem sich Herder auf seine Weise im zweiten und dritten Teil der Ältesten Urkunde anschließen wird.

[117] Vgl. HERDT aaO. S. 171–181.

[118] S. 26. Vgl. zum folgenden P. JONES, Hume's Sentiments, S. 80–88; P. HARRISON, ‚Religion' and the Religions in the English Enlightenment, S. 169–172.

[119] Hume formuliert diese Antithese unter Bezug auf J. Miltons Paradise Lost (1665), VIII, 250–82: „Adam, rising at once, in paradise, and in the full perfection of his faculties, would naturally, as represented by *Milton*, be astonished at the glorious appearances of nature, the heavens, the air, the earth, his own organs and members; and would be led to ask, whence this wonderful scene arose." (S. 28). Bezeichnend ist es, wie Hume Miltons Adam zum Typus des Philosophen macht, der von der Ordnung der Natur her denkt, nicht von der Erfahrung seiner selbst her. Denn bei Milton fragt Adam seine Mitgeschöpfe: „... tell, tell, if ye saw, how came I thus, how here! Not of myself ..." (Z. 276–8).

Urgeschichte Monotheismus die „primary religion of human race" gewesen, hätte eine solche religionsphilosophische Einsicht[120] nicht wieder verloren gehen können, um dem historisch dokumentierten Polytheismus Platz zu machen. Allerdings sind die „principles of pure theism" von anderen Gestalten des Monotheismus zu unterscheiden.[121]

Die Alternative zum zurückgewiesenen Ursprung von Religion in einer Gotteserkenntnis, die aus der kausalen Erklärung des Universums erwächst, ist ihr Ursprung in der Deutung kontingenter Ereignisse unter der Bedingung einer „absolute ignorance of causes" (S. 30, 34).[122] Statt „the belief of one supreme intelligent author of the universe" ist dann „the belief of invisible, intelligent power" der Gegenstand einer „Naturgeschichte der Religion" (S. 30 bzw. S. 25, 37). Die vielfältigen Ereignisse betreffen den Menschen als einen, der von seinen Leidenschaften dazu getrieben wird, Ursachen hinter ihnen zu suchen, um diese möglichst zu beeinflussen. Nicht „speculative curiosity", sondern „hopes and feares ...", especially the latter" stehen am Ursprung der frühen polytheistischen Religion (S. 32).[123] Eine hinter einem jeweiligen Ereignis stehende unsichtbare Macht wird durch die Einbildungskraft zu einer Gottheit personifiziert, und so führt die natürliche Entstehung von Religion zu einer Vielzahl von Gottheiten mit einer Vielzahl von konkreten Attributen. Aus diesem Polytheismus kann sich sekundär eine spezifische Art von Monotheismus entwickeln. Durch „exaggerated praises and compliments" werden einer willkürlich ausgewählten Gottheit gelegentlich Attribute zugelegt, die sie zu einer „infinitely perfect deity, the creator and sovereign of the universe" machen (S. 57f.). In diesem Fall trifft sich eine Religion „zufällig" mit „the principles of reason and true philosophy" (S. 52). Im unphilosophischen Monotheismus werden jedoch die der Gottheit beigelegten Attribute nicht wirklich verstanden, so daß diese Entwicklung nicht auf einen dauerhaften Stand der Religion führt, sondern in ein Hin und Her (*flux and reflux*) zwischen Monotheismus und Polytheismus. Die Frage nach dem Ursprung einer als Einheit verstandenen Welt ist eigentlich keine Frage der Religion, sondern der Philosophie (S. 43, 52). Eine scheinbar monotheistische positive Religion, deren Tradition vor die Ausbildung der Vernunft zurückreicht, gehört deshalb für die fortgeschrittene Religionsphilosophie

---

[120] Hume spricht von „belief" (S. 28), bzw. von „speculative opinion" (S. 29). Zur Interpretation des epistemologischen Status eines philosophischen Theismus bei Hume vgl. GASKIN aaO. S. 120–131; LIVINGSTON aaO. S. 172–186, 330–334. LIVINGSTON geht jedoch über Humes skeptischen Qualifikationen der Zustimmung zu einem philosophischen Theismus zu leicht hinweg und überschätzt sowohl dessen Bedeutung für die Naturwissenschaft als auch für die Ethik.
[121] Dazu vgl. Abschnitt VI der Natural History of Religion (S. 49–55). In seinem indirekten Verweis auf die Tradition des antiken Israel gesteht Hume jenem nur einen Monotheismus „not entirely pure" zu (S. 26), d.h. einen nicht in philosophischer Erkenntnis begründeten, sondern zur zweiten Klasse gehörigen. S. u. S. 118 Anm. 128.
[122] Vgl. Th. Hobbes, Leviathan ch. 11 (S. 74f.), der diese Erklärung des Religionsursprungs allerdings neben der Erschließung *eines* Gottes aus der Ordnung des Kosmos und neben der Offenbarung stehen läßt.
[123] Vgl. zum antiken Hintergrund die Nachweise bei KREIMENDAHL aaO. S. 104 Anm. j; JONES aaO. S. 77f.

der Aufklärung auf *eine* Seite mit allen nicht mehr und nicht weniger irrigen polytheistischen Religionen. Für die Frage der Kosmologie, d.h. für das Gebiet, das für
eine philosophische Religion überhaupt noch interessant sein kann, kommen von
vornherein die religiösen Traditionen nicht mehr in Betracht.

Unter diesem Vorbehalt sind dann auch die Vergleiche zu lesen, die Hume
im folgenden reich mit Beispielen illustriert auf der Grundlage des schon in der
Untersuchung von „superstition and enthusiasm" ironisch verwendeten Grund-
satzes, „corruptio optimi pessima" durchführt. Er zeigt, daß im Vergleich zum
Polytheismus eine monotheistische Religion stärker zu Verfolgungsgeist neige
(§ IX.), daß sie den Menschen eher zu Feigheit erniedrige (§ X.) und daß sie,
zumal als Religion mit einer kanonischen Schrift, die Vernunft mehr beschrän-
ke (§ XI.). Eine Gleichheit beider Religionsformen zeige sich in Hinsicht auf
die hartnäckige Überzeugung, die unsinnigen religiösen Lehrmeinungen entge-
gengebracht werde (§ XII.) – obwohl sie hier wie dort „more affected than
real" seien (S. 74) –, wie auch in Hinsicht auf „impious conceptions" der Gottheit (§ XIII.), d.h. Vorstellungen, in denen ein Widerspruch zwischen der
Macht und der Güte einer Gottheit entsteht oder das Bild einer unmoralischen
Gottheit gezeichnet wird. Die Ausformungen der im Ursprung irrigen Religionen sind vom Standpunkt der Philosophie aus insgesamt als Absurditäten zu
entlarven, die den Menschen zum Verfolg nichtiger oder sogar seine Würde
verletzender Haltungen und Handlungen veranlassen.

Eine letzte, wesentliche Wendung gibt Hume der Religionskritik durch die Untersuchung des Verhältnisses solcher Religionen zur Ethik (§ XIV.).[124] Religion beförde-
re Moral nicht, weil sie sich auf „frivolous observances", „intemperate zeal", „raptur-
ous exstasies" oder „the belief of mysterious and absurd opinions" konzentriere
(S. 87). Das Bestreben, „to seek the divine favour" (S. 86 f.) führe im Gegenteil eher
von Moral weg, weil moralische Verpflichtungen so selbstverständlich schienen, daß
für die Religion in ihnen etwas Besonderes vermißt werde, „which can peculiarly re-
commend [man] to the divine favour and protection" (S. 89). Das religiöse Interesse an
einer Beeinflussung der aus Hoffnungen und Ängsten entsprungenen göttlichen
Macht erzeuge einen Aberglauben, der von Priestern in ihrem eigenen Standesinter-
esse unterstützt werde (S. 91 f.). Sobald eine Religion aber den Gedanken einer Kommunikation zwischen dem Verehrer und der Gottheit durch besondere religiöse Haltungen und Handlungen ausbildet und dadurch zu einem System von *superstition* oder
enthusiasm wird, droht sie die Grundsätze einer philosophisch begründeten Ethik zu
vernachlässigen oder zu zerstören. Moralphilosophie zieht jedoch nach Hume jeder
Religion ihre Grenze. Daß unter den Bedingungen der Aufklärung philosophisch ein
solches ethisches Fundament gelegt werden könne, ist Humes nicht-skeptische Überzeugung.[125] Die *Dialogues concerning Natural Religion* schließen nicht zuletzt deshalb
mit der Empfehlung einer minimalistischen ‚natural religion', weil „all religion … ex-

---

[124] Vgl. GASKIN aaO. S. 194–203.
[125] Vgl. die Enquiry concerning the Principles of Morals (1751) und deren Beurteilung in My
own life (Essays S. XXXVI).

cept the philosophical and rational kind" die moralphilosophische Grenze für die Wahrnehmung des Göttlichen verletzten.[126]

c) Der Pentateuch

Humes religionskritische Theorie über Ursprung und Ausbildung der Religionen, die keine göttliche Wirklichkeit treffen, schließt die biblische Tradition mit ein.[127] Religionsgeschichtlich sieht er keinen Grund, die Tradition Israels von den übrigen Religionen der Menschheit zu unterscheiden. Der mosaische Pentateuch ist das Dokument einer Religion, die ebenso ihren Ursprung in der menschlichen Natur hat wie alle übrigen. Da – wie § I. gezeigt hatte – keine Religion der Frühzeit die „principles of pure theism" erreicht haben konnte (S. 26), kann auch die aus dem Pentateuch abgeleitete Vorstellung von Adam, der den wahren Schöpfergott verehrt, nicht wahr sein (vgl. S. 28). Es gibt den historischen Ausgangspunkt nicht, der nötig wäre, um eine besondere religiöse Traditionslinie neben der Vielfalt der aus der Natur des Menschen entsprungenen Religionen zu identifizieren. Die Religionsgeschichte fängt in einer offenen Vergangenheit, dem Naturzustand, an.

Der mosaische Pentateuch und die Religion Israels insgesamt lassen sich genau in das Bild der natürlichen Entwicklungsgeschichte der Religion einfügen. Dabei verzichtet Hume auf eine direkte detaillierte Prüfung der alttestamentlichen Überlieferung und beschränkt sich auf drei Punkte:

1. (§ VI.) Der Schöpfergott des Alten Testaments ist genauso eine Hervorbringung der schmeichelhaften Übertreibungen der Attribute einer Gottheit wie sie in anderen Religionen zu beobachten oder zu erwarten sei.[128] Auch hier ist also nicht religiöse Wahrheit entdeckt, sondern geht es allein um den Typus von Monotheismus, der zufällig mit den „principles of reason and true philosophy" zusammentrifft (S. 52).

2. (§ XIII.) Die Gottesvorstellung des Alten Testaments ist genauso wie in anderen Religionen von „barbarous conceptions of the divinity" beherrscht (S. 84). Hume führt hier zum Abschluß des Vergleichs polytheistischer und monotheistischer

---

[126] So nach Philos Antwort (S. 178) auf Cleanthes' Definition des „proper office of religion" (S. 177f.).

[127] Ebenso die zeitgenössischen christlichen Kirchen, von der Verspottung der Lehre von der Realpräsenz im Katholizismus (§ XII, S. 67–69) bis zur Verwerfung der Predigt von Moralität im Calvinismus (§ XIV, S. 87f.). Das Judentum präsentiert Hume verächtlich in der Perspektive von Tacitus, Sueton und Spartian (S. 69f., 61, 72, vgl. noch S. 87). An Absurdität komme die antike jüdische Religion der ägyptischen so nahe, daß „ancient writers even of the greatest genius were not able to observe any difference betwixt them" (S. 69f.).

[128] Die entsprechende Passage wurde von Hume (nicht nur freiwillig) mehrfach revidiert (S. 53, vgl. MOSSNER aaO. S. 618):

I. In den Korrekturbögen: „Thus the deity, whom the vulgar Jews conceived only as the God of *Abraham, Isaac,* and *Jacob,* became their *Jehovah* and Creator of the world."

II. In den Ausgaben 1757/1758/1760: „Thus, notwithstanding the sublime ideas suggested by *Moses* and the inspired writers, many vulgar Jews seem still to have conceived the supreme Being as a mere topical deity or national protector."

III. In den Ausgaben 1764–1777: „Thus, the God of *Abraham, Isaac,* and *Jacob,* became the supreme deity or *Jehovah* of the *Jews.*"

Religionen ein langes Zitat aus A.M. Ramsays postumen Werk *The Philosophical Principles of Natural and Revealed Religion, Unfolded in a Geometrical Order* (1748/49) an (S. 84f.). Ramsay gibt rhetorisch eingekleidet einen Überblick biblischer Geschichte im Munde von „our modern freethinkers, and pharisaical doctors of all sects". Vom Zeitrahmen der Menschheitsgeschichte nach biblischer Chronologie über die Paradiesesvorstellung und Vertreibungsgeschichte, die Differenzierung zwischen „all nations" in „darkness, idolatry and superstition" und der einen „chosen nation", bis hin zur Christologie verschwindet die biblische Tradition in einem polemischen Wirbel von Absurditäten. Zwar sollen ihn nach Ramsay „incredulous scoffers and credulous scribblers" zusammengerührt haben, doch so, wie Hume ihn zitiert, gibt er zu erkennen, daß er für das religionsphilosophische Urteil der biblischen Tradition eine Sonderstellung bestreitet.[129]

3. (§ XIV.) Der Pentateuch ist ein Beleg dafür, daß in der jüdischen religiösen Tradition genauso wie in den übrigen Religionen der Menschheitsgeschichte „frivolous observances" statt Moralität die Gunst der Gottheit erwerben sollen: „The least part ... of the *Pentateuch*, consists in precepts of morality; and we may be assured, that that part was always the least observed and regarded." (S. 87)

Von der biblischen Tradition her ergibt sich danach für Hume kein Einwand gegen sein Konzept einer ausschließlich religionsphilosophischen Begründung von Religion, einer selbständigen moralphilosopischen Begründung der Ethik und einer philosophischen Erziehung zur Beherrschung der Leidenschaften durch die Ausbildung von Geschmack. Religion über die Minimalgestalt der Zustimmung zum Wahrscheinlichkeitsurteil über eine göttliche Urheberschaft des Universums hinaus zu entwickeln, bedeutete die Verwandlung von „true religion" in die eine oder die andere Art der „two species of false religion". Die philosophische Religion kann weder in einem „historical account of the divinity" noch in „revelation" eine Ergänzung finden,[130] da die Traditionen, die von der Urgeschichte her erzählen oder die als Offenbarung gelten, als abergläubische Hervorbringungen der menschlichen Natur entlarvt sind. Die religionsphilosophische Engführung auf das ‚design argument' und die Begründung von Religion durch eine Erkenntnisleistung der Vernunft hat den Offenbarungsgedanken zunichte gemacht. Für das aufgeklärte „reasoning from the frame of nature" wird die Religionsgeschichte der Menschheit

---

[129] In einer erst in den Korrekturbögen gestrichenen Passage hatte Hume zunächst auch in § VI die Schöpfergottvorstellung mit alttestamentlichen Anthropomorphismen konfrontiert: „Were there a religion ... which sometimes painted the Deity in the most sublime colours, as the creator of heaven and earth; sometimes degraded him [so far] to a level with human creatures [as to represent him wrestling with a man, walking in the cool of the evening, showing his back parts, and descending from heaven to inform himself of what passes on earth]; while at the same time it ascribed to him suitable infirmities, passions, and partialities of the moral kind: That religion, after it was extinct, would also be cited as an instance of those contradictions, which arise from the gross, vulgar, natural conceptions of mankind, opposed to their continual propensity towards flattery and exaggeration." (S. 54 bzw. MOSSNER aaO. S. 618). Die Revision der Passage erlaubt es dann, im Kontext diesen Fall vom Islam zu verstehen, dem gegenüber das Christentum – „happily" (S. 55, vgl. die ähnliche Ironie S. 25) – von solchem Widerspruch frei sei.

[130] Vgl. Essays S. 167 bzw. Dialogues S. 185.

zu einer anthropologisch verstehbaren, aber in kritischer historischer Darstellung
überwundenen Vorgeschichte. Wäre es weniger klar, daß die Frage der Religion
hinsichtlich ihrer „foundation in reason" eine klare Lösung gefunden hat (S. 25),
könnte in den positiven Religionen eher noch ein auch in der Aufklärung interes-
sierendes Wahrheitspotential vermutet werden.[131] Denn ohne diese Lösung gäbe es
möglicherweise eine positive Kontinuität in einem anthropologisch nicht in der
Vernunft lokalisierbaren natürlichen Ursprung von Religion. Hier wird Herder mit
seinem poetologisch-psychologischen Interesse einen Ansatzpunkt suchen und der
poetischen Imagination eine andere Rolle zuweisen als Hume, für den sie nur zu
superstition führt. Im Widerspruch gegen Hume geht es Herder in seiner Genesisinterpretation um ein neues Fundament der Exegese des Alten Testaments in der Aufklärung – und die Verwerfung der biblischen Tradition durch die Religionskritik,
die es für ihn zu überwinden gilt, ist eine radikale.

3. Die theologische Kritik an Hume

a) Die beginnende Rezeption in Deutschland

Die Positionen der theologischen Ablehnung von Humes Philosophie sind in
Herders Königsberger Studienzeit (1762–64) deutlich markiert.[132] In Schottland
war schon 1745 Humes Berufung auf den Lehrstuhl für Moralphilosophie („Ethics
and Pneumatical Philosophy") an der Universität Edinburgh am Widerstand von
kirchlicher Seite gescheitert,[133] und 1755/56 hielten Humes Gegner die Synode
der schottischen Kirche in Atem.[134] Auch wenn die „moderate *literati* of Edinburgh" Humes Religionskritik mit ihren eigenen Positionen vermitteln konnten,
war doch nicht zu übersehen, daß Hume in der Öffentlichkeit keineswegs als ein
„sound, believing Christian" galt.[135]

In seinem verbreiteten Werk *A View of the Principal Deistical Writers of the Last and
Present Century* widmete John Leland 1755 der Religionskritik Humes vier „Briefe" des zweiten Bandes.[136] Leland protestiert im Namen der „soundest principles of

---

[131] Für die Argumentation der Natural History of Religion ist es nur wichtig, daß Hume die
religionsphilosophische Erkenntnis als eine klare Lösung *präsentiert*, um das Kriterium für die Zu-
rückweisung religiöser Traditionen zu haben. Es kann nicht zweifelhaft sein, daß die Form, in der
er sie in der Einleitung präsentiert, ironisch ist („happily"), vergegenwärtigt man sich, mit welchen zeitgenössischen Strömungen Hume sich andernfalls im Einklang fände. Das von KREIMEN-
DAHL bezeichnete Problem einer „Inkohärenz" (aaO. S. XXVI, vgl. S. 103f. Anm. a) ist vielmehr
ein Problem der Rhetorik bzw. der effektiven Argumentation.

[132] Die Rezeption Humes in Deutschland in Übersetzungen, Rezensionen und kritischer Auseinandersetzung haben G. GAWLICK und L. KREIMENDAHL ausführlich untersucht und vorzüglich
dokumentiert: Hume in der deutschen Aufklärung. Umrisse einer Rezeptionsgeschichte (1987).

[133] Vgl. MOSSNER, The Life of David Hume, S. 153–162.

[134] Vgl. MOSSNER aaO. S. 336–355; R.B. SHER, Church and University in the Scottish Enlightenment, S. 65–74.

[135] Vgl. den Schlußabsatz der Dialogues, S. 185. Zu den gebildeten, liberalen Geistlichen vgl.
SHER aaO. S. 45–64, 151–186; MOSSNER aaO. S. 272–278.

[136] Ebd. S. 1–135. Der Rest des Bandes ist zum größten Teil Bolingbroke gewidmet (S. 136–

reason" und der „natural feelings of the human heart" gegen Humes „excessive scepticism" sowie seine Angriffe auf „the very foundations of natural religion" und „the proofs and evidences of the christian revelation".[137] Der Beweis für die christliche Religion läßt sich nach Leland einfach in einer Paraphrase der biblischen, und gerade der wunderhaften Erzählungen führen, deren Zweck es ja sei, „to confirm the best scheme of religion that was ever published". „Here was an end worthy of God, and for which it was fit for him to interpose in the most extraordinary manner." (S. 131) In einem solchen kirchlichen Milieu konnte Humes Religionskritik nicht einmal als kritische Frage verstanden werden.[138] Daß Hume diejenigen, „who undertake to defend religion by reason", „pretended Christians" nennt, kommentiert Leland nur mit der Notiz: „Such a mean and ungenerous sneer is below animadversion." (S. 134f.)

Als ein nicht weniger eifriger antideistischer Polemiker schreibt der mit seiner *Divine Legation of Moses* eher durch effektvolle Inszenierung als qualitätvolle Argumentation bekannte William Warburton 1757 ein Pamphlet gegen Hume, *Remarks on Mr. David Hume's Essay on the Natural History of Religion*.[139] Warburton, bzw. Hurd, der gleich auf der ersten Seite Hume im Vergleich zum adligen Bolingbroke als einen „Plebeian Naturalist" vorstellt,[140] geht es kaum um mehr als die Schmähung eines Autors, der „a Veteran in the dark and deadly trade of Irreligion" sei, und dessen Religionsgeschichte schon mit dem bloßen Aufwand einer Mußestunde dem allgemeinen Gelächter preisgegeben werden könne (S. 8).

Für Humes Rezeption in Deutschland war die Publikationslage seiner Schriften zu Beginn der 1760er Jahre fast ebenso gut wie in Großbritannien. 1753 hatte Hume seine philosophischen Schriften in vier Bänden *Essays and Treatises on Several Subjects* zusammengefaßt, die 1754–56 als seine *Vermischten Schriften* in deutscher Übersetzung erschienen.[141] 1757 folgte die Sammlung *Four Dissertations*, die 1759

---

639). Im Supplement zu seinem Buch kommt Leland 1756 noch einmal auf Hume zurück (Letter III). Die Zahl einzelner zeitgenössischer Gegenschriften gegen Hume ist im übrigen beträchtlich, vgl. MOSSNER aaO. Kap. 22, S. 286–300; GAWLICK/KREIMENDAHL aaO. S. 62–67.

[137] AaO. S. 43 bzw. S. 24 bzw. S. 27. Leland bezieht sich auf die Enquiry concerning Human Understanding, bes. das Kausalitätsproblem (S. 1–25), den § XI zur natürlichen Religion (S. 26–46) und den § X zur Wunderkritik (S. 47–135).

[138] Leland kann sich allerdings auch einmal auf Grotius' De Veritate Religionis Christianae oder auf die englische Universal History berufen (S. 367 bzw. 466).

[139] Veröffentlicht durch Richard Hurd als „Addressed to the Rev. Dr. Warburton"; vgl. MOSSNER aaO. S. 326f.

[140] Leland hatte demgegenüber Hume im ersten Brief zuerst als „a subtil and ingenious writer, but extremely sceptical, and fond of novelty" vorgestellt (S. 1).

[141] Vgl. T.E. JESSOP, A Bibliography of David Hume, S. 5 (korrigiert nach dem Katalog der Chuo University Library, Bd. I, S. 3–15), S. 9. Bd. I (engl.) ist Bd. IV (dt.) und umgekehrt. Vgl. zu den späteren Redaktionen der „Essays, moral and political" das Vorwort in E. F. MILLERS Ausgabe. Bd. II der Vermischten Schriften (Philosophical Essays [Enquiry] concerning Human Understanding) enthält eine Vorrede und zu jedem Kapitel jeweils kritische Anmerkungen von Johann Georg Sulzer, vgl. GAWLICK/KREIMENDAHL aaO. S. 20–22.

in deutscher Übersetzung herauskam.[142] Daneben steht die *History of Great Britain*, deren beiden ersten Bände, über das 17. Jahrhundert vom Regierungsantritt Jakobs I. (1603) bis zur Glorious Revolution (1688), 1754/57 erschienen. Diese Bände lagen 1762/63 in deutscher Übersetzung vor.[143]

Auch in Deutschland überwiegt die theologische Ablehnung Humes. Lelands Widerlegung der Deisten wurde schon 1755 ins Deutsche übersetzt[144] und diente als eine der zahlreichen sekundären Quellen, aus denen Johann Anton Trinius sein *Freydenker-Lexicon* zusammenschrieb (1759), in dem Hume gewissenhaft verzeichnet und damit unter die „Freygeister, Atheisten, Naturalisten, Deisten, grobe(n) Indifferentisten, Sceptiker und dergleichen Leute" gerechnet wird.[145] Der Lexikograph weiß von Humes Werken, sie enthielten „freydenkerischen [sic] Gift" (S. 321). Über die *Philosophical Essays [Enquiry] concerning Human Understanding* berichtet er nach Rezensionen:

„Hier treibt *Hume* den Scepticismus sehr hoch, sucht selbst den Grund der natürlichen Religion, oder doch ihre wichtigsten Lehren umzustoßen, und die christliche Offenbarung ihrer Beweise und Ueberzeugungsgründe zu berauben; scheinet das Daseyn Gottes bestreiten zu wollen; greift die Lehre von einem künftigen Zustande der Belohnungen und Strafen an; verwirft die Wunderwerke; ... macht Einwürfe gegen den Fall Adams, die allgemeine Sündfluth, Erwählung der Nachkommen Abrahams zum Volke Gottes u.s.f." (S. 322).

So lang seine Aufzählung angegriffener Offenbarungslehren ist, klassifiziert Trinius Hume doch nicht als Atheist. Anläßlich der *Four Dissertations* nennt er ihn sogar einen „Verteidiger deistischer Lehrsätze" in der „Natural History of Religion" (S. 588), und ihre deutsche Übersetzung führt er in der *Ersten Zugabe zu seinem Freydencker-Lexicon* (1765) ohne weitere Bemerkungen an. Dagegen fällt dort bei der Liste der Gegenschriften auf, daß Trinius auch über ein Pamphlet berichtet, „darinnen behauptet wird, speculativische Irrthümer wären kein Gegenstand der Kirchen-Censur; ein jeder müsse Freyheit haben seine Meinung zu sagen wenn sie nur nicht den Frieden der Societät störete" (S. 43).

Der Hallenser Theologe Siegmund Jacob Baumgarten, der nicht zuletzt als Herausgeber der deutschen Übersetzung der englischen *Universal History* (ab 1744) Autorität als Historiker beanspruchen konnte, rezensierte 1755 in seinen *Nachrichten von merkwürdigen Büchern*[146] mit scharfer Kritik den ersten Band von Humes *History*

---

[142] Vgl. JESSOP aaO. S. 33, 36 (korr.). Die Sammlung enthielt die „Natural History of Religion".

[143] Vgl. JESSOP aaO. S. 27–30. Das ganze Werk war 1762 abgeschlossen; zur deutschen Übersetzung vgl. GAWLICK/KREIMENDAHL aaO. S. 29–33.

[144] Abriß der vornehmsten Deistischen Schriften ..., die vier Briefe über Hume in Bd. II/1, 1755.

[145] „Vorerinnerung des Verfassers" (unpag.). Das Werk knüpft an J.A. Fabricius' Delectus Argumentorum et Syllabus Scriptorum qui Veritatem Religionis Christianae adversus Atheos, Epicureos, Deistas seu Naturalistas, Idololatras, Judaeos et Muhammedanos ... asseruerunt (1725) an und enthält S. 593–876 einen „Bey- und Nachtrag" zu ihm. Es ist vom Verfasser übrigens Johann Melchior Goeze gewidmet. Humes anonym erschienenen Treatise of Human Nature schreibt Trinius G. Turnbull zu (S. 456, nach D.F. NORTON, David Hume, S. 153 A.3).

[146] Bd. VIII, 47. Stück, S. 455–463; mit Vorblick auf die Rezension der Essays and Treatises in

of Great Britain. Nicht nur daß Hume „in Absicht des Gottesdienstes einen Frei-
geist" abgebe (S. 456), sondern vor allem daß und wie er in der Beurteilung der aus
der Reformation hervorgegangenen Konfessionen mit dem Begriffspaar „superstition" und „enthusiasm" argumentiert (S. 456–460), läßt Baumgarten als einen ent-
schiedenen Gegner Humes auftreten.[147] Hume zeige „durchgängig einen Geist des
Widerspruchs und der Sonderlichkeit" (S. 456) und wolle in erster Linie „für einen
ursprünglichen Kopf gehalten ... werden, dessen Schöpferskraft oder Erfindungs-
vermögen sich bis auf die Geschichte erstrecke ..." (S. 462). In einer Historiographie wie derjenigen von Hume, Bolingbroke oder Voltaire verwandle sich „die Geschichte selbst in Betrachtungen und witzige Einfälle über dieselbe, oder wol gar in
eine durch Fruchtbarkeit der Einbildungskraft erdichtete Verbindung wahrer Begebenheiten ...".[148]

Herders späterer theologischer Lehrer in Königsberg, Theodor Christoph Lilienthal, setzte sich 1758 in dem Kapitel „Von den Wunderwerken der heiligen
Schrift überhaupt" in seiner monumentalen Apologie der Bibel[149] mit Hume auseinander, indem er die Abhandlung „Of Miracles" diskutiert. Da Lilienthal einen
empiristischen Zugang zu Wundern sucht, findet er sich in erstaunter Nähe zu Hume, dessen grundlegenden Irrtum er darin sieht, daß Hume „mit Unrecht die Erfahrung den Zeugnissen entgegen(setzt): gleich als ob dasjenige, was uns durch ein
Zeugniß versichert wird, nicht auch eine aus der Erfahrung erkannte Wahrheit wäre" (S. 970f., Anm. b). Über diesen Einwand führt die ausladende Diskussion nicht
hinaus, und Humes (ironische) These, „Unsere heiligste Religion ist auf den Glauben, nicht auf die Vernunft gegründet", weist Lilienthal zurück, weil sie nichts anderes bedeute, „als die Christliche Religion offenbar vor unvernünftig ausschrey-
en".[150]

Der Leipziger klassische Philologe und Theologe Johann August Ernesti, mit seiner *Institutio Interpretis Novi Testamenti* (1761) für die Bibelwissenschaft eine Autorität,[151] zeigte 1764 in seiner *Neuen Theologischen Bibliothek*[152] Humes Schriften in der

---

Bd. IX, 50. Stück, S. 158–168; vgl. auch Herder, FA 9/1, S. 410f. – Vgl. M. Schloemann, „Wegbereiter wider Willen. Siegmund Jacob Baumgarten und die historisch-kritische Bibelforschung",
S. 151f.

[147] Hume gilt ihm als ein Beispiel dafür, „wie viel die zweifelsüchtigsten Freigeister dem Lehr-
begrif der *römischen* Kirche geneigter seyn, als einem auf götlichem Ansehen und Zeugnis der heiligen Schrift gegründeten gottesdienstlichen Lehrgebäude" (S. 458).

[148] Ebd. S. 463; vgl. weiter Gawlick/Kreimendahl aaO. § 12, S. 72–74.

[149] Die gute Sache der in der heiligen Schrift ... enthaltenen Göttlichen Offenbarung, wider
die Feinde derselben erwiesen und gerettet, Bd. VIII, S. 935–1134, vgl. auch die Inhaltsübersicht
ebd. S. XVII–XXIV. Die Rettungen werden für die einzelnen Wunder in den Bänden IX–XI,
1760–64, fortgesetzt.

[150] AaO. § 30–33, S. 995–1010, Zitat S. 999f. Anm. z; Hume, Vermischte Schriften, Bd. II,
S. 295 (Enquiry concerning Human Understanding S. 130).

[151] Vgl. W.G. Kümmel, Das Neue Testament, S. 67–70; O. Merk, „Anfänge neutestamentlicher Wissenschaft im 18. Jahrhundert", S. 44f. In Ernestis Neuer Theologischer Bibliothek findet
sich eine eigene Anzeige seines Buches in Bd. III, 1762, S. 11–40.

[152] Bd. V, 1764, S. 648–663. Redaktionell stellt Ernesti die Rezension einer Widerlegung von
Humes Essay „Of Miracles" voran, die er „mit so vieler Zufriedenheit gelesen" habe (George

französischen Übersetzung[153] an. Er referiert knapp Humes Modell der Religionsgeschichte und notiert dann: „Das übrige, so in der Schrift vorkömmt, sind Ausschweifungen, die zum Wesentlichen nicht gehören ... Am Ende läuft alles auf einen *Scepticismum* hinaus, dazu der Verf. so geneigt ist; wir möchten sagen, auf den am Ende alle verfallen, welche die Religion bestreiten.".[154] Danach faßt er einige Aspekte des „Examen de l'histoire naturelle de la religion"[155] zusammen (S. 653–656).

Hume habe für seine religionsgeschichtliche These der Ursprünglichkeit des Polytheismus einen doppelten, historischen und philosophischen, Beweis geführt und schon damit verraten, daß er mit dem historischen Beweis – „wie er eigentlich auch seyn muß; denn es ist eine *res facti*" – „nicht hat völlig zurechte kommen können". Den historischen Beweis könne man „mit recht einen erzliederlichen Beweis nennen". „Hume und alle Feinde der Religion sind überhaupt in historischen Beweisen unglücklich. Darum trauen sie ihnen nicht. Die Historie ist die Klippe, daran Hume und alle seine Brüder scheitern."[156] Der philosophische Beweis könne mit seinen „kleinen Wahrscheinlichkeiten ..., die sich auf ungewisse Analogien gründen", „nimmermehr zureichen, eine Geschichte zu widerlegen, die durch richtige Zeugnisse bewiesen ist". Und obwohl sich Ernesti für das Verhältnis von Philosophie und Geschichte auf eine Sentenz des Diodorus Siculus beruft („Historia est metropolis Philosophiae"), verwirft er dessen Geschichtsbild, das wiederum bei Hume eine erhebliche Rolle spielt: Das „Examen" weise nach, daß die Annahme, „daß die ersten Menschen aus der Erde hervorgekommen, und der natürlichen Entwickelung ihrer Kräfte wären überlassen gewesen", „nicht einen Schatten von Wahrscheinlichkeit" habe.[157]

Der Autor des „Examen" ist weit direkter und ausführlicher in der Apologie der mosaischen Überlieferung gegen Hume, als aus Ernestis Referat hervorgeht:

Campbell, Dissertation sur les Miracles contenant l'examen des principes posés par Mr. David Hume, 1764 [engl. 1762]): S. 625–648, Zitat S. 627. Auch die Anzeige von Humes Oeuvres philosophiques ist mehr an den widerlegenden Zusätzen des Herausgebers interessiert.

[153] Vgl. Jessop aaO. S. 9; zur Bedeutung der französischen Übersetzung für die Kenntnis Humes in Deutschland vgl. Gawlick/Kreimendahl aaO. S. 55f. Dem ersten Band ist ein langer Auszug aus John Leland vorangestellt (Bd. I, (2)1764, S. XII-XL).

[154] AaO. S. 652; vgl. auch Gawlick/Kreimendahl aaO. § 23, S. 154–159.

[155] Hume, Oeuvres, Bd. III, ²1764, S. 95–134. Der anonyme Verfasser wird im Umkreis von Jean-Bernard Mérian und Jean-Henri Samuel Formey zu suchen sein; vgl. zu deren Leistungen für die Rezeption Humes Gawlick/Kreimendahl aaO. passim (Register), zu Formeys Rezension von Band III der Oeuvres aaO. S. 156f.

[156] Vgl. zum letzten Satz das „Examen" aaO. S. 110: „Mais enfin ouvrons l'Histoire: c'est le sort de toutes les hypotheses de Mr. Hume d'échouer contre cet écueil."

[157] Vgl. „Examen" aaO. S. 102; vgl. auch ebd. S. 98 die Diskussion der Frage nach Humes Quellen für die Polytheismusthese: „... quels sont-ils ces monumens? Les écrits d'Hérodote, de Diodore de Sicile, ,*Et quicquid Graecia mendax / Audet in Historia*'. Aucun de ces écrivains ne remonte dans la haute Antiquité; ils se perdent tous dans le Tems fabuleux; vuide immense que les Grecs ont rempli de toutes les rêveries de leur imagination ..."

Hume „semble … ne compter pour rien les livres de Moyse, qui cependant sont, sans contredit, la plus ancienne Histoire que nous ayons, & quand on ne la considéreroit que comme une production humaine, l'Histoire la plus digne de foi" (S. 98). Sie sei eine Geschichte, „qui perce à travers les épaisses ténèbres de tems fabuleux, qui remonte jusqu'à la naissance du genre humain …" (S. 100).

In dieser ältesten Geschichte entdeckt der Verfasser „l'origine du genre humain" und „le Théisme dicté aux premiers hommes par celui-même qui est l'object du Théisme" (S. 104). Da auch nach Hume der reine Theismus „le seul sentiment rationable qu'il y ait sur cette matiere" sei (S. 100), findet er „un heureux accord entre l'Histoire, & les enseignemens de la Raison" (S. 104). Der Grund von Humes religionsgeschichtlicher These sei demgegenüber nur „l'idée vague d'hommes existans, sans que l'on sache, ni depuis quand, ni comment, ni pourquoi" (S. 103). Daß Hume die mosaische Tradition ignoriere, sei unverständlich und bewirke das Mißverhältnis zwischen Philosophie und Geschichte, das seine Abhandlung präge (S. 101). Vom Autor des „Examen" und vom Rezensenten J. A. Ernesti wird Humes Religionsgeschichte zehn Jahre vor Herders *Ältester Urkunde des Menschengeschlechts* sowohl der Quellenwert des Pentateuch als auch die traditionelle Theorie „de origine idololatriae" entgegengesetzt. Der historische Beweis soll die an der Ursprungsfrage ansetzende Religionskritik überwinden.[158]

Im Blick auf die theologische Ablehnung Humes ist es um so auffälliger, wenn Johann David Michaelis in seinem *Compendium Theologiae Dogmaticae* (1760) im Kapitel „De Deo" positiv auf Hume Bezug nimmt und für die Frage der Gotteserkenntnis vor der Ausbildung von Philosophie vorschlägt, man könne „cum Humio timorem primum Dei vel Deorum inventorem" nennen.[159] Denn gerade die Frage des Ursprungs ist für die zeitgenössische, sich vom Inspirationsdogma zu einer historischen Betrachtung der kanonischen Schriften hin entwickelnde Theologie von entscheidender Bedeutung.[160] Gegen die religionsgeschichtliche Theorie Hu-

---

[158] Der Autor des „Examen" ist im übrigen an Humes Erklärung des Ursprungs von Religion aus Leidenschaften wie der Furcht positiv interessiert, die er aber auf die Gestirne lenken möchte: „A la place de Mr. Hume, j'eusse combiné les passions humaines avec le spectacle de la Nature, je dis avec le spectacle qui frappe les sens. N'est-ce pas déjà une passion que ce mouvement que nous éprouvons en voyant le lever ou le coucher du Soleil …? Que dis-je? ce que nous sentons alors, n'approche-t-il pas de bien près d'un sentiment religieux? Et si nous n'étions pas mieux instruits, pourrions nous nous empêcher de concevoir de la vénération pour des êtres aussi magnifiques …" (S. 117). – Auch was Ernesti als bloße „Ausschweifungen" abgetan hatte, findet bei dem Autor – mit hugenottischem Hintergrund? – mehr Resonanz: „Presque tout ce qu'il [sc. Hume] dit de la corruption du systême, & de la conduite des hommes n'est malheureusement que trop vrai: & en général cet ouvrage est plein de choses excellentes, aussi finement pensées qu'heureusement exprimées." (S. 127)

[159] Compendium … S. 43. Michaelis wird sogleich von Ernesti, der ihn – offenbar nicht ganz ohne Irritation – hoch achtet, für seine Aufnahme Humes kritisiert: „Wenn man … weiß was Hume aus diesem einzigen Grundsatze für gefährliche Folgen zieht, so sollten wir meynen, es wäre allemal übel gethan, mit ihm also zu reden." (Neue Theologische Bibliothek, Bd. II, 1761, S. 505–544, das Zitat S. 536).

[160] Auch der anonyme Rezensent (Michaelis?) der Four Dissertations in den Göttingischen Anzeigen von gelehrten Sachen (1758, S. 401–403) weist darauf hin, daß „ein Schriftsteller, der

mes, die sich als eine auch philosophisch überlegene Alternative zu dem aus der mosaischen Überlieferung gewonnenen Bild präsentiert, wird deshalb mit großer Energie der historische Beweis aufgeboten. Was für die Apologie des Neuen Testaments die Widerlegung der Wunderkritik Humes ist, ist für die Apologie des Alten Testaments die Widerlegung seines religionsgeschichtlichen Modells.[161]

b) Herders frühe Hochschätzung Humes

In Herders Studienjahren 1762–1764 ist der Orientalist Michaelis, den Herder in Riga aus ganz anderen Gründen bewundert,[162] eine Ausnahme in der ablehnenden theologischen Reaktion auf Hume.[163] Herders Interesse an Hume verdankt sich deshalb nicht seinem theologischen, sondern seinem philosophischen Studium.[164] In seiner Korrespondenz mit Johann George Scheffner 1766/67 erklärt Herder, daß er „von Kant in die Rousseauiana u. Humiana gleichsam eingeweihet" sei und „beide Männer täglich lese".[165] Hume kommt in dieser Korrespondenz besonders als Geschichtsschreiber in den Blick; Herder vergleicht Thomas Abbt mit ihm und lobt Scheffner für den Abdruck von Humes Essay „Of the Study of History" in einem Rezensionsorgan.[166] Seinem Interesse an Hume gegenüber tritt in diesen Jahren das Interesse an Rousseau zurück, und an Kant schreibt Herder im November 1768: „Hume konnte ich, da ich noch mit Roußeau schwärmte, weniger leiden",

---

die Bibel für Gottes Wort hielte, bisweilen erinnert haben würde, die Religion sey anders entstanden, als er [sc. Hume] ihre Entstehung dichte: und bisweilen scheint es, blos das unläugbare Alter der Bibel hätte ihm ein und anderes Bekänntniß abpreßen sollen". Aber als eine „philosophische Abhandlung …, wie die natürliche Religion, ohne Offenbarung, entstehen, sich weiter bilden, und wieder ausarten würde", nicht als eine „Geschichte der Religion aus Uhrkunden und Büchern" wird Humes Natural History of Religion hier positiv beurteilt. „Natürlicher Weise muß der Aberglaube und Vielgötterey vor der Religion und Verehrung eines eintzigen Gottes hergehen, wie die elende Hütte vor dem Palast."

[161] J. F. W. Jerusalem gelingt es dennoch 1773 in seiner Apologie der Offenbarung, in der er „bis auf den ersten Ursprung des menschlichen Geschlechts" zurückgeht und in Gen. 1–5 „Original-Urkunden" entdeckt, Hume zum Kronzeugen gegen Voltaire zu machen: Betrachtungen über die vornehmsten Wahrheiten der Religion. Zweiter Teil, Erste und Zweite Betrachtung, S. 1–210, dort S. 49 bzw. S. 209 bzw. S. 37.

[162] Nämlich als einen „große(n) Mann in Deutschland, der morgenländische Philologie und dichterischen Geschmack … besitzt": FA 1, S. 277; s. o. S. 82 Anm. 146.

[163] Nach dem Urteil von GAWLICK/KREIMENDAHL zeichnet sich erst in den 1780er und 90er Jahren „allmählich eine positivere Einstellung" zu Humes „Natural History of Religion" ab (aaO. S. 143–159, hier S. 159).

[164] Zu Herders Studium vgl. TH. ZIPPERT, Bildung durch Offenbarung, S. 32–88, bes. S. 41–72.

[165] DA I, Nr. 26, Z. 99f. (23.9./4. 10. 1766). Vgl. zu Scheffner als Leser Humes GAWLICK/KREIMENDAHL aaO. S. 85 Anm. 4. Veranlaßt ist die briefliche Bemerkung durch die Bitte um Nachrichten über den Streit zwischen Hume und Rousseau, vgl. dazu noch DA I, Nr. 127 in der Korrespondenz mit Johann Heinrich Merck 1770/71. Zu dem Streit selbst MOSSNER aaO. S. 507–532. Eine späte Notiz Herders über die Berücksichtigung Humes in Kants Vorlesungen findet sich in den Humanitätsbriefen (FA 7, S. 424, vgl. S. 795, 798f.).

[166] DA I, Nr. 29, Z. 10–18 (Dez. 1766) bzw. Nr. 33, Z. 71–74 (März 1767); vgl. GAWLICK/KREIMENDAHL aaO. S. 42. – In diesem Essay geht es um eine Betrachtung von Geschichte in universalgeschichtlicher Dimension (Essays S. 563–568).

jetzt aber habe er „auch den Mann schätzen gelernt, der im eigentlichsten Verstande ein Philosoph Menschlicher Gesellschaft genannt werden kann."[167]

Die Einführung Herders in die „Humiana" durch Kant kann nicht eigentlich systematisch gewesen sein. Hume war in Herders Studienzeit nicht als Autor des *Treatise of Human Nature*, sondern als Verfasser philosophischer Essays und einer *Geschichte von Großbritannien* bekannt.[168] Daß Hume eine Rolle in Kants Vorlesungen spielte, denen Kompendien von Alexander Gottlieb Baumgarten[169] zugrunde lagen, ist jedoch durch Nachschriften Herders belegt.[170] Auch in Schriften Kants aus dieser Zeit spiegelt sich eine Kenntnis von Hume. So findet sich in der Schrift *Der einzig mögliche Beweisgrund zu einer Demonstration des Daseins Gottes* (1763) in der Kritik des kosmologischen Gottesbeweises ein Anklang an Abschnitt XI der *Enquiry concerning Human Understanding*.[171] Kant kann zudem die theologische Polemik gegen Humes Wunderkritik nicht entgangen sein, wie sie in Königsberg zum Beispiel Th.C. Lilienthal 1758 veröffentlicht hatte.[172]

Herders eigene Hume-Lektüre, von der er 1766 an Scheffner und 1768 an Kant und an Hamann schreibt,[173] wird auch durch im Nachlaß erhaltene Exzerpte sowie Nennungen Humes in seinen Rigaer Schriften bestätigt. In einem Arbeitsheft exzerpierte er 1766 ungewöhnlich sorgfältig Humes „Natural History of Religion".[174] In frühen philosophischen Abhandlungen nennt er Hume aus direkter

---

[167] DA I, Nr. 51, Z. 57–62, der voraufgegangene Brief Kants mit einem Hinweis auf Hume in AA Bd. 10, Nr. 40. Vgl. auch DA I, Nr. 40, Z. 108f. und Nr. 43, Z. 18–32.

[168] Vgl. für Kant GAWLICK/KREIMENDAHL aaO. S. 174–198.

[169] Zu der dadurch veranlaßten Auseinandersetzung Herders mit Baumgarten vgl. U. GAIER in FA 1, S. 1233–1273 und die Texte S. 651–694; H. ADLER, Die Prägnanz des Dunklen, S. 26–48, 63–87.

[170] In der „Metaphysik Herder" (Kant, AA Bd. 28/1, S. 1–166; Bd. 28/2.1, S. 839–946, mit Erläuterungen Bd. 28/2.2, S. 1348–56, 1365–68, 1373–90, 1414–24). wird S. 883,17 Hume genannt; der Verweis muß auf die Enquiry concerning the Principles of Morals gehen, vgl. GAWLICK/ KREIMENDAHL aaO. S. 181 Anm. 48. Der Abschnitt S. 907,1–911,12 nimmt wohl auf die „Natural History of Religion" Bezug, vgl. (etwas übertrieben) dies. aaO. S. 184. In der „Praktischen Philosophie Herder" (Bd. 27/1, S. 1–89, mit Erläuterungen Bd. 27/2.2, S. 1046–50, 1069–90) weist der Herausgeber (nach H.D. IRMSCHER) für 20,34; 39,22; 79,33 und 80,37 Quellen nach, u.a. den Essay „Of superstition and enthusiasm" (für 20,32–35; indirekt auch in 22,7–12 vorausgesetzt) und die „Natural History of Religion" (für 39,21f.).

[171] WW Bd. I, S. 735, vgl. Enquiry concerning Human Understanding S. 136. Die Beschreibung dieser Bezugnahme durch GAWLICK/KREIMENDAHL aaO. S. 183 Anm. 61 (vgl. auch S. 182) kann nicht ganz überzeugen, denn Kant billigt Humes Kritik insoweit, als er einräumt, daß auf der Gegenseite nicht „strenge" geschlossen werde und überhaupt erst der ontologische Beweis „derjenigen Schärfe fähig zu sein (scheint), die man in einer Demonstration fodert" (ebd.). Vgl. auch „Metaphysik Herder" Bd. 28/2.1, S. 913,30–32. – Ein weiterer Beleg WW Bd. I, S. 880, und dazu Humes Essays S. 208 Anm. 10 (und S. 629f.), hg.v. U. BERMBACH Bd. 1, S. 165 Anm. 13; vgl GAWLICK/KREIMENDAHL aaO. S. 178f.

[172] S. o. S. 123. Vgl. auch GAWLICK/KREIMENDAHL aaO. S. 182.

[173] Im Brief an Kant nennt er besonders die History of Great Britain, im Brief an Hamann die Essays, Moral and Political und darin besonders die Abhandlung „Of the rise and progress of the arts and sciences": „diese Abhandlung ist eine Kuhhaut zu einem Carthago, das größer ist, als selbst Winckelmanns Tempel der Kunstgeschichte" (DA I, Nr. 50, Z. 101–103).

[174] Gedruckt in SWS 32, S. 193–197, vgl. die Quellenangabe ebd. S. 536. Das Exzerpt ist auf

oder indirekter Kenntnis.[175] Das Manuskript des Entwurfs einer Preisschrift „Wie die Philosophie zum Besten des Volks allgemeiner und nützlicher werden kann" von 1765 nennt Hume in einer Reihe „Plato, Roußeau, Hume, und Schaftsburi" als einen Philosophen, der die Funktion der Philosophie für die „Menschheit und Politik" zu bestimmen gesucht habe.[176] Der Einfluß von Humes Kritik der philosophierenden „pretended Christians"[177] ist wohl auch zu vermuten, wenn Herder gegen Theologen polemisiert, die „auf eine sehr unzeitige Weise die philosophische Wahrheit in das Gebiet der Religionswahrheit verpflanzt, und damit beide entstellt" hätten. Aufgabe sei es, „(d)en ganzen himmelweiten Unterschied in Gesichtspunkt, Schluß- und Beweisart, ja in der ersten Erkenntnisquelle beider Wissenschaften … zu entdecken" und „so viel unnutze philosophische Lehren aus der Methode unsrer Theologen zu entfernen", um dann allerdings „neue Wege und Plane zu entdecken, wie man über die biblischsten Wahrheiten einen *philosophischen Geist* ausbreiten soll, um nicht ein heiliges Nichts zu glauben".[178] In dem Manuskript „Von der Veränderung des Geschmacks" von 1766 wird Hume als ein Philosoph genannt, der sich mit dem Problem der Skepsis beschäftigt habe, und er wird als Geschichtsschreiber gelobt, der verstanden habe, daß es in der Geschichte auf den „Geist der Veränderungen" ankomme.[179] In der letzteren Hinsicht spricht Herder auch im Manuskript des „Älteren Kritischen Wäldchens" von 1767/68 von Hume als einem der „größesten Köpfe unserer Zeit, den ich jedesmal mit Verehrung lese".[180]

Wie wenig Herder durch die zeitgenössische theologische Ablehnung Humes beeindruckt ist, läßt sich auch aus seiner Rezension des Ergänzungsbandes von J.A. Trinius' *Freydenker-Lexicon* von 1765 erschließen. Das Werk des Lexikographen

---

den 1.-3. August 1766 datiert. – Zu einem weiteren Exzerpt der ersten drei Abschnitte der Enquiry concerning Human Understanding vgl. die Mitteilungen IRMSCHERS in GAWLICK/KREIMENDAHL aaO. S. 191f. Anm. 112. Vielleicht bezieht sich eine Nennung Humes im Reisejournal (FA 9/2, S. 26f.) auf diese Lektüre. Auf die Enquiry kommt Herder später wieder in seiner Metakritik (1799) zurück; FA 8, bes. S. 601ff.

[175] Der Bezug auf Humes Anmerkung über das Fehlen jeglicher „symptoms of ingenuity" bei Schwarzen in der Abhandlung „Ist die Schönheit des Körpers ein Bote von der Schönheit der Seele?" (1766) könnte direkt auf Humes Essay „Of national characters" oder auf Kant (WW Bd. I, S. 880) oder auf eine dritte Quelle zurückgehen; FA 1, S. 140.

[176] FA 1, S. 104–134, Zitat S. 108. Vgl. den Kommentar des Herausgebers U. GAIER ebd. S. 969–994 und R. HAYM, Herder I, S. 63–66.

[177] Enquiry concerning Human Understanding S. 130.

[178] FA 1, S. 107. Für die negative Seite kann man bei Hume an die Abschnitte I und XII, auch X und XI der ersten Enquiry denken. Das Verhältnis dieser Philosophiekritik, in der nicht zuletzt der „Aristotelisch(e) Sauerteig" genannt wird, zur lutherischen Tradition wäre ein Gegenstand einer eigenen Untersuchung.

[179] FA 1, S. 149–160 mit Kommentar S. 1001–03. Zur Skepsis dort S. 150,33–151,9 (und vgl. dazu die erste Enquiry, Abschnitt XII, bes. S. 158), zur Geschichtsschreibung S. 158,11–34. Aspekte der zeitgenössischen Debatte über die Skepsis nennt HÄFNER aaO. S. 236–238. Vgl. für das Lob Humes als Historikers auch eine Rezension von 1765 (SWS I, S. 73); auch SWS III, S. 462 und Bemerkungen im Reisejournal.

[180] FA 2, S. 21. Herder läßt hier aber als Kritik anklingen, daß der Philosoph der Geschichte die Geschichte auch verzeichne.

sieht er nicht nur durch Ängstlichkeit und Unzuverlässigkeit geprägt, sondern auch durch eine völlige Verständnislosigkeit gegenüber dem eigentlichen Problem.

„... solte der, der Freydenker wägen wil, nicht selbst frey und vor sich denken? ... er frage sich erst, was dieses Wort [sc. Freidenker] bedeute? er suche alle seine Männer zu kennen, zu studiren, und ihr πρῶτον ψεῦδος zu erforschen".

Ohne den Anspruch und ohne die Leistung, die religionsphilosophische Kritik der „Freidenker" in ihrem wesentlichen Anliegen zu verstehen, läßt sich die theologische Orthodoxie in der Aufklärung nicht schützen. „... wenn wir sehr viel Artikel ansehen, so ists beynahe eine Ehre, von einem furchtsamen Denker als Freydenker ausgeschrieen zu seyn".[181] Andererseits zeigt die Rezension, daß Herder schon in Riga das Problem der Apologetik, die Spannung zwischen einer Theologie in biblischer Tradition und einer aufgeklärten Religionsphilosophie, gegenwärtig ist. Aber eine Antwort auf dieses Problem verlangt die Aufdeckung des ‚prōton pseudos'. Die Schriften der Bükkeburger Zeit von 1773/74 stehen systematisch an demselben Ort wie diese Rigaer Rezension. Auch nach Abschnitt XIV der Schrift *An Prediger. Funfzehn Provinzialblätter* gilt ihm die gewöhnliche antideistische Polemik als zu banal. Wer gegen die Deisten schreibe, sollte „... (d)och auch etwas *von ihrem Geiste* gefühlt! doch auch etwas gesehen (haben), *worauf ihr Glaube in einer gewissen Welt beruhet.*"[182] Neu ist jetzt, daß Herder für die Aufgabe einer wirklichen Kritik der aufgeklärten Religionsphilosophie mit einem „*Erweis der Offenbarung an ihr selbst*" in seiner Genesisinterpretation eine Lösung gefunden haben will.[183] Infolgedessen spiegelt auch seine Polemik gegen Hume scheinbar einen Positionswechsel zur Orthodoxie wider, wenn er ihn als einen „brittischen Antitheologen" tituliert.[184]

Der theologische Vorbehalt, daß der aufgeklärten Religionsphilosophie – die, soweit sie mit dem Naturzustand des Menschen argumentiert, immer zugleich eine Geschichtsphilosophie ist, – ein ‚prōton pseudos' zugrundeliege, ist nicht aus dem Blick zu verlieren, wenn Herder sich auf bestimmten, präzise begrenzten Themengebieten wie der Sprachphilosophie und Ästhetik auf einer Ebene bewegt, die seine volle Zustimmung zu solchen philosophischen Positionen zu implizieren scheint,

---

[181] SWS I, S. 96f.

[182] FA 9/1, S. 130; vgl. auch die Briefe, das Studium der Theologie betreffend, FA 9/1, S. 409–411. Differenzierte Kritik enthält selbst die Rezension von J. Beattie, An Essay on the Nature and Immutability of Truth, von 1772 (SWS 5, S. 456–462).

[183] FA 9/1, S. 130–133, vgl. FA 5, S. 285–291. Der Plan zu einem solchen Offenbarungsbeweis dürfte jedoch schon lange der Hintergrund für Notizen wie diejenige über seine Schriften im Brief an Kant 1768 gewesen sein (DA I, Nr. 51, Z. 19–45, bes. Z. 28f.).

[184] FA 9/1, S. 114–119, Zitat S. 119. – Durch Rudolf Hayms Herderdeutung (1880/85) ist in der neueren Rezeptionsgeschichte Herders die Meinung herrschend geworden, in Bückeburg habe sich eine „Umwandlung oder, wenn man will, ein(e) Bekehrung" Herders ereignet: Herder „bricht ... mit seinen früheren aufklärerisch rationalistischen Ansichten" und „wirft ... sich, wie um Frieden und Ersatz zu finden, mit aller Energie der Einbildung und der Leidenschaft in religiöse Schwärmerei und positive Gläubigkeit" (Herder I, S. 532). Vgl. dagegen kritisch J. W. Rogerson, „Herders Bückeburger ‚Bekehrung'", S. 17–30; auch Th. Zippert, Bildung durch Offenbarung, passim.

die durch den „Erweis der Offenbarung an ihr selbst" widerlegt werden sollen. So ist die Skizze des Naturzustandes in den Fragmenten „über die Bildung einer Sprache" in der 2. Auflage der Fragmente *Über die neuere deutsche Literatur* von 1768, die sich mit dem Bild in Humes „Natural History of Religion" deckt, nur in der deutlichen thematischen Begrenzung der Untersuchung möglich.[185] Die Bezugnahme auf das Bild des Naturzustandes nach Hume zu Beginn des Manuskripts *Über die Ersten Urkunden des Menschlichen Geschlechts* von 1769 markiert das Problem, und damit zugleich den Gegenpol für die Untersuchung der Frage nach einer „Göttliche(n) Stimme", die in der Vielfalt der mythologischen Traditionen der Menschheit „reine Wahrheit, Geschichte, festes Datum" aufzufinden erlaube.[186]

Herders Interesse an Hume ist nicht durch die in seiner Studienzeit herrschende theologische Ablehnung Humes behindert. Es ist andererseits von dem Bewußtsein begleitet, daß die Spannung zwischen einer Theologie in biblischer Tradition und der aufgeklärten Religionsphilosophie eine Auflösung verlangt, die sich aus dem Verständnis der biblischen Offenbarungstradition selbst ergeben muß. Da Hume mit seiner „Natural History of Religion" das Problem auf das Verständnis der Entstehung von Religion in der Geschichte der Menschheit gelenkt hatte, wird die Deutung der mosaischen Urgeschichte Herders Mittel zur Kritik Humes.

---

[185] FA 1, S. 609. Der Herausgeber U. GAIER hat für das Zitat hier Thomas Blackwells Enquiry into the Life and Writings of Homer (1735) als Quelle nachgewiesen (ebd. S. 1226) und damit die Vermutung, Herder zitiere hier Hume (SWS II, S. 370) korrigiert.

[186] FA 5, S. 18 bzw. S. 17 nach der Einleitung S. 11.

IV. Kapitel

Die Genesisinterpretation in Herders *Ältester Urkunde des Menschengeschlechts* (1774/76)

Als ein Hauptwerk der literarischen Bewegung des Sturm und Drang[1] ist die *Älteste Urkunde des Menschengeschlechts* von einer Expressivität beherrscht, hinter der ein methodisches exegetisches Verfahren nicht leicht zu erkennen ist. Der erste Teil des Buches, hinzugerechnet der Abschnitt „Altertum dieser Urkunde" aus dem zweiten Teil, stellt dennoch eine Interpretation von Genesis 1 (Gen. 1,1–2,3) dar, die einem hohen Standard kritischer Exegese in der Aufklärung gerecht wird.[2] Philologische, literarkritische und historische Fragen spielen ebenso eine Rolle wie Interpretationsgeschichte, Hermeneutik und Religionsphilosophie. Zwar liegt Herder bei seinen Untersuchungen nichts so fern wie der nüchterne Ton wissenschaftlicher Beschreibung, sein Enthusiasmus aber ist nicht Ausdruck einer wissenschaftlich uninteressierten Naivität, sondern Mittel der Kritik einer Gelehrsamkeit, die nach seiner Überzeugung kein wirkliches Verständnis des Textes erbracht hat. Es muß sich im folgenden zeigen, ob und wie weit Herder seinen Anspruch, eine „nach Jahrhunderten enthüllte heilige Schrift" (S. 181) endlich erschlossen zu haben, in der Interpretation von Genesis 1 einlösen kann, oder ob sein Stil doch bloß verrät, wie sehr alles in Unsicherheiten schweben bleibt.[3] Der oft beklagten mangelhaften Systematik von Herders Ausführungen wegen soll zuerst die exegetische Argumentation der *Ältesten Urkunde* in einigen Hauptlinien skizziert werden, bevor die wesentlichen religionsphilosophischen und religionsgeschichtlichen Aspekte zusammengefaßt werden. Der folgende erste Abschnitt untersucht Herders Interpretation von Genesis 1 (Gen. 1,1–2,3) und ihre religionsphilosophische Funktion, der zweite Abschnitt gilt seiner Interpretation von Genesis 2–3 und ihrer geschichtsphilosophischen Ausrichtung, der dritte Abschnitt gibt einen Ausblick auf

---

[1] Vgl. zu dieser Bewegung z.B. H.D. IRMSCHER, „Nachwort" zu Herder-Goethe-Frisi-Möser, Von deutscher Art und Kunst, S. 163–188. Einen anderen Akzent setzt U. GAIER in seiner Untersuchung „Hamanns und Herders hieroglyphische Stile", S. 177–195.

[2] FA 5, S. 181–302 und S. 305–314; die Ausführungen zur Mosaizität der Urkunde stehen im Manuskript Über die Ersten Urkunden des Menschlichen Geschlechts in der Einleitung zur Interpretation von Gen. 1 (FA 5, S. 37–39). Um eine systematische Darstellung von Herders exegetischer Methodik bemühen sich TH. WILLI, Herders Beitrag zum Verstehen des Alten Testaments, passim, und für die Älteste Urkunde W. SCHOTTROFF, „„Offenbarung Gottes ist Morgenroth …'", S. 262–268.

[3] Vgl. R. HAYMS kritische Darstellung der Ältesten Urkunde in seiner Herder-Biographie (Bd. I, S. 584–604, bes. S. 587).

seine umfangreichen Ausführungen zur antiken Religions- und Philosophiegeschichte außerhalb Israels sowie zur Kabbala, mit denen Herder einen apologetischen Beweisanspruch untermauern möchte.

1. Die Interpretation von Genesis 1

Als ein Werk methodischer kritischer Exegese gelesen zeigt der erste Teil der *Äl-
testen Urkunde* einen insgesamt klaren Aufbau. Herder bestimmt zuerst mit einer
Vorrede und dem ersten Kapitel seine kritische Position gegenüber der zeitgenössischen Wissenschaft und begründet seine hermeneutische Perspektive. Im zweiten
Kapitel führt er eine Einzelexegese der Begriffe und Vorstellungen des Textes
Gen. 1,1–2,3 durch. Das dritte Kapitel fragt nach der Konzeption, die dem – kritisch reduzierten – Text zugrundeliegt. Auf der Grundlage der in den ersten drei
Kapiteln gewonnenen Bestimmung des *sensus literalis* von Gen. 1 deutet Herder im
vierten Kapitel den Text im religionsphilosophischen Horizont. Dieses Kapitel ist
zentral für seine Auseinandersetzung mit der Religionskritik der Aufklärung. Die
Struktur der Endgestalt des Textes ist Gegenstand des fünften und sechsten Kapitels;
das siebte Kapitel faßt den religionsphilosophischen und geschichtsphilosophischen
Ertrag der Genesisinterpretation in einer theologischen Anthropologie zusammen.
Die Einleitung zum zweiten Teil diskutiert schließlich die Stellung des Textes in
seinem weiteren biblischen Kontext. Eine gewisse Sonderstellung hat das sechste
Kapitel darin, daß es weniger zur Exegese von Gen. 1 als zur Vorbereitung der religionsgeschichtlichen *tour de force* im zweiten und dritten Teil der *Ältesten Urkunde*
gehört. Es zeigt sich so ein stringenter systematischer Aufbau der Exegese von
Gen. 1. Religionsphilosophisch entwickelt Herder seinen eigentlichen Gegensatz
zur Religionskritik im vierten Kapitel, während er im siebten Kapitel, nicht zuletzt
unter Rückgriff auf Luther, die gewonnene theologische Position in einer empha-
tischen Deutung der Gottebenbildlichkeit nach Gen. 1,26f. ausführt.[4]
   Bibelwissenschaftlich orientiert sind die Kapitel II, III und V des ersten Teils sowie die Einleitung des zweiten Teils. Herder kann hier von vornherein die historische Voraussetzung machen, daß es sich bei Gen. 1 entweder um einen mosaischen

---

[4] Das auf der Siebenzahl beruhende literarische Strukturprinzip, das Herder in Gen. 1 auffinden und als kyriologisches Zeichen deuten wird, verwendet er selbst zur Strukturierung der drei
ersten Teile der Ältesten Urkunde (vgl. auch die „Rücksicht", S. 477–488). Der erste Teil soll
wohl im Aufbau sogar die Hieroglyphenstruktur A – B//B – A – B//B – A nachvollziehen:

<table>
<tr><td colspan="2" align="center">(I) Hermeneutik</td></tr>
<tr><td>(II) Literalsinn
(im einzelnen)</td><td>(III) Literalsinn
(im ganzen)</td></tr>
<tr><td colspan="2" align="center">(IV) Religionsphilosophie</td></tr>
<tr><td>(V) Textstruktur
(Siebenzahl und Arbeit)</td><td>(VI) Textstruktur
(Siebenzahl und Symbolik)</td></tr>
<tr><td colspan="2" align="center">(VII) Religionsphilosophie/Theologie</td></tr>
</table>

Vgl. auch U. Gaier, „Herders ‚Aelteste Urkunde des Menschengeschlechts' und Goethe", S. 136–
140.

Text oder um eine vormosaische Urkunde handelt und daß letzteres wohl wahrscheinlicher ist.[5] Des weiteren macht Herder selbst die am Text leicht nachvollziehbare literarkritische Voraussetzung, daß sich die Sieben-Tage-Struktur von der eigentlichen Erzählfolge abheben läßt. Nur wenn der unter diesen Voraussetzungen entwickelte Aufbau des ersten Teils klar ist, kann man der *Ältesten Urkunde* als einem exegetischen Werk gerecht werden.

Stil und Thema der *Ältesten Urkunde* sorgen im übrigen für mancherlei Verwirrung. Herders Interpretation von Gen. 1 ist auch eine apologetische Streitschrift, die um die wahre Begründung von Religion im Horizont der Anthropologie und Geschichtsphilosophie der Aufklärung ringt. Seine Exegese bleibt deshalb weder bei der Beschreibung eines bibelwissenschaftlichen Befundes noch bei der Verständigung einer Glaubensgemeinschaft über die Inhalte ihres Glaubens stehen. Es geht ihm um eine Demonstration religiöser Wahrheit gegen die Religionskritik seiner Epoche. Der Aufriß seiner exegetischen Untersuchung ist in der Ausführung entsprechend überladen mit hermeneutischer und religionsphilosophischer Programmatik. Dennoch bleiben der Grundcharakter des Buches und die Grundlinie seiner Argumentation exegetisch.

a) Die hermeneutische Perspektivierung des Textes

Die Vorrede zum ersten Teil der *Ältesten Urkunde* markiert mit wenigen scharfen Strichen die Position Herders als Exeget im Umfeld der Orientalistik und Bibelwissenschaft seiner Zeit. Mit dem Ausruf: „Bibelübersetzung!" ist als direkter Gegner der Göttinger Orientalist J.D. Michaelis benannt, ähnlich wie im *Dritten Kritischen Wäldchen* der Ausruf „Münzenschmeckerei" den Hallenser Klassischen Philologen C.A. Klotz angesprochen hatte.[6] Die alttestamentliche Wissenschaft Michaelis', der 1769 seine *Übersetzung des Alten Testaments mit Anmerkungen für Ungelehrte* mit einer Übersetzung von Hiob begonnen und 1770 mit einer kommentierten Übersetzung der Genesis fortgesetzt hatte, wird als „das neueste Studium der Mode" verspottet.[7] Die Erklärung des Alten Testaments als historisierende Betrachtung orientalischer Spezifika greift Herder zu kurz. Michaelis' Orientalistik scheint ihm jetzt auf die Konstruktion einer „Morgenländische(n) ‚Mythologie'" hinauszulaufen, deren Bilder weder sachhaltig noch verstehbar seien. Das „Gewerbe" eines solchen Studiums des Alten Testaments führe zu nichts weiter als „bloße(r) Bildergaukelei und Zitation ähnlicher Stellen" (S. 237f.). Für den „Mythologiegeschmack unserer Zeit" (S. 477), den er in Michaelis repräsentiert sieht, rückt Gen. 1 in eine Ferne, in

---

[5] Die Frage nach den Urkunden der Genesis war in der Bibelwissenschaft des 18. Jahrhunderts eine Frage nach den Urkunden, „dont il paroit que Moyse s'est servi pour composer le Livre de la Genese" (J. Astruc); s.o. S. 69–75. Die Aufgabe des Exegeten von Gen. 1 war danach so definiert, daß er eine (selbständige) Texteinheit aus einer Zeit weit vor der Mitte des 2. Jahrtausends v.Chr. zu interpretieren hatte.

[6] SWS 3, S. 373 und s.o. S. 38.

[7] FA 5, S. 183.

der die Tradition nur noch objektivierend beschrieben, nicht aber mehr hermeneutisch erschlossen wird.

Indem Herder sich von dieser Strömung aufgeklärter Wissenschaft absetzt, greift er zugleich deren religionsphilosophischen Hintergrund an:

„Neue Religion haben wir uns schon halb ausgemacht und erfunden, warum nicht auch eine neue Bibel dieser neuen Wasser-Religion gemäß?", wo doch die alte Bibel nur mehr als „das alte törichte Buch! die abgeschabte Glaub- und Nutzlose Urkunde des ausschweifenden Morgenlandes!" erscheine (S. 183f.).

Im Angriff auf Michaelis geht es zugleich um das Erbe des Deismus, in dessen Geist Michaelis sein *Compendium Theologiae dogmaticae* (1760) geschrieben hatte und jetzt für Ungelehrte das Alte Testament paraphrasierte (vgl. S. 238). Eine akademische Exegese, die nur noch von ihrem Begriff der Religion aus eine kritische Klassifikation der biblischen Traditionen gibt, auf die Frage: „was brauchts die Bibel?" (S. 184) eigentlich aber keine Antwort mehr weiß, hat ihren Gegenstand verloren. Herder ficht gegen die Illusion, daß man „die Bibel allbereits verstehe und mehr als verstehe" (S. 183).

Die Vorrede zum ersten Teil der *Ältesten Urkunde* läßt in ihrer Polemik eine Programmatik erkennen, der zufolge der Exeget nicht im geschützten Raum kirchlicher Dogmatik und ihrer Offenbarungslehre steht, sondern in der Debatte aufgeklärter Religionsphilosophie. Seinem Leser ist die biblische Überlieferung, „der alte Mose" (S. 184), nicht ein anerkannter kanonischer Text, sondern eine religionsgeschichtliche Tradition von äußerst zweifelhaftem Rang. Die Interpretation von Gen. 1 soll die „Decke" wegziehen, die den Eingang zum Heiligtum der biblischen Überlieferung verhängt (S. 183). Herder gibt der deistischen Religionskritik also zu, daß die geläufigen Interpretationen der Genesis den Rang der biblischen Überlieferung nicht plausibel machen können; gleichzeitig kündigt er an, einen exegetischen Zugang zu dieser Überlieferung so eröffnen zu wollen, daß ihr Rang manifest wird. Der Religionskritik des Deismus soll eine Modernisierung der Exegese antworten. Die Debatte um die Religionskritik will Herder nicht auf philosophischem Grund führen, sondern auf exegetischem. Deshalb ist zuerst ein hermeneutischer Standort zu gewinnen, von dem aus Gen. 1 und damit die biblische Tradition überhaupt in die religionsphilosophische Debatte gebracht werden kann. Der polemischen Entwicklung eines solchen Standorts dient das erste Kapitel der *Ältesten Urkunde*.

Der historische Ort der auf diese Weise problematisierten Interpretation der Genesis ist die Epoche der Wissenschaft nach Descartes. Kosmologie ist zum Gegenstand eines selbständigen philosophischen Denkens geworden, das sich von der biblischen Tradition entfernt hat.[8] Der Beginn des Einleitungskapitels (S. 185–92) soll den epochalen Einschnitt, den Descartes' Philosophie bedeutet, herausstellen und eine Linie bis in die Wissenschaftskultur der Gegenwart ziehen. In diesem philosophiegeschichtlichen Rahmen steht Isaak Newton (1643–1727) als Anreger philosophischer Kosmologien in biblischem Gewand und als Gewährsmann für Voltaires

---

[8] S. o. S. 58–69.

Angriffe auf das Alte Testament (S. 190). Den Versuch einer Harmonisierung der Wissenschaft mit der mosaischen Tradition, den z. B. die von S. J. Baumgarten herausgegebene Übersetzung der englischen *Universal History* (Bd. I, engl. 1736, dt. 1744) repräsentierte, lehnt Herder ab.[9] Mit seiner polemischen Aufzählung zahlreicher Autoren konstatiert er die Unvereinbarkeit physikalischer Kosmologien mit der biblischen Tradition. Die Interpretation der Genesis kommt hier nicht auf einen Grund, auf dem sich hermeneutisch sinnvoll argumentieren ließe. Für Herder sind deswegen auch alle apologetischen Versuche wertlos, die sich, der Akkommodationslehre verpflichtet, auf diesem Grund bewegen wollen.[10] Unter den direkten Zeitgenossen repräsentiert wiederum Michaelis als der „neue Bibelengel, der auch einmal sein Physikalisches Kollegium gehört" hat, (S. 188) die falsche Ausrichtung der Exegese der biblischen Urgeschichte.[11]

Herder polemisiert nicht gegen die Naturwissenschaft der Neuzeit. Mögen „die Entdeckungen der letzten Jahrhunderte" als die „Blüte des Menschlichen Geistes" gelten (S. 190), festzuhalten sei nur, daß es sich dabei um „eine Sammlung und Fachwerk Menschlicher Begriffe" handelt, „von außen, in unserm Kreise, nach unsern Organen gesammlet – geschichtet und benannt, wies die Mode oder einige Hauptgesichtspunkte wollen" (S. 194), also um eine selbständige Wissenschaft, die durch ihre empirischen Methoden charakterisiert ist. Astronomie und physikalische Kosmologie sind wissenschaftliche Probleme – „auf Zahl, Erfahrung, Demonstration und was man nur will, gesichert" (S. 190) –, die nicht durch die biblische Überlieferung erhellt werden. Der Fall Galilei war absurd (S. 195). So sehr Herder auch den „Epischen Ton unsrer neuen Akademisten" verhöhnt (S. 190), so entschieden vertritt er die Freiheit der neuen Wissenschaften.[12]

Die Situation der Exegese der Urgeschichte ist deshalb in der wissenschaftlichen Kultur seit Descartes neu zu bestimmen. In der biblischen Schöpfungsgeschichte geht es nicht um „Sinn und Absicht zur Physik" und der – nicht zuletzt katechetisch verheerende – „Doppeleindruck": „Physik Gottes und der Menschen in der größten Divergenz!" dürfte überhaupt nicht entstehen, da ja die biblische Tradition keine „Physik und Metaphysik aus dem Verstande Gottes" vorträgt (S. 191 f.). Die Offenbarung ist kein System offenbarter wissenschaftlicher Wahrheiten, die auf moderne Fragen hin formuliert oder reformulierbar wären. Vielmehr macht die Aporie solcher apologetischer Exegese die Differenz zwischen dem wissenschaftlichen Erkenntnisinteresse und dem Gehalt der Tradition unübersehbar. Der Kritik

---

[9] Vgl. für den Nachweis weiterer Quellen Herders den Stellenkommentar von R. SMEND in FA 5, S. 1379ff.

[10] Neben den Namen für eine physikalische Kosmologie und deren Adaption für die Genesisinterpretation stehen Namen, die in den naturphilosophisch-mystischen Bereich verweisen. Herder zitiert hier Paracelsus (1493–1541), Robert Fludd (1574–1637) und Jakob Böhme (1575–1624), sowie Emanuel Swedenborg (1688–1772). In ähnlicher Weise distanziert er sich hier von der Metaphysik Gottfried Wilhelm Leibniz' (1646–1716) und der Philosophie Christian Wolffs (1679–1754) und Alexander Gottlieb Baumgartens (1714–1762).

[11] Vgl. o. S. 68f. zu Kants Karikatur naturwissenschaftlich orientierter Genesiserklärungen.

[12] Vgl. für Herders Stellung zur Naturwissenschaft H. B. NISBET, Herder and the Philosophy and History of Science, bes. S. 285–324.

eines mißverstandenen Offenbarungsbegriffes entspricht auf der anderen Seite Herders Reflexion auf den Status des biblischen Textes. Die biblische Schöpfungsgeschichte ist eine „schlicht(e), plan(e) Urkunde", ein „alte(s) Stück des Orients" (S. 194f.). Die biblische Tradition verlangt deshalb ein historisches Verstehen, nicht jedoch so, daß in einer Geschichte der Vernunft die Offenbarung dem Stand vernünftiger Erkenntnis vorausgeht, mit dem sie in der Gegenwart identisch sein soll.

Der biblische Text, an den Herder ja die Frage richtet: „… wo ist helle, klare Offenbarung?" (S. 187), muß im historischen Verstehen auf denjenigen Verstehensgrund bezogen werden, der ihm angemessen ist. Dies ist nicht der Grund des naturwissenschaftlichen Interesses. Der Text will „nichts als sinnliche Ansicht" geben und nennt nur „einige Namen … ganzer sinnlicher Dinge" (S. 193). Die erste Leistung historischer Kritik besteht also darin, gegenüber der Dominanz eines bestimmten Erkenntnisinteresses einen weiteren Horizont menschlichen Verstehens zu eröffnen. Die biblische Tradition der Schöpfungsgeschichte bewegt sich auf einer anderen Ebene von ‚Sinnlichkeit' als derjenigen, die der empirischen Forschung zum Ausgangspunkt dient.

Verwirft Herder bei der Bestimmung der exegetischen Situation das naturwissenschaftliche Erkenntnisinteresse auf der einen Seite, so auf der anderen Seite eine Tradition, in der er die Theosophie des frühen 17. Jahrhunderts und die Metaphysik Leibniz' zusammenfaßt.[13] Hier werde die Frage der Kosmologie nicht vom Standpunkt der menschlichen Vernunfterkenntnis untersucht, sondern aus der spekulativen Versetzung in den „Verstand Gottes" (S. 196). Anfang, Entstehung und Ziel der Schöpfung würden zum Gegenstand einer Reflexion, die von menschlicher Erfahrung absehe und göttliche Motivationen und Absichten aufdecken wolle. Herder identifiziert hier wiederum einen falschen Offenbarungsbegriff: „Kanns eine frechere Verkennung sein selbst und Versuchung des Allerhöchsten geben, Offenbarung in solchem Sinne zu erwarten …"? (ebd.) Die biblische Schöpfungsgeschichte steht im „Horizont Menschlicher Kenntnisse"; die Fragen der philosophischen Metaphysik verwirft Herder als den „albernste(n) Rest Scholastischer Zeiten". Die Exegese der Genesis hat sich davon freizuhalten, weil der Text dem Exegeten seinen Platz in der „anschaulichen, lebendigen Welt" anweist (S. 197–199).

In seiner exegetischen Perspektivierung der biblischen Schöpfungsgeschichte grenzt sich Herder einerseits von dem Versuch ab, in Religionskritik oder Theologie den „menschlichen Verstand" mit seinen Leistungen vernünftiger Erkenntnis zum Maßstab der mosaischen Tradition zu machen, andererseits von dem Versuch,

---

[13] Auf dieser Seite dürfte Herder wohl auch J.G. Hamanns „kabbalistische Philologie" verorten, s.o. S. 18f. Anm. 9. Nach S.-A. JØRGENSEN liegt die eigentliche Differenz zwischen Hamann und Herder erst im Verständnis von Sündenfall und Inkarnation („‚…wenn Sie wüsten, wie ich Sie buchstabire.' Herder als Dolmetscher Hamanns in der ‚Aeltesten Urkunde'", S. 98–107). Das Problem der Christologie knüpft sich in der theologischen Tradition aber schon an das ויאמר in Gen. 1,2; vgl. Luther, WA 42, S. 13f.; WA 14, S. 100f.; WA 24, S. 28f.; Calvin, Opera 23 (CR 51), Sp. 16. – Vgl. auch H.D. IRMSCHER, „Grundfragen der Geschichtsphilosophie Herders bis 1774", S. 25; ders., „Zur Ästhetik des jungen Herder", S. 45; G. VOM HOFE, „Schöpfung als Dichtung", S. 72–74. Nach R. HÄFNERS Untersuchungen zu Herder und P. Poiret (Johann Gottfried Herders Kulturentstehungslehre, S. 93–116, 216–221) sollte man hier eigentlich auch ein Urteil über diesen mystischen Autor erwarten.

den „göttlichen Verstand" in einer mystisch-theosophischen oder philosophisch-metaphysischen Erschlossenheit zu einem solchen Maßstab zu erheben. Es geht ihm um ein angemessenes Verständnis des „Menschlichen" durch ein angemessenes Verständnis des Historischen, soweit in ihm das Menschliche sprachlichen Ausdruck gefunden hat. Die mosaische Tradition unterliegt einerseits der Beschränkung jeden menschlichen Verstehens gegenüber dem Göttlichen – soweit folgt Herder dem erkenntniskritisch bestimmten Vernunftbegriff der Aufklärung; andererseits steht sie in weiter historischer Distanz zum neuzeitlichen wissenschaftlichen Erkenntnisinteresse – soweit widerspricht Herder dem Bezugspunkt einer aufgeklärten Geschichte der Vernunft. Inwiefern übersteigt die mosaische Tradition die Beschränkung der menschlichen Vernunft, wenn sie den Anspruch, „helle, klare Offenbarung" zu vermitteln, vertritt, und auf welches menschlich Universale ist sie ausgerichtet, das die historische Distanz zu überwinden erlaubt? Dieses Universale beschreibt Herder vorläufig mit dem Begriff einer „sinnlichen Ansicht" der Welt. Das Problem der Exegese von Gen. 1 wird es sein, in diese Situation der sinnlichen Ansicht zurückzugehen und in ihr die Frage nach der Offenbarung zu stellen.

In den weiteren, exegetischen Kapiteln des ersten Teils der *Ältesten Urkunde* setzt Herder bei der poetischen Situation der sinnlichen Ansicht an, die der biblische Text vorstellt.[14] Für ein Verständnis der *Ältesten Urkunde* ist die hermeneutische Freilegung der poetischen Situation, die der biblische Text selbst evoziert, entscheidend. Die Leistung der historischen Kritik ist zuerst eine Kritik der Rezeptionssituation nach dem Kriterium des Historischen. Erst in einem zweiten Schritt – und das allerdings ist das ‚Unkritische' der *Ältesten Urkunde* – setzt Herder, geleitet durch seine geschichtsphilosophische Orientierung an der Urgeschichte, diese poetische Situation des Textes mit einer historischen, menschheitsgeschichtlichen Situation gleich.[15]

Die Vorstellung von Gen. 1 als poetische Szene setzt voraus, daß der Text nicht direkt als Bericht über das Handeln Gottes gelesen wird, sondern daß der Weg zum Text über seinen Dichter führt. Die Szenenfolge wird als gesehene (und deshalb als sichtbare) nachvollzogen. Herders Metaphysikkritik bringt sich hier in der historischen Betrachtung dadurch zur Geltung, daß sein Ausgangspunkt für die Deutung der biblischen Tradition nicht Gott, der Offenbarer, sondern der Mensch, der Verstehende, ist.[16] Die Exegese der biblischen Schöpfungstradition steht damit prinzipiell auf demselben Grund wie die vergleichende Analyse kosmologischer Traditionen der Antike.[17] Die biblische Kosmogonie ist eine Dichtung aus der Anschauung

---

[14] Vgl. im übrigen auch die Entstehung von Religion in Ägypten nach Diodorus Siculus I, 11; dazu W. Spoerri, Späthellenistische Berichte über Welt, Kultur und Götter, S. 164–169.

[15] Die Szene von Gen. 1 wird, historisch gedacht, erstens zu einer orientalischen Szene und dann zweitens zu einer menschheitsgeschichtlichen Urszene. Vor dem Hintergrund der theologischen und universalgeschichtlichen Tradition des 16., 17. und 18. Jahrhunderts ist daran wenig Erstaunliches.

[16] Vgl. R.S. Leventhal, „Critique of Subjectivity: Herder's Foundation of the Human Sciences", S. 173–189.

[17] In der Rigaer Erstfassung wird die methodische Orientierung etwas expliziter genannt: Die

des Universums, und ihr exegetisches Verständnis kann sich nur aus einem Verständnis ihrer literarischen Eigenart heraus entwickeln. Die Ereignisfolge, die der Text vorführt, muß als Folge von Szenen vorgestellt werden, auf die der Dichter in früher orientalischer Sinnlichkeit poetisch antwortet. Historische Komparatistik erbringt so die literarische Gattungsbestimmung.

Die hermeneutische Perspektive, in der Gen. 1 als Text eines Dichters erscheint, ist nicht zuletzt die Konsequenz der Ablehnung einer dogmatischen Inspirationslehre. Herder verwirft einen Begriff von Inspiration, der die Kommunikation zwischen Gott und Mensch aus dem Horizont einer natürlichen, „menschlichen" Verstehbarkeit des Kommunizierten ausschließen würde. Kriterium der Exegese wird die historisch gedachte Auffassungsgabe des Menschen der Urgeschichte. In der Rigaer Erstfassung wird diese Position breiter entfaltet: Die Vernichtung des „Menschlichen Denkens" im Offenbarungsaugenblick wäre „Zerstörung, Vernichtigung; oder welches eben so viel Unsinn ist, Vergötterung einer Menschlichen Seele gewesen – ein fanatischer Gedanke, dem alle Begriffe von Gott und von unsrer Natur, die ganze Beschaffenheit der heiligen Schriften, und aller gesunde Menschenverstand widerspricht".[18] Offenbarung ist nur im Horizont des menschlichen Verstehens zu denken, und in der orientalischen Frühzeit ist dafür das Poetische zentral.

Wenn Gen. 1 nur eine „sinnliche Ansicht" des Seienden entwirft (S. 193), ist der Text in erster Linie nicht als eine Sequenz von Aktionen, sondern als eine Sequenz von Bildern zu interpretieren. Da es für den Ursprung als Prozeß keinen Beobachter geben kann, kann es auch keinen Erzähler geben. Wird das Modell der Lehroffenbarung ausgeschlossen, kann der Text als Sequenz von Aktionen also nur etwas Sekundäres sein, und in diesem kann nur Wahrheit liegen, wenn es auf etwas wahrem Primären beruht. Die „sinnliche Ansicht" des Seienden muß deshalb der poetischen Schilderung des Werdens vorausgehen.

Herders Hermeneutik soll für Gen. 1 dem Anspruch des Textes, an den „Ursprung" heranzuführen, gerecht werden. Ein Wissen vom Ursprung kann es nicht geben, wenn es nicht als menschliche Vernunfterkenntnis a posteriori oder als theosophische Spekulation gefaßt ist. Herder zieht jedoch nicht die sich daraus scheinbar zwingend ergebende Konsequenz, daß Gen. 1 nichts anderes als ein „altes veraltetes Bildermärchen einfältiger Zeiten" (S. 191), d.h. eine für die Komparatistik nicht besonders ausgezeichnete Mythologie sei. Indem er hermeneutisch dazu ansetzt, einen ursprünglicheren Grund der Erzählfolge in Gen. 1 zu entdecken, bleibt vorerst die Möglichkeit offen, daß dieser Grund eine tiefere Wahrheit hat als diejenige einer willkürlichen Mythenbildung. Als Exeget eines Textes, von dem er „klare, helle Offenbarung" erwartet, bringt Herder in seiner exegetischen Perspektivie-

---

„Ähnlichkeit [sc. der biblischen Urkunden] mit den Ursprungsgesängen andrer Völker ... soll nichts, als uns in dem anschaulichen Geist erhalten, den Poetischen Nationalton ... zu fühlen" (FA 5, S. 27).

[18] FA 5, S. 28; vgl. FA 1, S. 807–810.

rung des Textes einen Vorbehalt zur Geltung, der ihn daran hindert, Gen. 1 bruchlos in die Mythologien der Völker einzuordnen.

Die Genesisinterpretation schließt sich von da aus an Herders ästhetische und literaturkritische Untersuchungen an. Der literarische, poetische Text ist die Hervorbringung eines Dichters, er ist Ausdruck von etwas, dessen der Dichter innegeworden ist, von etwas, was der Dichter fühlt.[19] Die poetologische Theorie wiederum korrespondiert der exegetischen Perspektivierung des Textes: Das *Bild* ist das Primäre, das erst sekundär in Dichtung, in Reihen von Bildern, in Handlung weitergeleitet wird. Gen. 1 ist deshalb auch von der literaturtheoretisch-ästhetischen Seite her nicht als ein Bericht zu entschlüsseln, sondern als Bild und als Ausdruck sinnlicher Empfindung.

Herder beginnt danach seine exegetische Untersuchung von Gen. 1 damit, daß er die „Begriffe" des Textes, jeweils für sich genommen, als Bilder deutet, um den Bezug auf das zu gewinnen, was den Text als poetischen Ausdruck eigentlich hervorgetrieben hat und was der Text bei seinen Rezipienten jetzt evozieren will – auf dem gemeinsamen Grund des Menschlichen. Ist Gen. 1 erst einmal als „Poesie" bestimmt, hat sich der Exeget hermeneutisch am Verfahren zur Interpretation poetischer Texte zu orientieren.

b) Die Deutung der poetischen Bilder von Genesis 1

Den elementaren methodischen Standard jeder Exegese hatte Herder schon in der Polemik des ersten Kapitels der *Ältesten Urkunde* angeführt: Der Interpret hat 1. Wortbedeutung, 2. Zusammenhang, 3. historischen, kulturellen Kontext, 4. Absicht des Autors zu beachten.[20] Solche traditionellen Regeln hatte er sogleich weiter spezifiziert, indem er für den kulturellen Kontext auf den Orient wies („daß überall Geist des Orients wehe") und im Blick auf den Autor den Offenbarungsanspruch des Textes unterstrich („daß Gott in jeder Sylbe würdig spreche"). Dabei hatte er zugleich die Relation des Verstehenden zum Text angesprochen: Der Leser ist gegenüber dem Orientalischen ein „schlichte(r) Kopf des Okzidents", gegenüber dem Göttlichen ein „Mensch", der „verstehen und fühlen" will, nicht beliebig, sondern „Notdringend" (S. 187). An dem so präzisierten Maßstab gemessen zeigt sich das Ungenügende der Bibelwissenschaft von J.D. Michaelis mit seinen ‚Einfällen' „wider Zusammenhang, Würde, Sinn und Verstand" des Textes und „allem Gefühl des Orients entgegen" (S. 210). Um seinem Maßstab zu entsprechen, ruft Herder seine Leser nun „aus den dumpfen Lehrstuben des Abendlandes in die freiere Luft Orients heraus, wo dies Stück gegeben worden". Der Exeget muß die Bedeutung der Begriffe des Textes „aus dem Morgenlande sichern" (S. 200).

---

[19] IRMSCHER, „Zur Ästhetik des jungen Herder", S. 72f.; M. MORTON, „Herder and the Possibility of Literature", S. 54; I. BERLIN, „Herder and the Enlightenment", S. 93f. Vgl. auch Herders spätere Abhandlung „Über Bild, Dichtung und Fabel" (FA 4, bes. S. 633–648 und den Kommentar des Herausgebers J. BRUMMACK ebd. S. 1306–1310).

[20] FA 5, S. 187, vgl. S. 295.

Daß Gen. 1 dem frühen Morgenländer[21] verständlich gewesen sei, ist das Kriterium, nach dem Herder den Bedeutungsgehalt der Wörter des Textes in ihrem kontextuellen Zusammenhang aufklären will. Der frühe Morgenländer sei besonders auf seine sinnliche Wahrnehmung und seine Empfindung, sein Gefühl ansprechbar gewesen.[22] Darauf ist Herders philologisch-ästhetische Erklärung des Textes ausgerichtet, die an einigen Beispielen verdeutlicht werden soll.

„Himmel und Erde" (Gen. 1,1) wird mit der rhetorischen Frage: „was ist offenbarer, als dies weite vorliegende Weltall" auf einen sichtbaren Anblick zurückgeführt. Es ist „der ganze Bezirk des Menschlichen Auges, seines Reichs, seiner Welt". Danach ist es schon philologisch ungerechtfertigt, „Metaphysische, oder Astronomische Welten" im Text zu suchen (S. 200f., vgl. S. 186).

Zum Sehen kommt das Fühlen hinzu: der „einfältig(e), sinnlich(e) Morgenländ(er)" „fühlte" „das Universum würklich so ganz innerhalb Himmels und Erden" (S. 201). Für Anschauung und Empfindung verweisen die Begriffe ‚Himmel und Erde' auf die Gesamtheit der Welt in der Erfahrung der Menschen. Dabei ist wichtig, daß hier ein ursprünglicher, augenblicklicher Eindruck festgehalten wird: Gegenstand der biblischen Schöpfungsgeschichte ist dieser Eindruck, nicht die reflektierte Beobachtung von Ordnung und Schönheit des Universums.[23] ‚Himmel und Erde' sind in Herders Deutung „Bilder" (S. 202), keine deskriptiven Begriffe. Das Sehen und Fühlen läßt den gesamten natürlichen Lebenshorizont des Menschen zum Thema der Schöpfungsgeschichte werden. Der Betrachter „fühlt" die Wirklichkeit, der er ausgesetzt ist; er hat „das ganze Weltall in seiner Seele" (S. 201). Gen. 1 zielt auf Existenzerfahrung, nicht auf Astronomie.[24]

Philologisch untermauert Herder seine Bestimmung des Themas, das die Eröffnung von Gen. 1 anzeigt, mit Verweisen auf biblische Belege, die die Bedeutung von „Himmel" und „Erde" in den „Wurzeln der Sprache" des Alten Testaments aufdecken sollen (S. 202). Beide Wörter stehen zusammen als Ausdruck für die Gesamtheit des Seienden in Gottesprädikationen der Psalmen oder für das Gegenüber von Gott „auf dem Throne des Himmels" und dem Menschen als Wesen der „niedrigen Erde".[25] Die Vorstellung des Göttlichen wie die des Menschlichen sind schon

---

[21] Die Bezeichnung „Morgenländer" impliziert für Herder eine Differenzierung gegenüber dem „Israeliten", der unter der mosaischen Verfassung und als Erbe der Traditionen des Pentateuch lebt.

[22] Dieses Bild des „Morgenländers", das im 18. Jahrhundert mutatis mutandis allen Untersuchungen zur frühen Poesie zugrundeliegt, ist eine Konsequenz der philosophischen Beurteilung des „natural progress of human thought", wie sie z.B. Hume in seiner Natural History of Religion (S. 26f.) vertritt. – Vgl. zum Begriff des Gefühls auch die an Herders Schriften zum Tastsinn und zur Plastik orientierten Untersuchungen von H.D. IRMSCHER, z.B. „Beobachtungen zur Funktion der Analogie im Denken Herders", S. 86; „Zur Ästhetik des jungen Herder", S. 75.

[23] Im Widerspruch gegen Hume setzt für Herder danach eine religiöse Kosmologie kein „reasoning from the frame of nature" (vgl. aaO. S. 28) voraus.

[24] Aus dieser hermeneutischen Ausrichtung der Genesisinterpretation erwächst dann auch Herders sog. Reflexionsdichtung. Vgl. bes. „Die Schöpfung. Ein Morgengesang", FA 3, S. 805–815.

[25] Z.B. Psalm 115,15; 121,2; 124,8; für den Gegensatz Psalm 115,16; Jes. 66,1; vgl. FA 5, S. 201f.

im Ausdruck „Himmel und Erde" so zusammengefaßt, wie es „sinnlichgrößer" in einer religiösen Sprache nicht geschehen könnte. Auch die Struktur des Ausdrucks ‚Himmel und Erde' spielt bei der Erfassung der Totalität eine Rolle. Herder bezeichnet diese Struktur mit dem Begriff „Parallelismus" und identifiziert sie damit als das wichtigste poetische Stilmittel des Alten Testaments. Der Begriff, in Robert Lowths Analyse der israelitischen Poesie zur Bezeichnung der Entsprechung zweier Halbverse eingeführt,[26] wird dabei zwar gegen seinen terminologischen Sinn gebraucht, soll aber den poetischen Charakter von Gen. 1 schon in der Kompositionstechnik des Eröffnungssatzes verdeutlichen. Den formkritischen Aspekt leitet er sogleich zu einer Gesamtcharakteristik der hebräischen Sprache weiter: „Lasset uns ... gleich den Parallelismus, ... *Himmel* und *Erde*, der in der Ursprache Grundaus lieget, im Sinne behalten". Die Entgegensetzung von Himmel und Erde, d.h. das Denken in dieser religiös erschlossenen Totalität, wird zum Grundmerkmal der hebräischen Sprache und Dichtung, sie „*stützt und belebt* ihre Systeme und Poesien".[27] Die in Gen. 1 gedeutete Erfahrung des Universums kündigt sich in der Eröffnung des Textes schon sprachlich als Fundament aller Philosophie und Wissenschaft der biblischen Tradition an. „Alles ist [bei den Hebräern] auf diesen Parallelismus gebauet: Naturlehre und Moral! Religion und Wissenschaft! ..." (S. 201). Das Menschliche wird immer im Gegenüber zum Göttlichen gedacht; die Kosmologie erzeugt die Grundspannung, in der alles Denken steht.

Nach Herders solcherart philologischer Analyse des Wortpaars ‚Himmel und Erde' in Gen. 1,1 erbringen die Wörter die poetische Leistung, die seine poetologische Theorie postuliert: Bezug auf das sinnlich Wahrnehmbare (Anschauung), Ausdruck von Gefühl (Empfindung), Evokation gleicher Empfindungen beim Leser/Hörer, der in der Anschauung festgehalten wird.[28]

Im Durchgang durch den Text in einer „Vereinzelung der Begriffe" zielt Herder konsequent darauf, die in den Begriffen ausgedrückte Anschauung wiederzugewinnen. In v. 2 ist ‚Erde' ein Bild des „Ewigen, Ewigfesten, Immerwährenden", das in einem „Nachtgemälde" von „Leere", „Dunkelheit", „Abgrund" dargestellt wird (S. 202f.). Dieses soweit statische Gemälde bekommt nach seiner poetologischen Analyse „Leben, Haltung und ... Wirkung" durch den Gegensatz von רוח אלהים,[29] die „Bewegung in der Natur", die zur Entdeckung des Göttlichen führt (S. 203). Die Deutung der *rûaḥ* als Wort der poetischen Sprache zielt auf das Gefühl

---

[26] S.o. S. 78.
[27] Ebd. S. 201 f. Vgl. die Erläuterung des Parallelismus in der Charakterisierung des Hebräischen als eine poetische Sprache in Vom Geist der Ebräischen Posie, FA 5, S. 684–688. Beispiele wären für Herder z.B. Dtn. 32,1 oder Jes. 1,2.
[28] S.o. S. 35–38.
[29] „Hauch Gottes! webender Wind! rauschender Sturm!", S. 203; „die wehende Luft Gottes", S. 205. Der poetische Charakter von Gen. 1 verbietet es dem Exegeten wieder, für die Schöpfungsgeschichte Wortbedeutungen zu postulieren, die nicht durch Analogien menschlicher Erfahrung und Empfindung erhellt werden können. Der Bezug auf andere Dichtungen ist hermeneutisch der eigentlich Erfolg versprechende Weg; vgl. S. 203 Anm. 7 u.ö.

von „Allbelebung" in der Natur, das Herder für den „Gottfühlend(en) Morgenländer", und insofern exegetisch, als Gefühl der Präsenz Gottes identifiziert (S. 203).

Zur Frage nach dem Ursprung des Seienden führt nur die Erfahrung des Seienden hin. Deren anthropologisch ursprünglicher, dichterischer Ausdruck ist für Herder, den Exegeten, in der biblischen Tradition auffindbar. Die biblische Dichtung über den Ursprung ist eine Dichtung aus dem menschlichen Horizont sinnlicher Anschauung, die über die Distanz historischer Zeiten identisch bleibt. ‚Himmel und Erde', Schauder vor Leere und Dunkel, die Wahrnehmung von ‚Bewegung in der Natur' als ‚Gefühl der Gottesnähe' sind die Determinanten von Gen. 1,1–2, die als Bilder und Empfindungen in gegenwärtiger Naturerfahrung einholbar bleiben, weil sie aus Naturerfahrung dichterisch entsprungen sind.

Die Entstehung des Lichts ist in einer auf sinnlicher Anschauung und Gefühl basierenden Dichtung ein Höhepunkt.[30] Herders Interpretation von Gen. 1,3 entfaltet deshalb in vielen Aspekten die Bedeutung von Licht für Sinne, Gefühl und Verstehen. Das Licht des ersten Schöpfungstages ist ein „Bild" (S. 205), das in seiner ganzen poetischen Bedeutungsbreite gedeutet werden will.[31] Das Licht überwindet die Vorstellung und die Stimmung des dunklen Grundbildes von v. 1–2. Die Spannung dieses Bildes löst sich im plötzlichen Erscheinen eines „aufbrechenden Lichtstrahls" (S. 205). Die rhetorische Form von v. 3 bewundert Herder mit Longin und unterstreicht durch den Bezug auf dessen Stilkritik den poetischen Charakter von Gen. 1.[32]

Das Licht öffnet „welche neue Welt mit Einem neuen Sinn für alle Sinne!" (S. 207). Der Gegensatz des Lichtes zum Dunkel steht aber nicht nur für die Aufweckung eines neuen Sinnes, sondern ist vor allem die poetische Evokation des Gefühls, das sich mit dem Sehen im Kontrast zum Schauder der Dunkelheit verbindet. Licht als Bild in Gen. 1,3 impliziert das „Gefühl der Gottesklarheit" (S. 205), das „Gefühl der allwürkenden Gottheit" (S. 207). Herder versucht für v. 3 das „Gefühl" im Augenblick der Erscheinung von Licht aufzudecken, denn es ist ein Gefühl mit einem spezifischen Inhalt: als „Empfindung Gottes" (S. 208). Seine Deutung zielt darauf, daß Licht das Leben in Bewegung bringt. Dafür skizziert er ein sensualistisches Argument: Durch das Licht entsteht Wahrnehmung, „Bild in der Seele", aus der „Idee, Gedanke" wird, und der Gedanke wiederum führt zu „Tätigkeit, Entschluß". Daneben steht das Empfinden etwa von „Heiterkeit", „Wärme", „Wonnegefühl im Herzen". Das so geweckte Gefühl macht die Sinnlichkeit und Handlungsfähigkeit des Menschen erfahrbar, durch die er sich im „Strom der Göttlichkeit und Schöpferkraft durch die ganze Natur" findet. Auf diese Weise wird Licht zu dem „entzückenden Strom, der sich durch alle Schöpfung, durch Herzen und Seelen unerforschlich ergeußt", zum „reinsten Ausfluß (des göttlichen) Wesens",

---

[30] Vgl. auch J. Milton, Paradise Lost III, 1–6; J. Thomson, The Seasons. Summer 90ff., 160ff., 175ff., Autumn 727ff.

[31] Die Lichtmetaphorik ist für die religiöse Sprache so fundamental, daß Herder hier (S. 205 Anm. 11) sogleich seine apologetische Frontstellung gegen Hume (und Robinet) deutlich macht. Vgl. für Robinet auch Hamanns Rezension (Werke IV, S. 271 f.).

[32] Auch R. Lowth hatte Longin zitiert, s. o. S. 80.

zum „Organ der Gottheit im Weltall". Die Schöpfungsgeschichte bedient sich also für das erste Schöpfungswerk eines „Bildes", das die Wirklichkeit des göttlichen Wirkens nicht nur als Aussage über den Ursprung behauptet, sondern sie in der Natur als der Welt des empfindenden und handelnden Menschen zeigt.

Herder begründet seine emphatische Interpretation des Lichts in v. 3 mit dem Symbolgehalt von Licht im Orient und diskutiert Licht als „das Ewige Symbol der Gottheit im Morgenlande".[33] Licht steht danach erstens für das Majestätische und Unzugängliche Gottes, zweitens für die Allgegenwart und das Durchdringende seines Auges, drittens für das „Allbelebende seiner Macht" als „allerwärmender ... Lichtstrom" und viertens für das „Heilige, Reine, Alllautere seiner Substanz". Als ein derart bedeutungsreiches Symbol ist Licht nicht nur – wie in säkularer Metaphorik – „totes Bild, Witz einer schönen Vergleichung", sondern „Leben, Anschaun, unmittelbares Gefühl der allwürkenden Gottheit", sobald dies Bild gefühlt wird, „wie (es) der ursprüngliche Morgenländer fühlte" (S. 206f.). Mit dem „Parallelismus" von Himmel und Erde und dem „Symbol" des Lichts ist in Gen. 1,1–3 die religiöse Sprache begründet.

Die Interpretation von Gen. 1,6–25 als Dichtung stellt auf dem bei 1,1–3(5) gelegten exegetischen Grund vor keine neuen methodischen Schwierigkeiten, weil die Schöpfungswerke sich leicht auf eine sinnliche Ansicht beziehen lassen. Doch auch Herders Erklärung von v. 26f., der Erschaffung des Menschen zum Ebenbild Gottes, beruht auf der Charakterisierung des Morgenländers, der „wie weit mehr im anschauenden Bilde und Gefühl" (S. 233) gelebt habe als die Zeitgenossen im 18. Jahrhundert.[34]

Herder knüpft seine Exegese von Gen. 1,26f. an die Beobachtung an, daß die Verse zwischen zwei Elemente des Textes von Gen. 1 eingeschoben sind, die beim vorhergehenden Schöpfungstag zusammenhängen: Auf die Bemerkung „und Gott sah, daß es gut war" in v. 21bβ folgt sogleich der Segen „und Gott segnete sie und sprach ..." in v. 22a; dagegen findet v. 25b erst in v. 28a seine Fortsetzung. Die literarische Spannung deutet Herder auf die wesentliche Unabgeschlossenheit der Schöpfung und die Atmosphäre gespannter Erwartung von etwas Neuem. „Wie hier die Schöpfung stillsteht und wartet! ... der Puls der Schöpfung harret!" Der Eindruck der Mannigfaltigkeit der belebten Schöpfung stellt vor die Frage der Einheit: „wo ist sinnlicher Zweck des Allen? –Einheit? ... wo Etwas, das gewisser Maße alle [Geschöpfe] genieße? Blick, der sie alle sammle? Herz, das sie alle fühle – ..." (S. 230; vgl. S. 208). Die Erfahrung bei sinnlicher Wahrnehmung, daß sich die Vielzahl der Sinneseindrücke zu einer Einheit ordnet, macht Herder zu einer Art Kriterium für die Unabgeschlossenheit der Schöpfung vor der Erschaffung des Menschen. Wenn der Dichter nicht sogleich zum Ende des Schöpfungswerkes strebt,

---

[33] Die Untersuchung der philosophischen und mystischen Quellen für Herders Deutung der Lichtsymbolik wäre ein eigenes Thema.

[34] Exegetisch uninteressant ist also auch das Thema „Wie viel Ketzereien und Dogmatische Unterscheidungen über das Bild Gottes im Menschen zu machen?" (S. 234). Exegese geht der Dogmatik voran, und der eigentliche Gegner Herders ist wiederum die zeitgenössische Philosophie, hier die der französischen Aufklärer (Anm. 42).

sondern die Schöpfung spannungsvoll stillstehen läßt, drückt er damit die Erwartung aus, daß in der Schöpfung selbst noch Einheit entstehen muß. „Ists möglich, ein solches Geschöpf, die Krone, die höchste sinnliche Einheit alles Sichtbaren!" (S. 230). Der Mensch findet seine Stellung in der Schöpfung als ein das Mannigfaltige Wahrnehmender vorgezeichnet.

Damit rekonstruiert Herder den Gedanken der Gottebenbildlichkeit aus dem sachlichen Gefälle von Gen. 1. Die Fähigkeit, durch sinnliche Wahrnehmung Einheit zu stiften, unterscheidet den Menschen von den übrigen, zuvor geschaffenen Wesen. Sie rückt ihn zugleich in die Nähe der Gottheit, die als Schöpfer die Welt nicht nur als Einheit erfaßt, sondern sie im Gedanken entwirft. Ein durch diese zwei Eigenschaften charakterisiertes Geschöpf wäre also „gleichsam ein Nachbild, ein Repräsentant der Gottheit in sichtbarer Gestalt" (S. 230). Die poetische Idee des Ebenbildes Gottes ergibt sich damit aus der Bestimmung einer mittleren Position zwischen den geschaffenen Wesen, für die die Welt keine Einheit haben kann, und der Gottheit, die sie durch seine Gedanken und Schöpferkraft hervorbringt.

Der Gedanke der Gottebenbildlichkeit läßt sich aber auch aus dem „Gefühl" des Morgenländers rekonstruieren: Der Morgenländer hat einen „natürlichen Hang, ... verborgenen Ratschlag und Tätigkeit der Seele ... als Gottheit zu erkennen, in sich würkend zu fühlen ..." (S. 233). Handeln nach einem Plan und mit einem Zweck ist eine Aktivität, die nicht nur der Gottheit nachahmt, sondern worin Göttliches wirksam gefühlt wird. Die Gottheit, die Vorbild ist, ist zugleich die Kraft, die wirkt. Der Morgenländer fühlt nicht nur Gottes Gegenwart im Universum, in der Wirkung von Licht und Wärme (S. 207), sondern er fühlt die Gottheit in sich wirkend, wenn er sich selbst belebt, denkend, handelnd findet. Herders Deutung von Gen. 1,3 wie die von 1,26f. konvergieren in der Explikation der Gegenwart Gottes (vgl. Apg. 17,28).[35] Seine Exegese verfolgt so das Ziel einer theologischen Anthropologie.

Für eine solche Anthropologie ist das exegetische Begründungsverhältnis entscheidend, das Herder in seiner Exegese von Gen. 1,26f. gewinnt. „Konnte in aller Welt mehr das Menschengeschöpf geehrt, und gleichsam vergöttert werden, als [1.] durch diese Pause! [2.] durch diesen Ratschlag! [3.] durch Prägung zum Bilde Seiner!" (S. 231). Diese Aspekte der Dichtung setzen als ihre Entstehungsbedingung voraus, daß der Dichter des Göttlichen in der Wirklichkeit gewahr wird. Das Bildwort צלם (ṣelem) ist also daher zu deuten, daß der Morgenländer in sich das Göttliche fühlt und sich so als Nachbild der Gottheit versteht, so daß das Bildwort der poetische Ausdruck für dieses Selbstverständnis ist.

Die Vorstellungen des Textes Gen. 1 kann Herder auf diese Weise je für sich als Bilder interpretieren, die direkt aus Anschauung und Gefühl entstammen. Solche Bilder gelten ihm als „einfältig", weil sie keinen spekulativen Hintergrund haben. Für ihre Erschließung als „Bilder" ist zunächst der Rückgang auf das Orientalische

---

[35] Inwieweit die Mystik für Herders Rezeption von Apg. 17,28 (zitiert auf S. 254) eine Rolle spielt, muß hier offen bleiben. Vgl. z.B. J. Böhme, „Morgen-Röte im Aufgangk", Werke S. 405–412, bes. S. 409.

und dessen Einfalt erforderlich; sodann führt eine „metaphysische und energische" Deutung, die der poetischen Kraft der Bilder folgt, in ontologische und anthropologische Dimensionen weiter. Die Bilder des poetischen Textes haben keine Beliebigkeit in ihrem spezifischen kulturellen Kontext des Orients, sondern sind Ausdruck von etwas menschlich Universalem, das sich wiederum nur durch diese Bilder erschließen läßt (S. 238). Wird Gen. 1 durch eine poetologische Analyse erschlossen, gewinnt der Text seine Bedeutung als Kosmologie zurück. Er spricht über den Ursprung des Seienden, indem er die Welterfahrung und Existenzerfahrung des Menschen erhellt.

c) Die Beschreibung der Gesamtstruktur

Herders exegetisches Verfahren der poetologischen Analyse einzelner Bilder und des zusammenfassenden Gesamtbildes von Gen. 1 setzt eine bewußte kritische Reduktion des Textes voraus. Die Konzentration auf die den Text tragenden Bilder erlaubt es, andere Elemente als überlagernde Strukturierung und Kommentierung zu erkennen. Methodisch nimmt Herder seinen Ausgang nicht von den Überlagerungen, sondern von dem Zugrundeliegenden. Also: „Laß zuerst, mein Leser, alles Außerwesentliche z.E. Tagwerke, Segen, Benennung, Ausmalung aus" (S. 239). Weil der Text bei der neuen exegetischen Perspektivierung auf „Bildern" beruht, sind die übrigen narrativen Elemente in kritischer Analyse abtrennbar, ohne daß damit eine diachrone redaktionskritische Unterscheidung impliziert wäre. Die Analyse einzelner Bilder ist nur ein erster Schritt in der Exegese des Textes. Die Bilder lassen sich in ihrer Abfolge zu einem Gesamtbild ordnen, das Herder als ein „Gemälde der Morgenröte" beschreibt (S. 239). Diese Erklärung der Bilderfolge präsentiert er als den „dem Stück natürlichste(n) Gesichtspunkt", der allerdings „Jahrhunderte und Jahrtausende hindurch hat unentdeckt bleiben können". Sie erledigt für ihn alle übliche Apologetik, findet ihren Kontext dagegen im „wahren Schöpfungs- und Morgensang" zeitgenössischer Dichter.[36]

Die Grundstruktur von Gen. 1 als ein „Morgengemälde" (S. 244) zeigt sich, wenn man „die simplen nackten Bilder selbst, wie sie folgen, näher zusammen(rückt)" (S. 239). Gen. 1 ist ein „simp(les) Naturbil(d)" (S. 245) und bleibt in der Welt der sinnlichen Anschauung.[37] Die Szene des Sonnenaufgangs erweckt das-

---

[36] FA 5, S. 238f. bzw. S. 245 Anm. 9. Als Anreger für diese exegetische These gilt wohl zu Recht Salomon Gessner:
  „Was vermochte dich, Allmaechtiger! wars nicht unendliche Gyte? dass du aus der heiligen Stille, die um deinen ewigen Trohn ruhete, hervortratest, und Wesen aus dem Nichts riefest, und diesen unermesslichen Welt-Bau aus der Nacht? Wenn auf seinen Wink die Sonne heraufgeht, und die Nacht verjagt, wenn dann die Natur in verjyngter Schoenheit glaenzt, und jedes schlummernde Geschoepfe zu seinem Lob erwacht, bist du, thauender Morgen, bist du da nicht ein nachahmendes Bildnis der Schoepfung, ein Bildnis jenes Morgens, da der HErr schaffend yber der neuen Erde schwebte?"
  („Der Tod Abels", 1758, in: Sämtliche Schriften Bd. I, S. 9f.). Vgl. FA 5, S. 245 Anm. 9 und s.o. S. 47 Anm. 151.
[37] Für den Exegeten lösen sich damit die verschiedenen Scheinprobleme in der Abfolge der

selbe Gefühl der Gegenwart Gottes, das im biblischen Text Ausdruck gefunden hat: „... wehe dem Fühllosen, der diese Szene gesehn und Gott nicht gefühlt hat!" (S. 241). Das „unnennbare Morgengefühl", das auf den „Mitternachtschauer" folgt (S. 240), führt für Herder in die Dimension des Religiösen. Es ist das Innewerden einer nur religiös zu deutenden „Regkraft der Natur" (S. 240), die aus der im Dunkel poetisch empfundenen Erstarrung die lebendige Natur hervorgehen läßt, wie sie im Morgenlicht vor Augen liegt. Das „Gemälde der Morgenröte" zeigt eine dreifache Einheit, als Einheit der Anschauung, als Einheit des Gefühls, und auch als Einheit der göttlichen Tat. Das Handeln Gottes in der Schöpfung läßt sich mit Psalm 33,9 hinreichend beschreiben (S. 244). Für Anschauung, Empfindung und Verstehen liegt Einheit im Morgengemälde von Gen. 1.

Schon die Vorführung des Morgengemäldes nach Gen. 1 ist mit der Versicherung gerahmt, daß es sich bei ihm um die „urälteste herrlichste Offenbarung Gottes" handle (S. 239 und ähnlich S. 244). Herder ordnet damit seine Zeichnung des Sonnenaufgangs eindeutig dem biblischen Text als dessen Auslegung zu: „ich erkläre und rette eine Jahrtausende her verdunkelte und verunzierte Offenbarung Gottes" (S. 239). Seine Exegese bleibt bei der Zusammenfassung von Gen. 1 in ein „Morgengemälde" als Auffindung der Gesamtstruktur des Textes in einem poetischen Bild nicht stehen, ebensowenig bei der weiteren Beschreibung der Gesamtstruktur als ein siebenteiliges Zeichen, eine Hieroglyphe, die er aus der Interpretation der zunächst literarkritisch abgesonderten Tagesstruktur des Schöpfungsgedichts gewinnt. Vor der Untersuchung des Begriffs der Offenbarung im IV. Kapitel der *Ältesten Urkunde* soll jedoch im folgenden kurz seine Interpretation der Siebenzahl skizziert werden.

Das Tagesschema spiegelt eine Arbeitswoche mit Ruhetag, wofür Herder auf Ex. 20,8–11 verweist. Es ist wie alles in Gen. 1 auf die Lebenswirklichkeit des Morgenländers zu beziehen. Sein Thema ist das „Institut der Arbeit und der Ruhe" in einer „große(n), bedeutende(n) Allegorie Gottes" (S. 258). Gott handelt so, wie der Mensch als Bild Gottes und dem Vorbild Gottes folgend handeln soll (S. 261 f.). Soweit Gen. 1 dadurch „allegorisch" redet, ist der Text eine Allegorie, die den Rhythmus einer Arbeitswoche verwendet, weil die Arbeit das Leben des Orientalen bestimmt.[38] Damit wird Gen. 1 für Herder zum Anstoß der menschheitsgeschichtlichen Kulturleistung, Zeit in einen Rhythmus zu strukturieren und zur Arbeit zu disziplinieren, „Wahrheit, Ordnung und Glückseligkeit zu lehren". Alle antiken Gesetzgeber werden dabei – auf den zweiten und dritten Teil der *Ältesten Urkunde* vorausweisend – auf eine Quelle ihrer „Gesetze, Einrichtungen, Geheimnisse, Religionen" in Orient zurückgeführt, wo eben am Ursprung „Licht des Himmels! Flamme der Gottheit!" aufscheine (S. 265).

Schöpfungswerke: „Wer rätselt nun, warum das Morgenlicht so lange vor der Morgensonne geschaffen worden?" (S. 243) In Vom Geist der Ebräischen Poesie muß Herder dann auf den Einwand antworten, daß Sonne und Mond kaum gleichzeitig erschienen seien; FA 5, S. 696f.

[38] Die Verwendung des Begriffs „Allegorie" in diesem Zusammenhang veranlaßte wohl das Mißverständnis der Ältesten Urkunde, das Herder im 2. Band zurückweist (FA 5, S. 566).

Die allegorische Redeweise in Gen. 1 ist insofern mehr als allegorisch, als sie eine göttliche Stiftung zur Ordnung des Lebens in den – mit Gen. 3 ansteigenden – Mühseligkeiten der Arbeit enthält. Die Tagesstruktur von Gen. 1 bleibt also dem Text nicht äußerlich, sondern gehört in gleicher Weise wie die Offenbarung des Morgengemäldes in den urzeitlichen Schöpfungsaugenblick als Urgeschichte. Das Verständnis der Welt, in der sich der Mensch findet, und das Verständnis seiner eigenen Denk- und Handlungsfähigkeit wird im Ursprung selbst um ein drittes, die Begründung seines aktiven Lebens im Tagesrhythmus der Arbeit erweitert. Erschließung von Dasein und Eröffnung von Kultur gehören schon im Schöpfungsgedicht von Gen. 1 zusammen.

Wie das „große Bild, die Morgenröte" göttlicher Unterricht „für die Sinne" ist, so die „Einteilung der Tage" Unterricht „für den Gebrauch des Lebens" (S. 267). Die Tagesstruktur führt darüber hinaus zum „Fest", zum „Sabbat", dem „heiligen Geheimnis" (S. 266 f.). Ihre exegetische Untersuchung verlangt also schließlich eine Deutung des Sabbat. Bevor Herder aber im VII. Kapitel über den Sabbat zum religionsphilosophischen Thema des IV. Kapitels zurückkehrt, diskutiert er einen dritten Aspekt der Übermittlung des Ursprunges an den Menschen in der Geschichte. Zusätzlich dazu, daß die Schöpfung als Offenbarung Gottes im „Denkmal" des Sonnenaufgangs und im „Fest" des Ruhetages im Wochenrhythmus aufbewahrt und mitgeteilt ist, wird sie auch noch in ein „Mechanisches Denkbild", eine Hieroglyphe, geprägt (S. 267). Um den Stellenwert dieser ‚Hieroglyphenthese' richtig zu bestimmen,[39] ist es wichtig, sich den Punkt klarzumachen, an den Herder in seiner Exegese von Gen. 1 gelangt ist, bevor er von dieser Hieroglyphe als „letzte(m), scheinlichste(n), alle Zweifel und Einwürfe abtuende(n) Aufschluß" spricht. Denn die Hieroglyphenthese ist der Interpretation von Gen. 1 nur aufgesetzt und hat keine zentrale Funktion für die Deutung von Schöpfung.

Die Vorstellungen von der Hieroglyphe reichen von einem dinglich gedachten „Spielzeuge" oder „Mechanischen Denkbilde" (S. 267) über das Urbild von Schrift (S. 269) bis zur Gestalt des Menschen selbst als „Hieroglyphe der Schöpfung" (S. 292–294). Bedeutung hat die Hieroglyphenthese insofern, als sie die Grundlegung zur Erforschung der universalen antiken Religions- und Kulturgeschichte leisten soll. Herder will durch diese These den Anspruch auf historische Objektivität des von ihm exegetisch Entfalteten steigern.

Hier bricht er in das Pathos heiliger Bewunderung aus: „– was hat das heilige Sieben für Verdienst ums Menschliche Geschlecht? ... Wo ist Etwa ein Altar ... – und ich will dahin wallfahrten!" (S. 282, vgl. S. 270), hier jubelt er im Triumph über seine religionsphilosophischen Gegner: „... – welche Entdeckung! für Geschichte der Menschheit, für Geschichte aller

---

[39] Vgl. zur Hieroglyphenthese in Herders Bückeburger Schriften auch P. Pfaff, „Hieroglyphische Historie. Zu Herders ‚Auch eine Philosophie der Geschichte zur Bildung der Menschheit'", S. 410–418; G. vom Hofe, „Schöpfung als Dichtung. Herders Deutung der Genesis als Beitrag zur Grundlegung einer theologischen Ästhetik", S. 81 f. – Für die Beziehung zu Hamann, der in seiner Aesthetica in nuce vom „hieroglyphischen Adam" spricht, vgl. S.-A. Jørgensen, „,...wenn Sie wüsten, wie ich Sie buchstabire' ...", S. 103–105. Vgl. weiter auch Häfner aaO. S. 236–252, bes. S. 247 ff.

Wissenschaften, für Religion – welche Entdeckung! Was müßte da für ein sinnloses, lächerlichers Geschöpf in der Welt bleiben, als der Religionsleugner? Er leugnete nicht mehr Religion, sondern offenbarste Geschichte aller Welt!" (S. 270).[40]

Für die eigentliche Exegese von Gen. 1 erbringt die Hieroglyphenthese nichts. Die Hieroglyphe selbst ist eine Zusammensetzung von Bildern, die das Primäre in Gen. 1 sind.[41] Auch in der Ausdeutung der Hieroglyphe kommt Herder auf die „Methode" göttlicher Offenbarung im „Fortgang der Morgenröte" zurück (S. 279). Als neue Funktion der Hieroglyphe bleibt der Anstoß zu „Schrift", zur Symbolbildung, der Herder deshalb eine Gleichzeitigkeit mit der „Ursprache" zuschreiben muß.[42] Alle „ältesten, wichtigsten Künste und Wissenschaften der Menschlichen Gesellschaft" lassen sich danach auf diese uranfängliche Symbolfindung zurückführen (S. 269, 273ff.). Die Hieroglyphenthese läuft jedoch seiner Deutung von Gen. 1 als Poesie des Ursprungs entgegen. Die „Symbolik" ist nur ein Epiphänomen der „Ursprache",[43] und Herder bricht ihre Untersuchung mit der Bemerkung ab, daß er wohl „manchen Lesern … schon zu sehr mystisiert und kabbalisiert" habe.[44] Er behält also eine gewisse kritische Distanz zu seiner Verbindung der Genesisinterpretation mit hermetischen und mystischen Traditionen durch die Hieroglyphe als „jenes in allen Magien und Allegorien so berühmte Sechseck" (S. 272). Nicht ohne Grund kommt er später nicht mehr auf sie zurück, obwohl er seine Genesisinterpretation als Deutung urgeschichtlicher Poesie nicht zurücknimmt.[45] So dürfte die Hieroglyphenthese gemeint sein, wenn er in der Abhandlung *Über die Wirkung der Dichtkunst* (1778) davon spricht, daß die Genesisinterpretation „in einzelnen Büchern oft bis zum verwegensten Übermaße ausgeführt worden" sei.[46]

---

[40] S. o. S. 123–125 zum „Examen" von Humes Natural History of Religion und J. A. Ernestis Rezension.

[41] S. o. S. 43 zur Zusammenordnung der Bilder in der Abhandlung Über die Ersten Urkunden.

[42] FA 5, S. 276, 280f. Auch hier bleibt die Funktion der Hieroglyphe als Zeichen fraglich, denn es sind in der „Bilderfigur" die zugrundeliegenden „Bilder, die *auf welche Art es auch sei*, Zeichen von Sachen vorstellen" (S. 276). Ursprung der Schrift ist danach nicht die Hieroglyphe, sondern die Naturbilder sind es, deren Komposition sie ist. Vgl. zur Schriftentstehung aus der ersten, „kyriologischen" Schrift, die nicht „signa verborum", sondern „rerum ipsarum imagines" dargestellt habe, das (von Herder auch zitierte) Buch von J. G. Wachter, Naturae et Scripturae Concordia. Commentario de Literis … Primaevis … illustrata (1752), S. 1–12.

[43] *„Die Ursprache der Menschen …, so wie ihre Symbolik, ward Mutter und erster Anstoß aller Menschlichen Schrift und Sprache!"* (S. 281)

[44] Ebd. S. 281; vgl. o. S. 18f. Anm. 9.

[45] Briefe, das Studium der Theologie betreffend (1780/81), Vom Geist der Ebräischen Poesie (1782/83, vgl. bes. FA 5, S. 914–920). Zur Genesisinterpretation in den Ideen zur Philosophie der Geschichte der Menschheit (Bd. I-II, 1784/85) s. u. S. 173–176.

[46] FA 4, S. 159. – Bei J. Böhme findet sich die Notiz, daß das Sechstagewerk an Mose durch seine Vorfahren gelangt sei, die „die Schöpffung von *Adam* nur in einem dunckelen worte behalten / und auff die nachkommen gebracht" hätten (aaO., Werke S. 350f., vgl. S. 405, auch S. 311f.; das „dunkle Wort" wohl nach 1Kor 13,12 [unrev. Lutherübersetzung]).

d) Die „älteste Urkunde" im mosaischen Pentateuch

Zu exegetischen Fragen kehrt Herder mit der Einleitung des zweiten Teils der *Ältesten Urkunde* zurück. Es geht jetzt nicht mehr um die Bilder und die Struktur des Textes, sondern um seine Tradierung in der vorliegenden Gestalt bis auf Mose als den Verfasser des Pentateuchs. Wenn der Text weder direkte göttliche Inspiration noch mosaische Erfindung ist, muß er Mose als Material vorgelegen haben. Dann stellt sich die Frage nach der Form, der Herkunft und dem Ursprung dieses Quellenmaterials, eine Frage, die wegen der Erziehungsgeschichte des Mose (Ex. 2; Apg. 7) zugleich die Zuordnung von Gen. 1 zur Mythologie Ägyptens betrifft.

Gegen mosaische Autorschaft führt Herder im wesentlichen drei Gründe an: Erstens ist der Text zu sehr eine in sich abgeschlossene, selbständige Einheit, als daß er seinem Ursprung nach „in die Schriftvollen Zeiten Moses" gehören könnte (S. 306). Gen. 1 ist als ein „Gedächtnislied" zu besonders leichter Memorierbarkeit strukturiert (S. 305). Daraus läßt sich eine selbständige Überlieferung vor der mosaischen Abfassung des Pentateuch erschließen. Dazu kommt, daß nicht nur die Struktur, sondern auch der „Symbolgeist" von Gen. 1 der Literatur der Zeit Moses vorausliegt. Die Bildhaftigkeit des Morgengemäldes und die Siebenerstruktur sind Herders Beweise für die Urzeitlichkeit von Gen. 1.

Der zweite Grund für die Bestreitung mosaischer Abfassung ist der Widerspruch, den Herder zwischen dem „Geist (der) Offenbarung" in Gen. 1 und dem Charakter der mosaischen Gesetzgebung feststellt (S. 306f.). Trotz seiner Ausführungen über die positive Anordnung des Sabbat als Grund allen Naturrechts (S. 289–91) interpretiert Herder hier den Sabbat als einen „Väterliche(n) Gebrauch", der so, wie er in Gen. 1 eingesetzt werde, „das höchste Gegenspiel" zu positiver Gesetzgebung sei, wie sie das Werk Moses beherrsche. Darüber hinaus stellt er einen Gegensatz zwischen der Universalität der Schöpfungsurkunde und der Partikularität von „Moses Steintafeln für Eine Zeit! Ein Land! Ein Volk!" fest (S. 312).

Mose kann drittens deswegen nicht der Autor von Gen. 1 sein, weil Ex. 20 im Korpus der mosaischen Gesetze mit seinem „Gedenke!" auf Gen. 1 zurückweise und so in seiner Gebotsbegründung an den Text erinnere, der im literarischen Makrokontext der Gesetzgebung weit vorangehe. Der Pragmatik einer Gesetzgebung nach hätte die Ausführung der Begründung in einer Erzählung an das Gesetz angeschlossen werden müssen. Mose war also als Gesetzgeber kein freier Autor (S. 309). Herder schließt daraus, daß die kontextuelle Stellung von Gen. 1 dem historischen Rang des Dokumentes entspreche. Die chronologische Ordnung, in der es im ersten Buch des Pentateuch angeordnet ist, deckt sich für ihn mit dem Alter des Kapitels: es ist eine Urkunde aus der Urzeit der Menschheit. Sie gehört zu den „Denkmalen, Sagen, Traditionen, Urkunden …, über die der Urvater aller Dinge … wohl Mittel wußte, daß sie an ihn (sc. Mose) kämen" (S. 310). Das Thema von Gen. 1 selbst ist die Garantie für einen langen menschheitsgeschichtlichen Überlieferungsweg. Das eigentlich Mosaische hat seinen traditionsgeschichtlichen und theologischen Ort danach innerhalb der universalen Religionsgeschichte der Menschheit, für die die Wahrheit von Religion durch die poetische Tradition der Schöpfung

vermittelt wird. „*Bild Gottes, das Menschenbild! Volk Gottes, das Menschengeschlecht!*"
(S. 312). Die Tradition des Alten Testaments ist nur eine mögliche Nationalisierung
des menschheitlich Universalen, wenngleich eine besonders ausgezeichnete, weil
Gott, „der mit seiner Offenbarung und Leitung des Menschlichen Geschlechts,
doch ganz gewiß *Plan hatte*", die urgeschichtlichen Urkunden gerade an Mose gelangen ließ (S. 310). Das Schöpfungslied ist jedoch nicht aus der Religion Israels als
eine Prädikation „Jehovahs" erwachsen (S. 312f.).[47]

In der Einleitung zum zweiten Teil der *Ältesten Urkunde* legt sich Herder schließlich, soweit
er es überhaupt tut, auf eine Gattungsbestimmung für Gen. 1 fest. Der Text ist eine selbständig tradierbare literarische Einheit aus der Urzeit und sprengt durch seine menschheitsgeschichtlichen Wirkungen jede engere Klassifikation. Dennoch läßt er sich als „Urkunde" bezeichnen, und zwar als die menschheitsgeschichtlich erste Urkunde (S. 310, vgl. schon
S. 274, 291). Die Urkunde entzieht sich jedoch näherer gattungskritischer Beschreibung; sie
ist „kein Lied!" – der Begriff „Gedächtnislied" (S. 305) ist entsprechend zu relativieren. Ihrer
Überlieferung nach ist sie „durch keine Archive und Bibliotheken beschirmt" (S. 312). Sie ist
allenfalls „Denkmal", aber ein Denkmal, das nicht für sich selbst steht, sondern Wirkung
freisetzt: „woraus alle Denkmale, Lieder, Bilder, Poesien und Philosophien entsprangen"
(S. 312). Eine Klassifikation von Gen. 1 läßt sich nur metaphorisch gewinnen: die Urkunde
ist ein „Gewächs", das den „Samen der Unsterblichkeit" in sich selbst hat, sie ist ein „Samen-
korn", dessen „Inneres genetisches Wesen" „Wunderschöpfung lebendiger Erhaltung" ist
(ebd.). Jeder nur objektivierende, klassifizierende Blick würde das Wesen der Urkunde verfehlen. Auch als literarischer Bestandteil des Pentateuch kann sie nur im Rückbezug auf ihre
angenommene menschheitsgeschichtliche religiöse Wirkung bestimmt werden. Sie ist deshalb ebensowenig eine „allgemeine Geschichte des Erdbodens und des Menschlichen Geschlechts" (S. 310) wie eine (Präambel zu) „,Rechtsurkunden zum Besitz des Jüdischen Landes'" (S. 311). Wenn Herder selbst sie eine „Sabbaturkunde" nennt (S. 309), ist auch diese
Bezeichnung nur im Lichte seiner Deutungen des „Festes" zu verstehen.

Mit der Klärung der Beziehung von Gen. 1 zu Mose als dem Autor des Pentateuch und mit der Gattungsbestimmung des Textes entscheidet sich auch das Verhältnis zwischen Gen. 1 und Ägypten: Die Untersuchung des Ägyptischen muß nur
noch zur Verifikation der These führen, daß das „Monument des Ursprungs"
(S. 311) der „Mythologie" Ägyptens weit vorausliege (S. 313). Eine weitere Verifikation der These der Ursprungshaftigkeit von Gen. 1 soll die Untersuchung der
„Mythologien" der übrigen – religionsgeschichtlich wichtigen – Völker der Antike
erbringen (S. 314). Wenn die universale menschheitsgeschichtliche Wirkung von
Gen. 1 nicht von Ägypten ausgeht, sondern allenfalls durch Ägypten hindurchgeht,
muß die Tradition ursprünglicher sein. Es läßt sich dann von diesem Anfangspunkt
aus „durch die verworrensten Urgänge der Völker ein Lichtfaden ziehen" (S. 314).
Dies sollen der zweite und dritte Teil der *Ältesten Urkunde* leisten.

---

[47] Damit widerspricht Herder wieder dem religionsgeschichtlichen Modell Humes, nach dem
partikulare Gottheiten durch „pompous epithets of praise" zur einzigen Schöpfergottheit werden
(Natural History of Religion, S. 49–55; s. o. S. 116).

e) Offenbarung und Natürliche Religion

Herders *Älteste Urkunde* ist kein Traktat über den Sonnenaufgang oder die hexagonale Hieroglyphe. Durch die *Exegese von Genesis 1* will er vielmehr zeigen, daß Religion in der Geschichte der Menschheit ihren Ursprung in einer göttlichen Offenbarung hat, die durch eine poetische Tradition weitervermittelt wird. Kapitel IV und VII des ersten Teils der *Ältesten Urkunde* sollen ein solches Verständnis der Religionsgeschichte religionsphilosophisch und exegetisch begründen und die Relevanz der Uroffenbarung für das theologische Verständnis des Menschen in einer Deutung der Vorstellung der Gottebenbildlichkeit darlegen.[48] Herders Exegese der poetischen Urgeschichte ist mit dem Problem konfrontiert, inwiefern die auf „Anschauung" und „Gefühl" beruhende Dichtung eine Leistung natürlicher Theologie ist und inwiefern sie auf Offenbarung zurückgeht. Da sein exegetisches Projekt vor dem Hintergrund seiner frühen poetologischen Studien zur Ode schon in der Rigaer Erstfassung der Genesisinterpretation in der Abhandlung *Über die Ersten Urkunden des Menschlichen Geschlechts* von der Frage nach einer Offenbarung geleitet ist, die gleichzeitig einen menschlichen Ursprung von Poesie zu denken erlaubt, ist seine theologische Intention offenkundig. Die Frage ist, ob es ihm mit seiner hermeneutischen Perspektivierung der „Urkunde" von Gen. 1 gelingt, die systematisch-theologische Differenz zwischen Offenbarung und natürlicher Gotteserkenntnis zu formulieren. Seine exegetische Bindung an die poetische Urgeschichte scheint ihm dies in der Tat zu ermöglichen.[49]

Analytisch konnte Gen. 1 in eine Vielzahl von „Bildern" aufgelöst werden, die je für sich als Ausdruck von Empfindung verstanden und sodann als ein Gesamtbild zusammengefaßt werden konnten. Aber inwiefern wird durch die Empfindung eine theologische Erkenntnis gewonnen? Daß Herder in seiner Exegese von Gen. 1 zum Kern der theologischen Frage nach Offenbarung, d.h. nach einer gewissen, verläßlichen Einsicht in die göttliche Begründung des Seienden, vorstoßen und Gen. 1 nicht Mythologie im begrifflichen Sinne einer überholten Tradition bleiben lassen will, ergibt sich daraus, daß er hermeneutisch die ontologische Bedeutung dieses Gesamtbildes zu erschließen sucht.

Die hermeneutische Perspektivierung, die Herder als Alternative zur Inspirationsdogmatik entwirft, gründet einerseits auf Erkenntniskritik, andererseits auf ästhetischer Theorie. Sie führt in ihrer Konsequenz zu dem Paradox, daß Gen. 1 nicht Erkenntnis ist und doch Erkenntnis ist. Gen. 1 ist nicht Erkenntnis durch Vernunft oder aus Spekulation, sondern Erkenntnis aus Existenzerfahrung. Nur weil die ästhetische Theorie den Weg zur Interpretation des Textes als Bild (und Reihe von Bildern) freilegt, kann der Exeget diesen letzteren Punkt erreichen.

Die exegetische Beziehung des Textes auf eine „sinnliche Ansicht" hat ein eigenes Gewicht als hermeneutische Theorie über Poesie, die aus Bildern aufgebaut ist,

---

[48] Vgl. zur Gottebenbildlichkeit bei Herder in systematischer Ausrichtung W. Pannenberg, Anthropologie in theologischer Perspektive, Kap. 2.

[49] Vgl. auch Y. Shichiji, „Herders Mythologieauffassung und die ‚Aelteste Urkunde des Menschengeschlechts'", S. 181–189.

und ist von einer historischen Theorie unabhängig bzw. ablösbar. Die geschichtliche Kontinuität möglicher Rezeptionszeiten öffnet prinzipiell eine gleiche Kontinuität möglicher Entstehungszeiten. Insofern ist es ein Fehler Herders, wenn er in der Exegese von Gen. 1 das Historische als Implikat des Ästhetischen versteht. Dies geschieht jedoch im Interesse der Differenzierung zwischen natürlicher Religion und Offenbarung.

In der ästhetischen Kritik von Gen. 1 als Dichtung geht es in apologetischer Grundstellung gegen die Religionsphilosophie David Humes zunächst überhaupt um die *Möglichkeit einer religiösen Sprache*. Eine solche Sprache ist eine symbolische Sprache, die dem Exegeten durch die Tradition vorgegeben ist. „... wenn Bild, Gleichnis sein soll, ... – in der ganzen Natur der Wesen, welch schöneres herrlicheres, allerfreuenderes Bild der Offenbarung Gottes, als – Licht!", heißt es in der Deutung von Gen. 1,3 (S. 206). Wenn die Religionsphilosophie auf dem Weg der vernünftigen Argumentation bei der Anerkennung einer Gottheit endet, über die Aussagen nicht einmal in ‚Bildern' möglich sind, erhebt sich eine solche „Deisten-Religion" der Sprach- und Gedankenlosigkeit in ihrer Verachtung der „sinnliche(n), andächtige(n) ... Menschheit" als einer „abergläubische(n)" über das Menschliche in der Hinsicht, die für Herder anthropologisch unaufgebbar ist, der der Sinnlichkeit.[50] Die Sinnlichkeit findet er gerade im Biblischen, Morgenländischen repräsentiert und rückt sie in den Mittelpunkt seines hermeneutischen Verfahrens. Für den sinnlichen Menschen sind nicht nur Bilder unentbehrlich, sondern bei ihm sind sie Ausdruck wirklicher Empfindung, wirklichen Fühlens, und insofern wirklicher Erschließung von Welt. Wenn sich aus sinnlicher Anschauung und Gefühl heraus eine Existenzerfahrung, die nicht „abergläubisch" ist, poetischen Ausdruck schaffen kann, ist die kritische Religionsphilosophie nicht im Recht. Gelingt das exegetisch auf der Grundlage eines Textes der Tradition, wird zugleich diese Tradition verteidigt. Die Anthropologie, die die sinnliche Anschauung als dem Menschen wesentlich erkennt, und die Exegese, die eine Tradition von Bildern vorfindet, in der solche Anschauung Ausdruck gefunden hat, werden gleichzeitig zu Argumenten gegen eine Religionsphilosophie, die Religion nur noch als skeptische Frage der vernünftigen Erkenntnisfähigkeit behält. Unter diesen Voraussetzungen kann Herder in der Deutung von Gen. 1,26f. seine Exegese von Gen. 1 direkt mit der philosophischen Anthropologie der Aufklärer konfrontieren, in der „(d)er Philosophische Geist ... am meisten seine Götterkraft [darin] bewiesen [hat], daß er sich und sein Geschlecht zum Vieh ... erniedert" (S. 234, vgl. S. 285–288). „... die einfältige alte Anzeige: ‚Gott schuf den Menschen sein Bild, sein Gleichnis!' ist mir tausendmal mehr Aufschluß, als alle ihre Schlüsselsucherei" (S. 235).

Im IV. Kapitel wiederholt Herder seine Analyse der Einheit des Morgengemäldes und der beiden Brennpunkte Gen. 1,3 und 1,26f. unter dem Gesichtspunkt der Offenbarung. Seinem hermeneutischen Konzept folgend, sich „in [die] Urzeit der

---

[50] Vgl. hierzu aber auch Humes „Skeptiker", o. S. 105f.

Schöpfungsreligion hin(zu)fühlen" (S. 254), entwickelt er sein Hauptargument aus der Frage der Einheit in der Wahrnehmung des Geschaffenen, dessen andringende Vielfalt sich in keine Ordnung bringen läßt, wenn diese nicht von vornherein gegeben ist und gezeigt wird. Wenn aber Gott mit Tat (S. 250) und erklärender Stimme (S. 255) eine geordnete Einheit schafft, die der Mensch verstehen kann, erweist er sich als Urheber einer positiven Offenbarung in der und durch die Offenbarung in der Natur (S. 246). Die natürliche Gegebenheit der Naturordnung beim Sonnenaufgang wird von Herder auf eine absichtsvolle Anordnung durch Gott zurückgeführt. Der wichtigste Faktor ist dabei Licht als die „Erste Sprache Gottes" (S. 250, vgl. 252).

Der Kontext für die Frage der Offenbarung ist die religionsphilosophische *Debatte über die natürliche Religion*. Der Begriff der Offenbarung muß in einer Exegese verankert werden, die die Bedingungen des Verstehens des Textes und damit scheinbar zugleich die seiner Entstehung in sinnlicher Anschauung und Gefühl aufgewiesen hatte. Während Herder in hermeneutischer Hinsicht an die Leistung des Konzepts ‚natürlicher Religion' anknüpft, nämlich Gott auf dem Erfahrungsweg aus der Konfrontation mit der Wirklichkeit in ihrer natürlichen und moralischen Dimension zu erkennen, will er theologisch dem Problem der ‚natürlichen Religion' entkommen, das darin liegt, daß sie keinen Platz mehr für die positive Tradition einer göttlichen Offenbarung findet. Die üblichen Zuordnungen der offenbarten Religion zur natürlichen Religion in der Form, daß die offenbarte Religion leiste, was die natürliche erst „spät" oder nur „dunkel" leisten könne, sind wertlos, weil sie in jedem Fall für den gegenwärtigen Stand der Erkenntnis in der Aufklärung die offenbarte Religion überholt sein lassen. War sie jemals ein notwendiges Erziehungsmittel, so ist sie es jetzt nicht mehr.

„Wer schwatzt nicht der andern [sc. der positiven] Offenbarung Würde, Nützlichkeit, Notdurft, Faßlichkeit u.s.w. ab, wenn ihn Würde, Allnützlich- Allfäßlich- und Ursprünglichkeit der Ersten [sc. der natürlichen] ... so sättigt und blendet?" (S. 246)

Das Ergänzungsmodell läuft in seiner Konsequenz darauf hinaus, die Tradition einer positiven Offenbarung überflüssig zu machen.

Nicht weniger verfehlt aber scheint Herder das Modell einer Entgegensetzung:

„Man kennet die ewigen Entgegensetzungen der natürlichen und geoffenbarten Religion, als ob sie in siebenfachem Betracht wesentlich unterschieden" (S. 246, A. 2).

Für seinen religionsphilosophischen Standpunkt ist es hier bezeichnend, daß eine solche Entgegensetzung nur aus der Perspektive derer, die sich durch die ‚natürliche Religion' von der Tradition einer ‚positiven, offenbarten Religion' befreien wollen, in Betracht kommt, nicht aber vom Standpunkt einer Offenbarungsreligion, die ‚natürliche Religion' als eine Überforderung des natürlichen Erkenntnisvermögens abtut. Ein wesentlicher Unterschied zwischen natürlicher und offenbarter Religion ist für Herder deshalb problematisch, weil die Religion für ihn wesentlich „menschlich" ist, d.h. aber, daß sie einen sprachlichen Ausdruck finden muß, der zur natürlichen Erfahrung des Menschen hin offen ist. Eine positive, offenbarte Religion, die nicht, obwohl vorgegeben, durch natürliche Religion entschlüsselbar wäre, bestreitet Herder gerade durch seine Exegese von Gen. 1.[51]

Umgekehrt geht es ihm aber auch darum, eine natürliche Religion zu bestreiten, die nicht durch die positive, offenbarte Religion aufgeschlossen wird. Das ideale Modell, das er (durch einen universalhistorischen Beweis) zu etablieren strebt, ist das einer Koinzidenz von natürlicher und offenbarter Religion; es soll erlauben, Offenbarung „menschlich" zu verstehen und gleichzeitig eine natürliche Erkenntnis Gottes in einer Offenbarung zu verankern. Das theologische Ziel ist also einerseits die anthropologische Entschränkung der Offenbarungstradition, andererseits die offenbarungstheologische Fundierung der natürlichen Religion.

Herder ist als Exeget von Gen. 1 ein *Apologet offenbarter Religion.* Der biblische Text ist Teil einer Offenbarungstradition, und es ist der biblische Text, der ihn in seinem religiösen Verstehen des Universums leitet. Anschauung und Gefühl angesichts der Natur und der menschlichen Handlungsfähigkeit kommen theologisch nur zu Klarheit, weil sie durch den Ausdruck solcher Anschauung und solchen Gefühls in der biblischen Tradition Orientierung gewinnen. Herder argumentiert dafür mit dem Überwältigenden der Vielheit von Natureindrücken für die menschlichen Sinne sowie der exegetischen Entdeckung, daß sich solche Vielheit dem Gang des poetischen Textes Gen. 1 folgend ordnen läßt.[52] Seine apologetische These ist, daß ohne die „Stimme" der Tradition das Bild des Morgengemäldes nicht wirklich aufgeschlossen werden könne. Dieser These gibt er eine historische Wendung: Da die anthropologische Grundsituation immer dieselbe bleibt, muß auch eine solche „Stimme", eine solche Tradition immer erfordert gewesen sein. Die historische Frage führt ihn deshalb in die Urgeschichte zurück. Das offenbarungskritische Argument, daß zwar die natürliche Religion „patriarchalisch" gewesen sein könne, „Jahrtausende allein auf der Welt, hinreichend", daß jedoch die offenbarte Religion „erst durch den Betrüger Moses zuerst das Licht gesehen" (S. 246, A.2), will er durch die Funktionsbestimmung von Offenbarung entkräften. Die Offenbarung, die Anschauung und Gefühl angesichts der Natur religiös aufschließt, ist gleichursprünglich mit der natürlichen Religion, ja sogar deren notwendige Bedingung und insofern „älter als die natürliche" (ebd.), sie ist gleichursprünglich mit der Schöpfung der natürlichen Welt und des Menschen.

Im urzeitlichen Schöpfungsaugenblick hat der Begriff der Offenbarung also eine doppelte Bedeutung: Offenbarung ist erstens *Tat*, Gottes Handeln, durch das er die Schöpfungswerke in ihrer Abfolge hervorbringt; sie ist zweitens *Stimme* (oder „Wink"), Gottes Zuwendung zum Menschen, seinem Geschöpf, in der er auf die Schöpfungswerke in ihrer Abfolge weist. Den Aspekt der *Tat* bezieht Herder auf das

---

[51] Vgl. auch W. Koepke, „Truth and Revelation", S. 146 f.; Th. Zippert, Bildung durch Offenbarung, S. 230–244.

[52] Vgl. für den philosophischen Hintergrund die Schrift Vom Erkennen und Empfinden der Menschlichen Seele (1778, Erstfassung 1774), FA 4, S. 327–393, bes. S. 345 f., 347 f., 354 f., 357 f. Eine Analyse dieser Schrift hat M. Heinz, Sensualistischer Idealismus. Untersuchungen zur Erkenntnistheorie und Metaphysik des jungen Herder 1763–1778, vorgelegt. Vgl. für die philosophiegeschichtliche Einordnung auch W. Pross, „Herder und die Anthropologie der Aufklärung", S. 1128–1204.

Morgengemälde, das Bild, und kann ihn also betonen, ohne in die quasi-naturwissenschaftliche Debatte über die Kosmologie zu geraten. Für das Verständnis der Natur ist wichtig, wie sie geordnet erkennbar wird, und genau dies wird sie durch die Ordnung, in der sie bei Sonnenaufgang erscheint. Gottes Offenbarung in der Natur ist deshalb seine Offenbarung in dem von ihm gewirkten „… schönsten, … ordentlichsten, … Bilde, wie es sich nur zwischen Himmel und Erde findet" (S. 246). Das „unendliche Chaos" des Geschaffenen (S. 247) ist der mögliche Grund natürlicher Religion nur, wenn es in einer verstehbaren Ordnung als Einheit aufgefaßt werden kann. Der modernen Wissenschaft gelinge es jedoch nicht, eine Einheit, die auch den Menschen mit erfaßt, zu entdecken. Unter den Bedingungen dieser Wissenschaft kann deshalb die Natur nicht mehr zu religiöser Einsicht führen.

Mit dem Problem der Vielheit der Eindrücke argumentiert Herder im historischen Rückgang in die Urzeit, in der der sinnliche Morgenländer der Vielzahl und Macht seiner Sinneseindrücke noch mehr ausgeliefert ist als der vernünftige analysierende Mensch der Aufklärung. „Für den … Naturmenschen – was war nun da für ein Bild, Ordnung, Lehrmethode, die ihm die Schöpfung unbetäubend und doch ganz, nach und nach und doch im Zusammenhange, … gebe?" (S. 248) Diese Funktion hat der Sonnenaufgang, die „aufgehende Morgenröte", deren Ordnung von Gott so eingerichtet ist, daß sie die Gesamtheit der Schöpfung zu erfassen erlaubt. Sie ist insofern Offenbarung Gottes durch Tat. Der Sonnenaufgang ist nicht ein weiteres Element der unübersehbaren Komplexität in der Natur, sondern ein Gesamtbild, das die Natur in die Einheit zusammenfaßt, die die religiöse Einsicht natürlicher Religion hervorbringen könnte. In seiner regelmäßigen Wiederkehr ist jeder neue Sonnenaufgang wieder eine Offenbarung Gottes, nicht nur als des Schöpfers in der Urzeit, sondern auch als des Gegenwärtigen, der aktuell das Schöpfungsbild neu entstehen läßt. „… – der Schöpfer lehrt dich durch Tat! durch jedesmal neue Schöpfung!" (S. 250). In einer vertiefenden Interpretation von Gen. 1,3 wehrt Herder das mögliche Mißverständnis ab, das Bild sei ein „totes Bild". Das Bild „ist die Sache selbst" und führt zur religiösen Erkenntnis von „Gegenwart und Kraft", die in der Natur wirksam sind. Nicht die Abstraktion auf der Grundlage sinnlicher Anschauung ist das Ziel, sondern das mit der Anschauung gleichzeitige Gefühl (S. 250). Abstraktion löst „unser ganzes Gefühl in kleine Fäden (auf), die nichts mehr ganz und rein fühlen", und damit wird der „große Sinn ‚Gottes, des Allgegenwärtigen in der Welt' geschwächt und gestumpft" (S. 253). Der „älteste Morgenländer" (S. 253) ist nun ganz durch „Sinne und Gefühl" (S. 250) bestimmt, und für ihn ist „überall wo Kraft strebt, wo Würkung erscheinet – da der alllebende Gott" (S. 253). Das Bild ist also die Sache, indem es „Dasein! Gegenwart!" (S. 252) erschließt. Durch die Gestalt des Morgenländers wird die Interpretation der Schöpfungsgeschichte anthropologisch auf die Erfahrung des Menschen in der Welt gewendet, in der er sich findet.

In seiner Exegese von Gen. 1 entwirft Herder allerdings die Erkenntnissituation der natürlichen Religion so, daß der Eindruck entsteht, Gott sei auf natürliche Weise als die in der Natur wirkende Kraft erkennbar und mit dieser Kraft identisch. Sowohl in Hinsicht auf den Erkenntnisweg als auch in Hinsicht auf den Gottesbegriff ist Herders religionsphilosophische Position jedoch durch eine wesentliche Differenzbestimmung qualifiziert, und eben dies geschieht exegetisch. Gott ist in der Offenbarung in der Natur „der Unsichtbare, Unnennbare", er ist „überall Sichtbar und Unsichtbar". Zwar führen die „Naturkräfte" dazu, seiner Gegenwart und wirkenden Kraft innezuwerden, aber er ist zugleich der, der souverän „ruft" und „macht" und nicht mit den Naturkräften identisch ist. Gott ist „allwürkend", und soweit sind die Naturkräfte göttlich, aber er ist im Schöpfungsbild auch „mit der größten Ruhe schaffend" und insofern dem Naturgeschehen überlegen (S. 253). Im Schöpfungsbild ist Gott nur soweit erkennbar, wie er es eben durch seine Tat ist:

„... der Unsichtbare, der hier nirgend erscheint, als in Tat, der immer nur 'will und 's wird / gebeut, so stehets da' der große Unvergleichbare, der nirgends in der Schöpfung ist, wie er ist, von dem alles nur als dunkler Abglanz strahlet" (S. 244).

Gegenüber dem göttlichen Wirken in der Natur, auf das die Sinnlichkeit in Anschauung und Gefühl bezogen ist, bleibt ein Freiheitsraum Gottes bestehen.

Die Interpretation des Schöpfungsbildes ist durch einen zweiten Aspekt von Offenbarung bedingt, die *Stimme* Gottes. In der biblischen Tradition spricht Gott zuerst bei der Schöpfung, indem er das Licht erscheinen läßt – אור יהי. Es ist „... in die sanfte Morgenfolge sein Schöpferswort verborgen" (S. 253). Herder deutet dieses Element des göttlichen Sprechens auf eine direkte Interaktion zwischen Gott und Mensch in der Urgeschichte. Gott „zeiget, winket, spricht und nennet", er prägt „die größten Sachen in die simpelsten Worte" (S. 255), um so das Bild für den sinnlichen Betrachter aufzuschließen. „... zur Fassung und Erreichung dieses Bildes" ist „Eine Lehrmeisterstimme dazu gekommen", und zwar die Stimme des offenbarenden Gottes, weil zu dieser Stimme „im Anfange der Zeit Niemand als Gott da war" (S. 246). Die göttliche Offenbarung in der Natur hat von ihrem Ursprung her die positive Offenbarung des aufschließenden göttlichen Wortes neben sich. Ohne dieses ist jene Offenbarung in der Natur trotz ihrer faßlichen Ordnung stumm. Im urzeitlichen Schöpfungsaugenblick wird Gottes Offenbarung in der Natur gültig als göttliche Offenbarung erschlossen, weil das Bild göttlich gedeutet wird. Nach diesen exegetischen Ausführungen kann es keinen Ursprung natürlicher Religion vor einer Offenbarung geben, andererseits bezieht sich die Exegese auf einen Text der Offenbarung, der gleichursprünglich mit dem natürlichen Schöpfungsbild ist und deshalb nicht in die Konstellation der „ewigen Entgegensetzung der natürlichen und geoffenbarten Religion" gebracht werden darf (S. 246, A.2).[53]

---

[53] Vgl. in Herders Briefen, das Studium der Theologie betreffend die Zusammenfassung seiner Diskussion von Offenbarung und natürlicher Religion, die in der Ältesten Urkunde nicht leicht zu systematisieren ist: „*Natur* ist das Werk Gottes; aber wie viel gehört dazu, dies Werk zu *verstehen*? in ihm seinen Urheber zu *finden* und genau *alles das* von ihm zu finden, was für uns ist? ... Natur, sprich! Natur, du schweigest. Ich suche mich blind in den Geschöpfen und finde sein Bild nicht; wie sollte ichs auch finden, da er kein Bild hat – und doch sehne ich mich darnach, als ob er meiner Gestalt wäre ... O daß mir Ein Laut seiner Stimme spräche! und siehe! er spricht zu mir. ... Nun wird mir der heilige, stumme Tempel lebendig, das schöne Chaos wird angehende Harmonie

Was sich in der Reflexion auf die Offenbarung Gottes in der Natur sagen läßt, sucht Herder auch durch die Reflexion auf den Menschen zu erreichen. Der Mensch fühlt sich von Kraft durchdrungen und fühlt insofern „sich in [Gott], sich als [Gottes] Bild" (S. 254). Der sinnliche Eindruck, daß durch die Belebung des Nachtstarren Schöpfung wird, gilt auch für ihn selbst: „... so bist du o Mensch einst erwacht" (S. 250). Die Kräfte, deren der Mensch auf diese Weise innewird, sind jedoch erst noch latent, wenn sie nicht aufgeweckt werden. Herder demonstriert das am Sprachursprung. Das natürliche menschliche Vermögen zur Sprache ist eine „kalte, unwürksame Kraft", und eine „fremde Kraft" mußte die „Besinnung, die nichts als Vermögen, d.i. Rezeptivität war, weck(en), oder sie wäre ewig schlafend, dämmernd, tot blieben". Da aber der Mensch „nur *durch Sprache* das *Geschöpf Gottes* sein konnte, was er sein sollte – wird und muß ihn nicht diese weckende Kraft *vom Ersten Augenblicke des Daseins* belebt, geleitet, geführt haben?" (S. 278) Die deutende Stimme Gottes in der Schöpfung ist gerade diese „erste Kräfteregung" (S. 255). Auch anthropologisch sind hier zwei Aspekte zusammenzunehmen.[54]

Gemäß der Deutung von Offenbarung in Herders Exegese von Gen. 1 ist der Gott, „den Uns die älteste und ewigste Religion predigt", der „alllebende Gott" „überall wo Kraft strebt, wo Würkung erscheinet" (S. 253). Gott ist in der Natur wirksam, er ist in den wirkenden „Naturkräften" erkennbar (S. 253). Durch eine philologisch falsche Interpretation der Pluralform der Gottesbezeichnung אלהים (̓elohîm) in Gen. 1 streift Herder gelegentlich die Identifikation Gottes mit den Naturkräften. Auch seine begriffliche Rede von den Naturkräften bzw. von Kraft bleibt jedoch in einem Spannungsverhältnis zur Auslegung des poetischen Textes von Gen. 1 und verselbständigt sich nicht. Gott ist der wirksame, schaffende, belebende, gegenwärtige Gott und insofern „Gegenwart und Kraft" (S. 250). Religion entsteht durch das „Allgefühl Gottes in der Natur!" (S. 255); Gott wird danach auch in seiner Offenbarung nur soweit erkannt, als er in der Natur gegenwärtig und wirksam ist.

---

und Ordnung ..." (27. Brief, FA 9/1, S. 396f.). – Die von Herder im Bild der Urgeschichte formulierte Doppelheit von Werk Gottes und Wort (Stimme) Gottes wird von J. ROHLS, Protestantische Theologie der Neuzeit, Bd. 1, S. 249, wohl doch zu stark vereinfacht. Dichtung entsteht als ‚sacra poesis' in theologischer Perspektive gerade nicht nur durch den „schöpferischen Geist des Künstlers", sondern zugleich durch eine Sprache, deren „Genius" Herder durch die Exegese der Urgeschichte qualifiziert. Vgl. auch o. S. 15.

[54] Die Ausführungen zum Sprachursprung in der Ältesten Urkunde werden zumeist als Widerrufung der Abhandlung über den Ursprung der Sprache (FA 1, S. 695–810) gedeutet, die als eine genuine Leistung der Aufklärung den natürlichen Ursprung der Sprache begründet habe. Diese Vereinfachung übersieht beharrlich die Limitierung der Philosophie, die Herder in seiner philosophischen Schrift vornimmt: „Über die ersten Momente der Sammlung, muß freilich die schaffende Vorsicht, gewaltet haben – – doch das ist nicht Werk der Philosophie das Wunderbare in diesen Momenten zu erklären ... Sie nimmt ihn [sc. den Menschen] im ersten Zustande der *freien Tätigkeit* ..., und erklärt also diese Momente nur *menschlich*." (S. 771) Die Philosophie kann also voraussetzen, daß die Kraft „nicht anders als *lebend*" aus der Hand der Natur kam (S. 769), die Theologie zeigt, daß die „lebende" Kraft eine solche allererst durch „Aufweckung" wird. – Nach der Auffindung und Publikation des Manuskriptes Über die Ersten Urkunden ist die sich nicht zuletzt auf das isolierte Fragment SWS 32, S. 148–152 = FA 5, S. 11–17 stützende These vom frühen Herder als radikal religionskritischem Aufklärer ohnehin überholt.

Und der Mensch findet sich selbst als Teil dieser Natur so, daß Gottes Kraft in ihm selbst wirksam ist. Er fühlt „Gott überall, sich in ihm, sich als Sein Bild" (S. 254). Das Gegengewicht zu dieser theologischen Position, die sich von ihrem exegetischen Grund abzulösen droht, ist die Erklärung der Entstehung der poetischen Tradition aufgrund der Offenbarung, mit der Gott den Menschen durch seine Stimme weckt. Herders Offenbarungsbegriff hat vielfältige *polemische Konnotationen*. Die Hermeneutik von Anschauung und Gefühl erschließt Gottes Offenbarung in der Natur auf eine eigene, der kritischen Religionsphilosophie entgegengesetzte Weise. Religion auf ihren Ursprung hin historisch gedacht entsteht nicht aus der Verehrung einer „einzelnen Gestalt" der Gottheit – sei es monolatrisch im Polytheismus, sei es monotheistisch –, der „das tote Bild der Anbetung" des unendlich überlegenen und fernen Gottes entspräche (S. 253), sondern aus dem Gewahrwerden der gegenwärtigen, wirkenden Gottheit.

Der Weg zur Gotteserkenntnis über die Offenbarung Gottes in der Natur kann, zweitens, nicht der Weg der vernünftigen Erkenntnis von Kausalität und von „allgemeinen Naturgesetzen" sein. Herder notiert das Willkürliche, das dem Versuch anhaftet, Naturgesetze auf Gott zurückzubeziehen oder nicht. Die Wahrscheinlichkeitsvermutung einer göttlichen Urheberschaft des Kosmos bleibt prinzipiell unentscheidbar (S. 254). Selbst wenn dieser Erkenntnisweg dem kritischen Religionsphilosophen an irgendeinem Punkt letztlich erfolgreich scheint, bleibt religiös nicht mehr übrig, als daß „der ganze Gott und sein Dasein ein so abgezognes, feines Spiritusflämmchen wird", daß es das „grobe Holz" des sinnlichen Menschen nicht mehr entzünden kann (S. 254, A. 9). Der methodische Weg der Religionsphilosophie David Humes führt allenfalls zu einer willkürlichen Entscheidung, deren Ergebnis religiös gleichgültig ist.[55] Hume zerstört erkenntniskritisch den „großen Sinn 'Gottes, des Allgegenwärtigen in der Welt'" (vgl. S. 253) und kann für Herder deshalb weder religionsphilosophisch noch religionsgeschichtlich im Recht sein.

Gotteserkenntnis kann, drittens, nicht auf dem Weg philosophischer „Demonstration" erreicht werden (S. 251). Anders als Bilder, im besonderen das poetische Bild von Gen. 1, erschließen Begriffe nicht religiös zureichend die Wirklichkeit, in der der Mensch sich findet. Sie sind konventionelle Zeichen, deren Realitätsgehalt fraglich bleibt. Als Gottesbeweis ist die begriffliche Demonstration deshalb nur ein „Schattenspiel". „... unwiderlegbare Demonstration? ... aber wenn die Begriffe, so rein und symmetrisch sie unter sich sein mögen, auf keiner Wirklichkeit beruhten, auf der sie doch als reine Begriffe kaum beruhen können?". Wiederum ist das Kriterium der Kritik die Sinnlichkeit als Erschließung des Seienden. „Evidenz und Gewißheit muß ... in den Sachen liegen, oder sie liegt nirgends! ... sie muß ... im ganzen, unzerstückten, tiefen Gefühl der Sachen liegen, oder sie liegt nirgends".[56] Die von Herder kritisierten Wege der Gotteserkenntnis führen also, wenn überhaupt, nur zu einem Gottesbegriff, der unverifizierbar und von fragwürdiger Relevanz ist. Gott kann nur als derjenige erkannt werden, der er ist, wenn er auf dem

---

[55] S.o. S. 107 Anm. 85.
[56] FA 5, S. 251f.; vgl. FA 1, S. 9–21.

einzigen dem Menschen möglichen Weg durch seine Offenbarung in der Natur in urgeschichtlicher, zur poetischen Tradition gewordener Erschlossenheit erkannt wird. Auf diesem Erkenntnisweg wird Gott als der Gegenwärtige, Wirkende begriffen und in poetischer Sprache bezeugt.

In seiner *Deutung des Sabbat* führt Herder die Gleichursprünglichkeit von Offenbarung und natürlicher Religion weiter aus. Diese eher konventionell klingenden Passagen haben systematisch einen erheblich geringeren Stellenwert, weil sie nicht mehr am poetischen Charakter von Gen. 1 orientiert sind. Natürliche Religion muß nicht nur mit positiver, offenbarter Religion zusammenfallen, weil sie ohne diese nicht entstehen kann, sie fällt auch deshalb mit ihr zusammen, weil, so Herder, historisch beweisbar positive Gesetze der Religion gleichzeitig, gleichursprünglich mit dem Schöpfungsbild sind. Diesen Beweis will er durch seine Deutung der Einsetzung des Sabbat erbringen. War die Entgegensetzung von natürlicher und positiver Religion zwar schon im IV. Kapitel dadurch aufgelöst worden, daß Herder die Entstehung natürlicher Religion aus der Offenbarung Gottes in der Natur durch die deutende und aufweckende Stimme Gottes bedingt sah, so will er jetzt diesen exegetischen Gedanken durch einen „historischen genetischen Beweis" (S. 289) untermauern. Bei dem allen zieht sich weiterhin die Opposition gegen die Religionsphilosophie David Humes (S. 287f.) und andere philosophische und theologische Strömungen der Aufklärung durch seine Ausführungen.

Herders Bestimmung des „Religionsgeistes" im Sabbat der Urzeit faßt noch einmal die Themen seiner Interpretation des Morgengemäldes zusammen. Andacht, Religion heißt, „Gott in der Natur zu sehen: schaffend, würkend! ... – in der ganzen heitern Natur allsegnend", und „Menschheit" zu erkennen als „Bild Gottes zu walten". Solche Andacht kann jedoch den Sinn des Sabbat noch nicht erschöpfen, weil sie „des Menschen täglicher Gottesdienst" sein mußte (S. 284f.). Die Bestimmung des weiterreichenden Sinns des Sabbat nimmt Herder, vielleicht in Anlehnung an Luther,[57] als gegeben an: „Es wäre schlecht, wenn mit Allem, was ich gezeigt, der Leser hier [sc. in der Frage nach dem Sinn der Absonderung des Sabbat] noch in Wüste wäre". Die im Morgengemälde Aufschluß gebende Stimme Gottes wird jetzt zu positiver Lehre an einem abgesonderten Tag verselbständigt: der Sabbat „war Tag der Lehre, des positiven Unterrichts Gottes, an dem alle Bildung und Glückseligkeit der Menschen hing" (S. 285). Dieser urzeitliche Unterricht wird zum Quellpunkt für alles, was überhaupt Gegenstand von Unterricht sein kann. Hatte das Morgengemälde schon Religion und Naturweisheit vermittelt, hatte dem die Tagesstruktur als Grundlage von Kultur „Ordnung und Zeitrechnung" sowie „Pflicht und Glückseligkeit" hinzugefügt (S. 266), und war diese Vielfalt von Aspekten durch das „Mechanische Denkbild" der Hieroglyphe um „Schrift und Sprache" erweitert worden (S. 276), so wird jetzt schließlich noch Ordnung als

---

[57] Herder nennt Luther zweimal im VII. Kapitel, ohne jedoch direkt auf dessen Genesisinterpretation Bezug zu nehmen (S. 284 Anm. 2; S. 292 Anm. 8). In Luthers Genesisvorlesung ist der Sabbat ein Tag, „in quo Deus nobiscum loquitur per verbum suum et nos vicissim cum eo per invocationem et fidem"; am ersten Sabbat gibt Gott mit dem Verbot Gen. 2,16f. Anordnungen, die „cura oeconomica et politica" betreffend (WA 42, S. 61f.).

„Ordnung der Gesellschaft" hinzugefügt (S. 291), „alles Naturrecht nur durch Offenbarung". Das Naturrechtsdenken selbst soll nach Herder Verbindlichkeit aufgrund positiver Setzung haben, und die erste, ursprungshaft fortwirkende Setzung war die Anordnung des Sabbat.

Exegetisch gibt Herder hier die hermeneutische Perspektivierung von Gen. 1 als Poesie auf, um mit Gen. 2,3 in die Geschichte der Menschheit überzugehen. Der Text, der vorher nur indirekt ein urgeschichtliches Geschehen hinter der insoweit transparenten Tradition für sinnliche Anschauung und Gefühl erkennen ließ, soll jetzt in die Geschichte führen. Damit kündigt sich schon die Deutung von Gen. 3 an. Eine freie Ausdeutung des priesterlichen Tuns Gottes (segnen, heiligen) macht Gott zu einem Gesetzgeber und Lehrer. So wird „der erste Sabbat ein Fest aller Lehre! der Erste Lehrer und Priester an demselben Gott!" (S. 291). Gott also „erfand, lehrte, predigte [!], stiftete" die ursprüngliche Naturreligion, die mit positiver Religion zusammenfällt (S. 289). Herder kann deshalb mit den Bezeichnungen für die Verfechter einer ‚natürlichen Religion' spielen. Die göttliche Offenbarung ist Naturreligion, nur ist sie es aus einem Ursprung heraus, der Naturreligion überbietet. Sie ist also „Deismus, Naturalismus, Pantheismus" als eine „reinere … Naturreligion", weil sie eine Stiftung Gottes ist. Der „unsichtbare, durchfließende, … würkende Gott" der Religion nach Gen. 1 ist zugleich der Gott, der „lehrte, predigte, stiftete", und dadurch vom Gott der philosophischen Naturreligion unterschieden. Die Wendung zum historischen Ursprung, an dem Gott – als ‚Lehrmeisterstimme' oder als ‚Prediger' – mehr ist als die Kraft in der Natur, ergibt die wesentliche Differenzbestimmung zum „Deismus, Naturalismus, Pantheismus" (S. 289), deren Signifikanz Herder durch polemische Gleichsetzungen wieder zu überspielen droht.

2. Die Interpretation von Genesis 2–3

Wie im Manuskript *Über die Ersten Urkunden des Menschlichen Geschlechts* gilt Herder auch in der *Ältesten Urkunde des Menschengeschlechts* Gen. 3 als eine zweite Urkunde neben Gen. 1, die in Gen. 2 durch Fragmente aus dem „Quell der ältesten heiligen Vatersage" eingeleitet werde.[58] Das thematische Zentrum des zweiten Bandes der *Ältesten Urkunde* ist also die Interpretation von Gen. 3.[59] Werkgeschichtlich liegt zwischen der Exegese von Gen. 1 und der Exegese von Gen. 3 nicht nur der religionsgeschichtliche Versuch des zweiten und dritten Teils der *Ältesten Urkunde*, sondern auch die Untersuchung zum Johannesprolog und den Evan-

---

[58] FA 5, S. 496; s. o. S. 43. Herder verzichtet jetzt auf eine literarkritische Differenzierung innerhalb der drei Fragmente 2,(4)5–7; 2,8–17; 2,18–25. Hatte er im früheren Manuskript z. B. 2,24 als „Zusatz des heiligen Sammlers" bezeichnet (S. 87), so polemisiert er jetzt gegen eine Beschreibung des Verses als „Glosse" (S. 542f.).

[59] FA 5, S. 548–621. Voran stehen Erläuterungen zu Gen. 2 (S. 496–547), es folgen Erläuterungen zu Gen. 4,1–6,13 (S. 622–659). Angesichts der zeitgenössischen naturwissenschaftlichen Debatten um die Universalität der Sintflut bricht Herder seine Genesisinterpretation an einer geschickten Stelle ab.

gelien im Licht des Zend-Avesta, die erste Fassung der Erklärung der Johannesapo-
kalypse und die erste Fassung der kommentierten Übersetzung des Hohenlieds.[60]
Mit seiner Exegese von Gen. 1 hatte Herder seine Antwort auf die Religionskritik der Aufklärung gefunden. Im Widerspruch zu David Humes *Natural History of
Religion* hatte er Religion im Ursprung auf die „sinnliche Ansicht" des Universums
und deren poetischen Ausdruck zurückgeführt. Im Rahmen seiner poetologisch
ausgerichteten Hermeneutik hatte er schließlich die systematisch-theologische
Differenz zwischen Natürlicher Religion und Offenbarung formuliert. Vor diesem
Hintergrund setzt Herder im zweiten Band der *Ältesten Urkunde* seine Genesisinterpretation eher als Paraphrast und Prediger eines erwiesenen Offenbarungstextes
fort, durch den die früheste Menschheitsgeschichte erschlossen sei. Seine Deutung
der Einsetzung des Sabbat hatte dieses historisierende Verständnis der narrativen
Texte schon angekündigt. Die Auseinandersetzung mit Hume mündet in die
Übernahme der üblichen antideistischen und antipyrrhonistischen Polemik:

> „Leugnet ihr [die Begabung des Menschen mit dem ‚Othem Gottes' nach Gen. 2,7] ... was
> wollet ihr *nicht* leugnen? Welches andre tausendfach ungewissere, unstetere Band zwischen
> Ursach und Würkung ist für Trugschlüssen sicher? So bleibt endlich nichts, als daß alle Ur-
> sach und Würkung, alle Erfahrung also, angezweifelt oder geleugnet werde, wie ja der feinste
> Sophist unsrer Zeiten [Hume] bereits versucht hat."[61]

Mehr als zwei Jahre nach dem Abschluß des ersten Bandes der *Ältesten Urkunde*[62]
zielt der zweite Band nicht mehr eigentlich auf eine Widerlegung der Religionskritik Humes. Nachdem in den Verhandlungen über eine Berufung an die Universität
Göttingen Bedenken gegen Herders theologische Position innerhalb des Luthertums aufgekommen waren,[63] geht es jetzt vielmehr um eine Antwort auf die Genesisinterpretation Luthers.[64]

---

[60] Erläuterungen zum Neuen Testament aus einer neueröfneten morgenländischen Quelle,
1775 (SWS 7, S. 335–464); Vorstufe von MARAN ATHA. Das Buch von der Zukunft des Herrn,
1779 (SWS 9, S. 101–288, Vorstufen der Schrift ebd. S. 1–100); Lieder der Liebe. Die ältesten und
schönsten aus Morgenlande, 1778 (FA 3, S. 431–521; zur Entstehung S. 1206f. – Die Rahmung
dieser Übersetzung mit Zitaten Luthers ist nach SWS 8, S. 588 zu ergänzen.) Zu weiteren Schriften nach dem Abschluß des ersten Bandes der Ältesten Urkunde vgl. R. HAYM, Herder I, S. 661–
736.

[61] FA 5, S. 508 mit Anm. 19.

[62] Das Manuskript des ersten Bandes ging im September 1773 an den Drucker, das des zweiten
Bandes im März 1776; vgl. die Einleitung von R. SMEND in FA 5, S. 1361.

[63] Vgl. R. SMEND, „Herder und Göttingen", S. 6–16; G. ARNOLD, „Luther im Schaffen Herders", S. 228f. – Der Blick auf die Göttinger Fakultät verrät sich in der Polemik FA 5, S. 566, vgl.
S. 1415, vgl. auch Heynes Brief an Herder vom 8. 3. 1776 (Von und an Herder II, S. 191f.).

[64] Offenbar hatten die Göttinger Vorgänge für Herders Autorschaft eine ähnlich anregende
Funktion wie die zahlreichen akademischen Preisaufgaben, die er bearbeitete. Daneben hat wohl
auch die Freundschaft mit J. C. Lavater ihre Spuren in dem Band hinterlassen. Einen zeitgenössischen Lutherinterpreten, der ihn zur Auseinandersetzung hätte anregen können, gab es für ihn
auffälligerweise nicht. Vgl. aber die Urteile über J. A. Ernesti im 29. und 33. Brief der Briefe, das
Studium der Theologie betreffend (FA 9/1). Die Bezugnahmen auf Luther in der Ältesten Urkunde sind durch den umsichtigen Aufsatz von G. ARNOLD, „Luther im Schaffen Herders",
S. 225–274, bes. S. 234–241 und 245–253, erst ansatzweise aufgeklärt; R. JUNGHANS, „Die Luther-

Die Interpretation von Gen. 2, d. h. der die zweite Urkunde Gen. 3 vorbereitenden Fragmente, ist eine durch Luthers Genesispredigten (1527) angeregte[65] Schilderung der ländlichen Idylle im Paradies, dem „Land der Jugend und Liebe" (S. 545). Fragen der Kritik werden mit Lutherzitaten abgewiesen:

„‚Warum Moses eben also redet, das gehe seinen Weg: er hat seine eigne Mysteria.'"; „‚… Aber die Menschen, die nicht weiter tun, lassen oder leiden wollen, denn eben was sie ermessen können und begreifen, die können Gottes Verstands nicht mächtig werden …'", S. 499 bzw. 517.

Die Lebensalteranalogie, nach der die Zeit Adams in die Kindheit des Menschengeschlechts gehört, in der eine „Vaterstimme", „Mutterstimme", „Zauberstimme" oder „Gottes Stimme, die uns lehrt", tönt, wird nach Matth. 18,3 hermeneutisch übersteigert.[66] „Den Menschen, das Vernunfttier, hat die Schlange erzogen: den Menschen, das Gotteskind, bildete Gott!" (S. 518) Das danach entworfene stimmungsvolle Bild des Paradieses „lebt noch in unsern Herzen" (S. 546). Herders Exegese schwebt zwischen Meditation und Katechese und integriert die gegensätzlichsten Aspekte. Gen. 2,4–7 wird mit der zeitgenössischen Naturwissenschaft harmonisiert und so den „Prediger(n) des Ungefährs" entgegengehalten.[67] Die נשמת חיים (Gen. 2,7) steht für „Lebenskräfte", „Seele", „Abdruck des webenden Schöpfers", „Ahndung der Unsterblichkeit"; ihre Verbindung mit dem „Erdenkloß" (עפר מן הארץ) ist eine Analogie zur Empfängnis Mariae durch den Geist Gottes; die Korrespondenz zwischen Gen. 2,7 und 1Kor. 15,45 ist eine „höhere Gleichung", die Paulus gibt.[68] Liebe und Ehestand werden nach dem Hohenlied und Luther erläutert. Der apologetische Sinn von Herders Paraphrase ist dabei eine hermeneutische Perspektivierung von Gen. 2–3 als Geschichtsdarstellung.

Die Interpretation der Fragmente in Gen. 2 erinnert an Herders theologischen Lehrer Th. C. Lilienthal und markiert mehr oder weniger eine konventionelle theologische Position im Umfeld des zeitgenössischen Luthertums. Naturwissenschaftliche Harmonistik, offenbarungsgewisse Philosophiekritik und Zitate des Reformators drohen die Exegese durch Erbaulichkeit zu ersetzen.[69] Um so auffälliger ist demgegenüber die geringe Rolle Luthers in der Interpretation von Gen. 3. Herder zitiert hier Luther zuerst vereinnahmend wiederum für die Deutung von Gen. 3 als

---

rezeption Johann Gottfried Herders", S. 160–191, führt nicht sehr viel weiter. Herder verweist u. a. mit Nachdruck auf Luthers „De servo arbitrio" (FA 5, S. 615; vgl. FA 4, S. 363). Wichtig wäre schon für Kap. IV des ersten Bandes der Ältesten Urkunde (bes. S. 252 f.) ein Vergleich mit Passagen wie WA 18, S. 623, Z. 14–23; S. 685, Z. 21–23.

[65] Vgl. die Nachweise weiterer Lutherschriften im Kommentar des Herausgebers SMEND, S. 1407 ff. Der Genesisvorlesung Luthers (I, 1544) schreibt Herder S. 499 Anm. 5 eine volltönende Empfehlung.

[66] FA 5, S. 493–495, 518.

[67] Ebd. S. 498–501, bes. mit Berufung auf A. von Haller.

[68] Ebd. S. 502, 503, 505, 508, 507, 509. Im Rigaer Manuskript war der Vers ein „Dichterischgeschilderte(r) Aktus der Belebung" (S. 70), dem kommt der Begriff „Lebenskräfte" am nächsten.

[69] Vgl. z. B. die Passage S. 498 f. mit der Erklärung von Gen. 1 im sog. Englischen Bibelwerk, s. o. S. 64 f.

Geschichte, nicht Allegorie.[70] Luthers „tiefste Lehre vom *Sündenfall* und von *Got-tesgnade*" stellt er sodann in einem theologisch ambivalenten Abschnitt zur Christo-logie als „Erklärung" über den „Kirchengesang" zum Motiv der ‚felix culpa' vor.[71] Luthers Lehre „de servo arbitrio" wird nur in einer fingierten Befragung Adams diesem in den Mund gelegt und auf die psychologische Entwicklung zum morali-schen Handeln hingelenkt: „Das *nicht tun*, was ich leider! wohl tun konnte, *nicht frei sein wollen*, das ich leider! wollte, das war die *Achse der Gottheit in meinem Kreise*; jedes andere ist Schlangenfreiheit, viehische Sinnenknechtschaft."[72] Die theologisch zentrale lutherische Lehre vom Verlust der Gottebenbildlichkeit spielt in Herders Interpretation von Gen. 3 aber gerade keine Rolle. Luther sah die anthropologische Bestimmung von Gen. 1,26f. nur als eine „imago per peccatum amissa",[73] die an-thropologische Bestimmung von Gen. 3,22 war für ihn „sarcasmus et acerbissima irrisio".[74] Herder arbeitet exegetisch ein anderes Verhältnis zwischen Gen. 1 und Gen. 3 aus.[75]

Im Rigaer Manuskript hatte Herder die zweite Urkunde als „mythische" und „historische" Dichtung diskutiert.[76] In der *Ältesten Urkunde* führt er eine Deutung von Gen. 3 als „Fabel" nur vor, um sie zu verwerfen (S. 548–558). Zwar wäre der Text als Fabel „die erste und gewiß weiseste, tiefste Fabel",[77] aber in einer Deutung als Fabel würde die „Offenbarung Gottes zur Philosophie *ihres* [sc. der Interpreten] gesunden Verstandes" (S. 558). Da eine solche gattungskritische Bestimmung die Urkunde zerstören würde,[78] macht Herder wie in Gen. 2 die Lebensalteranalogie zum hermeneutischen Schlüssel. Danach ist Gen. 3 eine „Kindererzählung" und ebenso wie Gen. 2 „einfache, würklichste Geschichte".[79] „… wenn dir Gnade ward, diese *Kindsgeschichte* zu sehen; je tiefer du dachtest und zweifeltest und frag-test, je herzlicher wirst du umfassen und finden!" (S. 603).

Als exegetischer Gesichtspunkt interessiert an der Paraphrase von Gen. 3 und den in ihr enthaltenen Ausblicken auf 1 Kor. 15 und Röm. 5 in Hinsicht auf die Inter-pretation von Gen. 1 die Frage, ob Herder aus der zweiten Urkunde einen Begriff von Sünde gewinnt, der den Begriff der Gottebenbildlichkeit in der ersten Urkun-de aufhebt. Da er die alttestamentliche Tradition jetzt auch im neutestamentlichen

---

[70] FA 5, S. 566; vgl. WA 42, S. 172f., 176.
[71] FA 5, S. 613, vgl. S. 509 Anm. 21.
[72] Ebd. S. 615; vgl. auch Vom Erkennen und Empfinden der Menschlichen Seele, FA 4, S. 363.
[73] WA 42, S. 45–49, Zitat S. 46,4f.; vgl. auch S. 106,11ff., 166,27f., 248,14ff. und WA 24, S. 51. Für die lutherische Tradition s. o. S. 58 Anm. 39.
[74] WA 42, S. 166–168, Zitat S. 166,13. Vgl. o. S. 67.
[75] Vgl. W. PANNENBERG, Anthropologie in theologischer Perspektive, S. 40–76, bes. S. 43–57; U. GAIER, „Herders ‚Aelteste Urkunde des Menschengeschlechts' und Goethe", S. 142–150; W. DÜSING, „Die Interpretation des Sündenfalls bei Herder, Kant und Schiller", S. 227–244.
[76] S. o. S. 45.
[77] FA 5, S. 558 Anm. 7; vgl. auch S. 564 für einen Vergleich der „Fabel Moses" mit der Philoso-phie der französischen Aufklärer.
[78] Ebd. S. 559f. „Und doch sage ich: daß das Stück *als Allegorie, als Fabel, nichts* sei … Was läßt sich nicht allegorisieren? was läßt sich nicht fabeln?"
[79] Ebd. S. 600, 603, 618 bzw. 565.

Horizont betrachtet, bleiben seine Ausführungen in diesem Punkt ambivalent. Zwar konstatiert er eine „Kluft … zwischen den nahen Zeiten und Worten, als Gott einst sprach: ‚Lasset uns Menschen machen, ein Bild, das uns gleich sei!' als die Schlange sprach: ‚Ihr werdet sein wie Gott, und Gut und Böses erkennen' und wie es nun heißet: ‚Siehe den Adam worden, wie unser Einer!'". Aber in direkter Fortsetzung heißt es, daß diese Worte „Einerlei Worte" seien,

„ein Dreieck eines dreifachen sich einander entgegenstehenden Sinnes, und doch in der jetzigen Natur des Menschen zusammentreffend, sich einander bestimmend, aufhebend, ein dreifaches Eins" (S. 597 f.).

Gen. 3 ist die Geschichte einer „Fortleitung" des sich entwickelnden Menschen; der auf den „Edenszustand" „folgende Zustand" ist „nicht *Unter-* sondern *Über-* und *Fortgang des Menschengeschlechts im Plane Gottes*" (S. 604). Adam bleibt „dasselbe Geschöpf, in Gottes Hand Ein Adam. Es ist als ob Zeit und Jahrszeit nur fortgerückt sei …" (S. 619). Fast wie ein direkter Widerspruch zur dogmatischen „imago amissa"-Lehre liest es sich, wenn Herder schreibt,

„… und siehe! was ihm [sc. Adam] auf dem Felde ward, *Menschennatur* und *Wesen*, auch was ihm auf dem Felde blieb, *Bestimmung* [Gen. 1,27], *Segen* [1,28], *Fluch* [3,17 ff.] und *Dienst* [3,23] hast du noch" (S. 603).

Gen. 3,22 ist entsprechend kein Sarkasmus mit der Aussage „Sieh Adam wie unser Einer!", sondern der Spott „trifft … weniger den Menschen als seine neue Zierde", die Bekleidung (S. 597). Gen. 3,22 ist der „Adelsbrief einer Gottgleichen *Vernunft*", der ihr auf diese Weise „im Spott gegeben" ist (S. 598).[80] Die christologische Dimension, in die Gen. 3 durch das Neue Testament gerückt wird, greift Herder in seiner Interpretation des alttestamentlichen Textes mit dem Begriff eines „höheren Lebens" auf: Es sollte „höheres Leben" werden, „als je durch Adams Selbststreben hätte werden können", und zwar als eine Überwindung der „Sterblichkeit Adams" in demselben Sinne, wie Herder „immer aus Tod, aus Verwesung höheres Leben quillen" sieht. Adam und Christus sind nicht Typus und Antitypus, „nicht symmetrische Gegensäulen", sondern „(w)ie Himmel über die Erde hinausgeht, sie umfaßt, hält, befruchtet …, so *Adam* und *Christus!*"[81] Die grundlegende anthropologische Bestimmung bleibt auch durch Gen. 3 hindurch die Gottebenbildlichkeit nach Gen. 1,26 f., die gemäß der Genealogie von Gen. 5 weitergegeben wird.[82]

---

[80] Ambivalent bleibt Herders Deutung, weil er auch die traditionellen Motive aufnimmt: Der „Adelsbrief der Gottgleichen *Vernunft*" ist „,(f)reilich jetzt notwendig, eine Schadloshaltung …, Schadloshaltung (aber ist noch) kein Ersatz des Verlornen; und du Perle des Paradieses, Gottgleiche Unschuld; du heiliger Ratschluß ‚Lasset uns Menschen machen, ein Gebilde wie wir sind' warst etwas anders." (S. 598 f.)

[81] Ebd. S. 609–613, die Zitate S. 610, 611 f., 612.

[82] Ebd. S. 642–645. Herder faßt ebd. S. 643 f. noch einmal seine Deutung von Gen. 1 als Schöpfungshieroglyphe („dies Sieben", „das Denkbild", „das Urbild") mit allen den verschiedenen, von ihm in die imago-Lehre integrierten Aspekten zusammen.

In Herders Zuordnung der beiden „Urkunden" Gen. 1 und Gen. 3 schildert die zweite Urkunde eine historisierend zu deutende „Fortleitung" des Menschen „auf den neuen Pfad seines Mühelebens" (S. 596). Gen. 3 erzählt einen Entwicklungs-fortschritt,[83] nicht den Verlust der Gottebenbildlichkeit. Damit geht Herder trotz wiederholter Berufung auf Luther an dessen Genesisinterpretation vorbei.[84] Seine Interpretation von Gen. 2–3 verbleibt dagegen weitgehend im alttestamentlichen Kontext und verteidigt die in der Interpretation von Gen. 1 als poetischer Tradition geltend gemachten und exegetisch begründeten anthropologischen Bestimmungen.

3. Der religionsgeschichtliche Beweis für die Urtradition

Schon im Rigaer Manuskript *Über die Ersten Urkunden des Menschlichen Ge-schlechts* hatte Herder die auf Seth zurückgeführte „älteste" Urkunde im Horizont der universalen Religionsgeschichte der Menschheit der ägyptischen Religion vor-geordnet und eine Erklärung aller antiken religiösen Traditionen als Ableitungen aus der Urtradition angedeutet.[85] Die Ausführung dieses religionsgeschichtlichen Programms im zweiten und dritten Teil des ersten Bandes der *Ältesten Urkunde* bringt dem früheren Entwurf gegenüber insoweit nichts Neues. Herder vertritt jetzt mit seinen komparatistischen Studien jedoch einen radikal gesteigerten Be-weisanspruch und verfolgt mit seiner Hieroglyphenthese eine präzisierte Argumen-tationslinie. Dennoch könnte ein Kritiker wie J. A. Ernesti auch hier, und hier mit größerem Recht, nur von einem „erzliederlichen Beweise" sprechen.[86]

Mit der Wiederkehr der antiken Pluralität von religiösen Vorstellungen und reli-gionskritischen Motiven in der Aufklärung, wie sie etwa David Hume in seinen Vier-Philosophen-Essays und der *Natural History of Religion* zur Geltung brachte, kehren bei Herder auch die antiken Apologeten des Christentums zurück, beson-ders Clemens Alexandrinus und Euseb.[87] Wo sich für die aufgeklärte historische Betrachtung die historisch kontingente Pluralität von Religionen entfaltet, ist die Versuchung groß, durch eine traditionsgeschichtliche These den Zusammenhang des scheinbar Heterogenen und die Sonderstellung der wahren Tradition zu de-monstrieren. „... Aber bei allen diesen Traditionen, wo ist reine Wahrheit, Ge-schichte, festes Datum?"[88] Auf dem Boden des historischen Denkens der Aufklä-

---

[83] Vgl. schon S. 515f. in der Deutung von Gen. 2. Herder wiederholt seine Deutung von Gen. 3 im 2. Brief der Briefe, das Studium der Theologie betreffend, FA 9/1, S. 153–159.

[84] Vgl. bes. Luthers Diskussion der Definition „naturalia mansisse integra" in der Einleitung zur Erklärung von Gen. 3, WA 42, S. 106, Z. 27–34.

[85] S. o. S. 46f.

[86] S. o. S. 124.

[87] Vgl. zu ihnen A. J. Droge, Homer or Moses? Early Christian Interpretations of the History of Culture. In zeitgenössischer Kirchengeschichtsschreibung lag z. B. 1767 der – für die Apologe-ten unergiebige – erste Band von J. S. Semlers Historiae ecclesiasticae selecta capita vor, den Her-der in einem Brief an Hamann erwähnt (DA I, Nr. 36, Z. 95).

[88] Herder, FA 5, S. 17.

rung wäre ein „historisch genetische(r) Beweis" die gültige Widerlegung der Religionskritik,[89] galt doch weithin die Überzeugung: „Die Historie ist die Klippe, daran Hume und alle seine Brüder scheitern."[90] Deshalb strebt Herder danach, „Länder und Erden zusammen zu raffen …, sie [sc. die Schöpfungsgeschichte] darzustellen als *Tat*, als *Weltgeschichte*".[91]

Der zweite und dritte Teil der *Ältesten Urkunde* sind allein im Interesse des religionsgeschichtlichen Beweises „zusammengerafft". Der zweite Teil will einen „Schlüssel zu den heiligen Wissenschaften der Aegypter" geben, der dritte ordnet „Trümmer der ältesten Geschichte des niedern Asien".[92] Das religionsgeschichtliche Modell, dem Herder folgt, läßt sich über die Renaissance bis zur frühchristlichen Antike (und weiter) zurückverfolgen.[93] Das Material für seine Darstellung nimmt er aus den wichtigsten Veröffentlichungen des 17. und 18. Jahrhunderts zur Religionsgeschichte Ägyptens, Phöniziens, Griechenlands, Babyloniens und Persiens vor und bei Zoroaster, zur Gnosis und zur Kabbala.[94] Eine eingehendere Be-

---

[89] Herder, FA 5, S. 289.

[90] J. A. Ernesti, s. o. S. 124.

[91] FA 5, S. 566.

[92] FA 5, S. 303 bzw. 401. Auf eine Darstellung der Mythologie des „höhern Asiens", d. h. von China und Indien, verzichtet Herder. Vgl. dann das 11. Buch der Ideen zur Philosophie der Geschichte der Menschheit (1787, FA 6, S. 429–464), aber auch schon das Reisejournal (FA 9/2, S. 17–19) und in der Ältesten Urkunde FA 5, S. 335. – Zu China im Modell der „prisca theologia" vgl. WALKER, The Ancient Theology, S. 194–230.

[93] H. B. NISBET zeigt dies nach D. P. WALKER in seinem Aufsatz „Die naturphilosophische Bedeutung von Herders ‚Aeltester Urkunde des Menschengeschlechts'", S. 214–217. WALKER gibt die folgende Definition dieses Modells einer „prisca theologia" (in The Ancient Theology, 1972): „By the term ‚Ancient Theology' I mean a certain tradition of Christian apologetic theology which rests on misdated texts. Many of the early Fathers, in particular Lactantius, Clement of Alexandria and Eusebius, in their apologetic works directed against pagan philosophers, made use of supposedly very ancient texts: *Hermetica, Orphica*, Sibylline Prophecies, Pythagorean *Carmina Aurea*, etc., most of which in fact date from the first four centuries of our era. These texts, written by the Ancient Theologians Hermes Trismegistus, Orpheus, Pythagoras, were shown to contain vestiges of the true religion: monotheism, the Trinity, the creation of the world out of nothing through the Word, and so forth. It was from these that Plato took the religious truths to be found in his writings. In order to preserve the uniqueness of the Judeo-Christian revelation, it was usual to claim that this pagan Ancient Theology derived from Moses; but sometimes it was supposed to go back further, to Noah and his good sons, Shem and Japhet, or to antediluvian Patriarchs, such as Enoch, or even to Adam."
(S. 1, vgl. weiter S. 85–104, 130 f.). Vgl. auch P. HARRISON, ‚Religion' and the Religions in the English Enlightenment, S. 130–138; R. HÄFNER, „Die Weisheit des Ursprungs", S. 77–101. – J. ASSMANN, Moses der Ägypter, geht in seiner Diskussion der Verhältnisbestimmungen zwischen ‚Moses' und ‚Ägypten' in der frühen Neuzeit und der Aufklärung auf die *prisca theologia* als eine prä-ägyptische religiöse Urtradition nicht weiter ein (vgl. z. B. S. 37–40, 117, 139).

[94] Vgl. die im zweiten und dritten Teil der Ältesten Urkunde jeweils in den Anmerkungen zitierten Autoren und die Nachweise des Herausgebers SMEND in FA 5, S. 1395 ff. – Für Ägypten folgt Herder im wesentlichen P. E. Jablonskis Pantheon Aegyptiorum (1750–52), vgl. dazu auch U. FAUST, Mythologien und Religionen des Ostens bei Johann Gottfried Herder, S. 74–103 (daß W. Warburton ein „erklärter Deist" sei, ebd. S. 91, wäre zu korrigieren). Für Phönizien stützt er sich auf R. Cumberland, Sanchoniato's Phoenician History (1720, dt. 1755), für Babylonien auf Th. Hyde, Historia Religionis Veterum Persarum (1700, ²1760), für Zoroaster auf A.-H. Anquetil du

schäftigung mit Quellentexten ist am ehesten für Orpheus, das wichtigste Binde-
glied zwischen Ägypten und Griechenland,[95] anzunehmen.[96] Herder hatte 1765
die neueste Ausgabe der Orphica von J.M. Gesner rezensiert und 1766 im *Versuch
einer Geschichte der lyrischen Dichtkunst* über Orpheus als „Verfasser alter Hymnen"
geschrieben.[97] In seiner Rezension war das Interesse an einer umfassenden religionsgeschichtlichen Theorie schon erkennbar gewesen:

„Seine Gedichte haben … die graue Salbung der Weisheit, der alten Einfalt, und des ver-
blümten Aegyptischen Stils; ja es scheint sogar, daß sie einen großen Einfluß in die Bildung
der Griechischen Mythologie nach den Ebräischen [!] Geheimnissen der Aegyptischen Hie-
rophanten gehabt haben."[98]

Für die Erschließung der antiken Religionsgeschichte diente ihm in der frühen
Rigaer Zeit daneben vor allem der erste Band von J.A. Fabricius' bibliographischer
und doxographischer *Bibliotheca Graeca*.[99]

Die Übernahme des Modells der „prisca theologia" in die Geschichtsbetrachtung der Aufklärung durch Herder ist nur mit seinem apologetischen Beweisanspruch zu erklären. C.G. Heyne etwa hatte 1765 als Herausgeber der deutschen
Übersetzung der *Allgemeinen Weltgeschichte* von W. Guthrie und J. Gray gegen die
traditionsgeschichtliche Zuordnung der antiken babylonischen, phönizischen und
ägyptischen Mythologie zum Mosaischen eingewendet, daß es sich dabei um
„Muthmaßungen, welche mehr Religionseifer, als Wissenschaft, verrathen", handle.[100] Als Korrespondenzpartner Herders seit 1772 ließ er sich von dem „geheim-
nisvolle(n) Gaukler" nicht leicht überzeugen, und Herders Begleitbrief bei der Zusendung des ersten Bandes der *Ältesten Urkunde* zeigt, daß er sich des zweifelhaften
philologisch-wissenschaftlichen Wertes seiner religionsgeschichtlichen Rhapsodie

Perron, Zend-Avesta. Ouvrage de Zoroastre (1771). Eingeschlossen sind auch die Vorsokratiker.
Im Hintergrund stehen u.a. G.J. Vossius, De theologia gentili (1641) und R. Cudworth, The true
Intellectual System of the Universe (1678, lat. v. J.L. Mosheim 1733, ²1773) sowie J.A. Fabricius
mit dem ersten Band seiner Bibliotheca Graeca (³1718). – Daß Herder hier Thomas Burnets Archaeologiae Philosophicae (1692) mit ihrem „Conspectus Philosophiae Antiquae per varias Terrarum Gentes" nicht zitiert, läßt vermuten, daß er das Buch nicht kennt, s.o. S.58 Anm.41. Auch E.
Stillingfleets vergleichbar apologetisch ausgerichteten Origines Sacrae (1662) scheinen ihm unbekannt.
[95] Vgl. z.B. Diodorus Siculus I, 23, 68, 96.
[96] FA 5, S.335–339, 373–387, 414–423.
[97] SWS 1, S.77f. (vgl. auch den Brief an Hamann vom Januar 1765, DA I, Nr.11, Z.34f.);
HWP 1, S.32ff.
[98] SWS 1, S.78. Herder bezieht sich dann auf Th. Blackwells Letters concerning Mythology
(1748), vgl. auch dessen Enquiry into the Life and Writings of Homer (1735).
[99] Vgl. die Briefe an Hamann vom März 1766 (DA I, Nr.19, Z.13f.) und Juli 1766 (DA I,
Nr.24, Z.15ff.).
[100] W. Guthrie/J.Gray, Allgemeine Weltgeschichte von der Schöpfung an bis auf gegenwärtige
Zeit, Bd. I, 1765, mit einer Vorrede von J.A. Ernesti, hg.v. C.G. Heyne, S.55 Anm. ★★. Zu Heyne
und Herder vgl. auch R. Häfner, Johann Gottfried Herders Kulturentstehungslehre, S.221f.

bewußt war.[101] Heyne konnte in Herders Projekt offenbar nur eine neue Variante von P.D. Huets *Demonstratio Evangelica* (1679) erkennen.[102] Für den Traditionsbeweis im zweiten und dritten Teil der *Ältesten Urkunde* wird nicht nur an Herders Charakterisierung seiner Autorschaft in den *Literaturfragmenten* zu denken sein, „Fliegende Fragmente würden sich mit einem schweren Panzer von Gelehrsamkeit übel behelfen ...".[103] Vielmehr ist der Traditionsbeweis durch eine gewisse Hinneigung zum Hermetismus mitbedingt. In einem Brief an J.H. Merck schreibt Herder im Oktober 1770:

„Ich habe in diesen Tagen eine sonderbare Entdeckung gemacht, daß die Hieroglyphe, die ich seit langem schon [in Gen. 1,1–2,3] ... gefunden, ... so gewiß überall der ganzen ägyptischen Götterlehre, geheimen Gottesdienste, Weisheitslehre der Thot's oder Theut's u.s.w. zum Grunde liegt, als ich Herder heiße."[104]

Thot aber wird mit Hermes Trismegistos gleichgesetzt, und die gesamte ägyptische Mythologie in „das Bild der Allschöpfung, Allbelebung ...[,] das Hermesurbild, aus dem alles ward", zusammengezogen.[105] Auch der hermetische Traktat *Poimandres* gilt danach als eine Ableitung aus der Schöpfungshieroglyphe in der Urzeit der ägyptischen Religion, obwohl die Hermetica schon 1614 von Isaac Casaubon in die nachchristliche Zeit datiert worden waren.[106] Der religionsgeschichtliche Beweis für Gen. 1 als Urtradition beruht danach in erster Linie auf einer Synthese von Genesisinterpretation und Hermetismus.[107] Auch die Kabbala wird in dieses religionsgeschichtliche Konglomerat eingeschlossen.[108] Wohl wegen seiner Motivierung durch den Hermetismus verfolgt Herder

---

[101] Vgl. Herders Erläuterungen seines Vorhabens in den Briefen an Heyne vom Februar 1772 (DA II, Nr. 54, Z. 4–20) und Juni 1772 (DA II, Nr. 85, Z. 11–25), die Nachricht beim Abschluß des Manuskripts im November 1773 (DA III, Nr. 36, Z. 11–21) und bei der Zusendung des Buches im April 1774 (DA III, Nr. 70, Z. 11–26). Heynes Gegenbriefe in Von und an Herder, Bd. II, bes. S. 133ff., 140ff., 170ff., das Zitat dort S. 141.

[102] Vgl. Herders Brief an Heyne DA III, Nr. 70, Z. 22ff. sowie zu Huet die Bemerkungen in der Ältesten Urkunde FA 5, S. 305, 332, 343. Vgl. zu Huet WALKER aaO. S. 214–220.

[103] HWP 1, S. 159 (1. Sammlung, 2. Auflage).

[104] DA I, Nr. 105, Z. 43ff. Die Fortsetzung zeigt, daß Herder die Autoren der „prisca theologia" nicht unbekannt sind: „Ich habe dem Ding nur noch in sehr gemeinen Büchern, [P.E.] Jablonsky [Pantheon Aegyptiorum], Philo, Clemens, Eusebius, Orpheus, Porphyr, Jamblichus und den Pythagoräern des [Th.] Gale [Opuscula Mythologica, 1688] nachjagen können; aber Alles so augenscheinlich gefunden, daß ich nur die Stellen sammeln und hinsetzen darf." Vgl. zur Arbeit in Straßburg auch den Brief an Heyne vom Februar 1772 (DA II, Nr. 54, Z. 18f.).

[105] FA 5, S. 318, 330, vgl. S. 343 („die heilige Hieroglyphe Hermes"), S. 353.

[106] Ebd. S. 323. Vgl. mit kritischem Urteil über die Hermetica J.A. Fabricius, Bibliotheca Graeca I, Kap. 7–12 (S. 46–85, bes. S. 49f., 58). Zu Casaubon vgl. WALKER aaO. S. 18f.; F.A. YATES, Giordano Bruno and the Hermetic Tradition, S. 398–402.

[107] Vgl. zur „Hieroglyphe" weiter NISBET aaO. S. 220–226. – Herders Polemik gegen Robert Fludd (FA 5, S. 185 Anm. 2, S. 196) läßt vermuten, daß er ihn gelesen hat, vgl. auch den Verweis auf Fludd in der Kontroverse 1782 mit Fr. Nicolai über die Rosenkreuzer (SWS 15, S. 63). Vgl. für Fludd YATES aaO. S. 403–407; ders., Aufklärung im Zeichen des Rosenkreuzes, S. 81–101; auch WALKER aaO. S. 184–193; HARRISON aaO. S. 130–138.

[108] FA 5, S. 459–466. Die Kabbala gilt Herder als ein jüdisches Erbe aus dem babylonischen Exil

das religionsgeschichtliche Problem nicht in die wissenschaftliche Richtung von Quellenkritik, Differenzierung von Mythologumena und Präzisierung von Abhängigkeiten, sondern in die Richtung einer mystischen Kulturentstehungslehre. Im Hintergrund steht seine Entscheidung der Frage nach dem anthropologischen und historischen Ursprung von Religion im Sinne einer Apologie der Offenbarungsreligion durch die Interpretation von Gen. 1 als poetischem Text. Sie veranlaßt ihn dazu, sich auf diesem Fundament verschiedene Traditionen, wie die Stiftung des Sabbat als positives göttliches Gebot, die Vorstellung vom universal-weisheitlichen Hermeszeichen, die Vorstellung vom Menschen als Mikrokosmos,[109] anzueignen, die seine Exegese sprengen und dem „Hauptzweck", „das Stück von Mystischen, Physischen, Metaphysischen zehnfachen Unsinn zu erlösen" (S. 295), entgegenlaufen. Die durch seine frühen poetologischen Studien vorbereitete Exegese von Gen. 1 findet eine Ergänzung in Spekulationen, für die er die hermeneutische Perspektivierung von Gen. 1 als poetische Tradition aufgegeben hat. Gen. 1 wird als Hieroglyphe zum „Hermeszeichen" (S. 353). Während die dadurch veranlaßten Darlegungen ein ideengeschichtlich interessanter Gegenstand sind,[110] besteht ihre Funktion für die Exegese nur im Beweis der Urgeschichtlichkeit von Gen. 1, der allenfalls schon apriorisch durch den Gedanken der Offenbarung im Schöpfungsaugenblick erbracht wäre. Herders Antwort auf Humes Religionskritik kommt durch den zweiten und dritten Teil der *Ältesten Urkunde* auf keinen besseren Grund.

(S. 463). Vgl. E. ADLER, „Die Kabbala in der ‚Aeltesten Urkunde des Menschengeschlechts'", S. 162–180.

[109] FA 5, S. 292–294, 298. Für diesen topos sei hier nur auf die Überblicke von G. BOAS, Art. „Macrocosm and Microcosm", Dictionary of the History of Ideas III, S. 126–131; M. GATZEMEIER/H. HOLZHEY, Art. „Makrokosmos/Mikrokosmos", Historisches Wörterbuch der Philosophie V, Sp. 640–649, verwiesen. Vgl. auch HÄFNER aaO. S. 111–116. Bes. zu R. Fludd vgl. YATES, Aufklärung … S. 89f., 232f. und Abb. 20.

[110] Zu erörtern wäre hier auch Herders Bezugnahme auf Spinoza (FA 5, S. 423).

V. Kapitel

Die zeitgenössische Resonanz von Herders Genesisinterpretation

1. Die Beurteilung durch Kant und Hamann

Mit seiner Interpretation von Gen. 1 in der *Ältesten Urkunde des Menschengeschlechts* gibt Herder die Auflösung eines Problems, das ihn seit den frühen poetologischen Entwürfen seiner Rigaer Zeit beschäftigt hat. Die Urgeschichte in biblischer Poesie wird als „älteste Urkunde" eine Quelle für die Menschheitsgeschichte, die ihm eine aufgeklärte Anthropologie im Horizont von Offenbarung zu denken erlaubt, ohne Offenbarungsvorstellungen vorauszusetzen, die er schon längst kritisch als „Unsinn" betrachtete.[1] Der historische Beweis und die theologische Deutung, die Herder entwickelt, finden sogleich nach der Veröffentlichung des Buches eine Resonanz bei den beiden wichtigsten Gestalten seiner Königsberger Studienzeit, Kant und Hamann.[2] Ihre zum Teil nur in Briefen dokumentierte Kritik zeigt die Selbständigkeit von Herders Genesisinterpretation in ihrer Spannung sowohl zu einer entschiedeneren philosophischen Freilegung als auch zu einer entschiedeneren theologischen Verdeckung des Problems des Historischen.

Hamann hatte im Juni 1772 nach dreijähriger Unterbrechung seinen Briefwechsel mit Herder wieder erneuert und ihm seine Kritik der *Abhandlung Über den Ursprung der Sprache* zugeschickt.[3] Auf die von der Berliner Académie des Sciences et Belles-Lettres ausgezeichnete Preisschrift Herders suchte Hamann die Antwort eines „kabbalistischen Philologen" zu geben[4] und seine theologische Kritik an jedem Versuch, die Entstehung von Sprache auf eine menschliche Leistung zurückzufüh-

---

[1] Vgl. FA 1, S. 807–810.

[2] Zur Kritik der Ältesten Urkunde in den Rezensionsorganen der Zeit und in brieflichen Äußerungen der Zeitgenossen vgl. G. SAUDER, „Zur Rezeption von Herders Schrift ‚Aelteste Urkunde des Menschengeschlechts'", S. 268–291; R. SMEND in der Ausgabe FA 5, S. 1371–1379.

[3] Hamann, Briefe ZH III, Nr. 375. Hamanns Kritik an Herders Sprachursprungsschrift wird eingehend erläutert von E. BÜCHSEL, Johann Georg Hamann. Über den Ursprung der Sprache. Dort bes. S. 65–74 zur Frage der Wirkung dieser Kritik auf die letzte Ausarbeitung der Ältesten Urkunde. Zur Differenz zwischen Hamann und Herder in der Bückeburger Zeit vgl. vor allem S.-A. JØRGENSEN, „Turbatverse und Fortgebäude. Über den fehlenden Einfluß J. G. Hamanns auf Herders *Auch eine Philosophie der Geschichte*", S. 111–121; „‚...wenn Sie wüsten, wie ich Sie buchstabire.' Herder als Dolmetscher Hamanns in der ‚Aeltesten Urkunde'", S. 98–107.

[4] Hamann, Werke N III, S. 19, vgl. S. 23. S. o. S. 18f. Anm. 9.

ren, durch die Bezugnahme auf den Prolog des Johannesevangeliums zu fundieren.[5] Herder sah er der kulturpolitischen Linie der Berliner Akademie verfallen.[6] Wenig später vertritt Hamann dann die Auffassung, daß Herder als Bearbeiter der Preisaufgabe der Akademie auf einem fremden Grund gearbeitet habe.[7] Eigentlich aber sei Herder zu einem „salomonischen מצאתי" gekommen, das Hamann seinerseits nach Qoh. 7,29 auf die Göttlichkeit des Sprachursprungs hinlenkt.[8] Hamann deutet so Herder dahingehend, daß er die Voraussetzungen der von der Akademie gestellten Aufgabe umgekehrt habe. Dabei geht es wesentlich um die biblische Urgeschichte in ihrem Verhältnis zur Philosophie, denn vor dem „Felsen", auf dem „die Burg des *philosophischen Glaubens* unsers Jahrhunderts (steht)", müssen sich, wie Hamann ironisch bemerkt, „alle *Pforten* der *morgenländischen Poesie* bücken".[9] Aufklärung über das Mißverständnis des Fundaments dieses „philosophischen Glaubens" ist zugleich **Aufklärung über die wahre Bedeutung der** „morgenländischen Poesie". In Hamanns Kritik der Sprachursprungsschrift zeichnet sich ab, auf welches Interesse die *Älteste Urkunde des Menschengeschlechts* bei ihm stoßen muß, die Herder ihm in einem Brief vom August 1772 als ein eigentliches Hauptwerk ankündigt.[10] Hamann erhält den ersten Band Anfang April 1774 und gibt ihn sogleich an Kant zur Beurteilung weiter.[11] Kants Urteil findet sich in zwei Briefen an Hamann, Hamanns Urteil in zwei Gegenbriefen, die er wenig später auch drucken läßt.[12]

Kant übergeht in seiner Kritik der *Ältesten Urkunde* die exegetischen Abschnitte des Ersten Teils. Er konzentriert sich auf Herders Erklärung der siebenteiligen Struktur von Gen. 1 als „Hieroglyphe" und liest den Ersten Teil von dem mit der Hieroglyphe verknüpften traditionsgeschichtlichen Beweis des Zweiten und Dritten Teils her. Er versteht deshalb nicht die „aufgehende Morgenröte" als „Lehrmethode Gottes",[13] sondern den ganzen siebenteilig strukturierten Text als einen „Abris der ersten *Unterweisung* des Menschlichen Geschlechts", als „eine Art von *methodo tabellari* deren sich Gott bedienet hat die Begriffe des Menschlichen Ge-

---

[5] Ebd. S. 32.

[6] D.h. den „Philosophen", die ihre Zeit durch „eine sehr natürliche Zauberey avtomatischer Vernunft" verführten, „der es wenig kostet, sich in einen Stern der ersten Größe zu verklären, besonders für Schälke von gleichartiger Blindheit", ebd. S. 31.

[7] „Muste nicht mein Freund *Herder* um in den akademischen Schranken dem vorgesteckten Ziel, dem Kleinode des verkündigten Preises nachzujagen, muste er nicht laufen als aufs Ungewiße, fechten als der in der Luft streicht?", ebd. S. 50. Vgl. auch ZH III, Nr. 378 (S. 16, Z. 35ff.) und Nr. 382 (S. 28, Z. 24ff. = DA II, Nr. 146, Z. 26ff.).

[8] N III, S. 47.

[9] N III, S. 47.

[10] DA II, Nr. 101, Z. 41ff., 92ff.; vgl. DA II, Nr. 146, Z. 102ff. Das Manuskript ging dann am 23. 9. 1773 an den Drucker (DA III, Nr. 26).

[11] ZH III, Nr. 402.

[12] ZH III, Nr. 403 (Kant an Hamann, 6. 4. 1774), Nr. 404 (Hamann an Kant, 7. 4. 1774), Nr. 405 (Kant an Hamann, 8. 4. 1774), Nr. 406 (Hamann an Kant, April 1774). Die beiden Briefe Hamanns erschienen leicht revidiert als „Christiani Zacchaei Telonarchae Prolegomena über die neueste Auslegung der ältesten Urkunde des menschlichen Geschlechts. In zweyen Antwortschreiben an Apollonium Philosophum" (N III, S. 123–133).

[13] Herder, FA 5, S. 248.

schlechts vermittelst einer solchen Eintheilung aller Gegenstände der Natur zu bilden".[14] Die Hieroglyphe, die bei Herder nur als ein „Mechanische(s) Denkbild" zu dem „großen Bilde, der Morgenröte, für die Sinne" hinzugekommen war, weil der Mensch an ihr das „Symbolisieren" lernen sollte,[15] gilt Kant als der primäre und zentrale Aspekt von Herders Genesisinterpretation. Damit übersieht er dessen Neubestimmung des Offenbarungsbegriffes über die Sinnlichkeit des Menschen und bleibt bei einer traditionellen Vorstellung von Offenbarung als göttlichem Unterricht stehen.[16] Da er zugleich zutreffend bemerkt, daß Gen. 1 für Herder keine „Geschichte der Welterschaffung" ist, beschreibt er die mosaische Einkleidung des „Denkmals" als eine „*allegorie* der Schöpfungsgeschichte".[17] Die Beschreibung als Allegorie widerspricht jedoch Herders Beziehung des Bildes von Gen. 1 auf das morgendliche Erwachen der Schöpfung als einer Lehre Gottes „durch *Tat*", „*durch Gegenwart und Kraft*".[18]

Herder kann sich mit seiner Deutung von Gen. 1 als Poesie seinem philosophischen Lehrer Kant nicht verständlich machen. Gegenüber Hamann bemerkt Kant, er sei „zu der Göttersprache der *Anschauenden Vernunft* garnicht *organisirt*".[19] Da er annimmt, daß Herder als Theologe mit einem konventionellen Begriff von Offenbarung durch göttlichen Unterricht arbeite, geht er auch an der von Herder intendierten Lösung des religionsphilosophischen Problems des Ursprungs der Religion in der Geschichte der Menschheit vorbei. Seine Kritik ist auf das Problem des Historischen fokussiert. Herder erhebt hier einen Beweisanspruch, den er nach Kant schwerlich hat einlösen können. Gegen den „Wiederhersteller der Urkunde", der Gen. 1 nicht nur allen antiken Traditionen vorordnet, sondern sogar deren Abhängigkeit von dieser Urkunde behauptet, sieht Kant einen „dichtgeschlossene(n) Phalanx der Meister orientalischer Gelehrsamkeit" stehen.[20] Das Fundament der philologischen und historischen Kritik aber sei für die Theologie entscheidend geworden.[21] Auf eine traditionelle Vorstellung von lehrhafter göttlicher Offenbarung und eine unhaltbare traditionsgeschichtliche Hypothese reduziert, kann die *Älteste Urkunde des Menschengeschlechts* kein weiteres Interesse für Kant haben.[22]

---

[14] ZH III, S. 81, vgl. S. 85f.

[15] FA 5, S. 267, 269, vgl. S. 277.

[16] Vgl. BÜCHSEL aaO. S. 76: Nach Kants Interpretation wäre Herders Schrift „ein Beitrag zur Archäologie mit einer Ursprungshypothese vom Süßmilchschen Typ". Gerade diesen von J. P. Süßmilch vertretenen Typ hatte Herder in seiner Sprachursprungsschrift verworfen (FA 1, S. 807–810).

[17] ZH III, S. 81, 86.

[18] FA 5, S. 250.

[19] ZH III, S. 82.

[20] ZH III, S. 87. Der Hauptrepräsentant dieser Gelehrsamkeit ist für Kant wahrscheinlich J. D. Michaelis. Herder selbst die zweifelhafte Wissenschaftlichkeit der Traditionslinien, die er durch die Antike zieht, durchaus klar, wie eine entschuldigende Bemerkung in einem Brief an C. G. Heyne im April 1774 zeigt: DA III, Nr. 70, Z. 12ff.; vgl. auch an Hamann Nr. 110, Z. 15ff.

[21] ZH III, S. 86 mit Bezug auf Hamanns Kritik einer Disputation des Michaelis-Schülers Johann August Starck in Königsberg, ebd. S. 83f., vgl. auch S. 77f.

[22] Vgl. auch H. D. IRMSCHER, „Die geschichtsphilosophische Kontroverse zwischen Kant und Herder", S. 111–122, zu Kants späteren kritischen Äußerungen über Herders Anspruch, Geschichte der Menschheit zu erschließen.

In seinen Antworten auf Kant versucht Hamann das Wesentliche der *Ältesten Urkunde* an anderer Stelle zu identifizieren. Weder sei Herders Genesisinterpretation von dem „*Katholischen* Beweis aus der Einheit der VölkerStimmen" abhängig, noch sei es seine Absicht gewesen, „das *Ens entium* zum Archi-Encyclopädisten" zu machen.[23] Hamann sieht das Zentrum von Herders Schrift in der „Theorie und Auslegungs-*Methode*", da mit ihr die unübertroffene „Einfalt und Evidentz" der „ältesten Urkunde" erwiesen worden sei.[24] Damit zielt Hamann offenbar auf die exegetischen Abschnitte des Ersten Teils und die dort entwickelte Erklärung des Ursprungs von Religion. Wie in seiner Kritik der Sprachursprungsschrift ist Hamann an dem Punkt mit Herder einverstanden, wo er in der Darstellung des Ursprungs der Geschichte der Menschheit die Berührung zwischen Göttlichem und Menschlichem erwiesen findet. Die Probleme, auf die Kant mit seiner Kritik zielt, überdeckt Hamann mit der Anführung von Hiob 36,26.[25] Im Hinblick auf den theologischen Rang von Herders Genesisinterpretation ist ihm der zweifelhafte historische Beweis Herders gleichgültig.[26] Herders Versuch, mit seiner Exegese von Gen. 1 als frühester menschheitlicher Poesie die Wahrheit von Religion zu begründen, findet weder bei Kant noch bei Hamann wirkliche Anerkennung.

2. Herders Genesisinterpretation in der Weimarer Zeit

Bei der Frage nach der Wirkungsgeschichte der *Ältesten Urkunde* muß man in Rechnung stellen, daß sich Erläuterungen zur biblischen Urgeschichte wiederholt in nachfolgenden Schriften Herders finden und das Buch von 1774 dadurch etwas in den Hintergrund gerät.[27] Für Herder selbst bleibt seine Genesisinterpretation sowohl in ihrem religionsphilosophischen als auch in ihrem geschichtsphilosophischen Aspekt als Kritik des „Naturzustandes" in der Philosophie der Aufklärung grundlegend. Zu keiner Zeit gilt ihm die *Älteste Urkunde* als ein Werk, das nur besondere Entstehungsbedingungen eines „Bückeburger Exils" hervorgebracht hätten, das aber seiner systematischen Ausrichtung nach in eine falsche Richtung weise.[28]

---

[23] ZH III, S. 89 bzw. S. 87; danach N III, S. 132 bzw. S. 130.

[24] ZH III, S. 88; N III, S. 131; vgl. Herder, FA 5, S. 238. Hierauf bezieht sich wohl auch Herders Zustimmung in seinem Brief vom 14.11.1774 (DA III, Nr. 110, Z. 6ff.).

[25] ZH III, S. 89; N III, S. 132.

[26] Hamann geht stattdessen in die Richtung des Neuen Testaments weiter, indem er sich die Vorstellung einer „ältesten Urkunde" mit Hebr. 5,12 und die Traditionen der antiken Völker mit Gal. 4,3.9 erläutert (N III, S. 125). Vgl. auch seinen Brief an Herder vom 30./31.5.1774: „Ich wünschte alles à priori deduciren zu können; in ihre deduction a posteriori wollte ich mich so wenig als möglich einlaßen." (ZH III, S. 99).

[27] Vom ersten Band erscheint jedoch 1787 eine zweite Auflage.

[28] „Das Bückeburger Exil" ist R. HAYMs Begriff für die Jahre 1771–76 (Herder Bd. I, S. 481–786, vgl. auch seine abschließende Charakterisierung dieser Periode ebd. S. 743f.). – In der Abhandlung „Über die Wirkung der Dichtkunst auf die Sitten der Völker in Alten und Neuen Zeiten" von 1777/78 dürfte zwar die Älteste Urkunde mit der Bemerkung gemeint sein, daß die Un-

Im dritten Brief seiner *Briefe, das Studium der Theologie betreffend* von 1780 verweist Herder direkt auf die *Älteste Urkunde* und wiederholt in einer knappen Skizze seine Deutung der frühesten Poesie als „Natur", seine Erklärung der Texte in Gen. 1–11 als „Urkunden" und seine Vorstellung von Gen. 1 als ein „Bild der Schöpfung", das der „Kindheit des Menschengeschlechts und gleichsam seinem *ersten Erwachen in die Welt Gottes*" vollkommen angemessen sei und „*Urideen, Urworte*" enthalte, die von hier aus zu den übrigen antiken Völkern gelangt seien.[29] Das Buch *Vom Geist der Ebräischen Poesie,* dessen erster Teil von 1782 überwiegend eine Interpretation der biblischen Urgeschichte, d.h. eben der „Naturpoesie" und der „Urideen" darstellt, schließt wiederum direkt an die *Älteste Urkunde* an. Herder läßt den zweifelnden Dialogpartner gegen die Deutung des Anblicks eines Sonnenaufgangs als „die Morgenröte des menschlichen Wissens" und „die Wiege der ersten Poesie und Religion der Erde" einwenden:

„Sie sind der Meinung des Verfassers der ältesten Urkunde; denken Sie aber, was man ihm entgegengesetzt hat". Worauf der lehrende Dialogpartner antwortet: „Zu unserm Zweck nichts, und wird ihm nichts entgegensetzen können, so lange Morgenröte, Morgenröte sein wird."[30]

Über seine *Ideen zur Philosophie der Geschichte der Menschheit,* deren ersten beiden Bände von 1784/85 mit ihrer Diskussion von Kosmogonie und Anthropogonie eine Art Genesisinterpretation in naturphilosophischem Gewand bieten, schreibt Herder an Hamann bei der Zusendung des ersten Bandes: „Im Grund enthält das Buch nichts als das Resultat des 1ten Theils der Urkunde nur auf andern Wegen."[31] Das 10. Buch, der Abschluß des zweiten Bandes, bietet eine von Herder nun dem Stil der *Ideen* angeglichene Interpretation der biblischen Urgeschichte, bei der er wiederum auf seine *Älteste Urkunde* verweist.[32] Die in gewisser Hinsicht exegetischen Darlegungen über Gen. 1 bereitet er zunächst mit seiner traditionsgeschichtlichen Lösung des religionsphilosophischen Problems des Ursprungs von Religion vor: Die Untersuchung der vielfachen „Veränderungen des Erdenrundes nach Ge-

---

tersuchung der „ersten Denkmale von der Schöpfung und den ersten Schicksalen des Menschengeschlechts" und deren universaler Wirkungsgeschichte in der Antike „in einzelnen Büchern oft bis zum verwegensten Übermaße ausgeführt worden" sei, aber damit ist keine Rücknahme der Thesen des Buches angedeutet; FA 4, S. 149–214, Zitat S. 158f. Wenn Herder hier von Gen. 1–11 als „*Ursagen* der Welt" spricht und sagt, daß diese „Denkmale", „obwohl sie dichterische Stellen haben, nicht eigentlich Poesie" seien (ebd.), entspricht das auch für Gen. 1 nur der Gattungsbestimmung in FA 5, S. 312.

[29] FA 9/1, S. 163–169; vgl. auch S. 153–159 für Gen. 2–3 und S. 396–399 für das Verhältnis von „Natur" und „Wort".

[30] FA 5, S. 661–955, Zitat S. 696; vgl. auch den Kommentar S. 1428.

[31] DA V, Nr. 29, Z. 24ff. Vgl. zur *Ältesten Urkunde* als dem „Schlüsseltext für Herders Geschichtsschriften" die Untersuchung von G. vom Hofe, „‚Weitstrahlsinnige' Ur-Kunde. Zur Eigenart und Begründung des Historismus beim jungen Herder", S. 364–382, Zitat S. 375.

[32] FA 6, S. 405, Anm. 137; vgl. auch Kants Rezension WW VI, S. 779–806, bes. S. 803 zum „eigenen Gedankenweg" Herders. Der theologische Ton, der die ‚Ideen' prägt, läßt sich schon an biblischen Zitaten bzw. Anspielungen in der Vorrede ablesen (S. 15, Z. 12f.: Hab. 1,14; S. 16, Z. 34ff.: Röm. 1,20 [vgl. FA 5, S. 286f.]; S. 17, Z. 15f.: Sir. 43,27f.).

genden, Zeiten und Völkern" gibt die Frage nach dem „gemeinschaftliche(n) Besitz und Vorzug" der Menschheit auf, zu dem auch in komparatistischer universalgeschichtlicher Perspektive die Religion zu rechnen sei.[33] „Woher kam nun Religion diesen Völkern?" – Herder weist auf dem durch seine Kritik von Humes *Natural History of Religion* gebahnten Weg die Theorie einer allmählichen Entstehung
von Religion durch „Erfindung" zurück, um auf „Tradition" als den entscheiden-
den Faktor zu kommen.[34] Das Thema des 10. Buches ist danach die Auffindung des
Anfangs der menschheitsgeschichtlichen Tradition. Durch die „Naturgeschichte
der Erde" läßt Herder sich nach „Asien" führen (10. Buch, Kap. I-III), um nach einem kurzen vergleichenden Überblick über Urtraditionen von China bis Ägypten
(Kap. IV) zu dem Schluß zu gelangen: „Auch historisch bleibt uns auf der weiten
Erde nichts als die *schriftliche Tradition* übrig, die wir die Mosaische zu nennen pfle-
gen." (S. 402). Der traditionsgeschichtliche Beweis in der *Ältesten Urkunde* ist bei
diesem Urteil offenkundig vorausgesetzt.

Die beiden Kapitel, in denen Herder im naturgeschichtlichen Rahmen der *Ideen*
Gen. 1–3 erläutert, fallen weit hinter die *Älteste Urkunde* zurück, weil er die Tradition sogleich „von ihrem morgenländischen poetischen Schmuck" entkleidet, um
sie als eine „Philosophie der Menschengeschichte", d.h. eigentlich als eine „alte
philosophische Kosmogonie" zu erläutern.[35] Zwar erinnert das Stichwort „Schöpfungsgemälde" (S. 411) noch an die zehn Jahre zurückliegende Deutung der Urgeschichte, ebenso aber ruft die Vorführung von Harmonien zwischen modernen
wissenschaftlichen Theorien und Gen. 1 als dem Werk eines „Naturforschers" und
„Naturweisen"[36] die damals gestellte Frage in Erinnerung: „Ists zu lebhafte Behauptung, daß aller Physische … Kram, diesem ehrwürdigen Urstücke angestri-
chen, Schande und Sünde sei, Schande der Menschlichen Vernunft, und Sünde gegen die einfältige, unverwirrte Offenbarung Gottes?"[37] Obwohl Herder das Problem seiner naturgeschichtlichen Paraphrase von Gen. 1–3 in den *Ideen* nicht reflektiert, hat sich sein grundlegendes religions- und geschichtsphilosophisches
Konzept gegenüber der *Ältesten Urkunde* nicht verändert.

„Sind, wie wir gesehen haben, die Vorzüge des Menschengeschlechts ihm nur als Fähigkeit
angeboren, eigentlich aber durch Erziehung, Sprache, Tradition und Kunst erworben und
herabgeerbt worden: so gehn die Fäden dieser ihm angebildeten Humanität aus allen Nationen und Weltenden nicht nur in Einen Ursprung zusammen; sondern wenn das Menschen-

---

[33] Buch 9, Kap. V; FA 6, S. 372.

[34] Ebd. S. 372f. Im ersten Band der Ideen, Buch 4, hatte Herder einen Religionsursprung ohne
den Traditionsgedanken skizziert, allerdings dann als Gegengewicht zum Modell einer natürlichen
Entstehung von Religion aus der Frage nach „unsichtbare(n) Urheber(n)" von „Begebenheiten"
eine 2.pers.sing.-Passage in direkter Anrede an die „ewige Quelle alles Lebens" geschrieben
(S. 160–162). In Buch 10 polemisiert er offen gegen die „große(n) Lehrgebäude vom Naturzu-
stande der Autochthonen" (S. 419).

[35] AaO. S. 403f. Schon mit dem Begriff „poetischer Schmuck" zahlt Herder einen Preis für seine Rhetorik in den Ideen; vgl. nur FA 9/1, S. 164.

[36] AaO. S. 403–419, die Titel S. 406 bzw. S. 407 u.ö. Solche Harmonisierung vertritt Herder
schon im 1. Buch (aaO. S. 31).

[37] FA 5, S. 199.

geschlecht, was es ist, werden sollte, mußten sie sich gleich vom Anfange an künstlich knüp-
fen." (S. 419)

Der Ursprung der Menschheitsgeschichte ist für Herder ohne eine durch Offenbarung qualifizierte Urgeschichte nicht zu denken. Die Ablösung des „Naturdich-
ters" durch den „Naturforscher" verspielt jedoch, für sich genommen, den hermeneutischen Ertrag seiner *Ältesten Urkunde des Menschengeschlechts*.[38]

3. Die Urgeschichte in der alttestamentlichen Wissenschaft von J. G. Eichhorn bis W. M. L. de Wette

Die exegetische Diskussion über die „Urkunden" in der biblischen Urgeschichte
Gen. 1–11 nach Herders *Ältester Urkunde des Menschengeschlechts* ist stark von dem Problem des Verhältnisses zwischen Gen. 1 und Gen. 2–3 bestimmt. Welche dieser beiden Urkunden ist älter? Welche Urkunde ist mehr als eine reine Dichtung zu betrachten, welche mehr als eine historische Tradition, die in einer für universalgeschichtli-
che Darstellungen brauchbaren Weise über den Anfang der Menschheitsgeschichte
unterrichtet? Die Diskussion verlagert sich aus dem Kontext einer anthropologisch
und religionsphilosophisch gefaßten Frage nach dem Ursprung von Religion, wie sie
Herder im Gegenüber zu Hume beschäftigt hatte, in einen theologischen Kontext
zurück, in dem die Vernünftigkeit von Gotteserkenntnis und die Gegebenheit von
Offenbarung mehr oder weniger selbstverständlich vorausgesetzt werden. Den Maßstab für die Diskussion innerhalb der alttestamentlichen Wissenschaft, in der sich die
Kritik der Genesis im einzelnen mit der Trennung von Quellen nach Jean Astruc aus-
einandersetzen muß, gibt Johann Gottfried Eichhorn vor, und soweit Herder überhaupt präsent bleibt, steht seit der Mitte der 1780er Jahre seine *Älteste Urkunde* im
Schatten seiner Erläuterungen der biblischen Urgeschichte in den Büchern *Vom Geist
der Ebräischen Poesie* und *Ideen zur Philosophie der Geschichte der Menschheit*.
Ein weiterer Einfluß neben Herder ist Johann Friedrich Wilhelm Jerusalem, der
1779 – ohne sich direkt mit der *Ältesten Urkunde* auseinanderzusetzen – eine Erklärung von Gen. 1–3 in seinen *Betrachtungen über die vornehmsten Wahrheiten der Religion* schreibt.[39] Jerusalem erläutert die mosaische Urgeschichte auf eine an S. Patrick
erinnernde Art, und sein Urteil in der Frage, ob Gen. 1 eine vormosaische Tradition sei, bleibt ambivalent. Einerseits erklärt er, daß man „diese Nachricht für die
authentischeste Urkunde der allerältesten Menschengeschichte halten müßte,
wenn ihr Verfasser auch selbst nicht gekannt wäre", andererseits ist ihm wichtig,

---

[38] Im Kapitel über die Hebräer im 12. Buch der *Ideen* spricht Herder von Moses „einfach-er-
habner Schöpfungsgeschichte" (S. 489). Die erste Sammlung der „Blätter der Vorzeit. Dichtungen
aus der morgenländischen Sage" im dritten Band der Zerstreuten Blätter von 1787 knüpft mit ihren – zum Teil 1781 erstmals gedruckten – Texten wieder an den poetischen Charakter der Urgeschichte an (SWS 26, S. 311–329).
[39] „Zweiten Teils zweiter Band. Vierte Betrachtung", S. 557–755. Jerusalem schreibt vor allem
gegen Voltaires La Bible enfin expliquée von 1776.

daß in Gen. 1 Mose selbst spricht.[40] Vor allem richtet Jerusalem sein Interesse auf Gen. 2–3, eine Tradition, die er als ein vormosaisches „symbolisches" und „moralisches" „Lehrgedicht" erklären will, „gewiß das allerälteste Monument menschlicher Vernunft in seiner ganz unveränderten Gestalt, so alt wie das menschliche Geschlecht selbst" (S. 631 f.). Mit einer solchen gattungs- und traditionsgeschichtlichen These soll die „buchstäbliche" Erklärung, die die Paradieseserzählung „für wirkliche Geschichte nimmt" und im Dogma der Erbsünde endet, überwunden werden.[41] Nicht Gen. 1, sondern Gen. 2–3 sind bei Jerusalem „das ehrwürdigste Denkmaal der Religion (der) ersten Stammväter" (S. 631), das der moralischen Erziehung des durch seine sinnliche Natur gefährdeten Menschen dient.

Eine eigentliche Aufnahme in die alttestamentliche Wissenschaft findet Herders Interpretation von Gen. 1 nur in einer durch Eichhorn transformierten Gestalt. Eichhorn veröffentlicht 1779 seine Abhandlung über die biblische Urgeschichte (Gen. 1,1–3,24) nicht nur in einer Fachzeitschrift, seinem *Repertorium für Biblische und Morgenländische Litteratur*,[42] sondern entlastet die Genesisinterpretation von dem Sprachduktus des Sturm und Drang ebenso wie von dem religionsphilosophischen Anspruch, durch den sie bei Herder geprägt war. Aus der „Ältesten Urkunde des Menschengeschlechts" wird bei ihm die „Mosaische Urkunde von der Schöpfung", in der Mose, „der höchst wahrscheinlich Verfasser dieses Gemäldes [sc. von Gen. 1] ist", einen „ehedem schon bekannte(n) Satz", nämlich den Satz „Gott schuf alles", den Hebräern wieder ins Gedächtnis bringe.[43]

Eichhorn gibt seine Abhängigkeit von Herder jedoch nicht zu. „Ohne Wegweiser und Geleitsmann, ohne Charte und Reisebuch trat ich meine Wanderung zum heiligen Tempel der Offenbarungen Gottes an, und überließ mich meinem guten Glücke." (S. 130). Im Ganzen und in Einzelheiten ist Herder als Geleitsmann jedoch nicht zu verkennen: Gen. 1 ist ein „Schöpfungs-Gemälde", das aus dem schlichten Anblick der Schöpfung erwachsen und in ein siebenteiliges Tagesschema geordnet ist.[44] Die exegetische Einsicht begründet Polemik gegen alle „Systeme der

---

⁴⁰ AaO. S. 613 bzw. S. 630; zur Frage von „Urkunde" und „Lied" auch S. 598 f., 624–626.

⁴¹ AaO. S. 632, zur Kritik der Erbsündenlehre S. 691 ff.

⁴² „Urgeschichte. Ein Versuch", RBML IV, S. 129–256 (zu Gen. 1 S. 129–172).

⁴³ AaO. S. 130 bzw. S. 148 f.

⁴⁴ AaO. S. 131, 133, 136, 148. Vgl. im einzelnen z. B. Herder, FA 5, S. 239 („Komm' hinaus, Jüngling, aufs freie Feld und merke. *Die urälteste herrlichste Offenbarung Gottes erscheint dir jeden Morgen als Tatsache, großes Werk Gottes in der Natur.*") mit Eichhorn aaO. S. 151 („Stell' dich nun hin, Weltbewohner, wer du auch seyn magst, hin in Gedanken vor die werdende Schöpfung, und beobachte! Noch sieht dein Auge nichts; die alte Nacht ist noch nicht entschleiert. Harre nur, bald wird der erste Strahl des kommenden Lichts dein Aug erleuchten!"). Herder aaO. S. 200 f. („,Himmel und Erde!' was ist offenbarer, als dies weite vorliegende Weltall …" „Lasset uns … gleich den Parallelismus, … *Himmel* und *Erde*, der in der Ursprache Grundaus lieget, im Sinne behalten."), Eichhorn aaO. S. 150 („… Himmel und Erde drücken als einander entgegenstehende Dinge das Universum aus"). Zu Gen. 1,26: Herder aaO. S. 230 f. („Wie hier die Schöpfung *stillsteht* und *wartet!* … Die Gottheit beratschlaget – noch schlafen die Kräfte der neuen Schöpfung! … Konnte in aller Welt mehr das Menschengeschöpf geehrt, und gleichsam vergöttert werden, als durch diese Pause! …"), Eichhorn aaO. S. 158 („Auf einmal eine feierliche Pause! – Der Schöpfer – diesmal so weilend, überlegend, sinnend; die Schöpfung harrend, voll heiliger Stille! …").

Gottesgelehrten und Naturforscher", die vor dem Text „aufgestapelt" sind.[45] Das theologische Interesse Eichhorns kommt mit der Feststellung an sein Ziel, der Hauptgedanke von Gen. 1 sei der Satz, „‚Von Gott rührt alles her.'"[46] „Um den Hauptgedanken so anschauend, wie möglich, vorzutragen, werden alle Theile der Schöpfung, die einem mäßigen Beobachter in die Augen fallen, durchgegangen ..." (S. 147). Bei Mose tritt neben diese theologisch-lehrhafte Absicht noch die weitere, die Institution des Sabbat zu begründen: „Mose entwarf ... sein Schöpfungsgemählde einzig und allein deswegen, um die Feier des siebenten Tages sinnlich empfehlen zu können ..." (S. 164). Wird Gen. 1 auf diese Weise über die Funktion des Textes erschlossen, zeigt es sich, daß der Text nach Plan und Ausführung mit „Kunst" gearbeitet ist.[47] Herders – und auch Lowths – Problem einer ursprünglichen Poesie ist bei Eichhorn vergessen. An die Fachwissenschaft wird durch ihn die Absage an dogmatische und naturwissenschaftliche Deutungen, das Erklärungsprinzip, nach dem der Text aus Anschauung erwachsen sei, und das redaktionskritische Verständnis der Tagesstruktur vermittelt.

In seiner Erklärung von Gen. 2–3 gelingt es Eichhorn nicht recht, Herders Interpretation aufzunehmen.[48] Nach Herder hatte Mose Gen. 3 wie das Denkmal Gen. 1 „dem Munde der Vorwelt" entnommen und in Gen. 2 mit Notizen „aus eben dem Quell der ältesten heiligen Vatersage" vorbereitet, so daß sich die „Gartenerzählung" als „Morgenlands Fabel" interpretieren ließ.[49] Diese gattungskritische Annahme diente Herder jedoch zugleich für eine Interpretation, die nachweisen sollte, daß Gen. 3 „als *Allegorie, als Fabel* nichts sei", daß es in dem Text vielmehr um eine „*Begebenheit* und *Tatsache* der Urwelt" gehe.[50] Die poetischen Elemente der Erzählung formen eine Geschichtsdarstellung. „Aus Urwelt genommen und stellet sie dar." (S. 569) Auf dem durch seine Interpretation von Gen. 1 gelegten theologischen Fundament nahm Herder sodann in seine Interpretation von Gen. 2–3 einen Abschnitt über die christologisch begründete Hoffnung nach 1 Kor. 15 auf.[51]

Eichhorn schließt sich an Herder nur mit der Beschreibung von Gen. 3 als „älteste(s) Document der menschlichen Geschichte" und dessen Klassifikation als „wahre Geschichte", nicht „Mythologie" oder „Allegorie" an.[52] Der Interpretationslinie folgend, die die Texte aus dem „Geist" ihrer Entstehungszeit deuten will, ver-

---

[45] RBML IV, S. 130, 139, 142.

[46] AaO. S. 147. Vgl. dazu J. F. W. Jerusalem, Betrachtungen über die vornehmsten Wahrheiten der Religion. Zweiter Teil (1773), Zweite Betrachtung S. 112.

[47] AaO. S. 137, vgl. S. 174 ff.

[48] Wenn Eichhorns Angabe zutrifft, daß er seinen Versuch über die Urgeschichte schon 1775 geschrieben habe (ABBL II, 1790, S. 711), konnte er bei der Abfassung dieses Teils Herders Interpretation von Gen. 2–3 noch nicht kennen, vgl. aber auch RBML IV, S. 196 f. Anm.

[49] FA 5, S. 496 bzw. S. 549.

[50] AaO. S. 559 bzw. S. 607.

[51] AaO. S. 600–621 „III. Was ist für uns diese Geschichte?". Eichhorn verzichtet in seiner Abhandlung auf eine Lektüre des Textes im Horizont des Neuen Testaments.

[52] RBML IV, S. 204 (vgl. S. 177) bzw. S. 193. Vgl. Eichhorns Argumentation gegen eine allegorische Erklärung (S. 195) mit Herder, FA 5, S. 565 f. Eichhorn betont gegenüber Herder stärker den Zusammenhang von Kap. 2 und 3 (S. 175 f., 195).

stärkt er die Kritik der dogmatischen Tradition.[53] In seiner Exegese fällt er hinter die poetische Erklärung als Fabel, die Herders historisierende Erklärung durchdringt,[54] zurück in eine rationalisierende Erklärung, bei der er offenbar J.D. Michaelis zum „Geleitsmann" hat. Die Bäume des Paradieses sind giftige und medizinische Bäume, die Stimme Gottes ist der Donner u.s.w.[55]

In die exegetische Wissenschaft übernimmt Eichhorn den Gedanken einer „OriginalUrkunde" nur für Gen. 2–3; Gen. 1 ist ihr gegenüber ein späterer, mosaischer Text.[56] In seiner *Einleitung ins Alte Testament* von 1780–83[57] wird das jeweilige Verhältnis der Schöpfungsurkunden zu der Elohim- bzw. JHWH-Quellenschrift nur für Gen. 2–3 deutlich: „der Verfasser von der Urkunde mit *Jehova* (stellte) seinem Werk ein altes Dokument von der ersten Geschichte der Menschen … voran".[58] Die „Urkunde mit *Elohim*" fängt dagegen „genau genommen" erst mit Gen. 5 an, aber ihr Verfasser (!) „hatte einmal als Dichter den Ursprung des Weltalls besungen, und hielt nicht für unschiklich, ,diesen Schild des Achills voll lebendiger Schöpfung' seinen Nachrichten von der Urwelt voranzustellen".[59] Das „Schöpfungsgemälde" von Gen. 1 gilt jetzt anders als im *Repertorium* nicht mehr als eine Dichtung des Mose.

Die Autorität Eichhorns für die bibelwissenschaftliche Interpretation der Genesis unterstreicht Johann Philipp Gabler mit einem um reichliche 1000 Seiten vermehrten Nachdruck der „Urgeschichte" aus dem *Repertorium*.[60] Gabler korrigiert

---

[53] Vgl. die hermeneutischen Darlegungen aaO. S. 172–195. „Möchte ich so glücklich seyn, den ausgebildeten Geist meiner Leser auf eine kurze Zeit so tief herabzustimmen, daß er dem kindischen Geist des ersten Weltalters gleich würde!" (S. 172) Ausführlich erörtert Eichhorn Schlange, Teufel und Messias (S. 203–219, 244–253).

[54] Bei Herder ist das Verhältnis von „I. Ist die Erzählung Fabel?" (S. 548–558) und „II. Ist diese Geschichte nur Fabel?" (S. 558–600) allerdings nicht leicht zu durchschauen, zumal er sich ausdrücklich an Luther anschließen will (S. 566). Unklar bleibt die Vermittlung von poetischem und historischem Verständnis auch im 2. Brief der Briefe, das Studium der Theologie betreffend und im 6. Gespräch in Vom Geist der Ebräischen Poesie.

[55] RBML IV, S. 197, 230ff., 238; mehr mythologisch ist der Cherub Gottes „Donnerwagen". Vgl. Michaelis, Deutsche Übersetzung des Alten Testaments mit Anmerkungen für Ungelehrte, Bd. II, 1770, S. 16f., 24. Adams Begegnung mit Eva klärt Eichhorn dann ebenso phantasievoll auf wie die Flucht beider aus dem Paradies (S. 182f., 234ff.).

[56] AaO. S. 206 bzw. S. 149. Schon Michaelis hatte gegen Astrucs Quellentheorie auf der Würde des Mose als Autor bestanden, vgl. seine (anonyme) Rezension von Astruc in den Relationes de libris novis, Fasc. 11, 1754, S. 162–194, sowie seine „Anmerkungen für Ungelehrte".

[57] Mit diesem Werk sollte Eichhorn sehr bald eine einflußreiche Gestalt in der alttestamentlichen Wissenschaft werden. Für hermeneutische Grundsätze bezieht er sich hier auf Herders Briefe, das Studium der Theologie betreffend (Bd. II, 1781, S. 252, 388), für die Erklärung von Gen. 1–3 als Urkunden verweist er jedoch nur auf seine eigene Abhandlung im Repertorium (ebd. S. 298 Anm. y, 353).

[58] Bd. II, S. 329f., vgl. S. 297ff., 369, 381.

[59] AaO. S. 353; „Schild des Achills …" nach Herder, FA 9/1, S. 168.

[60] Johann Gottfried Eichhorns Urgeschichte, hg. mit Einleitungen und Anmerkungen von J.Ph. Gabler, Bd. I (1790), Bd. II/1 (1792), Bd. II/2 (1793), Nachtrag (1795). Gabler bezeugt sein Schülerverhältnis zu Eichhorn z.B. Bd. I, S. XVII. Vgl. zum folgenden CH. HARTLICH/W. SACHS, Der Ursprung des Mythosbegriffes in der modernen Bibelwissenschaft, bes. S. 20–38; J.W. ROGERSON, Myth in Old Testament Interpretation, S. 1–9.

Eichhorn für die Untersuchung von Gen. 1 dahingehend, daß auch dieser Text „eben so gut aus Urkunden geschöpft (sei), als die unmittelbar darauf folgenden Sagen" (I, S. 100). Er bezieht eine Position zwischen Herder und Eichhorn, indem er einerseits eine vormosaische Tradition annimmt, andererseits die siebenteilige Tagesstruktur in Gen. 1 für die Zeit vor Mose nicht auf den Sabbat, sondern nur auf einen Wochenzyklus aus der Planetenbeobachtung zurückführt.[61] Im „Nachtrag" nimmt er 1795 diese Wochenzyklus-These zurück, um die Spannung zwischen der postulierten vormosaischen Herkunft der Tradition und der mosaischen Anordnung des Sabbat „aus der höhern Kritik" zu lösen, indem er die Tagesstruktur mit Sabbat als nachmosaische „Interpolationen" vorstellt. Ein „spätere(r) Weise(r)" schuf „eine alte *Schöpfungshymne* in eine eigentliche *Sabbathshymne* um".[62]

Daß Gen. 1 ein „Dichtergemählde der Schöpfung" sei, gilt Gabler schon als eine Ansicht, die „in unsern Tagen so ziemlich die herrschende unter den neuern Exegeten seyn möchte" (I, S. 48). Obwohl er behauptet, daß Eichhorn einen „ganz neuen vorhin noch nie betretenen Weg" gezeigt habe (S. V, vgl. S. 256), ist ihm klar, daß Herder mit seiner *Ältesten Urkunde* in der Deutung des Textes als einer Dichtung vorangegangen war (S. 42ff.). Er läßt Herder jedoch hinter Eichhorn zurücktreten, weil erstens die Urkunde „zunächst und unmittelbar Gemählde der Schöpfung, und nicht des werdenden Tages, folglich [!] keine Hieroglyphe" sei, und weil zweitens Herder sich in seinen *Ideen zur Philosophie der Geschichte der Menschheit* zu einem Verständnis von Gen. 1 als Philosophie zurückbewegt zu haben scheine (S. 43f.). Nur die Beschreibung als „Dichtergemählde" stimme aber „mit dem ganzen Plan der Urkunde sowol, als mit den Mythen der übrigen alten Völker, und deren rechten Behandlungsart, nach *Heynischer* Manier, vollkommen überein" (S. 166f. Anm.).

Die Einleitung zu Eichhorns Erklärung von Gen. 2–3 gibt für den im ersten Band nur angedeuteten Begriff des Mythos eine breite Erklärung, nach der Gabler dann in seinem „Nachtrag" auch Gen. 1 einen „poetischen Mythus" nennt.[63] Mit umfassender Kritik traditioneller und zeitgenössischer Interpretationen der „Urkunde" Gen. 2–3 bereitet Gabler seine Rechtfertigung der Übernahme von Christian Gottlob Heynes Thesen über antike Mythen in die Bibelwissenschaft und seine Differenzierung zwischen Mythen mit oder ohne Elementen einer Tradition von tatsächlichen historischen Begebenheiten vor.[64] Gen. 2–3 beschreibt er danach als einen „Mythus", den er auf einer durch „historische Mythen" auf der einen, und „philosophische Mythen" auf der anderen Seite begrenzten Skala verorten will.[65] Eichhorns Versuch von 1779, Gen. 2–3 auf eine Begebenheit zu reduzieren,

---

[61] Bd. I, S. 101f., 117f. Gabler diskutiert das Problem des Sabbat ausführlich im Rückgriff auf John Selden und John Spencer (S. 59ff.).
[62] Nachtrag, S. 151. Vgl. dagegen dann W.M.L. de Wette, Beiträge Bd. II, 1807, S. 34f. Anm.
[63] Bd. II/1, S. 481–648, vgl. schon S. 260–264. Im „Nachtrag" S. 26 u.ö.
[64] Bd. II/1, S. 27–481. Vgl. zur Kritik der Interpretationen von Gen. 3 M. METZGER, Die Paradieseserzählung. Die Geschichte ihrer Auslegung von J. Clericus bis W.M.L. de Wette.
[65] Vgl. für eine Definition der Klassen von Mythen Bd. II/1, S. 559 und das Referat über Heyne ebd. S. 260–264.

sei ebenso verfehlt wie neuere Versuche, Gen. 2–3 als eine reine „mythische Fiction" auf ein „Philosophem" zu reduzieren.[66] Gablers Lösung folgt Vorstellungen Eichhorns, die dieser in den 1780er Jahren in seinen Vorlesungen und Rezensionen skizziert habe:

„Ich trete … wenigstens in der Hauptsache, … Eichhorn bey, welcher nicht blühende Dichterphantasie, sondern *ruhige* und *einfache Speculation* über die erste Welt- und Menschengeschichte, und über den Ursprung des Bösen in der Welt hier annimmt; nicht ein allegorisches Gemälde des Ganges der Menschheit, sondern *wirklichen*, ganz den morgenländischen Kinderbegriffen der Urwelt gemäßen, *Glauben* eines alten *Naturweisen* an diese bestimmte, nur hin und wieder bildlich ausgedrückte, Art der Entstehung der Natur, des Menschen und des Uebels, wie sie in der Urkunde dargestellt wird: und dieser Glaube des alten Weisen gründe sich nicht bloß, obgleich großentheils, auf eigene Speculation über die Natur, sondern auch auf *wirkliche Tradition der wahren Urgeschichte*, in der Folge aber sey dieses Philosophem durch mancherley Ausschmückungen in den gegenwärtigen *förmlichen Mythus* übergegangen."[67]

Prinzipiell führt der Begriff des „Mythus" bei Gabler nicht weiter als der Begriff der „Fabel" in Herders *Ältester Urkunde*.[68] Gabler zitiert jedoch für Herders Verständnis von Gen. 2–3 nur das 10. Buch der *Ideen*, in dem er eine zu große Ambivalenz in Hinsicht auf die Frage von Philosophie oder Geschichte feststellt.[69]

Eichhorn zeigt Gablers Werk zur Urgeschichte in seiner *Allgemeinen Bibliothek der biblischen Litteratur* mit der Bemerkung an, „daß alles, was über diese für wichtig geachtete Gegenstände nur erwartet und gewünscht werden konnte, in diesen drey Bänden geschehen, und daß über sie so viel Licht, als unsre Zeiten geben und vertragen können, verbreitet sey".[70] Wegen der dominierenden Stellung Eichhorns galt Herders Beitrag zur Fachwissenschaft im engeren Sinne schon den Zeitgenos-

---

[66] Bd. II/1, S. 496ff., 559ff.

[67] AaO. S. 587f.; S. 587–648 verliert Gabler sich in weitere Ausführungen über das Verhältnis von „Philosophem" und „Geschichte" in Gen. 2–3; vgl. auch noch Bd. II/2, S. XXX–XXXIV und Eichhorn in ABBL IV, S. 499f.

[68] S. o. S. 45, 163; vgl. auch schon Thomas Burnet, o. S. 60 – Bei Eichhorn steht das griechische neben dem lateinischen Wort: „… quidquid ex ultima antiquitate ore solo vel traditione ante scribendi artificium inventum aut vulgatum ad posteritatem propagatum est, id mythi naturam aut fabulae successu temporis induebat, id certo cuidam fundo superstructum esse solebat, adeoque vel a re in facto vere posita vel a philosophemate aliquo progressum …" (ABBL III, S. 1005).

[69] AaO. S. 580–587, bes. S. 586, mit langem Zitat aus den Ideen Buch 10, Kap. VI. Im übrigen zitiert Gabler wiederholt Herders Vom Geist der Ebräischen Poesie (z. B. S. 78f., 106f., 235ff.).

[70] ABBL V/4, 1794, S. 986f. Wenig später heißt es dann über F. W. J. Schellings Abhandlung „Über Mythen, historische Sagen und Philosopheme der ältesten Welt" (1793): „Durch diese Abhandlung thun wir für die künftige Theorie der Auslegung der ältesten Monumente der Völker wieder einen Schritt vorwärts, und die Ideen, welche man vor fünfzehn Jahren [also 1779!] auf die genannten Gegenstände, noch blos nach einem dunkeln Wahrheitsgefühl übertrug, entwickeln sich je mehr und mehr zur Klarheit und Bestimmtheit." (ABBL V/6, S. 1063; Schelling ging sogar bis 1774/76 zurück, als er in seiner Dissertation über Gen. 3 [1792] Herders Älteste Urkunde zitierte: Werke I, S. 64 u. ö.). Für die weitere Entwicklung vgl. z. B. im Kommentar über die Genesis von Friedrich Tuch von 1838 den Abschnitt „Sage und Mythus" der Einleitung S. I–XIX und den Abschnitt „Schöpfung der Welt und älteste Geschichte des Menschen. Cap. 1–3" S. 1–97, bes. S. 1–16, 36–62.

sen als eine Episode. So beschreibt Gottlob Wilhelm Meyer in seiner Hermeneutik[71] die neuere Entwicklung der Disziplin in drei Stufen so, daß zuerst durch Semler die historische Forschung,[72] dann, „nach Lowth's Vorgange", durch Herder und
Eichhorn die ästhetische Forschung[73] und schließlich durch den durch Heyne ge-
schulten Eichhorn die mythologische Forschung inauguriert worden sei.[74] Zu
Recht bemerkt hier Meyer, daß Herders Buch *Vom Geist der Ebräischen Poesie* „freilich sehr schätzbare Vorarbeiten" dazu enthalte, die hebräischen Mythen „als Mythen" aufzudecken und zusammenzustellen, aber selbst noch „keine hebräische
Mythologie" sei.[75] Bei Eichhorn und der ihm folgenden Generation geht die Fachwissenschaft in dieser Hinsicht weit über Herder hinaus.

Dennoch ist um 1800 in der alttestamentlichen Wissenschaft, die schnell auch
Gablers „Urgeschichte" hinter sich läßt, Herders *Älteste Urkunde* nicht ganz vergessen. Johann Severin Vater nennt sie 1802 in seinem *Commentar über den Pentateuch*
zwar nicht ohne scharfe Kritik, schreibt ihr aber doch ein eigenes Gewicht in der
Geschichte der Interpretation der biblischen Urgeschichte zu:

> „Selbst der phantasiereichste und mit den Ergüssen morgenländischer Phantasie vertrautes-
> te Erklärer vermag nicht zu zeigen, daß er dasselbe sinnliche Bild … aufgefaßt habe, welches
> den frühen, unbeholfenen Darstellern dieser Abschnitte vor mehreren Tausenden von Jahren
> vorschwebte. Der Begriff der morgenländischen Phantasie ist ein weiter Begriff, und Folge-
> rungen aus Schlüssen von den sonstigen Aeußerungen derselben auf die Beschaffenheit der
> frühesten Aeußerungen sind höchst gewagt, sobald sie etwas Bestimmtes aussagen, oder sie
> sind selbst vage Ansichten der Phantasie, und erklären dann im Grunde wenig. Indessen hat
> man durch sie den richtigen Grundsatz geltender gemacht, daß man hier sinnliche Vorstel-
> lungen suchen müsse, nicht tiefe Naturphilosophie oder gelehrte Physik; und vorzüglich
> Vorstellungen, wie sie sich bey Hebräischen Sängern, z.B. Ps. 104. finden."[76]

Im kritischen Anschluß an Eichhorn, Gabler und Vater stellt Wilhelm Martin
Leberecht de Wette 1807 in seiner „Kritik der Mosaischen Geschichte" für die Genesisinterpretation entschieden den Begriff der Poesie ins Zentrum.[77] Mit seiner
traditionsgeschichtlichen Beurteilung der Texte steht er im Vergleich zu Herder,
aber auch zu Eichhorn und Gabler, auf einem neuen Grund. So wenig Gen. 1 eine
Tradition aus dem Beginn der Menschheitsgeschichte ist, so wenig ist es überhaupt
ein vormosaischer oder mosaischer Text. Die Schöpfungsgeschichte ist für de Wette
die Einleitung des „hebräischen Nationalepos", das den Pentateuch trägt und des-

---

[71] Versuch einer Hermeneutik des Alten Testaments, 2 Bde. (1799/1800); vgl. auch ders., Geschichte der Schrifterklärung seit der Wiederherstellung der Wissenschaften, Bd. 5 (1809).
[72] Versuch Bd. 1, S. 88f.
[73] Versuch Bd. 2, S. 346.
[74] Versuch Bd. 2, S. 543–569.
[75] Ebd. S. 556.
[76] Bd. I, S. 4f. Zu Vaters Bedeutung für die Pentateuchkritik vgl. C. HOUTMAN, Der Pentateuch,
S. 82–84; zu de Wettes Urteil über Vater vgl. R. SMEND, Wilhelm Martin Leberecht de Wettes Arbeit am Alten und am Neuen Testament, S. 37.
[77] Beiträge zur Einleitung in das Alte Testament, Bd. 2. Vgl. dazu SMEND aaO. S. 49–58; J. RO-
GERSON, W.M.L. de Wette. Founder of Modern Biblical Criticism, S. 45–55.

sen Verfasser „erst nach Saul gelebt haben (kann)".[78] Sie ist ein „Produkt der dichtenden Phantasie", „dichterisch", „sinnlich", „anschaulich", ein „ungeheure(s) Gemählde", das literarisch jedoch „in Succession, in der Zeit" vorgestellt und insofern in „epischer Objektivität", „als Geschichte" dargestellt ist.[79] Ohne sich direkt mit Herders *Ältester Urkunde* auseinanderzusetzen, versucht de Wette, Gen. 1 als „Poesie" gegen alle historischen oder philosophischen Deutungen zu verteidigen.[80] Offen bleibt bei ihm die Frage einer dem hebräischen Dichter des 10. Jahrhunderts voraufgehenden Tradition: Den Dichter mag „irgend eine philosophische Lehre geleitet haben", deren Quelle „bei den Aegyptiern oder bei den Phöniziern zu suchen" sein könnte – „oder was wohl das richtigere seyn möchte, alle drei Nationen schöpften aus Einer Urquelle".[81]

Herders Zielsetzung der Entdeckung der Urquelle selbst und sein apologetischer Gebrauch von Gen. 1 als der „ältesten Urkunde des Menschengeschlechts" zur Widerlegung von Humes „Natural History of Religion" sind für de Wette ganz undenkbar. Auf die Frage nach dem Ursprung kann es keine historische Antwort geben, noch viel weniger einen „historische(n) genetischen Beweis".[82] „…giebt es … eine Kunst, das was Poesie ist, in Geschichte umzuwandeln?" fragt de Wette in seiner Untersuchung der Flutgeschichte, um zu schließen:

„Dieses historische Forschen und Deuten hat weiter keinen Nutzen, als daß wir uns den ästhetischen Genuß dieser Dichtungen verderben; und so haben wir weder Poesie noch Geschichte, wir haben nichts als Unsinn."[83]

Die alttestamentliche Wissenschaft gebraucht diese Poesie als „Quellen der Cultur- und Religionsgeschichte". Sie liest die Schöpfungsgeschichte der Genesis, um „von Seiten des Inhalts … die Vorstellungen des Dichters und seine Philosophie, und, von Seiten der Form … seinen Geschmack und seine poetische Kunst kennen zu lernen" (S. 398). Mit seiner *Ältesten Urkunde des Menschengeschlechts* hatte Herder, indem er Poesie und Offenbarung in Gen. 1 zum Thema machte, über die hebräische Poesie mehr zu sagen, und gerade das macht deutlich, wie sehr er an einem Wendepunkt der Bibelwissenschaft in der Aufklärung stand.

Kants Prognose, Herder werde mit seiner *Ältesten Urkunde* auf einen gegnerischen „Phalanx der Meister orientalischer Gelehrsamkeit" treffen, hat sich nicht sehr bald bestätigt. In der alttestamentlichen Wissenschaft war es zunächst durchaus ein verbreiteter Gedanke, daß die Urkunden von Gen. 1 und Gen. (2-)3 weit in vormosaische Zeiten zurückgingen. Nur allmählich löste auch die Diskussion um poetische, philosophische und historische Mythen und ihre Mischformen die

---

[78] AaO. S. 27, 31, 138.

[79] AaO. S. 36f. Das „ut pictura poesis"-Problem behandelt de Wette im Sinne Lessings, s. o. S. 36f.

[80] Vgl. aaO. S. 53 und S. 39 Anm. sowie S. 27f. mit Anm. Für Gen. 1 ist damit nichts Neues gesagt, aber es ist klar, daß de Wette Gen. 2-3 nicht anders beurteilt.

[81] AaO. S. 36 mit Anm.

[82] Herder, FA 5, S. 289; vgl. den Brief an Hamann vom Mai 1774, DA III, Nr. 75, Z. 30ff.

[83] AaO. S. 73, vgl. auch S. 103 zu Gen. 22.

Überzeugung auf, man könne durch die biblische Urgeschichte zu historischem Wissen gelangen. Wo aber die historische Kritik von Herder wegführte, führte die literarische Kritik wieder zu ihm hin: Die „Urkunden" sind „poetisch" – auch wenn sie, wie für de Wette, erst in der israelitischen Königszeit gedichtet wurden. Problem der Exegese blieb es, solche Dokumente der Antike auf die Offenbarung hin zu interpretieren.

Zusammenfassung

„Urgeschichte in biblischer Poesie" als exegetische Konzeption in der Aufklärung

Herders Stellung in der Theologiegeschichte ist dadurch bestimmt, daß er den Wahrheitsanspruch der biblischen Überlieferung in einer Konfrontation von Philosophie und Theologie zu behaupten sucht. In der Zeit um 1770 greift er dafür als Kritiker der Philosophie der Aufklärung in erster Linie das Thema des Ursprungs der Menschheitsgeschichte auf, um durch ein Bild der Urgeschichte ein Verständnis von Offenbarung und ihrer biblischen Gestalt in der Genesis zu gewinnen. Gegenüber Humes Version der Urgeschichte, durch die eine mögliche Wahrheit tradierter Religion im Zuge der philosophischen Aufdeckung ihrer in der Aufklärung überwundenen psychologischen Entstehungsbedingungen, der „unaccountable terrors", bestritten wird, ist in Herders Version der Urgeschichte immer schon die menschliche Antwort auf die Szene der Schöpfung, d.h. auf das Universum, in dem der Mensch sich findet und sich seiner selbst bewußt wird, eine religiöse Antwort gewesen und hat als solche ihren Ausdruck in Poesie gewonnen. Im Hinblick auf die Beziehung des Universums auf einen Schöpfer und die Bestimmung des Ortes des Menschen im Ganzen der Wirklichkeit durch diesen Schöpfer gibt es für Herder keinen philosophischen Erkenntnisfortschritt; vielmehr bleibt die religiöse Poesie, die diese „Urideen" ausdrückt, als Dichtung verstehbar und gültig. Sie ist „Naturpoesie", notwendiger poetischer Ausdruck existentieller Erfahrung und religiöser Einsicht, und kann auch in einer Epoche der Aufklärung und des Fortschritts der Naturwissenschaft Schöpfungstheologie begründen.

Herder konstruiert seine Version der Urgeschichte nicht, wie seine späteren Kritiker meinten, aus dem „Erlebnis" des Menschen, sondern als Exegese von Genesis 1 (1,1–2,3). Die biblische Tradition spricht für ihn tatsächlich vom Ursprung der Menschheitsgeschichte, weil sie mit religiösem Wahrheitsanspruch etwas über das Menschliche in seinem Ursprung zu sagen hat. Daß Herder die biblische Tradition über den Ursprung der Menschheitsgeschichte als eine Tradition aus dem Ursprung der Menschheitsgeschichte selbst versteht, braucht ideengeschichtlich nur notiert werden. Unter den Bedingungen der kritischen Exegese seiner Zeit und der zeitgenössischen Rezeption antiker Überlieferungen konnte eine solche traditionsgeschichtliche Hypothese noch immer eine gewisse historische Plausibilität beanspruchen. Sie war erwachsen unter dem apologetischen Druck, einen Beweis für die Wahrheit der biblischen Tradition führen zu müssen, und hatte ihre doppelte Funktion zum einen als Widerspruch zur religionskritischen Version der Urgeschichte der Menschheit im Modus des historischen Denkens, und zum anderen – hierin mehr traditionell – für eine Systematik der menschheitlichen Religionsgeschichte. Die historische Irrigkeit dieser Hypothese bedingt, daß ihre eigentliche apologetische und religionstheoretische Bedeutung in ihrem anthropologischen Sinn zu suchen ist, in der Erschließung der typischen urgeschichtlichen Situation des Menschen gegenüber dem Universum als Situation ursprünglicher religiöser Poesie. Herder spricht hier, anders als nach ihm Schleiermacher, nicht begrifflich, sondern durch den hermeneutischen Aufweis der poetischen Kraft der biblischen Schöpfungsüberlieferung.

Herders Exegese von Genesis 1 hat darüber hinaus einen wesentlichen theologischen Sinn. Ohne die Leitfunktion von Genesis 1 für sein Verständnis der Situation ursprünglicher religiöser Poesie wäre seine Konstruktion des Ursprungs von Religion vielleicht als eine Variante „natürlicher Theologie" erklärbar oder auf eine „Stimmung" im Anbruch der Morgenröte zurückführbar. An diesem Punkt bleibt üblicherweise diejenige theologische Herderinterpretation stehen, die seine *Älteste Urkunde des Menschengeschlechts* nicht zur Kenntnis nimmt. Schon als Literaturkritiker ist es Herder jedoch klar, daß nicht jede Dichtung über erhabene Gegenstände eine „sacra poesis" ist. Auch hier dient ihm der Ursprungsgedanke dazu, einen systematischen Unterschied herauszustellen, der die theologische Bedeutung der fundamentalen „Naturpoesie" erschließt. Die biblische Tradition führt einen Offenbarungsanspruch mit sich, den Herder wiederum im urgeschichtlichen Modell deutet und rechtfertigt. Zwar ist für ihn die biblische Poesie in der Genesis keine Offenbarung im Sinne lehrhafter göttlicher Mitteilung von Wahrheiten, die das vernünftige Verstehen des Menschen vor der Aufklärung überfordert hätten und die es nun in der Aufklärung nicht mehr befriedigen könnten. Eine solche Erklärung wäre „Unsinn" in dem Sinn, wie Herder es in seiner *Abhandlung über den Ursprung der Sprache* darlegt (FA 1, S. 807–810, vgl. aber S. 771). Wenn aber die Geschichte der Menschheit von ihrem Ursprung her nicht ohne die Beziehung des Menschen zu Gott zu denken ist, muß die Offenbarung Gottes an den Menschen als einen solchen ergehen, wie er in der urgeschichtlichen Situation vorgestellt werden kann. Weil diese Situation nicht die Situation der Vollkommenheit, sondern der Bedürftigkeit – im Lebensaltermodell gesprochen: der Kindheit – des Menschen ist, stellt sie für Herder die Situation der Poesie dar, nicht die der Philosophie.

Wie verhalten sich hier Poesie und Offenbarung zueinander? In der Gesamtheit der Schöpfung offenbart sich Gott zum einen durch „Tat", durch „Gegenwart", durch „Kraft": Es ist nichts Geschaffenes, das Gott nicht geschaffen hätte und erhielte. Gen. 1,1, der Anfang der Urkunde, deckt poetisch den Grund alles Seienden auf und führt als Poesie zu jener Einsicht, von der auch Sir. 43 und Röm. 1 sprechen. Die Selbstoffenbarung Gottes in seinen Werken wird zum anderen in der urgeschichtlichen Situation durch ein besonderes Wirken Gottes als Offenbarer poetisch erschließbar: Die menschliche Fähigkeit zur Sprache, zur Sprache der Dichtung, wird durch göttlichen „Unterricht" aufgeweckt. Das Morgengemälde von Genesis 1 verdankt sich der doppelten Voraussetzung des göttlichen Schöpfungshandelns selbst und der göttlichen Aufweckung des menschlichen Dichters. Offenbarung steht so in einem spezifischen Sinn am Anfang der Menschheitsgeschichte und durchzieht sie danach als Tradition aus dem Ursprung. Nicht das menschliche „Erlebnis", sondern die göttliche „Aufweckung" ist der Grund der religiösen Poesie. Mit seiner Interpretation von Genesis 1 als biblischer Poesie aus dem Ursprung formuliert Herder auf diese Weise die wesentliche theologische Differenz zwischen einer Poesie, die aus einer wirklichen, ursprungshaften Beziehung zwischen Gott und Mensch erwachsen ist, und einer Poesie, die nur ein uneindeutiges Ausgreifen des Menschen auf Gott hin bleibt. Wenn dieser Gegensatz bei Herder unausgesprochen bleibt und überhaupt nur in seiner *Ältesten Urkunde des Menschengeschlechts* greifbar ist, ist der Grund dafür im Traditionsgedanken zu suchen: Wo die „Urideen" der Offenbarung des Ursprungs durch die Poesie des Ursprungs den Genius der Sprache prägen, hat menschliche Sprache prinzipiell die Möglichkeit, diese Urideen poetisch auszusprechen. Das Verständnis von Offenbarung mündet so wiederum in das Problem einer Systematik der menschheitlichen Religionsgeschichte.

Mit seiner Genesisinterpretation erweist sich Herder als ein Theologe auf der Höhe des Denkens der Aufklärung, sofern die Aufklärung das Ende der Gemächlichkeit bedeutete, mit der man sich in autoritativen Traditionen einzurichten bereit war. Als Theologe unter den Aufklärern sucht Herder den wesentlichen religiösen Sinn der alttestamentlichen Tradition für das aufgeklärte Verständnis des Menschen aufzudecken, einen Sinn, der vor ihrer neutestamentlichen Weiterführung und vor aller dogmatischen Ausdifferenzierung im Laufe der Geschichte der christlichen Kirche in der Eröffnung der religiösen Dimension menschlichen Lebens liegt. Voraussetzung für diese theologische Aufgabe war einerseits die Annahme der Herausforderung durch die Philosophie der Aufklärung mit ihren radikalen religionskritischen Konsequenzen, andererseits eine biblische Hermeneutik, die nicht vom bloßen Autoritätsanspruch der Offenbarungstradition und dessen doktrinärer oder zirkulär-argumentativer Sicherung durch die Inspirationslehre abhängig war. Herder realisiert auf seine Weise das lutherische Prinzip des „sola scriptura", wenn er sich mit derjenigen Form aufgeklärter Religionskritik auseinandersetzt, die den Wahrheitsanspruch jeder möglichen Schrifttradition in einer Naturgeschichte der Religion untergräbt, und wenn er die kanonische Schrift von ihrem Anfang her verstehen will, der Urgeschichte in einem noch als mosaisch geltenden Pentateuch. Im Spannungsfeld der Ursprungsfrage, in dem die Philosophie der Aufklärung die Urgeschichte der Menschheit als Gegenbild oder als Leitbild für das Verständnis des Menschen in der Gegenwart konstruiert, stellt Herder mit seiner Exegese von Genesis 1 als Poesie eine Alternative zur philosophischen Erkenntniskritik auf, die es ihm erlaubt, den Traditionsgedanken, und damit auch den Gedanken einer maßgeblichen Offenbarungstradition, neu zu begründen. Der Hermeneut der poetischen Urgeschichte erbringt für das Selbstverständnis des Menschen keine geringere Leistung als der Philosoph der Aufklärung. Der Philosoph der Aufklärung aber verfehlt in seiner Religionskritik die Wahrheit des Menschlichen, wenn er die urgeschichtliche Poesie nicht als Poesie verstehen lernt. Die Anthropologie der Aufklärung ist dann an derjenigen Existenzerfahrung zu messen, die im poetischen Bild von der Gottebenbildlichkeit des Menschen

Ausdruck gefunden hat, wie es die eine, bestimmte Tradition der „ältesten Urkunde" überliefert.

Herders Interpretation der Urgeschichte hat theologiegeschichtlich eine Sonderstellung dadurch, daß seine Exegese von Genesis 1 nicht durch die Exegese von Genesis 2–3 aufgehoben wird. Genesis 1 ist eine Dichtung nicht nur über die anschaubare Welt, sondern auch über den geschichtlichen Menschen. Damit folgt Herder Grotius' Erläuterung von „Himmel und Erde" in Gen. 1,1 als „universum hoc quale nunc est" und der Erklärung zu Gen. 3,15, „semen mulieris sunt homines extra Adamum omnes". Auch für den durch die Erkenntnis von gut und böse als moralisches Wesen qualifizierten Menschen bleibt unter neuen (unmythologischen) Lebensbedingungen die Gottebenbildlichkeit der urgeschichtlichen Situation anthropologisch bestimmend. Der Fortgang der Menschheitsgeschichte von Genesis 1 zu Genesis 3 bedeutet für Herder nicht Verlust, sondern Veränderung. Gen. 3,22 ist ein Interpretament von Gen. 1,26 f.; hierin behauptet sich bei Herder die Exegese des Alten Testaments gegenüber der dogmatischen Tradition. Die Existenzerfahrung des Menschen, die in Genesis 1 dank göttlicher Offenbarung poetischen Ausdruck gefunden hat, bleibt im Verstehen der biblischen Poesie lebendig.

Herders apologetische Argumentation gewinnt ihr besonderes Profil durch seinen Widerspruch zu David Hume. Er kann Hume darin folgen, daß die Religion im Ursprung nicht auf Vernunfterkenntnis oder göttliche Wissensvermittlung, sondern auf psychologische Reaktionen auf sinnliche Wahrnehmungen, auf menschliche „Leidenschaften" (*passions*) zurückgeht, aber er widerspricht ihrer Deutung als „Aberglaube" (*superstition*), weil nach ihm solche Leidenschaften Ausdruck in einer Poesie finden, die sogar zum Medium von Offenbarung werden konnte. Humes Philosophie und Geschichtsschreibung greifen danach nur in dem Punkt zu kurz, daß er seine Vernunftkritik nicht mit einer Poetologie verbindet und deshalb seine *Natural History of Religion* mit ungenügenden Voraussetzungen beginnt. Umgekehrt läßt sich Herder durch seinen Widerspruch zu Hume zu sehr auf die Linie des historischen Arguments führen. Herder überfordert die Leistungsfähigkeit des universalgeschichtlichen Denkens, wenn er einen historischen Beweis anstrebt, statt sein Verständnis der urgeschichtlichen Poesie zum Begriff des Glaubens in Beziehung zu setzen.

In ideengeschichtlicher Perspektive zeigt sich die Ursprungsfrage, das eine der beiden tragenden Elemente von Herders Genesisinterpretation, als ein im zeitgenössischen Kontext weit verbreitetes und kontrovers diskutiertes Thema. Die Urgeschichte wird bei Herder der Schlüssel zur Geschichte der Menschheit, weil sie selbst für ihn schon Teil der Geschichte der Menschheit ist. Der Anblick der Schöpfung wird zum Augenblick der Schöpfung historisiert, eine daraus abgeleitete Tradition wird in apologetischem Eifer zu einem Beweismittel gegen die aufgeklärte Religionskritik funktionalisiert. Der eigentlichen Konsequenz des historischen Denkens der Aufklärung, den historisch kontingenten Ursprung der biblischen Tradition in der Geschichte der Menschheit anerkennen zu müssen, zeigt Herder sich nicht gewachsen. Die falsche historische Hypothese, die seine Genesisinterpretation belastet, ist jedoch ein wichtiges heuristisches Mittel: Die religionsphilosophische Antwort, die Herder auf die religionskritische Herausforderung der Aufklärung gibt, hat ihre Bedeutung auch dann, wenn die Ursprungsgeschichte, die er entwirft, nur eine vorgestellte Ursprungsgeschichte ist.

Das andere der beiden tragenden Elemente von Herders Genesisinterpretation, die Beschreibung von Genesis 1 als Poesie, erweist sich in ideengeschichtlicher Perspektive gleichfalls als eine naheliegende Möglichkeit im Kontext der zeitgenössischen Literaturgeschichte, die generell für die Antike eine Priorität der Poesie vor der Prosa annahm. Da auf die hebräische Poesie das Kriterium bestimmter Versmasse nicht anwendbar war, konnte Herder den Prosatext von Genesis 1 aufgrund anderer stilistischer Eigentümlichkeiten als einen poetischen Text beschreiben, nicht zuletzt wohl als die wirkliche Entsprechung zu einer gedachten „Idealode". Diese fragwürdige literarkritische Hypothese ist wiederum ein wichtiges heuristisches Mittel: Die Theorie religiöser Sprache, die Herder durch sie gewinnt, erlaubt es ihm, das Eigenrecht der Dichtung über die Schöpfung gegenüber der philosophischen Erkenntniskritik zu behaupten. Das Verständnis von Genesis 1 als Poesie erschöpft sich nicht in der ästhetischen Betrachtung der Dichtung, sondern zielt auf ihre religionsphilosophische Durchdringung. Eine Poesie, die als „Naturpoesie" mehr als ein bloßes Kunstmittel ist, hat ihre besondere Kraft oder Energie, mit der sie wirkt. Im Sonderfall von Genesis 1 als urgeschichtlicher Poesie stellt sie ihre Rezipienten nicht nur in eine bestimmte poetische Wirklichkeit hinein, sondern in die Wirklichkeit der göttlichen Offenbarung. Das poetische Schöpfungsgemälde hat ontologische Implikationen, indem es das Seiende als von Gottes Gegenwart und Kraft durchdrungen zeigt. In der Exegese von Genesis 1 führt Herders Poetologie zu einer theologischen Ontologie.

Die poetische Urgeschichte ist also derjenige Text der biblischen Tradition, durch dessen Deutung Herder ein Fundament für die Theologie in der Aufklärung gewinnt. Seine Exegese von Genesis 1 als Poesie lenkt einerseits die religionsphilosophische Grundannahme des Deismus, daß die menschheitsgeschichtlich erste Religion einfach und universal gewesen sein müsse, auf die biblische Tradition hin. Andererseits überwindet sie die religionskritische Widerlegung der deistischen Religionsphilosophie durch die Freilegung einer nicht von physikotheologischen und moralphilosophischen Erkenntnisansprüchen dominierten religiösen Erfahrung, die einen spezifischen poetischen Ausdruck findet.

Die theologische Bedeutung der poetischen Urgeschichte muß in der Abgrenzung von einem Offenbarungsbegriff verstanden werden, der Offenbarung als göttliche Erweiterung von Vernunfterkenntnissen auffaßt. Gott ist, um Hamanns Wort aufzugreifen, kein Archi-Enzyklopädist, und Genesis 1 ist kein Text der Naturwissenschaft. Das traditionelle Motiv einer göttlichen Lehrmeisterstimme wendet Herder auf die Aufweckung der Fähigkeit zur Sprache, mit der der Mensch begabt ist, und auf die Stimmigkeit des poetischen Morgengemäldes in seiner Korrespondenz zum sichtbaren Schöpfungswerk. Die göttliche Stimme teilt keine Wahrheiten mit, die nicht schon in dieser Ursprungssituation gelegen hätten, in welcher Offenbarung die Anschauung des Universums leitet und die Bestimmung des Menschen erschließt.

Die poetische Urgeschichte als Schlüsseltext der theologischen Anthropologie ist schließlich derjenige Text der biblischen Tradition, durch dessen Deutung Herder einen Maßstab für die biblische Hermeneutik gewinnt. Die hebräische Poesie, die sich in einem frühesten, noch morgenländischen Stadium im Hiobbuch, danach in den Dichtungen der Patriarchenzeit, der Mosezeit und aller folgenden Perioden der Geschichte Israels an sie knüpft, ist Dichtung in einer Sprache, deren „Genius" von den „Urideen" der poetischen Urgeschichte geprägt ist. Herder kann sie innerhalb der Religionsgeschichte der Menschheit als eine religiöse Poesie der Antike lesen, die sich in besonderer Nähe zur Offenbarung des Ursprungs bewegt. In ihr sind die Urideen nationalisiert, aber gerade in solcher Nationalisierung haben sie in jeweiligen historischen Situationen lebendigen poetischen Ausdruck gefunden; und nur wer dem Dichter in die Situation seiner Zeit folgt, erfährt die poetische Kraft seiner Dichtungen. Deshalb verlangt die Poetologie eine historische Hermeneutik. Das heuristische Mittel des Traditionsgedankens erlaubt es Herder, eine Hermeneutik des Alten Testaments zu formulieren, die dem Verständnis von Religion in der komparatistischen Perspektive der Aufklärung gerecht wird, ohne den Wahrheitsanspruch der biblischen Tradition aufzugeben. Wo die aufgeklärte Erforschung des Historischen Herders Traditionskonzept aufhebt, gewinnt der Aspekt der theologischen Anthropologie für seine exegetische Konzeption entsprechend größeres Gewicht. Das Alte Testament, als hebräische Poesie gedeutet, ist die religiöse Tradition, die den Menschen zur wahren Seins- und Existenzerfahrung coram Deo leitet.

Aus der Perspektive der Forschungsgeschichte des Alten Testaments betrachtet, geht Herder in seiner *Ältesten Urkunde des Menschengeschlechts* von der Kritik der Mosaizität der Urgeschichte in die falsche Richtung. Zwar ist Genesis 1(-11) für ihn nicht, wie für die von der Inspirationslehre geleitete Exegese, das Werk eines Autors Mose; vielmehr schließt er sich der Hypothese der zeitgenössischen Bibelwissenschaft an, daß ein Sammler und Redaktor Mose in der Genesis „mémoires originaux" zusammengestellt habe, und führt in seinen Analysen diese Hypothese besonders für Kapitel 1 als die „älteste Urkunde des Menschengeschlechts", ein „Denkmal" aus dem Schöpfungsursprung der Menschheit, weiter aus. Der Fortgang der alttestamentlichen Wissenschaft im 19. und 20. Jahrhundert sollte dann jedoch von der Kritik der Mosaizität in die Richtung einer Literaturgeschichte anonymer Schriften der israelitischen Königszeit und späterer Epochen führen. Die Entdeckung der historisch kontingenten literarischen Entstehung der biblischen Urgeschichte ließ sich weder durch die Inspirationslehre noch durch den Traditionsgedanken weiter aufhalten, und die direkte Kenntnis altorientalischer Schöpfungsmythen stellte die Genesisinterpretation vor andere Probleme als Plutarchs Mutmaßung über die παμπάλαιος δόξα, die der ägyptischen Mythologie vorausgelegen habe (*De Iside et Osiride* 45). Dennoch wird man sagen können, daß Herders theologische Exegese der Genesis dem Kriterium der Intention des Autors eines Textes eher gerecht wurde als manche Kommentierungen, die auf besseren literarhistorischen Hypothesen beruhen. Die einzigartige literarische Form der *Ältesten Urkunde des Menschengeschlechts* lädt jedoch zu keinem konkreten Vergleich ein.

Blickt die Bibelwissenschaft heute auf eine Forschungsgeschichte zurück, die weit über ihren Stand im 18. Jahrhundert und Herders Schriften zum Alten Testament hinausgeführt hat, so bewegt sie sich dennoch nicht nur in einem Prozeß von Erkenntnisgewinn. Sie ist vom Verlust ihres Gegenstandes bedroht, sofern man ihn, um die theologische Leitfunktion der kanonischen Texte zu bezeichnen, das „Wort Gottes" nennt. Bei Herder heißt es – unter Voraussetzung seiner Exegese der biblischen Urgeschichte in der *Ältesten Urkunde des Menschengeschlechts* – „… je humaner (im besten Sinne des Worts) Sie das Wort Gottes lesen, desto näher kommen Sie dem Zweck seines Urhebers, der Menschen zu seinem Bilde schuf, und in allen Werken und Wohltaten, wo er sich uns als Gott zeigt, für uns menschlich handelt" (FA 9/1, S. 145). Ist aber eine historische Lektüre des Alten (und Neuen) Testaments schon diese „humane" Lektüre? Mit seiner *Ältesten Urkunde des Menschengeschlechts* hatte Herder die Aporie der Historisierung in der Bibelwissenschaft signalisiert. Man kann, wie J.D. Michaelis, über die mosaische Schöpfungsgeschichte in Genesis 1 sagen, daß Mose mit ihr aus ägyptischen Traditionen eine – auch naturwissenschaftlich plausible – „Geschichte des Erdbodens" für die Israeliten seiner Zeit geschrieben habe; oder man kann, wie wenig später J.G. Eichhorn und J.Ph. Gabler, die biblische Urgeschichte als eine Sammlung antiker historischer oder philosophischer oder poetischer Mythen klassifizieren. Damit hat man aber noch nichts darüber gesagt, ob die literarische Tradition eine theologische Relevanz hat. Wo das jedoch, wie in der Aufklärung, nicht mehr selbstverständlich oder durch äußere Autorität gesichert ist, kann sich die Exegese gegenüber der Religionskritik nur behaupten, wenn sie ihren Gegenstand auf einem mit der aufgeklärten Religionsphilosophie geteilten Grund rechtfertigt. Dies unternahm Herder mit seiner Genesisinterpretation. Eine „Natural History of Religion", wie sie Hume geschrieben hatte, war prinzipiell ein dem Phänomen der Religion in der Menschheitsgeschichte angemessenes Projekt – nur hatte Hume laut Herder nicht den wirklichen Ursprung der Religion in der menschlichen Natur aufgefunden, weil er Religion nur in Hinsicht auf ihren Mangel an vernünftiger Erkenntnis und ihre Verzerrungen durch Leidenschaften betrachtet hatte. Ist aber, wie Lowth (und auch Hamann) behauptet hatte, der Ursprung von Religion mit dem Ursprung von Poesie identisch, dann ist Religion ursprünglich die Form einer Welterschließung, die bleibend an „Bild und Empfindung" gebunden ist. Herders Exegese von Genesis 1 als eine Dichtung aus dem Ursprung konnte ihm dazu dienen, die literarische Tradition als einen Gegenstand von theologischer Relevanz gegenüber der Religionskritik der Aufklärung zu rechtfertigen. Die religionsphilosophische Kontroverse des 18. Jahrhunderts ließ sich allerdings nicht – wie Herder, trotz aller Unterschiede wohl im Sinne J.A. Ernestis, meinte – mit einem „historischen genetischen Beweise" entscheiden (FA 5, S. 289). Erst in den *Briefen, das Studium der Theologie betreffend* (1780/81) schreibt Herder, im Blick auf das Verhältnis von Vernunft, Offenbarung und Geschichte jetzt eine Antwort auf Lessing suchend, mit einem etwas vagen Bezug auf 1 Kor. 13,12 f. vom Begriff des Glaubens in einer der Vernunft gegenüber behaupteten Freiheit, ohne damit allerdings seinen Anspruch auf historische Erkenntnis der Urgeschichte preiszugeben (FA 9/1, S. 389–394). Statt im apologeti-

schen Beweis liegt die eigentliche Leistung seiner Interpretation der Genesis im
Aufweis einer sinnvollen Möglichkeit der Exegese der biblischen Tradition auf dem
geteilten Grund aufgeklärter Anthropologie, auf dem die Theologie mit der Deutung der Gottebenbildlichkeit nach Genesis 1 zu ihrem spezifischen Beitrag heraus-
gefordert ist. Die „humane" Lektüre der Urgeschichte widerspricht dem Denken
der Aufklärung nicht prinzipiell als einer menschlichen Selbstanmaßung, sondern
dort, wo die religionskritische Herauslösung des Menschen aus seinem Gottesver-
hältnis die Würde des Menschen verletzt (FA 5, S. 287 f.). Mit seiner exegetischen
Konzeption, nach der die antike literarische Tradition als ein poetischer Text zu lesen ist, überwindet Herder dabei die Aporie der Historisierung in der Bibelwissenschaft, weil – an welchem traditionsgeschichtlichen Ort auch immer – die Bilder
der Tradition eine poetische Kraft haben, die für ihre Rezeption mitteilen, was an
ihrem Ursprung liegt. Herders Interpretation der Genesis zeigt, daß erst eine „poetische" Lektüre des Alten Testaments jene „humane" Lektüre ist, mit der die biblische Exegese in der Aufklärung eine relevante Antwort auf die Aufklärung gibt. So
begründet er eine Exegese, die Einsichten der Aufklärung aufgreift und gleichzeitig
theologisch spezifisch bleibt.

Quellen- und Literaturverzeichnis

(Im Text zitierte Seitenzahlen beziehen sich stets auf die jeweils zuletzt in einer Anmerkung bzw. im Text genannte Ausgabe.)

(Abkürzungen nach S. SCHWERTNER,
Abkürzungsverzeichnis zur Theologischen Realenzyklopädie, 2. Aufl. 1994)

1. Abgekürzt zitierte Literatur:

HAMANN, J.G., Werke (Sämtliche Werke, hg.v. J. NADLER, Wien 1949ff.)

HAMANN, J.G., Briefe (Briefwechsel, hg.v. W. ZIESEMER UND A. HENKEL, Wiesbaden-Frankfurt/ Main 1955ff.)

HERDER, J.G., FA (Werke in 10 Bänden, hg.v. U. GAIER U.A., Frankfurt/Main 1985ff.)

HERDER, J.G., HWP (Werke in 3 Bänden, hg.v. W. PROSS, München 1984ff.)

HERDER, J.G., SWS (Sämmtliche Werke, 33 Bde., hg.v. B. SUPHAN, Berlin 1877–1913)

HERDER, J.G., DA (Briefe. Gesamtausgabe 1763–1803, hg.v. W. DOBBEK UND G. ARNOLD, 10 Bde., Weimar 1984–1996)

Von und an Herder. Ungedruckte Briefe aus Herders Nachlaß, hg.v. H. DÜNTZER UND F.G. V. HERDER, 3 Bde., Leipzig 1861–62

HUME, D., Essays (Essays Moral, Political, and Literary, hg.v. E.F. MILLER, Indianapolis 1987)

HUME, D., Enquiry concerning Human Understanding / Enquiry concerning the Principles of Morals, hg.v. L.A. SELBY-BIGGE, 3rd edition hg.v. P.H. NIDDITCH, Oxford 1975

HUME, D., A Treatise on Human Nature, hg.v. L.A. SELBY-BIGGE, 2nd edition hg.v. P.H. NIDDITCH, Oxford 1978

HUME, D., Letters, hg.v. J.Y.T. GREIG, 2 Bde., Oxford 1932

HUME, D., New Letters, hg.v. R. KLIBANSKY UND E.C. MOSSNER, Oxford 1954

HUME, D., The Natural History of Religion, hg.v. A.W. COLVER/Dialogues concerning Natural Religion, hg.v. J.V. PRICE, Oxford 1976

KANT, I., AA (Kant's gesammelte Schriften, hg.v. der Königl. Preuß. Akademie der Wissenschaften, Berlin 1910ff.)

KANT, I., WW (Werke in sechs Bänden, hg.v. W. WEISCHEDEL, Darmstadt ²1966)

LESSING, G.E., Werke (Werke und Briefe in zwölf Bänden, hg.v. W. BARNER U.A., Frankfurt/Main 1985ff.)

LESSING, G.E., Literaturbriefe (Briefe die neueste Literatur betreffend, hg. und kommentiert von W. BENDER, Stuttgart 1972)

2. Quellen:

ABBT, TH., Geschichte des Menschlichen Geschlechts … vom Anfange der Welt bis auf unsere Zeiten, Bd. I, Halle 1766

AINSWORTH, H., Annotations upon the five bookes of Moses, London 1627

Allgemeine Bibliothek der biblischen Literatur, hg.v. J.G. EICHHORN, Bde. 1–10, Leipzig 1787–1801

ANQUETIL DUPERRON, A.H., Zend-Avesta. Ouvrage de Zoroastre, 3 Bde., Paris 1771

ARBUTHNOT, J., „An Examination of Dr. Woodward's Account of the Deluge" (1697), in: The Miscellaneous Works, 2 Bde., Glasgow 1751

ASTRUC, J., Conjectures sur les Mémoires Originaux dont il paroit que Moyse s'est servi pour composer le Livre de la Genèse, Brüssel 1753

ATHANASSAKIS, A.N., The Orphic Hymns. Text, Translation and Notes (SBL Texts and Translations; 12), Missoula 1977

BASILIUS, Ausgewählte Homilien und Predigten, üb.v. A. STEGMANN (Bibliothek der Kirchenväter; 47), München 1925

BASILIUS, Homiliae in Hexaëmeron, MPG Bd. 29, Sp. 1–208; Bd. 30, Sp. 10–62

BAUMGARTEN, S.J. (HG.), Übersetzung der Algemeinen Welthistorie, Bd. I, Halle 1744

BLACKMORE, R., Creation. A Philosophical Poem. In seven books, London 1712

BLACKWELL, TH., An Enquiry into the Life and Writings of Homer, London 1735

BLACKWELL, TH., Letters concerning Mythology, London 1748

BLAIR, H., Lectures on Rhetoric and Belles Lettres, 2 Bde., London 1783

BLOUNT, CH., The Miscellaneous Works, London 1695

BÖHME, J., Werke, hg.v. F. VAN INGEN, Frankfurt/Main 1997

BOLINGBROKE, Works, hg.v. D. MALLET, 5 Bde., London 1754

BOSSUET, J.B., Einleitung in die allgemeine Geschichte der Welt, bis auf Kaiser Carln den Großen, üb.v. J.A. CRAMER, Bd. I, Leipzig 1757

BOYLE, R., The Works, hg.v. TH. BIRCH, 6 Bde. (London 1772), ND Hildesheim 1965–66

Briefe die neueste Litteratur betreffend, hg.v. FR. NICOLAI U.A. (1759–1766), ND Hildesheim 1974

BRUCKER, J., Historia Critica Philosophiae, Bd. I, Leipzig 1742

BURNET, TH., Archaeologiae Philosophicae: sive Doctrina Antiqua de Rerum Originibus (1692), London 1728

BURNET, TH.,Telluris Theoria Sacra: orbis nostri origenem et mutationes generales ... complectens, London 1681/89, engl. London 1684/90

CALMET, A., Commentaire littéral sur tous les Livres de l'Ancien et du Nouveau Testament, Bd. I, Paris 1724

CALOV, A., Biblia Testamenti Veteris illustrata, Bd. I, Frankfurt/Main 1672

CALVIN, J., „Commentarii in Quinque libros Mosis", Teil I, Opera omnia, Vol. XXIII (CR Vol. LI)

CARPZOV, J.G., Critica Sacra Veteris Testamenti, Leipzig 1728

CARPZOV, J.G., Introductio ad libros canonicos bibliorum Veteris Testamenti omnes (1721), Leipzig ⁴1757

CHLADENIUS, J.M., Opuscula Academica, 2 Bde., Leipzig 1750

CICERO, Vom Wesen der Götter, hg. und üb. v. W. GERLACH UND K. BAYER (Sammlung Tusculum), München und Zürich ³1990

CLARKE, S., A Discourse concerning the Being and Attributes of God, the Obligations of Natural Religion, and the Truth and Certainty of the Christian Revelation (1704/05), London ⁷1728

CLEMENS ALEXANDRINUS, Stromatum libri VIII, MPG Bd. 8–9

LE CLERC, J., Bibliothèque universelle et historique, Amsterdam 1686ff.

LE CLERC, J., Genesis sive Mosis Prophetae Liber Primus ... una cum ... Paraphrasi perpetua, Commentario Philologico, Dissertationibus criticis quinque ..., Amsterdam 1693

LE CLERC, J., Sentimens de quelques Théologiens de Hollande sur l'Histoire critique du Vieux Testament, Amsterdam 1685

LE CLERC, J., Défense des Sentimens de quelques Théologiens de Hollande sur l'Histoire Critique du Vieux Testament, Amsterdam 1686

COWLEY, A., Poems, London 1656

CRAMER, J.A., Poetische Übersetzung der Psalmen mit Abhandlungen über dieselben, 4 Bde., Leipzig 1763–64

Critici Sacri, hg.v. J. PEARSON, 9 Bde., London 1660

CUDWORTH, R., Systema Intellectuale huius Universi, seu de Veteris Naturae Rerum Originibus Commentarii, üb.v. J.L. MOSHEIM (Jena 1733), Leiden ²1773

DATHE, J.A., Briani Waltoni in Biblia Polyglotta Prolegomena, Leipzig 1777

DIODORUS SICULUS, The Library of History. Books I-II/34, hg. und üb. v. C.H. OLDFATHER (LCL, Vol. 279), Cambridge/MA und London (1933) 1989

DIODORE DE SICILE, Bibliothèque Historique, hg.v. F. CLAMOUX UND P. BERTRAC, Bd. I, Paris 1993

EICHHORN, J.G., „Über den Umfang und die Methode Akademischer Vorlesungen über die Universalgeschichte", Jena 1777

EICHHORN, J.G., „Urgeschichte. Ein Versuch", in: RBML 4, 1779, S.129–256

EICHHORN, J.G., Einleitung ins Alte Testament, 3 Bde., Leipzig 1780–83, ²1787

EICHHORN, J.G., Geschichte der Litteratur von ihrem Anfang bis auf die neuesten Zeiten, Bd.3/1–2, Göttingen 1810–12; Bd.5/1, Göttingen 1807

Enchiridion Symbolorum, Definitionum et Declarationum de rebus fidei et morum, hg.v. H. DENZINGER UND A. SCHÖNMETZER, Freiburg ³⁶1976

EUSEBIUS CAESARIENSIS, Chronicorum libri II, Praeparatio Evangelica, MPG Bd.19–21

FABRICIUS, J.A., Bibliographia Antiquaria, sive Introductio in Notitiam Scriptorum qui Antiquitates Hebraicas ... illustraverunt, Hamburg/Leipzig 1713

FABRICIUS, J.A., Bibliotheca Graeca, Bd. I (1705), Hamburg ³1718

FABRICIUS, J.A., Delectus Argumentorum et Syllabus Scriptorum qui Veritatem Religionis Christianae ... asseruerunt, Hamburg 1725

FLUDD, R., Utriusque Cosmi ... Historia, 2 Bde., Oppenheim 1617–18

FLUDD, R., Philosophia Moysaica, Gouda 1638

FONTENELLE, B., Gespräche von Mehr als einer Welt, üb.v. J.C. GOTTSCHED, Leipzig ²1730

FONTENELLE, B., Historie der Heydnischen Orackel, üb.v. J.C. GOTTSCHED, Leipzig 1730

GABLER, J.PH., Johann Gottfried Eichhorns Urgeschichte, hg. mit Einleitung und Anmerkungen, Bd. 1, Altdorf und Nürnberg 1790, Bd.2/1–2, 1792–93

GABLER, J.PH., Neuer Versuch über die Mosaische Schöpfungsgeschichte aus der höhern Kritik, Altdorf und Nürnberg 1795

[GALEN], Claudii Galeni Protreptici quae supersunt, hg.v. G. KAIBEL, Berlin 1894

GATTERER, J.C., Abriß der Universalhistorie nach ihrem gesamten Umfange von Erschaffung der Welt bis auf unsre Zeiten, Bd. I, Göttingen 1765

GESNER, J.M., *ΟΡΦΕΩΣ ΑΠΑΝΤΑ*. Orphei Argonautica, Hymni ..., Leipzig 1764

GESSNER, S., Sämtliche Schriften Bd. I (1762), ND Zürich 1972

GLASSIUS, S., Philologia Sacra (1623/34), hg.v. J.F. BUDDEUS, Leipzig 1725

Göttingische Anzeigen von gelehrten Sachen, Bd.1–214, Göttingen 1753–1801

GREGOR VON NYSSA, „De hominis opificio", MPG Bd.44, Sp.123–256

GROTIUS, H., Opera Theologica, 3 Bde., Amsterdam 1679

GUTHRIE, W./GRAY, J., Allgemeine Weltgeschichte von der Schöpfung bis auf gegenwärtige Zeit, hg.v. C.G. HEYNE, Bd. I, Leipzig 1765

HAMANN, J.G., Londoner Schriften, hg.v. O. BAYER UND B. WEISSENBORN, München 1993

HAMANN, J.G., Sokratische Denkwürdigkeiten/Aesthetica in nuce, hg. und kommentiert von S.-A. JØRGENSEN, Stuttgart 1968

HAMANN, J.G., Über den Ursprung der Sprache, erklärt von E. BÜCHSEL (Hauptschriften erklärt, hg.v. F. BLANKE UND K. GRÜNDER, Bd.4), Gütersloh 1963

HÄVERNICK, H.A.C., Handbuch der historisch-kritischen Einleitung in das Alte Testament, Bd. I/1, Erlangen 1836

HELVÉTIUS, C.A., De l'Esprit, Paris 1758

HELVÉTIUS, C.A., Correspondance générale, hg.v. P. ALLAN UND A. DAINARD, Toronto 1981ff.

HERDER, J.G., Abhandlung über den Ursprung der Sprache, hg.v. H.D. IRMSCHER, Stuttgart (1966) 1985

HERDER, J.G., Auch eine Philosophie der Geschichte zur Bildung der Menschheit, hg.v. H.D. IRMSCHER, Stuttgart 1990

HERDER, J.G., Journal meiner Reise im Jahr 1769, hg.v. K. MOMMSEN, Stuttgart 1976

HERDER-GOETHE-FRISI-MÖSER, Von deutscher Art und Kunst, hg.v. H.D. IRMSCHER, Stuttgart (1968) 1983

HILL, A., The Creation. A Pindaric Illustration of a Poem, originally written by Moses, on that Subject. With a Preface to Mr. Pope ..., London 1720

HOBBES, TH., Leviathan (1651), hg.v. R. TUCK, Cambridge 1991

HUME, D., Dialogues concerning Natural Religion, hg. und eingeleitet von S. TWEYMAN (Routledge Philosophers in Focus Series), London 1991

HUME, D., History of Great Britain, 3 Bde., Glasgow o. J.

HUME, D., The Philosophical Works, hg.v. T.H. GREEN UND T.H. GROSE (London 1882/86), ND Aalen 1964

HUME, D., Œuvres Philosophiques. Nouvelle édition, London 1764

HUME, D., Vermischte Schriften, 4 Bde., Hamburg 1755–56

HUME, D., Die Naturgeschichte der Religion, üb. und hg.v. L. KREIMENDAHL (PhB 341), Hamburg 1984

HUME, D., Politische und ökonomische Essays, hg.v. U. BERMBACH, üb.v. S. FISCHER (PhB 405a/ b), Hamburg 1988

HURD, R. [WARBURTON, W.], „Remarks on Mr. David Hume's Essay on the Natural History of Religion: Addressed to the Reverend Dr. Warburton", London 1757

HYDE, TH., Historia religionis veterum Persarum (1700), Oxford 1760

ISELIN, I., Philosophische Muthmassungen über die Geschichte der Menschheit, 2 Bde., Frankfurt und Leipzig 1764

JABLONSKI, P.E., Pantheon Aegyptiorum, 3 Bde., Frankfurt/Oder 1750–52

JERUSALEM, J.F.W., Briefe über die Mosaischen Schriften und Philosophie, Braunschweig 1762, ²1772

JERUSALEM, J.F.W., Betrachtungen über die vornehmsten Wahrheiten der Religion, Teil I, Braunschweig 1768; Teil II, 1773; Teil III, 1774; Teil IV, 1779

KLOPSTOCK, F.G., Gedanken über die Natur der Poesie. Dichtungstheoretische Schriften, hg.v. W. MENNINGHAUS, Frankfurt/Main 1989

KLOPSTOCK, F.G., Oden und Elegien (1771), ND Stuttgart 1974

LELAND, J., A View of the Principal Deistical Writers, 2 Bde., London 1754/55; Supplement London 1756

LILIENTHAL, TH.C., Die Gute Sache der … Göttlichen Offenbarung … erwiesen und gerettet, Bd. 1–12, Königsberg 1750–66

[PSEUDO-]LONGINOS, Peri Hypsous/Vom Erhabenen, hg.v. R. BRANDT, Darmstadt 1966

LOWTH, R., De Sacra Poesi Hebraeorum Praelectiones, Oxford 1753; hg.v. J.D. MICHAELIS, 2 Bde., Göttingen 1758/61

LOWTH, R., A letter to the Right Reverend Dr. Warburton, London 1760

LOWTH, R., A letter to the Right Reverend Author of The Divine Legation of Moses, Oxford 1765

LUCRETIUS, On the Nature of Things, hg.v. M. FERGUSON SMITH, üb.v. W.H.D. ROUSE (LCL, Vol. 181), Cambridge/MA und London (1924) 1992

LUTHER, M., „De servo arbitrio", WA 18, S. 600ff.

LUTHER, M., „Predigten über das erste Buch Mose, gehalten 1523 und 1524", WA 14, S. 92ff.

LUTHER, M., „Schmalkaldische Artikel" (1537), BSLK I, Berlin 1930, S. 405ff.

LUTHER, M., „Über das erste Buch Mose, Predigten sampt einer Unterricht, wie Moses zu leren ist. 1527", WA 24, S. 1ff.

LUTHER, M., „Vorlesungen über 1. Mose von 1535–1545", Teil I, WA 42, S. 1ff.

MARSHAM, J., Chronicus Canon Aegyptiacus, Ebraicus, Graecus, & Disquisitiones, London 1672

MENDELSSOHN, M., Gesammelte Schriften. Jubiläumsausgabe, Bd. IV, hg.v. E.J. ENGEL, Stuttgart-Bad Cannstatt 1977

MEYER, G.W., Versuch einer Hermeneutik des Alten Testaments, 2 Bde., Lübeck 1799–1800

MEYER, G.W., Geschichte der Schrifterklärung seit der Wiederherstellung der Wissenschaften, 5 Bde., Göttingen 1802–09

MICHAELIS, J.D., Compendium Theologiae Dogmaticae, Göttingen 1760

MICHAELIS, J.D., Deutsche Übersetzung des Alten Testaments mit Anmerkungen für Ungelehrte, Bde. 1–2, Göttingen 1769–70

MIDDLETON, C., A letter to Dr. Waterland, containing some remarks on his vindication of Scripture, London 1731

MIDDLETON, C., An Examination of the Lord Bishop of London's Discourses concerning the Use and Intent of Prophecy. With some cursory Animadversions on his late Appendix ... containing a farther Inquiry into the Mosaic Account of the Fall, London 1750

MILTON, J., Paradise Lost, hg. v. A. W. VERITY, 2 Bde., Cambridge 1934

Nachrichten von merkwürdigen Büchern, hg. v. S.J. BAUMGARTEN, Bd. 1–12, Halle 1752–58

Neue Theologische Bibliothek, hg. v. J.A. ERNESTI, 10 Bde., Leipzig 1760–69

ORIGENES, Contra Celsum, hg. v. P. KOETSCHAU, GCS Bd. 2–3, 1899

PATRICK, S., A Commentary upon the First Book of Moses, called Genesis, London 1695, ³1727

PINDAR, Siegeslieder, hg. und üb. v. D. BREMER (Sammlung Tusculum), München 1992

PLUTARCH, Isis and Osiris (Moralia V, 351–384), hg. und üb. v. F.C. BABBITT (LCL, Vol. 306), Cambridge/MA und London (1936) 1984

POOLE [POLUS], M. (HG.), Synopsis Criticorum, 4 Bde., London 1669–76

POPE, A., Collected Poems, hg. v. B. DOBRÉE, London 1963 (Everyman's Library, Vol. 760)

Relationes de libris novis, Vol. 1–4 (=Fasc. 1–13), Göttingen 1752–55

Repertorium für Biblische und Morgenländische Litteratur, hg. v. J.G. EICHHORN, 18 Teile, Leipzig 1777–1786

ROBINET, J.B., De la nature, 4 Bde., Amsterdam 1761–66

ROSENMÜLLER, E.F.K., Handbuch für die Literatur der biblischen Kritik und Exegese, Bd. 1, Göttingen 1797

SALE, G., The Koran ... translated into English ... with explanatory notes, London 1734

SCHELLING, F.W.J., „Antiquissimi ... philosophematis ... explicandi tentamen", in: Werke. Historisch-kritische Ausgabe, Bd. I, 1976, S. 47–181

SCHELLING, F.W.J., „Über Mythen, historische Sagen und Philosopheme der ältesten Welt", in: Werke. Historisch-kritische Ausgabe, Bd. I, 1976, S. 183–246

SCHLÖZER, L.A., Vorstellung seiner Universal-Historie (1772/73), hg. v. H.W. BLANKE, Hagen 1990

SEMLER, J.S., Abhandlung von freyer Untersuchung des Canons, 4 Bde., Halle 1771–75

SEMLER, J.S., Historiae Ecclesiasticae selecta capita, Bd. I, Halle 1767

SHAFTESBURY, Characteristicks of Men, Manners, Opinions, Times, 3 Bde., 4. Aufl. London 1727, ND (Anglistica & Americana; 123), Hildesheim 1978

SHUCKFORD, S., The Sacred and Profane History of the World connected, from the Creation of the World (Bd. I, 1727), Oxford 1810

SIMON, R., Histoire Critique du Vieux Testament (Paris 1678; Rotterdam 1685), ND Frankfurt/Main 1967

SPENCER, J., De Legibus Hebraeorum Ritualibus et earum Rationibus (1685), Cambridge 1727

SPINOZA, B. DE, Tractatus Theologico-Politicus/Theologisch-Politischer Traktat, hg. v. G. GAWLICK UND F. NIEWÖHNER, Darmstadt 1979

STACKHOUSE, TH., A New History of the Holy Bible, from the Beginning of the World, to the Establishment of Christianity, London 1737

STANLEY, TH., Historia philosophiae orientalis, üb. v. J. LE CLERC, Amsterdam 1690

STANLEY, TH., The History of Philosophy, 3 Bde., London 1655

STÄUDLIN, C.F., Geschichte der theologischen Wissenschaften seit der Verbreitung der alten Litteratur, 2 Bde., Göttingen 1810–11 (= J.G. EICHHORN [HG.], Geschichte der Litteratur ..., Bd. 6/1–2)

STENSEN, NIELS (STENO, NICOLAUS), The Prodromus of Nicolaus Steno's Dissertation concerning a solid body enclosed by process of nature within a solid [1669], hg. v. J.G. WINTER, 1916, ND (Contributions to the History of Geology, Vol. 4), New York/London 1968

STILLINGFLEET, E., Origines Sacrae, or a rational account of the grounds of Christian Faith, London 1662

TELLER, R., Die Heilige Schrift ... nebst einer vollständigen Erklärung derselben, welche aus den ... Anmerkungen verschiedener Englischer Schriftsteller zusammengetragen, Bd. I, Leipzig 1749

Thomson, J., The Seasons, hg. v. J. Sambrook, Oxford 1981
Tindal, M., Christianity as old as the Creation (London 1730), ND hg. v. G. Gawlick, Stuttgart-Bad Cannstatt 1967
Trinius, J. A., Freydenker-Lexicon, Leipzig 1759
Trinius, J. A., Erste Zugabe zu seinem Freydencker-Lexicon, Leipzig 1765
Tuch, Fr., Kommentar über die Genesis, Halle 1838
Vater, J. S., Commentar über den Pentateuch, 3 Bde., Halle 1802–05
Vossius, G. J., De Theologia Gentili, et Physiologia Christiana; sive de Origine ac Progressu Idololatriae (Bd. I, 1641), Amsterdam 1668
Wachter, J. G., Naturae et Scripturae Concordia Commentario de Literis ... Primaevis ... illustrata, Leipzig/Kopenhagen 1752
Walton, B., Biblia Sacra Polyglotta, 6 Bde., London 1657
Warburton, W., The Alliance between Church and State, London 1736
Warburton, W., The Divine Legation of Moses demonstrated on the Principles of a Religious Deist, Bd. 1, London 1738, Bd. 2/1–2, London 1741; 3rd edition Bd. 2/1–2, London 1758; 4th edition Bd. 1/1–2, London 1755, Bde. 3–5 [= Bd. 2], London 1765
Warburton, W., „Directions for the Study of Theology", in: Works, hg. v. R. Hurd, London 1788, Bd. V, S. 601–615
Whiston, W., A New Theory of the Earth (1692), Cambridge [2]1708
Whiston, W., Astronomical Principles of Religion, natural and revealed (1717), London [2]1725
Wieland, C. M., Gesammelte Werke 1. Abt. 2. Bd., Poetische Jugendwerke Bd. 2, hg. v. F. Homeyer, Berlin 1909
Wolf, J. C., Bibliotheca Hebraea, 4 Bde., Hamburg und Leipzig 1715–33
Wolf, J. C., דעת ספרי שרשים sive Historia Lexicorum Hebraicorum, Wittenberg 1705
Woodward, J., An Essay towards a Natural History of the Earth ... With an Account of the Universal Deluge ... (1695), London [3]1723
Woodward, J., The Natural History of the Earth ... defended (lat. 1714), üb. v. B. Holloway, London 1726
de Wette, W. M. L., Beiträge zur Einleitung in das Alte Testament, 2 Bde., Halle 1806–07, ND Darmstadt 1971

3. Sekundärliteratur:

Abrams, M. H., The Mirror and the Lamp, New York 1953
Addinall, P., Philosophy and Biblical Interpretation. A Study in nineteenth-century conflict, Cambridge 1991
Adler, E., „Die Kabbala in der ,Aeltesten Urkunde des Menschengeschlechts'", in: *Bückeburger Gespräche 1988*, S. 162–180
–, „Johann Gottfried Herder und das Judentum", in: *Herder Today*, S. 382–401
Adler, H., Die Prägnanz des Dunklen. Gnoseologie-Ästhetik-Geschichtsphilosophie bei Johann Gottfried Herder (Studien zum Achtzehnten Jahrhundert; 13), Hamburg 1990
–, „Herders Holismus", in: *Herder Today*, S. 31–45
Ages, A., „Voltaire, Calmet and the Old Testament", in: Studies on Voltaire and the Eighteenth Century, Vol. XLI, Genf 1966, S. 87–187
Albertsen, L. L., „Erstes Gebot Gottes: Genieße die Wirklichkeit. Eine Beschreibung von Brokkes", in: Gedichte und Interpretationen, hg. v. K. Richter, Bd. 2, Aufklärung und Sturm und Drang, Stuttgart 1983, S. 57–66
Alonso Schökel, L., Sprache Gottes und der Menschen. Literarische und sprachpsychologische Beobachtungen zur Heiligen Schrift, Düsseldorf 1968
–, A Manual of Hebrew Poetics (SubBi 11), Rom 1988
Aner, K., Die Theologie der Lessingzeit (Halle 1929), ND Hildesheim 1964
Armogathe, J.-R., „Sens littéral et orthodoxie", in: *Le Siècle des Lumières et la Bible*, S. 431–440

ARNOLD, G., „„Eitelkeit der Eitelkeiten!' – Aufklärungskritik im Briefwechsel zwischen Herder und Hamann", in: Johann Georg Hamann und die Krise der Aufklärung, hg. v. B. GAJEK UND A. MEIER, Frankfurt/Main 1990, S. 189–214

–, „Das Schaffhauser Urmanuskript der ‚Aeltesten Urkunde des Menschengeschlechts' und sein Verhältnis zur Druckfassung", in: *Bückeburger Gespräche 1988*, S. 29–49

–, „Luther im Schaffen Herders", in: Impulse 9, 1986, S. 225–274

–, „Herder und die Philosophen des deutschen Idealismus nach den biographischen Quellen", in: Herder und die Philosophie des Deutschen Idealismus, hg. v. M. HEINZ, Amsterdam 1997, S. 189–202

ASSMANN, J., Moses der Ägypter. Entzifferung einer Gedächtnisspur, München 1998

Aufklärung und Gegenaufklärung, hg. v. J. SCHMIDT, Darmstadt 1989

Aufklärung und Geschichte. Studien zur deutschen Geschichtswissenschaft im 18. Jahrhundert, hg. v. H.E. BÖDEKER, G.G. IGGERS, J.B. KNUDSEN UND P.H. REILL (Veröffentlichungen des Max-Planck-Instituts für Geschichte; 81), Göttingen 1986

Aufklärung und Humanismus, hg. v. R. TOELLNER (Wolfenbütteler Studien zur Aufklärung; 6), Heidelberg 1980

AUVRAY, P., „Richard Simon et Spinoza", in: Religion, Erudition et Critique à la fin du XVIIe Siècle et au début du XVIIIe Siècle (Bibliothèque des Centres d'Études supérieurs spécialisés. Université de Strasbourg), Paris 1968, S. 201–214

AYLMER, G.E., „Unbelief in Seventeenth-Century England", in: Puritans and Revolutionaries. Essays … presented to C. Hill, hg. v. D. PENNINGTON UND K. THOMAS, Oxford 1978, S. 22–46

BARR, J., The Bible in the Modern World (1973), London 1990

–, Holy Scripture. Canon, Authority, Criticism, Oxford 1983 (repr. 1998)

–, The Garden of Eden and the Hope of Immortality, London 1992

–, Biblical Faith and Natural Theology, Oxford 1993

–, „Why the World was Created in 4004 B.C.: Archbishop Ussher and Biblical Chronology", in: BJRL 67, 1985, S. 575–608

BARTH, K., Der Römerbrief (1922), Zürich 1984

–, Die christliche Dogmatik im Entwurf (1927), Zürich 1982

–, Die protestantische Theologie im 19. Jahrhundert. Ihre Vorgeschichte und ihre Geschichte (1947), Zürich 1981

–, „Nachwort" in: Schleiermacher-Auswahl, hg. v. H. BOLLI (1968), Gütersloh 1983, S. 290–312

BARTON, J., Reading the Old Testament, London 1984

–, Ethics and the Old Testament, London 1998

BAUM, M., „Herder's Essay on Being", in: *Herder Today*, S. 126–137

BAUMGARTEN, A.I., The Phoenician History of Philo of Byblos. A Commentary (EPRO 89), Leiden 1981

BAYER, O., Schöpfung als Anrede, Tübingen 1990

–, „Vernunftautorität und Bibelkritik in der Kontroverse zwischen Johann Georg Hamann und Immanuel Kant", in: *Historische Kritik*, S. 21–46

BECHER, U.A.J., „August Ludwig von Schlözer – Analyse eines historischen Diskurses", in: *Aufklärung und Geschichte*, S. 344–362

BERGHAHN, K.L., „„Ein Pygmalion seines Autors'. Herders idealer Kritiker", in: *Geschichte und Kultur*, S. 141–152

BERLIN, A., The Dynamics of Biblical Parallelism, Bloomington/IN 1985

BERLIN, I., „Herder and the Enlightenment", in: Aspects of the Eighteenth Century, hg. v. EARL R. WASSERMAN, Baltimore 1965, S. 46–104; auch in: DERS., Vico and Herder, London/New York 1976, S. 143–216

–, „Hume and the sources of German anti-rationalism", in: David Hume. Bicentenary Papers, hg. v. G. P. MORICE, Edinburgh 1977, S. 93–116; auch in: DERS., Against the Current. Essays in the History of Ideas, hg. v. H. HARDY, Oxford 1981, S. 162–187

BIRKNER, H.-J., „Natürliche Theologie und Offenbarungstheologie. Ein theologiegeschichtlicher Überblick", in: NZSTh 3, 1961, S. 279–295

BLEEK, FR., Einleitung in das Alte Testament, hg. v. J. F. BLEEK UND A. KAMPHAUSEN, Berlin 1860; 4. Aufl. hg. v. J. WELLHAUSEN, Berlin 1878

BOHNEN, K., Geist und Buchstabe. Zum Prinzip des kritischen Verfahrens in Lessings literarästhetischen und theologischen Schriften (Kölner Germanistische Studien; 10), Köln/Wien 1974

BOLLACHER, M., „,Natur' und ‚Vernunft' in Herders Entwurf einer Philosophie der Geschichte der Menschheit", in: *Johann Gottfried Herder*, S. 114–124

The Books of Nature and Scripture: Recent Essays on Natural Philosophy, Theology, and Biblical Criticism in the Netherlands of Spinoza's Time and the British Isles of Newton's Time, hg. v. J. E. FORCE UND R. H. POPKIN (Archives Internationales d'Histoire des Idées; 139), Dordrecht u. a. 1994

BORST, A., Der Turmbau von Babel, Bd. 3/1–2, Stuttgart 1960–61

BOUREL, D., „Die deutsche Orientalistik im 18. Jahrhundert. Von der Mission zur Wissenschaft", in: *Historische Kritik*, S. 113–126

BRUMMACK, J., „Herders Theorie der Fabel", in: *Johann Gottfried Herder*, S. 251–266

–, „Herders Polemik gegen die Aufklärung", in: *Aufklärung und Gegenaufklärung*, S. 277–294

BÜCHSEL, E., Johann Georg Hamann: Über den Ursprung der Sprache (Hauptschriften erklärt, hg. v. F. BLANKE UND K. GRÜNDER, Bd. 4), Gütersloh 1963

BÜCHSEL, E., „Hermeneutische Impulse in Herders ‚Aeltester Urkunde'", in: *Bückeburger Gespräche 1988*, S. 151–161

Bückeburger Gespräche über Johann Gottfried Herder 1971, hg. v. J. G. MALTUSCH (Schaumburger Studien; 33), Bückeburg 1973

Bückeburger Gespräche über Johann Gottfried Herder 1975, hg. v. J. G. MALTUSCH (Schaumburger Studien; 37), Rinteln 1976

Bückeburger Gespräche über Johann Gottfried Herder 1979, hg. v. B. POSCHMANN (Schaumburger Studien; 41), Rinteln 1980

Bückeburger Gespräche über Johann Gottfried Herder 1983, hg. v. B. POSCHMANN (Schaumburger Studien; 45), Rinteln 1984

Bückeburger Gespräche über Johann Gottfried Herder 1988, hg. v. B. POSCHMANN (Schaumburger Studien; 49), Rinteln 1989

BULTMANN, C., „Herder als Schüler des Philologen Michaelis. Zur Rigaer Erstfassung der ‚Archäologie'", in: *Bückeburger Gespräche 1988*, S. 64–80

–, „Creation at the Beginning of History: Johann Gottfried Herder's Interpretation of Genesis 1", in: JSOT 68, 1995, S. 23–32

BUNGE, M., „Herder's View of the Gospels and the Quest of the Historical Jesus", in: *Geschichte und Kultur*, S. 257–274

–, „Johann Gottfried Herders Auslegung des Neuen Testaments", in: *Historische Kritik*, S. 249–262

–, „Human Language of the Divine: Herder on Ways of Speaking about God", in: *Herder Today*, S. 304–318

–, „Text and Reader in Herder's Interpretation of the New Testament", in: *Johann Gottfried Herder. Language*, S. 138–150

CAPALDI, N., Hume's Place in Moral Philosophy (Studies in Moral Philosophy; 3), New York u. a. 1989

CARRAUD, V., „Descartes et la Bible", in: *Le Grand Siècle et la Bible*, S. 277–291

CARROLL, R. T., The Common-Sense Philosophy of Religion of Bishop Edward Stillingfleet 1635–1699 (Archives Internationales d'Histoire des Idées; 77), Den Haag 1975

CASSIRER, E., Die Philosophie der Aufklärung, Tübingen 1932, ³1973

CHEYNE, T. K., Founders of Old Testament Criticism, London 1893

CHUO UNIVERSITY LIBRARY (ED.), David Hume and the Eighteenth Century British Thought. An Annotated Catalogue, 2 Bde., Tokyo 1986/88

CLARK, J. C. D., English Society 1688–1832. Ideology, Social Structure and Political Practice during the Ancien Régime, Cambridge 1985

CLARK, R. T., Herder. His Life and Thought, Berkeley/Los Angeles 1955

DANFORD, J. W., David Hume and the Problem of Reason. Recovering the Human Sciences, New Haven/London 1990

DECONINCK-BROSSARD, F., „England and France in the Eighteenth Century", in: Reading the Text. Biblical Criticism and Literary Theory, hg. v. ST. PRICKETT, Oxford 1991, S. 136–181

DEUSER, H., „Humes pragmatistisches Argument für die Realität Gottes", in: *Theologie und Aufklärung*, S. 228–241

Dictionary of the History of Ideas, hg. v. PH.P. WIENER, 5 Bde., New York 1973

DIESTEL, L., Geschichte des Alten Testaments in der christlichen Kirche, Jena 1869

DILTHEY, W., „Das achtzehnte Jahrhundert und die geschichtliche Welt", in: Gesammelte Schriften Bd. III, Leipzig/Berlin 1927, S. 210–268

–, „Das hermeneutische System Schleiermachers in der Auseinandersetzung mit der älteren protestantischen Hermeneutik", in: Gesammelte Schriften Bd. XIV/2, Göttingen 1966, S. 595–787

DOERNE, M., Die Religion in Herders Geschichtsphilosophie, Leipzig 1927

DONNER, H., „Gesichtspunkte zur Auflösung des klassischen Kanonbegriffes bei Johann Salomo Semler", in: Fides et communicatio. FS Martin Doerne, hg. v. D. RÖSSLER U.A., Göttingen 1970, S. 56–68

DORNER, I.A., Geschichte der protestantischen Theologie (Geschichte der Wissenschaften in Deutschland, Bd. 5), München 1867

DROGE, A.J., Homer or Moses? Early Christian Interpretations of the History of Culture (HUTh 26), Tübingen 1989

DRURY, J., Critics of the Bible 1724–1873, Cambridge 1989

DÜSING, W., „Die Interpretation des Sündenfalls bei Herder, Kant und Schiller", in: *Bückeburger Gespräche 1988*, S. 227–244

DYCK, J., Athen und Jerusalem. Die Tradition der argumentativen Verknüpfung von Bibel und Poesie im 17. und 18. Jahrhundert, München 1977

EBACH, J., Weltentstehung und Kulturentwicklung bei Philo von Byblos (BWANT 108), Stuttgart 1979

EBELING, G., „Die Bedeutung der historisch-kritischen Methode für die protestantische Theologie und Kirche", in: DERS., Wort und Glaube (I), Tübingen [3]1967, S. 1–49

FABIAN, B., „Lukrez im siebzehnten und achtzehnten Jahrhundert. Einige Notizen", in: *Aufklärung und Humanismus*, S. 107–129

FAUST, U., Mythologien und Religionen des Ostens bei Johann Gottfried Herder (Aevum Christianum; 12), Münster 1977

FINK, K.J., „Herder's Theory of Origin: From Poly- to Palingenesis", in: *Johann Gottfried Herder. Innovator*, S. 85–101

FORCE, J.E., William Whiston. Honest Newtonian, Cambridge 1985

– /POPKIN, R.H., Essays on the Context, Nature, and Influence of Isaac Newton's Theology (Archives Internationales d'Histoire des Idées; 129), Dordrecht u.a. 1990

–, „Hume and the Relation of Science to Religion Among Certain Members of the Royal Society", in: Journal of the History of Ideas 45, 1984, S. 517–536

–, „The God of Abraham and Isaac (Newton)", in: *The Books of Nature and Scripture*, S. 179–200

FÖRSTER, W., „Johann Gottfried Herder: Weltgeschichte und Humanität", in: *Aufklärung und Geschichte*, S. 363–387

–, „Zu Herders Theologie und seiner Religionskritik", in: *Herder-Kolloquium 1978*, S. 251–259

FOUCAULT, M., L'archéologie du savoir, Paris 1969

FRANK, M., Der kommende Gott. Vorlesungen über die Neue Mythologie (edition suhrkamp N.F. 142), Frankfurt/Main 1982

FREI, H.W., The Eclipse of Biblical Narrative. A Study in Eighteenth and Nineteenth Century Hermeneutics, New Haven 1974

FREUND, G., Theologie im Widerspruch. Die Lessing-Goeze-Kontroverse, Stuttgart/Berlin/Köln 1989

FRY, H.P., Physics, Classics, and the Bible. Elements of the Secular and the Sacred in Barthold Heinrich Brockes' „Irdisches Vergnügen in Gott", 1721 (The Enlightenment. German and Interdisciplinary Studies; 2), Frankfurt/Main u.a. 1990

FULLER, R.C., Alexander Geddes 1737–1802: Pioneer of Biblical Criticism (Historic Texts and Interpreters in Biblical Scholarship; 3), Sheffield 1984

GADAMER, H.-G., Wahrheit und Methode (1960), Tübingen 1975

GAIER, U., Herders Sprachphilosophie und Erkenntniskritik (problemata; 118), Stuttgart 1988

–, „Herders ‚Aelteste Urkunde des Menschengeschlechts‘ und Goethe", in: *Bückeburger Gespräche 1988*, S. 133–150

–, „Poesie als Metatheorie. Zeichenbegriffe des frühen Herder", in: *Johann Gottfried Herder*, S. 202–224

–, „Poesie oder Geschichtsphilosophie? Herders erkenntnistheoretische Antwort auf Kant", in: *Geschichte und Kultur*, S. 1–18

–, „Gegenaufklärung im Namen des Logos: Hamann und Herder", in: *Aufklärung und Gegenaufklärung*, S. 261–277

–, „Metadisziplinäre Argumente und Verfahren Herders. Zum Beispiel: Die Erfindung der Soziologie", in: Herder Yearbook 1, 1992, S. 59–79

–, „Hamanns und Herders hieroglyphische Stile", in: Johann Georg Hamann. Autor und Autorschaft, hg. v. B. GAJEK, Frankfurt/Main 1996, S. 177–195

GASKIN, J.C.A., Hume's Philosophy of Religion (1978), London 1988

–, „Hume's Attenuated Deism", in: AGPh 65, 1983, S. 160–173

–, „Hume's Critique of Religion", in: JHP 14, 1976, S. 301–311

GAWLICK, G./KREIMENDAHL, L., Hume in der deutschen Aufklärung. Umrisse einer Rezeptionsgeschichte (FMDA II/4), Stuttgart 1987

–, „Der Deismus als Grundzug der Religionsphilosophie der Aufklärung", in: Hermann Samuel Reimarus (1694–1768): ein ‚bekannter Unbekannter‘ der Aufklärung in Hamburg, Göttingen 1973, S. 15–43

–, „Hume and the Deists. A reconsideration", in: David Hume. Bicentenary papers, hg. v. G. P. MORICE, Edinburgh 1977, S. 128–138

GAY, P., The Enlightenment. An Interpretation (1966/69), New York 1995/6

Geschichte und Kultur: s. Johann Gottfried Herder. Geschichte und Kultur

GOCKEL, H., „Herder und die Mythologie", in: *Johann Gottfried Herder*, S. 409–418

GRAFTON, A.T., „Joseph Scaliger and Historical Chronology: the Rise and Fall of a Discipline", in: HTh 14, 1975, S. 156–185

–, „‚Man muß aus der Gegenwart heraufsteigen‘: History, Tradition and Traditions of Historical Thought in F.A. Wolf", in: *Aufklärung und Geschichte*, S. 416–429

Le Grand Siècle et la Bible, hg. v. J.R. ARMOGATHE (Bible de tous les temps; 6), Paris 1989

GRAUBNER, H., „Theologischer Empirismus. Aspekte der Hume-Rezeption Johann Georg Hamanns", in: Hume Studies Vol. XV/2, 1989, S. 377–385

–, „Origines. Zur Deutung des Sündenfalls in Hamanns Kritik an Herder", in: *Bückeburger Gespräche 1988*, S. 108–132

GREAVES, R.W., „The Working of the Alliance. A Comment on Warburton", in: Essays in Modern English Church History in memory of Norman Sykes, hg. v. G. V. BENNETT UND J. D. WALSH, London 1966, S. 163–180.

GRESCHAT, M., Einleitung zu: DERS. (HG), Die Aufklärung (Gestalten der Kirchengeschichte, Bd. 8), Stuttgart 1983

GRÜNDER, K., Figur und Geschichte. Johann Georg Hamanns „Biblische Betrachtungen" als Ansatz einer Geschichtsphilosophie (Symposion; 3), Freiburg/München 1958

GUNKEL, H., „Ziele und Methoden der Erklärung des Alten Testaments", in: DERS., Reden und Aufsätze, Göttingen 1913, S. 11–29

GUNNEWEG, A.H.J., Vom Verstehen des Alten Testaments. Eine Hermeneutik (ATD.Erg-Bd. 5), Göttingen 1977, ²1988

GÜNTHER, G./VOLGINA, A.A./SEIFERT, S. (HG.), Herder-Bibliographie, Berlin und Weimar 1978

GÜNTHER, H., „Rückgriffe der Aufklärung auf Geschichtstheorien des Humanismus", in: *Aufklärung und Humanismus*, S. 59–68

GUTZEN, D., Poesie der Bibel. Beobachtungen zu ihrer Entdeckung und ihrer Interpretation im 18. Jahrhundert, Diss. Bonn 1972

–, „Ästhetik und Kritik bei Johann Gottfried Herder", in: *Historische Kritik*, S. 263–286

HÄFNER, R., Johann Gottfried Herders Kulturentstehungslehre. Studien zu den Quellen und zur Methode seines Geschichtsdenkens (Studien zum Achtzehnten Jahrhundert; 19), Hamburg 1995

–, „Die Weisheit des Ursprungs. Zur Überlieferung des Wissens in Herders Geschichtsphilosophie", in: Herder Yearbook 2, 1994, S. 77–101

–, „Johann Lorenz Mosheim und die Origenes-Rezeption in der ersten Hälfte des 18. Jahrhunderts", in: Johann Lorenz Mosheim (1693–1755). Theologie im Spannungsfeld von Philosophie, Philologie und Geschichte (Wolfenbütteler Forschungen; 77), hg. v. M. MULSOW U. A., Wiesbaden 1997, S. 229–260

Hamann-Kant-Herder. Acta des 4. Int. Hamann-Kolloquiums 1985, hg. v. B. GAJEK, Frankfurt/ Main 1987

HARNACK, A. VON, Das Wesen des Christentums (1900), Gütersloh 1977

HARRISON, P., „Religion" and the Religions in the English Enlightenment, Cambridge 1990

HARTH, D., „Kultur als Poiesis. Eine Kritik an Herders kulturphilosophischen Denkbildern", in: *Johann Gottfried Herder*, S. 341–351

HARTLICH, C./SACHS, W., Der Ursprung des Mythosbegriffes in der modernen Bibelwissenschaft (Schriften der Studiengemeinschaft der Evangelischen Akademien), Tübingen 1952

HAYM, R., Herder nach seinem Leben und seinen Werken (1877/85), ND Berlin 1954

HAZARD, P., Die Krise des europäischen Geistes 1680–1715, Hamburg 1939

HEERING, J.P., „Hugo Grotius' *De Veritate Religionis Christianae*", in: Hugo Grotius Theologian. Essays in Honour of G.H.M Posthumus Meyjes, hg. v. H. J. M. NELLEN UND E. RABBIE (SHCT 55), Leiden u.a. 1994, S. 41–52

HEINZ, M., Sensualistischer Idealismus. Untersuchungen zur Erkenntnistheorie [und Metaphysik] des jungen Herder (1763–1778) (Studien zum Achtzehnten Jahrhundert; 17), Hamburg 1994

HENRICH, D., „Kants Denken 1762/3. Über den Ursprung der Unterscheidung analytischer und synthetischer Urteile", in: DERS., Studien zu Kants philosophischer Entwicklung, Hildesheim 1967, S. 9–38

HEPWORTH, B., Robert Lowth (Twayne's English Authors Series; 224), Boston 1978

Herder-Kolloquium 1978. Referate und Diskussionsbeiträge, hg. v. W. DIETZE, Weimar 1980

Herder Today, hg. v. K. MUELLER-VOLLMER, Berlin und New York 1990

HERDT, J.A., Religion and faction in Hume's moral philosophy (Cambridge studies in religion and critical thought; 3), Cambridge 1997

HERMS, E., „David Hume (1711–1776)", in: ZKG 94, 1983, S. 279–312

HERRMANN, S., „G.E. Lessings ‚Erziehung des Menschengeschlechts' – eine kleine ‚Biblische Theologie'?", in: *Theologie und Aufklärung*, S. 76–88

HERRMANN, W., Gesammelte Aufsätze, hg. v. F.W. SCHMIDT, Tübingen 1923

HEYD, M., ‚Be Sober and Reasonable'. The Critique of Enthusiasm in the Seventeenth and Early Eighteenth Centuries (Brill's Studies in Intellectual History; 63), Leiden 1995

HINSKE, N.(HG.), Zentren der Aufklärung I: Halle. Aufklärung und Pietismus (WSA 15), Heidelberg 1989

HINTZENSTERN, H. VON, „Herders Lutherbild", in: *Bückeburger Gespräche 1983*, S. 159–173

–, „Humanist aus christlicher Verantwortung", in: *Herder-Kolloquium 1978*, S. 244–250

HIRSCH, E., Geschichte der neuern evangelischen Theologie, Gütersloh ³1964, ND Münster 1984

Historische Kritik und biblischer Kanon in der deutschen Aufklärung, hg. v. H. GRAF REVENTLOW, W. SPARN UND J.D. WOODBRIDGE (Wolfenbütteler Forschungen; 41), Wiesbaden 1988

Historisches Wörterbuch der Philosophie, hg. v. J. RITTER UND K. GRÜNDER, 9 Bde., 1971ff.

VOM HOFE, G., „‚Weitstrahlsinnige' Ur-Kunde. Zur Eigenart und Begründung des Historismus beim jungen Herder", in: *Johann Gottfried Herder*, S. 364–382

–, „Die Geschichte als ‚Epopee Gottes'. Zu Herders ästhetischer Geschichtstheorie", in: *Bückeburger Gespräche 1983*, S. 56–81

–, „Herders ‚Hieroglyphen‘-Poetik“, in: *Bückeburger Gespräche 1988*, S. 190–209

–, „Schöpfung als Dichtung. Herders Deutung der Genesis als Beitrag zur Grundlegung einer theologischen Ästhetik“, in: DERS. U. A. (HG.), Was aber (bleibet) stiften die Dichter, München 1986, S. 65–87

HORNIG, G., Die Anfänge der historisch-kritischen Theologie. Johann Salomo Semlers Schriftverständnis und seine Stellung zu Luther (FSThRPh 8), Göttingen 1961

–, „Lehre und Bekenntnis im Protestantismus“, in: Handbuch der Dogmen- und Theologiegeschichte Bd. 3, Göttingen 1984, S. 71–287

–, Johann Salomo Semler. Studien zu Leben und Werk des Hallenser Aufklärungstheologen (Hallesche Beiträge zur Europäischen Aufklärung; 2), Tübingen 1996

HORSTMANN, A., „Mythologie und Altertumswissenschaft. Der Mythosbegriff bei Christian Gottlob Heyne“, in: ABG 16, 1972, S. 60–85

HOUTMAN, C., Der Pentateuch. Die Geschichte seiner Erforschung neben einer Auswertung (Contributions to Biblical Exegesis and Theology; 9), Kampen 1994

HUTTON, S., „More, Newton, and the Language of Biblical Prophecy“, in: *The Books of Nature and Scripture*, S. 39–53

–, „Reason and Revelation in the Cambridge Platonists, and their Reception of Spinoza“, in: *Spinoza in der Frühzeit seiner religiösen Wirkung*, S. 181–200

IGGERS, G. G., „The European Context of Eighteenth-Century German Enlightenment Historiography“, in: *Aufklärung und Geschichte*, S. 225–245

IRMSCHER, H. D./ADLER, E., Der handschriftliche Nachlaß Johann Gottfried Herders (Staatsbibliothek Preußischer Kulturbesitz. Kataloge der Handschriftenabteilung II/1), Wiesbaden 1979

IRMSCHER, H. D., „Grundzüge der Hermeneutik Herders“, in: *Bückeburger Gespräche 1971*, S. 17–57

–, „Beobachtungen zur Funktion der Analogie im Denken Herders“, in: DVfLG 55, 1981, S. 640–97

–, „Grundfragen der Geschichtsphilosophie Herders bis 1774“, in: *Bückeburger Gespräche 1983*, S. 10–32

–, „Zur Ästhetik des jungen Herder“, in: *Johann Gottfried Herder*, S. 43–76

–, „Die Geschichtlichkeit des menschlichen Daseins. Johann Gottfried Herders ‚Der Genius der Zukunft‘“, in: Gedichte und Interpretationen, hg. v. K. RICHTER, Bd. 2, Aufklärung und Sturm und Drang, Stuttgart 1983, S. 276–293

–, „Die geschichtsphilosophische Kontroverse zwischen Kant und Herder“, in: Hamann-Kant-Herder. Acta des 4. Int. Hamann-Kolloquiums 1985, hg. v. B. GAJEK, Frankfurt/Main 1987, S. 111–192

–, „Johann Gottfried Herder ‚Entwurf zur Philosophie der Geschichte‘“, in: Textkritik und Interpretation. FS K. K. Polheim, hg. v. H. REINITZER, Bern 1987, S. 339–351

–, „Aneignung und Kritik naturwissenschaftlicher Vorstellungen bei Herder“, in: Texte, Motive und Gestalten der Goethezeit. FS Hans Reiss, hg. v. J. L. HIBBERD UND H. B. NISBET, Tübingen 1989, S. 33–63

JACOBS, J., „‚Universalgeschichte der Bildung der Welt‘. Die Problematik des Historismus beim frühen Herder“, in: *Geschichte und Kultur*, S. 61–74

JAUSS, H. R., Ästhetische Erfahrung und literarische Hermeneutik Bd. 1, München 1977

JESSOP, T. E., A Bibliography of David Hume and of Scottish Philosophy from Francis Hutcheson to Lord Balfour, New York 1966

JØRGENSEN, S.-A. (U. A.), Aufklärung, Sturm und Drang, Frühe Klassik 1740–1789 (Geschichte der Deutschen Literatur, Bd. 6), München 1990

–, Johann Georg Hamann (Sammlung Metzler; 143), Stuttgart 1976

–, „Turbatverse und Fortgebäude: Über den fehlenden Einfluß J. G. Hamanns auf Herders Auch eine Philosophie der Geschichte“, in: *Bückeburger Gespräche 1983*, S. 111–121

–, „Hamann und Hervey. Zur Bibellektüre während Hamanns Londoner Krise“, in: *Historische Kritik*, S. 237–248

–, „‚wenn Sie wüsten, wie ich Sie buchstabire'. Herder als Dolmetscher Hamanns in der ‚Aeltesten Urkunde'", in: *Bückeburger Gespräche 1988*, S. 98–107

–, „Hamanns hermeneutische Grundsätze", in: *Aufklärung und Humanismus*, S. 219–231

Johann Georg Hamann. Acta des Internationalen Hamann-Colloquiums in Lüneburg 1976, hg. v. B. GAJEK, Frankfurt/Main 1979

Johann Georg Hamann und die Krise der Aufklärung, hg. v. B. GAJEK UND A. MEIER, Frankfurt/Main 1990

Johann Georg Hamann. Autor und Autorschaft, hg. v. B. GAJEK, Frankfurt/Main 1996

Johann Gottfried Herder 1744–1803, hg. v. G. SAUDER (Studien zum Achtzehnten Jahrhundert; 9), Hamburg 1987

Johann Gottfried Herder. Geschichte und Kultur, hg. v. M. BOLLACHER, Würzburg 1994

Johann Gottfried Herder. Innovator through the Ages, hg. v. W. KOEPKE UND S.B. KNOLL (Modern German Studies; 10), Bonn 1982

Johann Gottfried Herder. Language, History and the Enlightenment, hg. v. W. KOEPKE (Studies in German Literature, Linguistics, and Culture; 52), Columbia S.C. 1990

JONES, P., Hume's Sentiments. Their Ciceronian and French Context, Edinburgh 1982

–, „Hume and the Beginnings of Modern Aesthetics", in: *The ‚Science of Man'*, S. 54–67

–, „Hume's literary and aesthetic theory", in: The Cambridge Companion to Hume, hg. v. D. F. NORTON, Cambridge 1994, S. 255–280

DE JONGE, H.J., „Hugo Grotius: exégète du Nouveau Testament", in: *The World of Hugo Grotius (1583–1645)*, S. 97–115

JUNG, V., Das Ganze der Heiligen Schrift. Hermeneutik und Schriftauslegung bei Abraham Calov (Calwer Theologische Monographien; B, 18), Stuttgart 1999

JUNGHANS, R., „Die Lutherrezeption Johann Gottfried Herders", in: LuJ 59, 1992, S. 160–191

KAISER, O., Der Gott des Alten Testaments. Theologie des Alten Testaments. Teil 1: Grundlegung, Göttingen 1993

–, Von der Gegenwartsbedeutung des Alten Testaments, Göttingen 1984

KANTZENBACH, F.W., „Herders Briefe das Studium der Theologie betreffend. Überlegungen zur Transformation der reformatorischen Kreuzestheologie", in: *Bückeburger Gespräche 1975*, S. 22–57 [auch in: DERS., Geist und Religion der Neuzeit, Saarbrücken 1991, Bd. 1, S. 381–416]

–, „Einige kirchengeschichtliche und theologische Aspekte der Herder-Forschung", in: *Bückeburger Gespräche 1979*, S. 67–93

–, „‚Selbstheit' bei Herder. Anfragen zum Pantheismusverdacht", in: *Johann Gottfried Herder*, S. 14–22

–, „Die ‚Aelteste Urkunde des Menschengeschlechts' – Herders Schrift im theologiegeschichtlichen Zusammenhang", in: *Bückeburger Gespräche 1988*, S. 292–320

–, „Idealistische Religionsphilosophie und Theologie der Aufklärung", in: Idealismus und Aufklärung. Kontinuität und Kritik der Aufklärung in Philosophie und Poesie um 1800, hg. v. C. JAMME UND G. KURZ, Stuttgart 1988, S. 97–149

KATZ, D.S., „‚Moses's Principia': Hutchinsonianism and Newton's Critics", in: *The Books of Nature and Scripture*, S. 201–211

KELLEY, D.R., „Horizons of Intellectual History: Retrospect, Circumspect, Prospect", in: Journal of the History of Ideas 48, 1987, S. 143–169

–, „What is Happening to the History of Ideas?", in: Journal of the History of Ideas 51, 1990, S. 3–25

KEMPER, H.G., Gottebenbildlichkeit und Naturnachahmung im Säkularisierungsprozeß. Problemgeschichtliche Studien zur deutschen Lyrik in Barock und Aufklärung, Tübingen 1981

KIMBER, I.M., „Barthold Heinrich Brockes' Irdisches Vergnügen in Gott als zeitgeschichtliches Dokument", in: Barthold Heinrich Brockes (1680–1747), hg. v. H.-D. LOOSE, Hamburg 1980, S. 45–70

KLATT, W., Hermann Gunkel. Zu seiner Theologie der Religionsgeschichte und zur Entstehung der formgeschichtlichen Methode (FRLANT 100), Göttingen 1969

KLAUBER, M.I., „Between Protestant Orthodoxy and Rationalism: Fundamental articles in the early career of Jean LeClerc", in: Journal of the History of Ideas 54 (1993), S. 59–78

KLEFFMANN, T., Die Erbsündenlehre in sprachtheologischem Horizont. Eine Interpretation Augustins, Luthers und Hamanns, Tübingen 1994

KLEIN, L.E., Shaftesbury and the Culture of Politeness. Moral discourse and cultural politics in early eighteenth-century England, Cambridge 1994

KNODT, E.-M., ‚Negative Philosophie' und dialogische Kritik. Zur Struktur poetischer Theorie bei Lessing und Herder (Untersuchungen zur deutschen Literaturgeschichte; 47), Tübingen 1988

KNOLL, R., „Herder als Promotor Hamanns. Zu Herders früher Literaturkritik", in: *Herder Today*, S. 207–227

–, „Herder und die Utopie", in: *Geschichte und Kultur*, S. 87–96

KOEPKE, W., Johann Gottfried Herder (Twayne's World Authors Series), Boston 1987

–, „Truth and Revelation. On Herder's Theological Writings", in: *Johann Gottfried Herder. Innovator*, S. 138–156

–, „Nemesis und Geschichtsdialektik", in: *Herder Today*, S. 85–96

KOHLSCHMIDT, W., Herder-Studien. Untersuchungen zu Herders kritischem Stil und zu seinen literaturkritischen Grundeinsichten (Neue Forschung, Bd. IV), Berlin 1929

–, Geschichte der Deutschen Literatur von den Anfängen bis zur Gegenwart. Bd. II: ...vom Barock zur Klassik, Stuttgart 1965; Bd. III: ... von der Romantik bis zum späten Goethe, Stuttgart 1974

KOSELLECK, R., „Geschichte V. Die Herausbildung des modernen Geschichtsbegriffs", in: Geschichtliche Grundbegriffe, Bd. 2, 1975, S. 647–691

KRAUS, H.-J., Geschichte der historisch-kritischen Erforschung des Alten Testaments (1956), Neukirchen-Vluyn ⁴1988

–, Die Biblische Theologie. Ihre Geschichte und Problematik, Neukirchen-Vluyn 1970

–, „Herders alttestamentliche Forschungen", in: *Bückeburger Gespräche 1971*, S. 59–76

KRAUSS, W., Zur Anthropologie des 18. Jahrhunderts. Die Frühgeschichte der Menschheit im Blickpunkt der Aufklärung, hg.v. H. KORTUM UND C. GOHRISCH, Frankfurt/Main und Berlin 1987

KREIMENDAHL, L., Kant – Der Durchbruch von 1769, Köln 1990

–, „Humes Kritik an den Schwärmern und das Problem der ‚wahren Religion' in seiner Philosophie", in: Aufklärung 3, 1988, S. 7–27

KRIEGER, L., „The Philosophical Bases of German Historicism: The Eighteenth Century", in: *Aufklärung und Geschichte*, S. 246–263

KUGEL, J.L., The Idea of Biblical Poetry: Parallelism and its History, New Haven 1981

KUHLES, D. (HG.), Herder Bibliographie 1977–1992, Stuttgart und Weimar 1994

KÜMMEL, W.G., Das Neue Testament. Geschichte der Erforschung seiner Probleme, Freiburg/München ²1970

LAMBE, P.J., „Biblical Criticism and Censorship in Ancien Régime France: The Case of Richard Simon", in: HThR 78, 1985, S. 149–177

LAPLANCHE, F., L'écriture, le sacré et l'histoire. Erudits et Politiques Protestants devant la Bible en France au XVIIe Siècle, Amsterdam/Maarssen 1986

–, „Grotius et les religions du paganisme dans les *Annotationes in Vetus Testamentum*", in: Hugo Grotius Theologian. Essays in Honour of G.H.M Posthumus Meyjes, hg.v. H. J. M. NELLEN UND E. RABBIE (SHCT 55), Leiden 1994, S. 53–63

LE BRUN, J., „La réception de la théologie de Grotius chez les catholiques de la seconde moitié du dix-septième siècle", in: *The World of Hugo Grotius (1583–1645)*, S. 195–214

–, Art. „Simon (Richard)", in: Supplément au Dictionnaire de la Bible, Fasc. 71, Paris 1996, Sp. 1353–1383

LESSENICH, R.P., Dichtungsgeschmack und Althebräische Bibelpoesie im 18. Jahrhundert. Zur Geschichte der englischen Literaturkritik (Anglistische Studien; 4), Köln/Graz 1967

–, Aspects of English Preromanticism, Köln/Wien 1989

LEVENTHAL, R. S., „Progression and Particularity: Herder's Critique of Schlözer's Universal History in the Context of the Early Writings", in: *Johann Gottfried Herder. Language*, S. 25–46

–, „Interpretation and Rhetoric in the German Enlightenment 1740–1760", in: DVfLG 60, 1986, S. 223–248

–, „Critique of Subjectivity: Herder's Foundation of the Human Sciences", in: *Herder Today*, S. 173–189

–, „Diskursanalytische Überlegungen zum Wissenschaftsbegriff beim frühen Herder", in: *Geschichte und Kultur*, S. 117–130

LIVINGSTON, D. W., Hume's Philosophy of Common Life, Chicago/London 1984

–, „Hume on the Natural History of Philosophical Consciousness", in: *The „Science of Man'* S. 68–84

LOVEJOY, A. O., „The Study of the History of Ideas" (1936), in: The History of Ideas. An Introduction to Method, hg. v. P. KING, London 1983, S. 179–197

–, „Reflections on the history of ideas", in: Journal of the History of Ideas 1, 1940, S. 3–23

–, „Herder and the Enlightenment Philosophy of History", in: DERS., Essays in the History of Ideas, Baltimore 1948, S. 166–182

–, The Great Chain of Being. A Study of the History of an Idea (1936), Cambridge/MA 1957

LÖWENBRÜCK, A.-R., „Johann David Michaelis et les débuts de la critique biblique", in: *Le Siècle des Lumières et la Bible*, S. 113–128

–, „Johann David Michaelis' Verdienst um die philologisch-historische Bibelkritik", in: *Historische Kritik*, S. 157–170

LÜDER, A., Historie und Dogmatik. Ein Beitrag zur Genese und Entfaltung von Johann Salomo Semlers Verständnis des Alten Testaments (BZAW 233), Berlin 1995

LÜHE, A. VON DER, David Humes ästhetische Kritik (Studien zum achtzehnten Jahrhundert; 20), Hamburg 1996

LÜPKE, J. VON, Wege der Weisheit. Studien zu Lessings Theologiekritik (GTA 41), Göttingen 1989

LUMPP, H.-M., Philologia crucis. Zu Johann Georg Hamanns Auffassung von der Dichtkunst. Mit einem Kommentar zur „Aesthetica in nuce', Tübingen 1970

MACMILLAN, D., Painting in Scotland. The Golden Age, Oxford 1986

MALHERBE, M., „Hobbes et la Bible", in: *Le Grand Siècle et la Bible*, S. 691–700

MALSCH, W., „Zur möglichen Bedeutung von Hamanns Bibeltypologie für die Geschichtssicht Herders und der Goethezeit", in: Johann Georg Hamann. Acta des Internationalen Hamann-Colloquiums in Lüneburg 1976, hg. v. B. GAJEK, Frankfurt/Main 1979, S. 93–116

–, „Hinfällig geoffenbartes Urbild. Griechenland in Herders typologischer Geschichtsphilosophie", in: Jahrbuch der deutschen Schillergesellschaft 30, 1986, S. 161–184

MANDELBAUM, M., „Arthur O. Lovejoy and the Theory of Historiography", in: Journal of the History of Ideas 9, 1948, S. 412–423

–, „On Lovejoy's Historiography" (1965), in: The History of Ideas. An Introduction to Method, hg. v. P. KING, London 1983, S. 198–210

MANDELBROTE, S., „‚A duty of the greatest moment': Isaac Newton and the writing of biblical criticism", in: British Journal for the History of Science 26, 1993, S. 281–302

–, „Isaac Newton and Thomas Burnet: Biblical Criticism and the Crisis of Late Seventeenth-Century England", in: *The Books of Nature and Scripture*, S. 149–178

MANUEL, F. E., The Eighteenth Century confronts the Gods, Cambridge/MA 1959

MARSAUCHE, P., „La Musique guérit les Mélancholies: Étude sur le Commentaire de Dom Calmet", in: Les règles de l'interprétation, hg. v. M. TARDIEU, Paris 1987, S. 195–207

–, „Présentation de Dom Augustin Calmet (1672–1757): Dissertation sur les Possessions du Démon", in: *Le Grand Siècle et la Bible*, S. 233–254

MAURER, M., Aufklärung und Anglophilie in Deutschland (Veröffentlichungen des Deutschen Historischen Instituts London; 19), Göttingen 1987

–, „Die Geschichtsphilosophie des jungen Herder in ihrem Verhältnis zur Aufklärung", in: *Johann Gottfried Herder*, S. 141–155

McKane, W., Selected Christian Hebraists, Cambridge 1989

–, „Benjamin Kennicott: An Eighteenth Century Researcher", in: JTS N. S. 28, 1977, S. 445–464

Meinecke, F., Die Entstehung des Historismus. Werke Bd. 3, München 1959

Menges, K., „‚[…] daß der Gedanke am Ausdruck klebe': Vom Sprechen und Schreiben bei Herder", in: *Geschichte und Kultur*, S. 153–166

–, „‚Seyn' und ‚Daseyn', Sein und Zeit. Zu Herders Theorie des Subjekts", in: *Herder Today*, S. 138–157

–, „Erkenntnis und Sprache. Herder und die Krise der Philosophie im späten achtzehnten Jahrhundert", in: *Johann Gottfried Herder. Language*, S. 47–69

Menze, E. A., „Königsberg und Riga: The Genesis and Significance of Herder's Historical Thought", in: *Herder Today*, S. 97–107

Merk, O., Biblische Theologie des Neuen Testaments in ihrer Anfangszeit. Ihre methodischen Probleme bei Johann Philipp Gabler und Georg Lorenz Bauer und deren Nachwirkungen (MThS 9), Marburg 1972

–, „Anfänge neutestamentlicher Wissenschaft im 18. Jahrhundert", in: Historische Kritik in der Theologie, hg. v. G. Schwaiger (SThGG 32), Göttingen 1980, S. 37–59

Metzger, M., Die Paradieseserzählung. Die Geschichte ihrer Auslegung von J. Clericus bis W. M. L. de Wette (APPP 16), Bonn 1959

Michelsen, P., „Regeln für Genies. Zu Herders ‚Fragmenten' ‚Über die neuere deutsche Literatur'", in: *Johann Gottfried Herder*, S. 225–237

Morton, M., „The Infinity of Finitude: Criticism, History, and Herder", in: Herder Yearbook 1, 1992, S. 23–58

–, „Herder and the Possibility of Literature: Rationalism and Poetry in Eighteenth Century Germany", in: *Johann Gottfried Herder. Innovator*, S. 41–63

–, „Changing the Subject: Herder and the Reorientation of Philosophy", in: *Herder Today*, S. 158–172

Mossner, E. C., The Life of David Hume (1954), Oxford 1980

–, „The Religion of David Hume", in: Journal of the History of Ideas 39, 1978, S. 653–663

–, „Hume and the Legacy of the ‚Dialogues'", in: David Hume. Bicentenary Papers, hg. v. G. P. Morice, Edinburgh 1977, S. 1–22

–, „Hume's ‚Four Dissertations': An essay in biography and bibliography", in: Modern Philology 48, 1950, S. 37–57

Muhlack, U., „Historie und Philologie", in: *Aufklärung und Geschichte*, S. 49–81

Mühlenberg, E., „Göttinger Kirchenhistoriker im 18. und 19. Jahrhundert", in: Theologie in Göttingen, hg. v. B. Moeller (Göttinger Universitätsschriften; A 1), Göttingen 1987, S. 232–255

Müller, H.-P., „Mythos – Anpassung – Wahrheit. Vom Recht mythischer Rede und deren Aufhebung", in: ZThK 80, 1983, S. 1–25

–, „Bauen – Bewahren – Mit-Sinn-Erfüllen. Von der Bestimmung des Menschen", in: ZThK 90, 1993, S. 231–250

–, „Eine griechische Parallele zu Motiven von Genesis I–II", in: VT 47, 1997, S. 478–486

Müller, M. F., Theologische Aspekte des anthropologischen Ansatzes bei Johann Gottfried Herder, dargestellt an seinen Schriften aus der Bückeburger Zeit, Diss. masch. Leipzig 1986

Müller, W. E., Johann Friedrich Wilhelm Jerusalem. Eine Untersuchung zur Theologie der „Betrachtungen über die vornehmsten Wahrheiten der Religion", Berlin 1984

–, „Legitimation historischer Kritik bei J. F. W. Jerusalem", in: *Historische Kritik*, S. 205–218

Müller-Sievers, H., „‚Gott als Schriftsteller'. Herder and the Hermeneutic Tradition", in: *Herder Today*, S. 319–330

Mulsow, M., „Orientalistik im Kontext der sozinianischen und deistischen Debatten um 1700. Spencer, Crell, Locke und Newton", in: Scientia Poetica 2, 1998, S. 27–57

Namowicz, T., „Pietismus und Antike als Komponenten des Herderschen Frühwerks", in: *Bückeburger Gespräche 1975*, S. 1–21

–, „Herders Humanitätsidee und seine theologischen Schriften der Bückeburger und Weimarer Zeit", in: *Bückeburger Gespräche 1979*, S. 50–66

–, „Perfektibilität und Geschichtlichkeit des Menschen in Herders Schriften der Bückeburger Zeit", in: *Bückeburger Gespräche 1983*, S. 82–97

–, „Anthropologie und Geschichtsphilosophie in Herders ‚Aeltester Urkunde' in ihrem Verhältnis zum Menschenbild des Sturm und Drang", in: *Bückeburger Gespräche 1988*, S. 245–267

NICOLSON, M., „A. O. Lovejoy as Teacher", in: Journal of the History of Ideas 9, 1948, S. 428–438

NICOLSON, M. H., Mountain Gloom and Mountain Glory. The Development of the Aesthetics of the Infinite, Ithaca/NY 1959

NISBET, H. B., Herder and the Philosophy and History of Science (Modern Humanities Research Association Diss. Ser.; 3), Cambridge 1970

–, „Zur Revision des Herder-Bildes im Lichte der neueren Forschung", in: *Bückeburger Gespräche 1971*, S. 101–118

–, „Herder and Lukrez", in: *Johann Gottfried Herder*, S. 77–87

–, „Die naturphilosophische Bedeutung von Herders ‚Aeltester Urkunde des Menschengeschlechts'", in: *Bückeburger Gespräche 1988*, S. 210–226

–, „Herder und die Geschichte der Wissenschaften", in: *Geschichte und Kultur*, S. 97–116

–, „Spinoza und die Kontroverse ‚De Tribus Impostoribus'", in: *Spinoza in der Frühzeit seiner religiösen Wirkung*, S. 227–244

NORFORD, D. P., „Microcosm and Macrocosm in Seventeenth-Century Literature", in: Journal of the History of Ideas 38, 1977, S. 409–428

NORTON, D., A history of the Bible as literature, 2 Bde., Cambridge 1993

NORTON, D. F., David Hume: Common-Sense Moralist, Sceptical Metaphysician, Princeton 1982

NÜNLIST, R., Homer, Aristoteles und Pindar in der Sicht Herders (Studien zur Germanistik, Anglistik und Komparatistik; 9), Bonn 1971

OAKLEY, F., „Lovejoy's unexplored option", in: Journal of the History of Ideas 48, 1987, S. 231–245

OLENDER, M., Les langues du Paradis. Aryens et Sémites: un couple providentiel, Paris 1989 (engl. London 1992; dt. Frankfurt 1995)

OTTO, R., „‚Was bleibet aber' – stiften es die Editoren? Herders Vorarbeiten zur ‚Aeltesten Urkunde des Menschengeschlechts' in handschriftlicher Überlieferung", in: *Bückeburger Gespräche 1988*, S. 1–28

–, „Philologische Vermutungen über Herders Moses-Plan", in: Herder Yearbook 1, 1992, S. 118–135

–, „Sind Urkunden Urkunden? Ambivalenzen und Konstanten in Herders Sicht auf historische Überlieferungen", in: Literatur und Geschichte. FS Wulf Koepke, hg. v. K. MENGES (Amsterdamer Publikationen zur Sprache und Literatur), Amsterdam 1998, S. 65–82

PANNENBERG, W., Anthropologie in theologischer Perspektive, Göttingen 1983

PASSMORE, J., „Enthusiasm, Fanaticism and David Hume", in: *The ‚Science of Man'*, S. 85–107

PATTISON, M., „Life of Bishop Warburton", in: Essays Bd. II, 1889, S. 119–176

–, „Peter Daniel Huet", in: Essays Bd. I, 1889, S. 244–305

–, „Tendencies of Religious Thought in England 1688–1750", in: Essays Bd. II, 1889, S. 42–118

PENELHUM, T., God and Skepticism. A Study in Skepticism and Fideism, Dordrecht u. a. 1983

–, „Natural Belief and Religious Belief in Hume's Philosophy", in: PhQ 33, 1983, S. 166–181

PÉNISSON, P., Johann Gottfried Herder. La raison dans les peuples, Paris 1992

–, „Die Palingenesie der Schriften: die Gestalt des Herderschen Werks", Nachwort in: J. G. Herder, Werke, hg. v. W. PROSS, Bd. 1, München 1984, S. 864–924

–, „‚Tönen' bei Rousseau und Herder", in: *Johann Gottfried Herder*, S. 186–193

–, „Semiotik und Philosophie bei Herder", in: *Herder Today*, S. 292–303

PERLITT, L., Vatke und Wellhausen. Geschichtsphilosophische Voraussetzungen und historiographische Motive für die Darstellung der Religion und Geschichte Israels durch Wilhelm Vatke und Julius Wellhausen (BZAW 94), Berlin 1965

PFAFF, P., „Hieroglyphische Historie. Zu Herders Auch eine Philosophie der Geschichte zur Bildung der Menschheit", in: Euphorion 77, 1983, S. 407–418

PHILLIPSON, N., Hume, New York 1989

PHILLIPSON, N. T., „James Beattie and the Defence of Common Sense", in: FS Rainer Gruenter, hg. v. B. FABIAN, Heidelberg 1978, S. 145–154

PITASSI, M. C., Entre Croire et Savoir. Le Problème de la Méthode Critique chez Jean Le Clerc (KHB 14), Leiden 1987

–, „Histoire de dieux, histoire d'hommes. L'interprétation de la mythologie paienne chez Jean Le Clerc", in: Les religions du paganisme antique dans l'Europe chrétienne. XVIe-XVIIIe siècle (Mythes, Critiques et Histoire; 2), Paris 1988, S. 129–140

POPKIN, R. H., The High Road to Pyrrhonism (Studies in Hume and Scottish Philosophy; 2), San Diego 1980

–, Isaak la Peyrère (1596–1676). His life, work and influence (Studies in Intellectual History; 1), Leiden 1987

– / FORCE, J. E., Essays on the Context, Nature, and Influence of Isaac Newton's Theology (Archives Internationales d'Histoire des Idées; 129), Dordrecht u. a. 1990

–, The Third Force in Seventeenth-Century Thought (Brill's Studies in Intellectual History; 22), Leiden 1992

–, „Newton et l'interprétation des prophéties", in: *Le Grand Siècle et la Bible*, S. 745–756

–, „Spinoza and Bible Scholarship", in: *The Books of Nature and Scripture*, S. 1–20

PRICE, J. V., „Sceptics in Cicero and Hume", in: Journal of the History of Ideas 25, 1964, S. 97–106

PRICKETT, S., Words and *The Word*. Language, poetics and biblical interpretation, Cambridge 1986

PRINCE, M., Philosophical dialogue in the British Enlightenment. Theology, aesthetics, and the novel (Cambridge Studies in Eighteenth-Century English Literature and Thought; 31), Cambridge 1996

PROSS, W., „Herder und die Anthropologie der Aufklärung", Nachwort in: J. G. Herder, Werke, hg. v. W. PROSS, Bd. 2, München 1987, S. 1128–1216

–, „Herder und Vico: Wissenssoziologische Voraussetzungen des historischen Denkens", in: *Johann Gottfried Herder*, S. 88–113

RADEMAKER, C. S. M., Life and Work of Gerardus Joannes Vossius (1577–1649), Assen 1981

RATSCHOW, C. H., Lutherische Dogmatik zwischen Reformation und Aufklärung, Gütersloh 1964/66

REDWOOD, J., Reason, Ridicule and Religion. The Age of Enlightenment in England 1660–1750, London 1976

REEDY, G., S. J., The Bible and Reason: Anglicans and Scripture in Late Seventeenth-Century England, Philadelphia 1985

–, Robert South (1634–1716). An Introduction to His Life and Sermons (Cambridge Studies in Eighteenth-Century English Literature and Thought; 12), Cambridge 1992

REILL, P. H., The German Enlightenment and the Rise of Historicism, Berkeley 1975

–, „Science and the Science of History in the Spätaufklärung", in: *Aufklärung und Geschichte*, S. 430–451

REINITZER, H. / SPARN, W. (HG.), Verspätete Orthodoxie. Über D. Johann Melchior Goeze (1717–1786) (Wolfenbütteler Forschungen; 45), Wiesbaden 1989

REUTER, H. H., „Herder und die Antike. Entwicklungen, Positionen und Probleme bis zum Ende der Bückeburger Zeit", in: Impulse 1, 1978, S. 89–135

–, „Herder und die Antike. Übergänge, Wandlungen und Ergebnisse vom Amtsantritt in Weimar bis zum Tode", in: Impulse 2, 1979, S. 134–206

REVENTLOW, H. GRAF, Bibelautorität und Geist der Moderne (FKDG 30), Göttingen 1980

–, „Bibelexegese als Aufklärung. Die Bibel im Denken des Johannes Clericus (1657–1736)", in: *Historische Kritik*, S. 1–19

–, „Wurzeln der modernen Bibelkritik", in: *Historische Kritik*, S. 47–63

–, „Humanistic Exegesis: The famous Hugo Grotius", in: Creative Biblical Exegesis, hg. v. H. GRAF REVENTLOW UND B. UFFENHEIMER (JSOT.S 59), Sheffield 1988, S. 175–191

–, „Richard Simon und seine Bedeutung für die kritische Erforschung der Bibel", in: Historische Kritik in der Theologie, hg. v. G. SCHWAIGER (SThGG 32), Göttingen 1980, S. 11–36

–, „Die Auffassung vom Alten Testament bei Hermann Samuel Reimarus und Gotthold Ephraim Lessing", in: EvTh 25, 1965, S. 429–448

–, „Das Arsenal der Bibelkritik des Reimarus. Die Auslegung der Bibel insbesondere des Alten Testaments bei den englischen Deisten", in: Hermann Samuel Reimarus (1694–1768), ein „bekannter Unbekannter" der Aufklärung in Hamburg, Göttingen 1973, S. 44–65

RICHTER, M., „Begriffsgeschichte and the history of ideas", in: Journal of the History of Ideas 48, 1987, S. 247–263

RINGLEBEN, J., „Göttinger Aufklärungstheologie – von Königsberg her gesehen", in: Theologie in Göttingen, hg. v. B. MOELLER (Göttinger Universitätsschriften; A 1), Göttingen 1987, S. 82–110

–, „‚Rede, daß ich dich sehe'. Betrachtungen zu Hamanns theologischem Sprachdenken", in: NZSTh 30, 1988, S. 209–224

–, „Gott als Schriftsteller. Zur Geschichte eines Topos", in: Johann Georg Hamann. Autor und Autorschaft, hg. v. B. GAJEK, Frankfurt/Main 1996, S. 215–275

RIPPNER, B., „Herders Bibelexegese", in: MGWJ 21, 1872 (ND 1975), S. 16–37

ROGERSON, J. W., Myth in Old Testament Interpretation (BZAW 134), Berlin 1974

–, W. M. L. de Wette. Founder of Modern Biblical Criticism. An Intellectual Biography (JSOT.S 126), Sheffield 1992

–, „Herders Bückeburger ‚Bekehrung'", in: *Bückeburger Gespräche 1979*, S. 17–30

–, „Herders ‚Gott. Einige Gespräche' im Lichte seiner Predigten", in: *Johann Gottfried Herder*, S. 35–42

ROHLS, J., Protestantische Theologie der Neuzeit. Bd. 1: Die Voraussetzungen und das 19. Jahrhundert, Tübingen 1997

ROSTON, M., Prophet and Poet, London 1965

RUPRECHT, E., „Vernunft und Sprache. Zum Grundproblem der Sprachphilosophie Johann Gottfried Herders", in: *Bückeburger Gespräche 1975*, S. 58–84

–, „Herders Gedanken über die Seele und ihre Unsterblichkeit", in: *Bückeburger Gespräche 1979*, S. 31–49

–, „Humanität als Gesetz der Geschichte in J. G. Herders Philosophia Anthropologica", in: *Bückeburger Gespräche 1979*, S. 1–16

–, „J. G. Herders Bekenntnisgedichte. Selbstbefragung und Selbstgewißheit", in: *Bückeburger Gespräche 1983*, S. 174–189

RUPRECHT, E., „Die Frage nach den vorliterarischen Überlieferungen in der Genesisforschung des ausgehenden 18. Jahrhunderts", in: ZAW 84, 1972, S. 293–314

SACKS, K. S., Diodorus Siculus and the first century, Princeton 1990

SAEBØ, M., „Johann Philipp Gablers Bedeutung für die Biblische Theologie", in: ZAW 99, 1987, S. 1–16

SAUDER, G., „Zur Rezeption von Herders Schrift ‚Aelteste Urkunde des Menschengeschlechts'", in: *Bückeburger Gespräche 1988*, S. 268–291

SCHILSON, A., Geschichte im Horizont der Vorsehung. G. E. Lessings Beitrag zu einer Theologie der Geschichte (TTS 3), Mainz 1974

–, Lessings Christentum, Göttingen 1980

SCHLOEMANN, M., Siegmund Jacob Baumgarten. System und Geschichte in der Theologie des Übergangs zum Neuprotestantismus (FKD 26), Göttingen 1974

–, „Wegbereiter wider Willen. Siegmund Jacob Baumgarten und die historisch-kritische Bibelforschung", in: *Historische Kritik*, S. 149–156

SCHMIDT, M., „Das Geschichtsproblem in der Aufklärung und seine theologische Bedeutung", in: Denkender Glaube. FS Carl Heinz Ratschow, hg. v. O. KAISER, Berlin 1976, S. 70–100

SCHMIDT, W. A. VON, „Mythologie und Uroffenbarung bei Herder und Friedrich Schlegel", in: ZRGG 24, 1972, S. 32–45

SCHMIDT-BIGGEMANN, W., Topica universalis. Eine Modellgeschichte humanistischer und barocker Wissenschaft (Paradeigmata; 1), Hamburg 1983

–, Theodizee und Tatsachen. Das philosophische Profil der deutschen Aufklärung, Frankfurt/ Main 1988

–, „Aufklärung durch Metaphysik. Zur Rolle der Theodizee in der Aufklärung", in: Herder Yearbook 2, 1994, S. 103–114

SCHMITT, C.B., „The Development of the Historiography of Scepticism: From the Renaissance to Brucker", in: Scepticism from the Renaissance to the Enlightenment, hg.v. R. H. POPKIN UND C. B. SCHMITT (Wolfenbütteler Forschungen; 35), Wiesbaden 1987, S. 185–200

SCHNUR, H., Schleiermachers Hermeneutik und ihre Vorgeschichte im 18. Jahrhundert. Studien zur Bibelauslegung, zu Hamann, Herder und F. Schlegel, Stuttgart/Weimar 1994

SCHOLDER, K., Ursprünge und Probleme der Bibelkritik im 17. Jahrhundert. Ein Beitrag zur Entstehung der historisch-kritischen Theologie (FGLP X/33), München 1966

–, „Herder und die Anfänge der historischen Theologie", in: EvTh 22, 1962, S. 425–440

–, „Grundzüge der theologischen Aufklärung in Deutschland", in: Geist und Geschichte der Reformation. FS Hanns Rückert, hg.v. H. LIEBING UND K. SCHOLDER, Berlin 1966, S. 460–486

SCHOLEM, G., „Die Wachtersche Kontroverse über den Spinozismus und ihre Folgen", in: *Spinoza in der Frühzeit seiner religiösen Wirkung*, S. 15–25

SCHÖNE, A., „Herder als Hamann-Rezensent. Kommentar zur ‚Dithyrambischen Rhapsodie'", in: Euphorion 4, 1960, S. 195–201

SCHOTTROFF, W., „Goethe als Bibelwissenschaftler", in: EvTh 44, 1984, S. 463–485

–, „‚Offenbarung Gottes ist Morgenroth, Aufgang der Frühlingssonne fürs Menschengeschlecht'. Johann Gottfried Herder und die biblische Urgeschichte", in: Bibel und Literatur, hg.v. J. EBACH UND R. FABER, München 1995, S. 259–276

SCHULZ, G., Die deutsche Literatur zwischen Französischer Revolution und Restauration. 1. Teil: Das Zeitalter der Französischen Revolution (Geschichte der Deutschen Literatur, Bd. 7/1), München 1983

SCHULZ, H., „Das Ende des *common sense*. Kritische Überlegungen zur Wunderkritik David Humes", in: NZThG 3, 1996, S. 1–38

SCHWARZBACH, B.E., „L'Encyclopédie", in: *Le Siècle des Lumières et la Bible*, S. 759–778

–, „Les adversaires de la Bible", in: *Le Siècle des Lumières et la Bible*, S. 139–166

–, „Les sources bibliques de la critique biblique de Richard Simon", in: *Le Grand Siècle et la Bible*, S. 207–232

–, „Voltaire et les Huguenots de Berlin: Formey et Isaac de Beausobre", in: Voltaire und Deutschland, hg.v. P. BROCKMEIER U.A., Stuttgart 1979, S. 102–118

SCHWÖBEL, C., „Offenbarung und Erfahrung", in: MJTh 3, 1990, S. 68–122

The ‚Science of Man' in the Scottish Enlightenment. Hume, Reid and their Contemporaries, hg.v. P. JONES, Edinburgh 1989

SEEBA, H.C., „Geschichte als Dichtung. Herders Beitrag zur Ästhetisierung der Geschichtsschreibung", in: Storia della storiografia 8, 1985, S. 50–72

SEIDEL, B., Karl David Ilgen und die Pentateuchforschung im Umkreis der sogenannten Älteren Urkundenhypothese (BZAW 213), Berlin 1993

–, „Bibelkritik in der Aufklärung. Stationen auf dem Wege zur Pentateuchquellenscheidung", in: WZ Halle (G-Reihe) 38, 1989, S. 81–90

–, „Johann Gottfried Eichhorn. Konstruktionsmechanismen in den Anfängen einer historischkritischen Theoriebildung", in: WZ Halle (G-Reihe) 39, 1990, S. 73–81

–, „Über die notwendige Ergänzung der historisch-kritischen Arbeit durch die forschungsgeschichtliche Überprüfung exegetischer Theoriebildung", in: Überlieferung und Geschichte. FS Gerhard Wallis, hg.v. H. OBST (Wissenschaftliche Beiträge der Martin-Luther-Universität Halle; 38), Halle 1990, S. 59–71

SEIFERT, A., „Von der heiligen zur philosophischen Geschichte. Die Rationalisierung der universalhistorischen Erkenntnis im Zeitalter der Aufklärung", in: AKuG 68, 1986, S. 81–117

SHAFFER, E.S., ‚Kubla Khan' and ‚The Fall of Jerusalem'. The Mythological School in Biblical Criticism and Secular Literature 1770–1880, Cambridge 1975

SHER, R.B., Church and University in the Scottish Enlightenment. The Moderate Literati of Edinburgh, Edinburgh 1985

SHICHIJI, Y., „Bekenntnis zu Herder", in: *Bückeburger Gespräche 1971*, S. 91–100

–, „Herders Sprachdenken und Goethes Bildlichkeit der Sprache", in: *Johann Gottfried Herder*, S. 194–201

–, „Herders Mythologieauffassung und die ‚Aelteste Urkunde'. Einige Voraussetzungen für die Interpretation des Werks", in: *Bückeburger Gespräche 1988*, S. 181–189

SHIMADA, Y., „Individualgeschichte und Universalgeschichte bei Herder. Geschichtlichkeit als konstruktives Prinzip des ‚Reisejournals'", in: *Geschichte und Kultur*, S. 39–50

Le Siècle des Lumières et la Bible, hg. v. Y. BELAVAL ET D. BOUREL (Bible de tous les temps; 7), Paris 1986

SIMON, J., „Herder and the Problematization of Metaphysics", in: *Herder Today*, S. 108–125

–, „Herder und Kant. Sprache und ‚historischer Sinn'", in: *Johann Gottfried Herder*, S. 3–13

SMEND, R., Wilhelm Martin Leberecht de Wettes Arbeit am Alten und am Neuen Testament, Basel 1958

–, „Die Mitte des Alten Testaments" (1970) in: DERS., Die Mitte des Alten Testaments. Gesammelte Studien Bd. 1 (BevTh 99), München 1986, S. 40–84

–, Epochen der Bibelkritik. Gesammelte Studien Bd. 3 (BevTh 109), München 1991

–, Deutsche Alttestamentler in drei Jahrhunderten, Göttingen 1989

–, „Herder und Göttingen", in: *Bückeburger Gespräche 1988*, S. 1–28

SMITH, N. KEMP, The Philosophy of David Hume, London 1941

SMITH, W. ROBERTSON, „The Poetry of the Old Testament" (1877), in: Lectures and Essays, London 1912, S. 400–451

SOLKIN, D.H., Painting for Money. The Visual Arts and the Public Sphere in Eighteenth-Century England, New Haven and London 1993

SPANNEUT, M., „Apatheia ancienne, apatheia chrétienne, Ière partie: L'apatheia ancienne" in: ANRW II, 36/7, S. 4641–4717

SPARN, W., „Inquisition oder Prophetie. Über den Umgang mit Geschichte", in: EvTh 44, 1984, S. 440–463

–, „Vernünftiges Christentum. Über die geschichtliche Aufgabe der theologischen Aufklärung im 18. Jahrhundert in Deutschland", in: Wissenschaften im Zeitalter der Aufklärung, hg. v. R. VIERHAUS, Göttingen 1985, S. 18–57

–, „Philosophische Historie und dogmatische Heterodoxie. Der Fall des Exegeten Christoph August Heumann", in: *Historische Kritik*, S. 171–192

–, „Formalis Atheus?" in: *Spinoza in der Frühzeit seiner religiösen Wirkung*, S. 27–63

Spinoza in der Frühzeit seiner religiösen Wirkung, hg. v. K. GRÜNDER UND W. SCHMIDT-BIGGEMANN (Wolfenbütteler Studien zur Aufklärung; 12), Heidelberg 1984

SPOERRI, W., Späthellenistische Berichte über Welt, Kultur und Götter (Schweizerische Beiträge zur Altertumswissenschaft; 9), Basel 1959

STAIGER, E., „Der neue Geist in Herders Frühwerk", in: DERS., Stilwandel. Studien zur Vorgeschichte der Goethezeit, Zürich/Freiburg 1963, S. 121–173

STEINMANN, J., Richard Simon et les origines de l'exégèse biblique, Paris 1960

STEMMER, P., Weissagung und Kritik. Eine Studie zur Hermeneutik bei Hermann Samuel Reimarus (Veröffentlichungen der Joachim Jungius-Gesellschaft der Wissenschaften Hamburg; 48), Göttingen 1983

STEPHAN, H. (HG.), Herders Philosophie. Ausgewählte Denkmäler aus der Werdezeit der neuen deutschen Bildung (PhB 112), Leipzig 1906

–, Herder in Bückeburg und seine Bedeutung für die Kirchengeschichte, Tübingen 1905

STEPHEN, L., History of English Thought in the Eighteenth Century, 2 Bde., London 1881

STEWART, J.B., Opinion and Reform in Hume's Political Philosophy, Princeton 1992

STRASSER, G.F., Lingua Universalis. Kryptologie und Theorie der Universalsprachen im 16. und 17. Jahrhundert (Wolfenbütteler Forschungen; 38), Wiesbaden 1988

–, „La contribution d'Athanase Kircher à la tradition humaniste hiéroglyphique", in: XVIIe Siècle 40, 1988, S. 79–92

STREMINGER, G., David Hume. Sein Leben und sein Werk, Paderborn 1994

–, „David Humes Religionspsychologie", in: Sozialphilosophie als Aufklärung. FS Ernst Topitsch, hg. v. K. SALAMUN, Tübingen 1979, S. 297–314

STREPPAROLA, A., „Religione e storia in Herder", in: RSF 47 1992, S. 75–101

SUTHERLAND, L. S./MITCHELL, L. G. (EDS.), The History of the University of Oxford, Vol. V: The Eighteenth Century, Oxford 1986

SYKES, H., Church and State in the XVIIIth Century, Cambridge 1934

TALMOR, S., „A Forgotten Classic: Hume's ‚Of the Standard of Taste'" (1973), in: The Rhetoric of Criticism. From Hobbes to Coleridge, Oxford 1984, S. 51–57

TAYLOR, C., „The Importance of Herder", in: Isaiah Berlin. A Celebration, hg. v. E. UND A. MARGALIT, London 1991, S. 40–63

TAYLOR, S., „William Warburton and the Alliance of Church and State", in: JEH 43, 1992, S. 271–86.

Theologie und Aufklärung. FS Gottfried Hornig, hg. v. W. E. MÜLLER UND H. H. R. SCHULZ, Würzburg 1992

TIMM, H., Gott und die Freiheit. Studien zur Religionsphilosophie der Goethezeit. Bd. 1: Die Spinozarenaissance, Frankfurt 1984

–, „Geerdete Vernunft. Johann Gottfried Herder als Vordenker der Lebenswelttheologie in Deutschland", in: Vernunft des Glaubens. Wissenschaftliche Theologie und kirchliche Lehre. FS W. Pannenberg, hg. v. J. ROHLS UND G. WENZ, Göttingen 1988, S. 357–376

TRÄGER, C., „Herder als Literaturtheoretiker", in: *Herder-Kolloquium 1978*, S. 48–72

TRILLHAAS, W., „Zur Wirkungsgeschichte Lessings in der evangelischen Theologie", in: Das Bild Lessings in der Geschichte, hg. v. H. G. GÖPFERT (Wolfenbütteler Studien zur Aufklärung; 9), Heidelberg 1981, S. 57–67

TROELTSCH, E., „Religionswissenschaft und Theologie des 18. Jahrhunderts", in: Preußische Jahrbücher 114, 1903, S. 30–56

TWEYMAN, S. (ED.), David Hume: Dialogues concerning Natural Religion – in focus, London/New York 1991

–, Scepticism and Belief in Hume's Dialogues Concerning Natural Religion (Archives Internationales d'Histoire des Idées; 106), Dordrecht u. a. 1986

UNGER, R., Hamann und die Aufklärung. Studien zur Vorgeschichte des romantischen Geistes im 18. Jahrhundert, 2 Bde., Halle/Saale ²1925

VAUX, R. DE, „A propos du second centenaire d'Astruc", in: VT 1, 1953, S. 182–198

VIERHAUS, R., „Historisches Interesse im 18. Jahrhundert", in: *Aufklärung und Geschichte*, S. 264–275

VOELTZEL, R., „Jean le Clerc (1657–1736) et la Critique Biblique", in: Religion, Erudition et Critique à la fin du XVIIe Siècle et au début du XVIIIe Siècle (Bibliothèque des Centres d'Etudes supérieures spécialisés. Université de Strasbourg), Paris 1968, S. 33–52

WAGNER, F., Was ist Religion? Studien zu ihrem Begriff und Thema in Geschichte und Gegenwart, Gütersloh 1986

WALKER, D. P., The Ancient Theology. Studies in Christian Platonism from the 15th to the 18th century, London 1972

WALLMANN, J., Der Pietismus (KIG O 1), Göttingen 1990

–, „Johann Salomo Semler und der Humanismus", in: *Aufklärung und Humanismus*, S. 201–217

WASCHKIES, H. J., Physik und Physikotheologie des jungen Kant. Vorgeschichte seiner Allgemeinen Naturgeschichte und Theorie des Himmels, Amsterdam 1987

WEBER, M. A., David Hume und Edward Gibbon. Religionssoziologie in der Aufklärung (athenäums monographien Philosophie; 263), Frankfurt 1990

WEIMAR, K., Historische Einleitung zur literaturwissenschaftlichen Hermeneutik, Tübingen 1975

WEISSBERG, L., „Juden oder Hebräer? Religiöse und politische Bekehrung bei Herder", in: *Geschichte und Kultur*, S. 191–212

WERNER, A., Herder als Theologe. Ein Beitrag zur Geschichte der protestantischen Theologie, Berlin 1871

–, „J. G. von Herder's Verhalten zum Alten Testamente", in: ZWTh 14, 1871, S. 351–382

WERTZ, S. K., „Hume, History, and Human Nature", in: Journal of the History of Ideas 37, 1975, S. 481–496

WESTPHAL, A., Les Sources du Pentateuque. Étude de Critique et d'Histoire, 2 Bde., Paris 1888/92

WHITTON, B. J., „Herder's Critique of the Enlightenment: Cultural Community versus Cosmopolitan Rationalism", in: History and Theory 27, 1988, S. 146–168

WILLI, T., Herders Beitrag zum Verstehen des Alten Testaments (BGBH 8), Tübingen 1971

–, „Herders Auffassung von Kritik und Kanon in den Bückeburger Schriften. Überlegungen zur Frage der Critica sacra", in: ThZ 29, 1973, S. 345–362

–, „Die Metamorphose der Bibelwissenschaft in Herders Umgang mit dem Alten Testament", in: *Geschichte und Kultur*, S. 239–256

WILSON, D. J., „Arthur O. Lovejoy and the Moral of the Great Chain of Being", in: Journal of the History of Ideas 41, 1980, S. 249–265

–, „Lovejoy's The Great Chain of Being" after fifty years", in: Journal of the History of Ideas 48, 1987, S. 187–206

WIRTH, G., Herder als Theologe, in: *Herder-Kolloquium 1978*, S. 259–264

WITTE, M., Die biblische Urgeschichte. Redaktions- und theologiegeschichtliche Beobachtungen zu Genesis 1,1–11,26 (BZAW 265), Berlin 1998

WOODBRIDGE, J. D., „Richard Simon le ‚père de la critique biblique'", in: *Le Grand Siècle et la Bible*, S. 193–206

–, „Richard Simon's Reaction to Spinoza's ‚Tractatus Theologico-Politicus'", in: *Spinoza in der Frühzeit seiner religiösen Wirkung*, S. 201–226

–, „German Responses to the Biblical Critic Richard Simon: from Leibniz to J. S. Semler", in: *Historische Kritik*, S. 65–88

The World of Hugo Grotius (1583–1645). Proceedings of the International Colloquium organized by the Grotius Committee of the Royal Netherlands Academy of Arts and Sciences Rotterdam 6–9 April 1983, Amsterdam & Maarssen 1984

WORSTBROCK, F. J., „Translatio artium. Über die Herkunft und Entwicklung einer kulturhistorischen Theorie", in: AKuG 47, 1965, S. 1–22

WUNDT, M., Die deutsche Schulphilosophie im Zeitalter der Aufklärung (Tübingen 1945), ND Hildesheim 1964

YANDELL, K. E., „Hume's Explanation of Religious Belief", in: Hume Studies 5, 1979, S. 94–109

YATES, F. A., Giordano Bruno and the Hermetic Tradition, London 1964

–, Aufklärung im Zeichen des Rosenkreuzes (engl. 1972), Stuttgart 1975

YOUNG, B. W., Religion and Enlightenment in Eighteenth-Century England. Theological Debate from Locke to Burke, Oxford 1998

ZIPPERT, TH., Bildung durch Offenbarung. Das Offenbarungsverständnis des jungen Herder als Grundmotiv seines theologisch-philosophisch-literarischen Lebenswerks (MThSt 39), Marburg 1994

Personenregister

Sachregister

Aberglaube/*superstition*; 87, 98, 100–107, 112, 117, 119f., 123, 126, 152, 188
Abgötterei/*idolatry*/*idololatria*; 64, 73, 83, 114f., 119, 125
Ägypten; 17, 19, 23, 28, 34, 39, 46f., 51f., 60, 71, 83, 93, 118, 137, 149f., 165–168, 175, 183, 190f.
Akkommodation; 67, 70f., 135
Allegorie; 45, 53f., 61, 66f., 84, 146f., 163, 172, 178, 181
Anschauung/Ansicht, sinnliche; 44, 60, 136–145, 151–153, 160, 178
Anthropologie; 2–5, 20, 23, 32, 38f., 42, 45, 53, 56, 61, 80f., 89, 91, 113f., 120, 132, 144f., 151, 155, 163, 170, 185ff.
Apologetik; 42, 47, 65–67, 71, 83f., 86, 98f., 107–109, 123–126, 129, 132f., 135, 145, 152, 154, 167, 183, 185ff.
Ästhetik; 5, 8f., 11, 14, 16, 26, 29f., 37f., 81f., 90, 95–97, 139f., 151, 189
Atheismus; 58, 84, 103, 122
Aufklärung; 9, 22, 87f., 93, 98, 102, 107, 110, 116f., 129, 131, 153, 157, 165, 173, 185ff.
Ausdruck; 19, 22, 27, 30f., 44, 74, 77, 81, 90, 139, 154, 185, 188
Autorität; 2, 4f., 11, 57, 94f., 101, 187, 191

Babylonien; 47, 60, 71, 166f.
Beweis; 86, 108, 121f., 124, 159, 165, 170–173, 188, 191
Bewunderung/*admiratio*; 76, 80f.
Bibelwissenschaft; 1–8, 14, 40, 49–85, 131–133, 176–184, 190f.
Botschaft; 9

China; 101, 166, 175
Christologie; 29, 40, 53, 57f., 66, 73, 84, 119, 136, 163f.
Chronologie; 41, 54, 68, 71, 82, 111, 119
consensus gentium; 51, 95, 113
David; 15, 17, 19, 46, 50, 75
Deismus; 1, 23, 65f., 83f., 87, 98–101, 120–122, 129, 134, 152, 160, 161, 189

Dithyrambos; 19, 28, 76
Dogmatik; 2, 6, 23, 29–32, 40, 48, 64, 66, 71f., 81, 134, 164, 178f., 187f.

efficacia Scripturae; 57
Einbildungskraft; 20, 22, 29, 100, 106f., 110, 116, 120, 123f.
Empfindung; 19f., 22, 27, 29–32, 39, 44, 69, 92, 140, 151
Enthusiasmus/*enthusiasm*; 19, 29, 74, 79, 98, 100–102, 106, 112
Epikureer; 102–104, 122
Erhabenheit/*sublimitas*; 69, 77–83, 110, 176, 186
Erlebnis; 9f., 13f., 185, 187
Exegese; 1–6, 10, 47, 57, 68, 78, 97, 131–148, 151f., 184, 185ff.
Exegese, rabbinische; 50, 54, 57, 81
Existenzerfahrung; 20, 140, 145, 151f., 185ff.

Fabel; 47, 60, 61, 71, 163, 178f., 181
Form-/Gattungskritik; 78, 83, 138, 150, 163, 174, 177f.
Freiheit; 98f., 109, 113, 122, 135
Fundamentalismus; 2

Genesis 2–3; 40, 44, 45f., 52f., 57f., 60f., 64, 67, 69, 72, 160–165, 177–181, 188
Geschichtsphilosophie; 3, 13, 16, 19, 81, 94, 129, 137, 173, 175
Gewissen; 102f.
Glaube; 23, 29, 58, 73, 101, 110–113, 123, 133, 159, 188, 191
Gott; 4, 23f., 31f., 44, 142–144, 146, 155, 157, 159f., 186, 191
Gottebenbildlichkeit; 3, 10, 44, 52, 56, 58, 62, 69, 143f., 150, 151f., 157, 163f., 188, 192
Griechenland; 17–26, 33–35, 47, 51f., 71f., 74, 78f., 93, 102, 106, 114f., 124, 166f.

hebräische Poesie; 27f., 70, 74, 75–81, 94, 190

Beiträge zur historischen Theologie

Alphabetische Übersicht

Alkier, Stefan: Urchristentum. 1993. *Band 83.*

Appold, Kenneth G.: Abraham Calov's Doctrine of Vocatio in Its Systematic Context. 1998. *Band 103.*

Axt-Piscalar, Christine: Der Grund des Glaubens. 1990. *Band 79.*

– Ohnmächtige Freiheit. 1996. Band 94.

Bauer, Walter: Rechtgläubigkeit und Ketzerei im ältesten Christentum. ²1964. *Band 10.*

Bayer, Oswald / Knudsen, Christian: Kreuz und Kritik. 1983. *Band 66.*

Betz, Hans Dieter: Nachfolge und Nachahmung Jesu Christi im Neuen Testament. 1967. *Band 37.*

– Der Apostel Paulus und die sokratische Tradition. 1972. *Band 45.*

Beutel, Albrecht: Lichtenberg und die Religion. 1996. *Band 93.*

Beyschlag, Karlmann: Clemens Romanus und der Frühkatholizismus. 1966. *Band 35.*

Bonhoeffer, Thomas: Die Gotteslehre des Thomas von Aquin als Sprachproblem. 1961. *Band 32.*

Bornkamm, Karin: Christus – König und Priester. 1998. *Band 106.*

Brandy, Hans Christian: Die späte Christologie des Johannes Brenz. 1991. *Band 80.*

Brecht, Martin: Die frühe Theologie des Johannes Brenz. 1966. *Band 36.*

Brennecke, Hanns Christof: Studien zur Geschichte der Homöer. 1988. *Band 73.*

Bultmann, Christoph: Die biblische Urgeschichte in der Aufklärung. 1999. *Band 110.*

Burger, Christoph: Aedificatio, Fructus, Utilitas. 1986. *Band 70.*

Burrows, Mark Stephen: Jean Gerson and ›De Consolatione Theologiae‹ (1418). 1991. *Band 78.*

Butterweck, Christel: ›Martyriumssucht‹ in der Alten Kirche?. 1995. *Band 87.*

Campenhausen, Hans von: Kirchliches Amt und geistliche Vollmacht in den ersten drei Jahrhunderten. ²1963. *Band 14.*

– Die Entstehung der christlichen Bibel. 1968. *Band 39.*

Claussen, Johann Hinrich: Die Jesus-Deutung von Ernst Troeltsch im Kontext der liberalen Theologie. 1997. *Band 99.*

Conzelmann, Hans: Die Mitte der Zeit. ⁷1993. *Band 17.*

– Heiden – Juden – Christen. 1981. *Band 62.*

Dierken, Jörg: Glaube und Lehre im modernen Protestantismus. 1996. *Band 92.*

Drecoll, Volker Henning: Die Entstehung der Gnadenlehre Augustins. 1999. *Band 109.*

Elliger, Karl: Studien zum Habakuk-Kommentar vom Toten Meer. 1953. *Band 15.*

Evang, Martin: Rudolf Bultmann in seiner Frühzeit. 1988. *Band 74.*

Friedrich, Martin: Zwischen Abwehr und Bekehrung. 1988. *Band 72.*

Gestrich, Christof: Neuzeitliches Denken und die Spaltung der dialektischen Theologie. 1977. *Band 52.*

Gräßer, Erich: Albert Schweitzer als Theologe. 1979. *Band 60.*

Grosse, Sven: Heilsungewißheit und Scrupulositas im späten Mittelalter. 1994. *Band 85.*

Gülzow, Henneke: Cyprian und Novatian. 1975. *Band 48.*

Hamm, Berndt: Promissio, Pactum, Ordinatio. 1977. *Band 54.*

– Frömmigkeitstheologie am Anfang des 16. Jahrhunderts. 1982. *Band 65.*

Hoffmann, Manfred: Erkenntnis und Verwirklichung der wahren Theologie nach Erasmus von Rotterdam. 1972. *Band 44.*

Holfelder, Hans H.: Solus Christus. 1981. *Band 63.*

Hübner, Jürgen: Die Theologie Johannes Keplers zwischen Orthodoxie und Naturwissenschaft. 1975. *Band 50.*

Hyperius, Andreas G.: Briefe 1530–1563. Hrsg., übers. und komment. von G. Krause. 1981. *Band 64.*

Jacobi, Thorsten: »Christen heißen Freie«: Luthers Freiheitsaussagen in den Jahren 1515–1519. 1997. *Band 101.*

Jetter, Werner: Die Taufe beim jungen Luther. 1954. *Band 18.*

Jorgensen, Theodor H.: Das religionsphilosophische Offenbarungsverständnis des späteren Schleiermacher. 1977. *Band 53.*

Jung, Martin H.: Frömmigkeit und Theologie bei Philipp Melanchthon. 1998. *Band 102.*

Kasch, Wilhelm F.: Die Sozialphilosophie von Ernst Troeltsch. 1963. *Band 34.*

Kaufmann, Thomas: Die Abendmahlstheologie der Straßburger Reformatoren bis 1528. 1992. *Band 81.*
- Dreißigjähriger Krieg und Westfälischer Friede. 1998. *Band 104.*
Kleffmann, Tom: Die Erbsündenlehre in sprachtheologischem Horizont. 1994. *Band 86.*
Koch, Dietrich-Alex: Die Schrift als Zeuge des Evangeliums. 1986. *Band 69.*
Koch, Gerhard: Die Auferstehung Jesu Christi. ²1965. *Band 27.*
Köpf, Ulrich: Die Anfänge der theologischen Wissenschaftstheorie im 13. Jahrhundert. 1974. *Band 49.*
- Religiöse Erfahrung in der Theologie Bernhards von Clairvaux. 1980. *Band 61.*
Korsch, Dietrich: Glaubensgewißheit und Selbstbewußtsein. 1989. *Band 76.*
Kraft, Heinrich: Kaiser Konstantins religiöse Entwicklung. 1955. *Band 20.*
Krause, Gerhard: Andreas Gerhard Hyperius. 1977. *Band 56.*
- Studien zu Luthers Auslegung der Kleinen Propheten. 1962. *Band 33.*
- siehe *Hyperius, Andreas G.*
Krüger, Friedhelm: Humanistische Evangelienauslegung. 1986. *Band 68.*
Kuhn, Thomas K.: Der junge Alois Emanuel Biedermann. 1997. *Band 98.*
Lindemann, Andreas: Paulus im ältesten Christentum. 1979. *Band 58.*
Mädler, Inken: Kirche und bildende Kunst der Moderne. 1997. *Band 100.*
Markschies, Christoph: Ambrosius von Mailand und die Trinitätstheologie. 1995. *Band 90.*
Mauser, Ulrich: Gottesbild und Menschwerdung. 1971. *Band 43.*
Mostert, Walter: Menschwerdung. 1978. *Band 57.*
Ohst, Martin: Schleiermacher und die Bekenntnisschriften. 1989. *Band 77.*
- Pflichtbeichte. 1995. *Band 89.*
Osborn, Eric F.: Justin Martyr. 1973. *Band 47.*
Pfleiderer, Georg: Theologie als Wirklichkeitswissenschaft. 1992. *Band 82.*
Raeder, Siegfried: Das Hebräische bei Luther, untersucht bis zum Ende der ersten Psalmenvorlesung. 1961. *Band 31.*
- Die Benutzung des masoretischen Textes bei Luther in der Zeit zwischen der ersten und zweiten Psalmenvorlesung (1515–1518). 1967. *Band 38.*
- Grammatica Theologica. 1977. *Band 51.*
Sallmann, Martin: Zwischen Gott und Mensch. 1999. *Band 108.*
Schäfer, Rolf: Christologie und Sittlichkeit in Melanchthons frühen Loci. 1961. *Band 29.*
- Ritschl. 1968. *Band 41.*
Schröder, Markus: Die kritische Identität des neuzeitlichen Christentums. 1996. *Band 96.*
Schröder, Richard: Johann Gerhards lutherische Christologie und die aristotelische Metaphysik. 1983. *Band 67.*
Schwarz, Reinhard: Die apokalyptische Theologie Thomas Müntzers und der Taboriten. 1977. *Band 55.*
Sockness, Brent W.: Against False Apologetics: Wilhelm Herrmann and Ernst Troeltsch in Conflict. 1998. *Band 105.*
Sträter, Udo: Sonthom, Bayly, Dyke und Hall. 1987. *Band 71.*
- Meditation und Kirchenreform in der lutherischen Kirche des 17. Jahrhunderts. 1995. *Band 91.*
Thumser, Wolfgang: Kirche im Sozialismus. 1996. *Band 95.*
Wallmann, Johannes: Der Theologiebegriff bei Johann Gerhard und Georg Calixt. 1961. *Band 30.*
- Philipp Jakob Spener und die Anfänge des Pietismus. ²1986. *Band 42.*
Waubke, Hans-Günther: Die Pharisäer in der protestantischen Bibelwissenschaft des 19. Jahrhunderts. 1998. *Band 107.*
Weinhardt, Joachim: Wilhelm Hermanns Stellung in der Ritschlschen Schule. 1996. *Band 97.*
Werbeck, Wilfrid: Jakobus Perez von Valencia. 1959. *Band 28.*
Ziebritzki, Henning: Heiliger Geist und Weltseele. 1994. *Band 84.*
Zschoch, Hellmut: Klosterreform und monastische Spiritualität im 15. Jahrhundert. 1988. *Band 75.*
- Reformatorische Existenz und konfessionelle Identität. 1995. *Band 88.*
ZurMühlen, Karl H.: Nos extra nos. 1972. *Band 46.*
- Reformatorische Vernunftkritik und neuzeitliches Denken. 1980. *Band 59.*

Einen *Gesamtkatalog* sendet Ihnen gern der Verlag
Mohr Siebeck · Postfach 2030 · D-72010 Tübingen.
Neueste Informationen im Internet: http://www.mohr.de